Managing IT in einer digitalen Welt

Lionel Pilorget

Managing IT in einer digitalen Welt

Zusammenhänge der IT verstehen
und die Kriterien für eine erfolgreiche
Transformation beherrschen

 Springer Vieweg

Lionel Pilorget
Basel, Schweiz

ISBN 978-3-658-46011-2   ISBN 978-3-658-46012-9   (eBook)
https://doi.org/10.1007/978-3-658-46012-9

Die Deutsche Nationalbibliothek verzeichnet diese Publikation in der Deutschen Nationalbibliografie; detaillierte bibliografische Daten sind im Internet über https://portal.dnb.de abrufbar.

Planung/Lektorat: Petra Steinmueller
Springer Vieweg ist ein Imprint der eingetragenen Gesellschaft Springer Fachmedien Wiesbaden GmbH und ist ein Teil von Springer Nature.
Die Anschrift der Gesellschaft ist: Abraham-Lincoln-Str. 46, 65189 Wiesbaden, Germany

Inhaltsverzeichnis

IT-Management in einer digitalen Welt

In einer Welt, die von ständigem Wandel und digitaler Innovation geprägt ist, spielt das Management von Informationstechnologien eine entscheidende Rolle für den Erfolg von Organisationen jeder Größe und Branche. Von der Verwaltung komplexer IT-Infrastrukturen bis hin zur Gestaltung digitaler Strategien stehen IT-Manager vor einer Vielzahl von Herausforderungen und Chancen.

Dieses Buch, das auf einem umfassenden Kurs bei der Fachhochschule Nordwestschweiz (FHNW) basiert, stellt eine Einladung zur Erkundung der faszinierenden Welt des IT-Managements in der digitalen Ära dar. In den folgenden Kapiteln werden grundlegende Konzepte, bewährte Praktiken und neueste Entwicklungen im Bereich des IT-Managements präsentiert. Weitere Informationen zu den englischsprachigen Vorlesungen sind unter https://www.know-ledge.ch/KnowDigital.html verfügbar.

Das Ziel dieses Buches ist es, das nötige Wissen, die Werkzeuge und die Denkweisen zu vermitteln, um die Herausforderungen der modernen IT-Landschaft erfolgreich zu bewältigen. Verschiedene Schlüsselthemen werden vorgestellt, angefangen von der strategischen Planung und Ausrichtung der IT auf die Unternehmensziele über die effektive Verwaltung von IT-Ressourcen und Projekten bis zu operativen IT-Tätigkeiten. Durch praxisnahe Beispiele, erprobte Praxis und praktische Anleitungen werden Sie nicht nur ein tieferes Verständnis für die Komplexität des IT-Managements entwickeln, sondern auch in der Lage sein, dieses Wissen direkt im beruflichen Umfeld anzuwenden.

Ob Sie ein erfahrener IT-Professional sind, der sein Wissen erweitern möchte, oder ein aufstrebender Manager, der die Grundlagen des IT-Managements erlernen möchte, ist dieses Buch für Sie konzipiert. Die Vielfalt des IT-Managements wird untersucht, um die Potenziale einer digitalen Welt voll ausschöpfen zu können.

In diesem Buch werden vier **IT-Wertschöpfung-Streams,** nämlich das IT-Projektportfolio-Management, das IT-Projekt-Management, das IT-Service-Management und das IT-Operation-Management, vorgestellt und in den Kap. 4, 5, 6 und 7 beschrieben.

© Der/die Autor(en), exklusiv lizenziert an Springer Fachmedien Wiesbaden GmbH, ein Teil von Springer Nature 2025
L. Pilorget, *Managing IT in einer digitalen Welt,*
https://doi.org/10.1007/978-3-658-46012-9_1

Diese vier IT-Wertschöpfungsströme bilden das Fundament für eine effektive Nutzung der Informationstechnologie im Unternehmen. IT-Projekte und IT-Services stellen das Rückgrat einer IT-Organisation dar und tragen maßgeblich zum Erfolg des Unternehmens bei, indem sie die Technologieinfrastruktur bereitstellen, die für das tägliche Funktionieren und das Erreichen der Geschäftsziele erforderlich ist. Das **IT-Projekt-Management** konzentriert sich darauf, einzelne Projekte effizient zu planen, zu organisieren und umzusetzen, um ihre Ziele fristgerecht und innerhalb des Budgets zu erreichen. Das **IT-Service-Management** ist für die Bereitstellung und den Betrieb von IT-Services verantwortlich, wobei der Schwerpunkt auf der Aufrechterhaltung hoher Servicequalität liegt. Das **IT-Projektportfolio-Management** bezieht sich auf die strategische Ausrichtung und Priorisierung von IT-Projekten gemäß den Unternehmenszielen. Schließlich umfasst das **IT-Operation-Management** die täglichen Betriebsaufgaben, Überwachung, Wartung und Sicherheit der IT-Infrastruktur und Systeme, um einen kontinuierlichen und zuverlässigen Betrieb sicherzustellen. Zusammen bilden diese Ströme eine ganzheitliche Herangehensweise an die IT-Wertschöpfung, die dazu beiträgt, die Effizienz zu steigern, Risiken zu minimieren und den geschäftlichen Erfolg zu unterstützen.

Ergänzend zu den vier IT-Wertschöpfungsströmen wird die **IT-Führung** mit der Gestaltung und Umsetzung einer erfolgreichen IT-Strategie sowie bei der effektiven Steuerung und Überwachung der IT-Aktivitäten innerhalb einer Organisation vorgestellt. Die **IT-Strategie** legt den Rahmen fest, wie die IT-Ressourcen eingesetzt werden sollen, um die Geschäftsziele zu erreichen und einen Mehrwert zu schaffen. Sie umfasst die Entwicklung langfristiger Ziele und die Priorisierung von Initiativen. **Das IT-Reporting und Controlling** stellt sicher, dass die IT-Leistung anhand relevanter Kennzahlen gemessen und bewertet wird. Es ermöglicht eine fundierte Entscheidungsfindung und trägt dazu bei, Ressourcen effizient einzusetzen und Risiken zu minimieren. **Die IT-Governance** etabliert klare Verantwortlichkeiten, Prozesse und Richtlinien, um sicherzustellen, dass die IT- Aktivitäten den Compliance-Anforderungen entsprechen. Schließlich umfasst **die IT-Leadership** die Entwicklung und Förderung einer starken Führungskultur innerhalb der IT-Organisation, die Mitarbeitende motiviert, Talente fördert und eine Vision für die Zukunft der IT vermittelt. Zusammen bilden diese Aspekte der IT-Führung Schlüsselelemente für eine erfolgreiche und zukunftsorientierte IT-Organisation. Diese Themen werden in der Kap. 3, 8, 9 und 10 erläutert.

IT-Prozesse dienen als gemeinsame Sprache, die ein Unternehmen und seine IT-Organisation miteinander verbindet. Sie bieten einen strukturierten Rahmen, der es ermöglicht, komplexe IT-Abläufe und -Aufgaben in klare und verständliche Schritte zu unterteilen. Standardisierte Prozesse fördern eine reibungslose Zusammenarbeit zwischen verschiedenen Abteilungen und Teams, indem sie eine gemeinsame Grundlage für die Kommunikation schaffen. Da alle Beteiligten – vom Management bis zu den Mitarbeitenden – die gleiche Sprache sprechen, können Missverständnisse vermieden werden. Letztendlich fördern IT-Prozesse eine Unternehmenskultur der Transparenz und kontinuierlichen Verbesserung, die entscheidend für den langfristigen Erfolg ist. Aus diesen Gründen ist das 2. Kapitel dem Thema „IT-Prozess-Management" gewidmet.

Kap. 11 über **Datenfizierung und Transformation** ist das Kronjuwel des Buches, da es die Evolution und Zukunft der IT-Organisationen einfängt. In einer Zeit, in der Technologie die Art und Weise, wie Unternehmen operieren, revolutioniert, ist die digitale Transformation entscheidend für die Wettbewerbsfähigkeit und den langfristigen Erfolg. Dieses Kapitel beleuchtet die wesentlichen Elemente und Herausforderungen der Digitalisierung, einschließlich der Einführung neuer Technologien, der Automatisierung von Geschäftsprozessen, der Förderung einer Kultur des Wandels und der Innovation sowie der Bewältigung organisatorischer Hürden. Es bietet Einblicke, bewährte Praktiken und Fallstudien, um Lesern zu helfen, die Chancen der digitalen Transformation zu nutzen und ihre Unternehmen für die Zukunft zu rüsten. Durch die Integration dieses Kapitels als Schlussstein des Buches wird die Relevanz der Daten hervorgehoben und den Lesern eine umfassende Perspektive auf die sich ständig weiterentwickelnde IT-Landschaft geboten.

Das letzte Kapitel als Kap. 12 dient als **Schlussfolgerung.** Die Herausforderungen werden dann dargelegt, denen sich Unternehmen in der kommenden digitalen Welt stellen müssen (Abb. 1.1).

In diesem Buch geht es letztendlich darum, die eigenen Perspektive zu erweitern, neue Fähigkeiten zu entwickeln und sich den Herausforderungen des IT-Managements in einer digitalen Welt zu stellen. Die Reise beginnt jetzt.

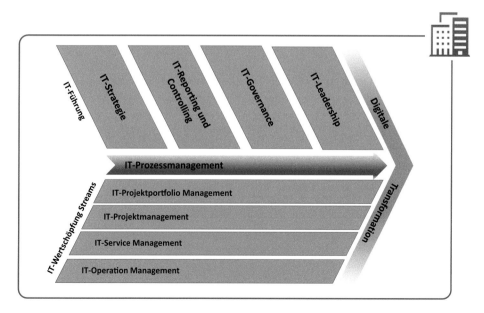

Abb. 1.1 Das Haus der IT bauen

1.1   Was ist IT? Was ist Management? Was ist IT-Management?

Um das Thema „IT-Management" zu präsentieren, wird zunächst der Begriff IT, einschließlich IT-Systeme, erläutert. Anschließend werden verschiedene Management-Theorien vorgestellt. Schließlich wird eine Definition des IT-Managements erarbeitet.

IT steht für **Informationstechnologie** und umfasst die Verwendung von Computern, Netzwerken, Software und anderen elektronischen Systemen zur Verarbeitung, Speicherung, Übertragung und zum Abruf von Daten. Im Wesentlichen geht es bei der Informationstechnologie darum, Informationen in digitaler Form umzuwandeln und zu verwalten, um Geschäftsprozesse zu unterstützen, die Kommunikation zu erleichtern, die Effizienz zu steigern und Entscheidungen zu ermöglichen.

IT-Systeme sind komplexe Strukturen von Hard- und Softwarekomponenten, die miteinander interagieren, um bestimmte Aufgaben oder Funktionen zu erfüllen. Diese Systeme sind darauf ausgelegt, Daten zu verarbeiten, zu speichern, zu übertragen und darauf basierende Informationen bereitzustellen. Hier sind die Schlüsselelemente eines IT-Systems:

1. **Hardware**
   Dies umfasst physische Geräte wie Computer, Server, Netzwerkkomponenten, Speichergeräte, Drucker und andere Peripheriegeräte, die für die Verarbeitung, Speicherung und Übertragung von Daten benötigt werden.
2. **Software**
   Software umfasst Programme, Anwendungen, Betriebssysteme und andere Lösungen, die auf der Hardware ausgeführt werden, um bestimmte Aufgaben zu erfüllen. Dazu gehören Betriebssysteme wie Windows, Apple OS, Linux, Anwendungssoftware wie Microsoft Office oder ERP-Systeme (ERP: Enterprise Resource Planning), Datenbanken wie MySQL oder Oracle und firmenspezifische Anwendungen.
3. **Netzwerk**
   Netzwerkkomponenten wie Router, Switches, Firewalls und Modems bilden das Grundgerüst für die Kommunikation zwischen verschiedenen IT-Systemen in einem Netzwerk.
4. **Daten**
   Daten sind die grundlegenden Informationen, die von einem IT-System verarbeitet, gespeichert und übertragen werden. Dies können Texte, Zahlen, Multimedia-Inhalte, Dokumente, Transaktionsdaten und mehr sein.
5. **Benutzer**
   Benutzer sind Anwender als Personen oder andere IT-Systeme, die mit dem IT-System interagieren, um Informationen zu erhalten, Eingaben zu machen oder Aktionen auszuführen.
6. **Workflows**
   Diese umfassen die Arbeitsabläufe und Aufgaben, die von einem IT-System ausgeführt werden. Dies kann die Verarbeitung von Transaktionen, die Erstellung von Berichten, die Verwaltung von Benutzerkonten und weitere Funktionalitäten umfassen.

Das Management dagegen wird oft als die Kunst und Wissenschaft der Planung, Organisation, Führung und Kontrolle von Ressourcen definiert, um bestimmte Ziele effektiv zu erreichen. Ein Manager ist eine Schlüsselfigur in einer Organisation, der für die Leitung und Koordination von Ressourcen verantwortlich ist, um eben die vereinbarten Ziele zu realisieren. Die Rolle eines Managers umfasst eine Vielzahl von Aufgaben und Verantwortlichkeiten, darunter die Planung von Aktivitäten und Ressourcen, die Organisation von Teams, die Optimierung von Prozessen, die Führung von Mitarbeitenden sowie die Überwachung und Kontrolle der Leistung und des Fortschritts. Manager treffen kontinuierlich Entscheidungen, die die Organisation beeinflussen, und arbeiten eng mit anderen Abteilungen und Stakeholdern zusammen, um eine Vision zu verwirklichen. Insgesamt ist ein Manager ein wichtiger Akteur, der dazu beiträgt, den Erfolg einer Organisation sicherzustellen, indem er Ressourcen effizient einsetzt und die Mitarbeitenden zu Höchstleistungen motiviert.

Es gibt eine Vielzahl von **Managementtheorien,** die im Laufe der Zeit entwickelt wurden, um verschiedene Aspekte des Managements zu erforschen und zu verstehen. Diese Theorien stammen aus verschiedenen Disziplinen wie Wirtschaft, Psychologie, Soziologie und Ingenieurwesen und haben sich im Laufe der Zeit weiterentwickelt. Die folgenden Theorien und Modelle sind wichtige Werkzeuge, um komplexe Herausforderungen zu verstehen, strategische Entscheidungen zu treffen und erfolgreiche Veränderungen zu bewirken.

1. **Scientific Management, Frederick Winslow Taylor** (1911)
   Das wissenschaftliche Management, entwickelt von Frederick Winslow Taylor, betont die Rationalisierung von Arbeitsabläufen durch die Anwendung von Zeit- und Bewegungsstudien sowie die Standardisierung von Verfahren, um die Produktivität zu steigern und Arbeitskosten zu senken. Taylor argumentierte, dass durch die systematische Analyse und Verbesserung von Arbeitsprozessen die Effizienz gesteigert werden könne.

2. **Maslow's Hierarchy of Needs, Abraham Maslow** (1943)
   Die Bedürfnispyramide von Abraham Maslow ist eine Theorie der Motivation, die besagt, dass menschliche Bedürfnisse hierarchisch angeordnet sind und sich von grundlegenden physiologischen Bedürfnissen bis zu höheren Bedürfnissen wie Selbstverwirklichung erstrecken. Maslow argumentiert, dass Menschen erst dann nach höheren Bedürfnissen streben, wenn die grundlegenden Bedürfnisse erfüllt sind.

3. **Theory X and Theory Y, Douglas McGregor** (1960)
   Douglas McGregor präsentierte in seinem Buch „The Human Side of Enterprise" zwei kontrastierende Annahmen über die Einstellung von Managern gegenüber Mitarbeitenden. Theorie X besagt, dass Mitarbeitende von Natur aus faul sind, keine Verantwortung übernehmen wollen und nur durch strenge Kontrolle und Druck motiviert werden können. Im Gegensatz dazu besagt Theorie Y, dass Mitarbeitende intrinsisch motiviert sind, Verantwortung übernehmen wollen und kreativ arbeiten,

wenn sie die Möglichkeit zur Selbstverwirklichung haben. McGregor argumentierte, dass die Führungskräfte ihre Managementphilosophie anhand dieser Theorien ausrichten sollten und plädierte dafür, dass Manager eher der Theory Y folgen sollten, da sie dazu neigt, zu einer positiveren und produktiveren Arbeitsumgebung beizutragen.

4. **Management-by-Objectives (MbO) or Management-by-Results (MbR) (1964)**
   Das Management-by-Objectives (MbO) oder Management-by-Results (MbR) ist ein Managementansatz, der darauf abzielt, klare Ziele und Leistungskriterien festzulegen, die von Managern und Mitarbeitenden gemeinsam vereinbart werden. Durch regelmäßige Überprüfung und Rückmeldung soll die Leistung verbessert und die Zielerreichung sichergestellt werden.

5. **Forming–Storming–Norming–Performing Model of Group Development, Bruce Tuckman** (1965)
   Das Modell von Bruce Tuckman beschreibt die Phasen, die Gruppen durchlaufen, wenn sie sich bilden, ihre Rollen und Beziehungen festlegen, Konflikte bewältigen und schließlich effektiv zusammenarbeiten. Die vier Phasen lauten Forming (Bilden), Storming (Stürmen), Norming (Normen) und Performing (Leisten).

6. **PEST Analysis (1967)**
   Die PEST-Analyse ist ein Analysewerkzeug, das politische, wirtschaftliche, soziale und technologische Faktoren untersucht, die sich auf eine Organisation oder eine Initiative auswirken können. Sie wird häufig für die Umweltanalyse in der Strategieplanung verwendet, um Chancen und Risiken zu identifizieren.

7. **SWOT Analysis (1969)**
   Die SWOT-Analyse ist ein weiteres Analysewerkzeug, das die internen Stärken und Schwächen einer Organisation sowie die externen Chancen und Bedrohungen untersucht. Sie wird verwendet, um strategische Entscheidungen zu unterstützen und die Wettbewerbsposition einer Organisation zu bewerten.

8. **BCG Matrix „Cash Cows, Stars, Dogs, Question Marks" (1970s)**
   Die BCG-Matrix ist ein Portfolioanalysewerkzeug, das Geschäftseinheiten anhand ihres relativen Marktanteils und des Marktwachstums bewertet. Sie unterteilt die Bereiche in Cash Cows, Stars, Dogs und Question Marks und hilft bei der Zuweisung von Ressourcen und der Entwicklung von Strategien für jede Einheit.

9. **McKinsey 7-S-Model (1970s)**
   Das 7-S-Modell von McKinsey identifiziert sieben interne Faktoren, die den Erfolg einer Organisation beeinflussen: Strategy (Strategie), Structure (Struktur), Systems (Systeme), Skills (Fähigkeiten), Staff (Personal), Style (Stil) und Shared Values (Gemeinsame Werte). Es betont die Wechselwirkungen zwischen diesen Faktoren und ihre Bedeutung für die Leistung der Organisation.

10. **Porter Five Forces Analysis, Michael E. Porter (1980)**
    Die Porter Five Forces Analysis ist ein Analysewerkzeug, das die Wettbewerbsdynamik in einer Branche untersucht. Die fünf Kräfte umfassen die Bedrohung durch neue Wettbewerber, die Verhandlungsmacht der Lieferanten und Kunden, die

Bedrohung durch Ersatzprodukte und die Intensität des Wettbewerbs zwischen bestehenden Wettbewerbern.

11. **SMART Goals „Specific Measurable Assignable Realistic Time Bound" (1981)**
SMART Goals sind Ziele, die spezifisch, messbar, erreichbar, relevant und zeitgebunden sind. Dieses Akronym hilft bei der Formulierung klarer und effektiver Ziele, die die Motivation und Produktivität fördern.

12. **Change Equation „Dissatisfaction x Vision x First Steps > Resistance" (1980s)**
Die Change Equation ist eine Formel, die den Erfolg von Veränderungsinitiativen erklärt. Sie besagt, dass die Unzufriedenheit mit dem aktuellen Zustand, eine klare Vision für die Zukunft und konkrete erste Schritte größer sein müssen als der Widerstand gegen die Veränderung, damit die Veränderung erfolgreich ist.

13. **Disruptive Innovation, Clayton M. Christensen (1995)**
Disruptive Innovation bezieht sich auf die Einführung von Produkten oder Dienstleistungen, die bestehende Märkte und Branchen radikal verändern können, indem sie neue Kundenbedürfnisse ansprechen oder existierende Produkte und Dienstleistungen durch innovative Ansätze überflüssig machen. Diese Theorie wurde von Clayton M. Christensen entwickelt und hat wichtige Auswirkungen auf die Strategieentwicklung von Unternehmen.

Nun kann das IT-Management definiert werden, da einerseits die IT und andererseits das Management bereits definiert wurden. Das **IT-Management** bezieht sich auf die Planung, Koordination und Kontrolle von Informationstechnologie-Ressourcen innerhalb einer Organisation, um die Geschäftsziele effektiv zu unterstützen. Es umfasst die Entwicklung und Umsetzung von Strategien, Richtlinien und Verfahren sowie die Gewährleistung der Sicherheit, Verfügbarkeit und Leistungsfähigkeit von IT-Systemen und -Diensten. Die Aufgaben des IT-Managements beinhalten auch die Führung und Motivation von IT-Personal, die Bereitstellung von Support und Schulungen für Anwender sowie die kontinuierliche Evaluation und Verbesserung von IT-Prozessen und -Systemen. Kurz gesagt, IT-Management zielt darauf ab, die effektive Nutzung von Informationstechnologie zur Steigerung der organisatorischen Leistungsfähigkeit und Wettbewerbsfähigkeit sicherzustellen.

Das IT-Management als Funktion ist von entscheidender Bedeutung für Unternehmen angesichts der **technologischen Herausforderungen, IT-Investitionen** und **Kompetenzen.** In einer sich ständig weiterentwickelnden digitalen Landschaft stehen Unternehmen vor der Aufgabe, mit den neuesten Technologien und Trends Schritt zu halten. Das IT-Management spielt eine wesentliche Rolle dabei, die richtigen Technologieinvestitionen zu identifizieren und zu priorisieren, um Innovationen voranzutreiben. Darüber hinaus ist das IT-Management verantwortlich für den Aufbau und die Pflege von Kompetenzen innerhalb des Unternehmens, um sicherzustellen, dass Mitarbeitende über das erforderliche Know-how und die technischen Fähigkeiten verfügen, um neue Technologien effektiv einzusetzen. Durch die Steuerung und Weiterentwicklung der IT-Ressourcen trägt das IT-Management dazu bei, die technologischen Herausforderungen zu bewältigen, die Investitionen in die richtigen Technologien zu lenken und die Kompetenzen der Mitarbeitenden zu erweitern, um den Erfolg des Unternehmens langfristig zu sichern (Abb. 1.2).

Der Balanceakt zwischen Bedarf und Lieferung in der IT ist wichtig für den Erfolg eines Unternehmens. Einerseits müssen IT-Abteilungen sicherstellen, dass sie die sich ständig ändernden Bedürfnisse und Anforderungen der Geschäftsbereiche verstehen und darauf reagieren können. Dies erfordert eine enge Zusammenarbeit mit den verschiedenen Abteilungen und eine klare Kommunikation, damit die bereitgestellten Lösungen den Erwartungen entsprechen. Andererseits müssen IT-Teams die Bereitstellung von IT-Dienstleistungen gewährleisten, um Zeit- und Ressourcenverschwendung zu vermeiden. Dies erfordert eine sorgfältige Planung, Priorisierung und Überwachung von Projekten sowie eine kontinuierliche Verbesserung der Arbeitsabläufe (Abb. 1.3).

Die IT-Abteilung agiert als Bindeglied zwischen den Geschäftsbereichen und den IT-Zulieferern auf verschiedenen Ebenen innerhalb eines Unternehmens, einschließlich des Top-Managements, des mittleren Managements und der Mitarbeitenden. Auf der Ebene des Top-Managements spielt die IT eine strategische Rolle, indem sie die Geschäftsziele und -anforderungen versteht und darauf abzielt, IT-Initiativen zu identifizieren und zu fördern, die diese Ziele unterstützen. Das Top-Management ist auch für die Bereitstellung der erforderlichen Ressourcen und Investitionen verantwortlich, um die Umsetzung dieser Initiativen zu unterstützen. Auf der Ebene des mittleren Managements fungiert die IT als Vermittler, der die strategischen Ziele des Unternehmens in konkrete IT-Anforderungen und -Projekte übersetzt. Das mittlere IT-Management arbeitet eng mit den Geschäftsbereichen zusammen, um deren Bedürfnisse zu verstehen und

Abb. 1.2 Relevanz des IT-Managements für ein Unternehmen

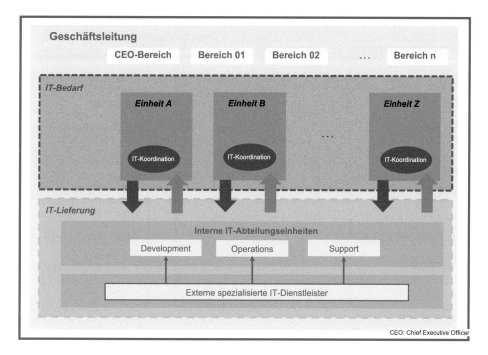

Abb. 1.3 Abstimmung zwischen Bedarf und Lieferung in der IT

sicherzustellen, dass die IT-Lösungen entsprechend konzipiert und implementiert werden. Schließlich spielen die Mitarbeitenden eine wichtige Rolle, indem sie die IT-Lösungen nutzen und Feedback geben, um deren Wirksamkeit zu verbessern (Abb. 1.4).

Die IT steht unter erheblichem Druck, sowohl in Bezug auf die Geschäftsanforderungen als auch auf individuelle Erwartungen. Unternehmen möchten, dass die IT ihre Geschäftsziele unterstützt und dabei hilft, Wettbewerbsvorteile zu erreichen. Dies bedeutet, dass die IT flexibel sein muss, um sich an sich ändernde Geschäftsanforderungen anzupassen, innovative Lösungen zu liefern und den Wertbeitrag der Technologie für das Unternehmen zu maximieren. Gleichzeitig haben Anwender hohe individuelle Erwartungen an die IT-Services und -Lösungen. Sie erwarten eine nahtlose Benutzererfahrung, schnelle Reaktionszeiten und eine hohe Servicequalität. Diese individuellen Erwartungen werden oft durch Erfahrungen aus der Verbraucherwelt geprägt, wo eine sofortige und personalisierte Interaktion erwartet wird. Um diesen vielfältigen Anforderungen gerecht zu werden, steht die IT unter Druck, ihre Dienste kontinuierlich zu verbessern, innovative Lösungen bereitzustellen und gleichzeitig eine hohe Qualität zu gewährleisten (Abb. 1.5).

Der **Chief Information Officer (CIO)** spielt eine unverzichtbare Rolle sowohl für die IT-Organisation als auch für das gesamte Unternehmen. Als leitender IT-Verantwortlicher ist der CIO zuständig für die Ausrichtung der IT-Strategie auf die Geschäftsziele

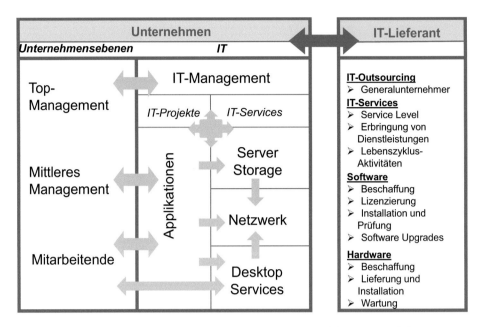

Abb. 1.4 Die IT in der Sandwich-Position zwischen Geschäftsbereichen und IT-Lieferanten

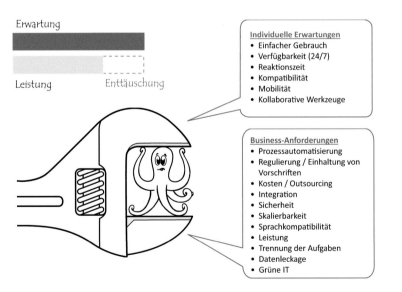

Abb. 1.5 Die Erfüllung aller Erwartungen bleibt eine Herausforderung für die IT

des Unternehmens. Außerdem ist der CIO für die Kapitalplanung und Investitionen in IT-Ressourcen zuständig, damit die IT-Initiativen den größtmöglichen geschäftlichen Nutzen erzielen. Die Evaluierung und Beschaffung von Technologie stellen einen weiteren bedeutenden Aspekt der Rolle dar, in dem der CIO neue Techniken ausfindig macht,

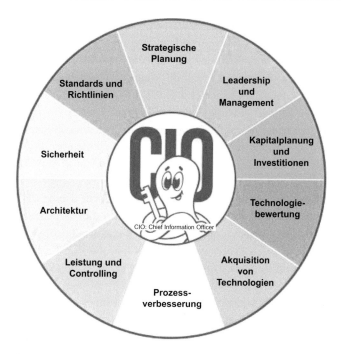

Abb. 1.6 Der Chief Information Officer (CIO) als Schlüsselakteur

bewertet und einführt. Im Bereich Leadership und Management leitet er oder sie das IT-Team, entwickelt Talente und sorgt für eine Kultur der Innovation und Zusammenarbeit. Die kontinuierliche Prozessverbesserung steht im Fokus, um die Effizienz und Effektivität der IT-Services und -Systeme zu steigern. Dabei überwacht er oder sie die Leistung und implementiert Kontrollmechanismen, um sicherzustellen, dass die Betriebs-, Sicherheits- und Compliance-Anforderungen erfüllt werden. Die Entwicklung einer robusten IT-Architektur sowie die Gewährleistung von Sicherheit, Standards und Richtlinien sind weitere Schlüsselfaktoren, um eine zuverlässige und sichere IT zu schaffen. Insgesamt erfordert die Rolle des CIO ein breites Spektrum an Fähigkeiten und Kenntnissen in den Bereichen Technologie und Führung, um eine effektive Nutzung von Informationstechnologie zu gewährleisten und den langfristigen Erfolg der Organisation sicherzustellen. Außerdem agiert der CIO als Vermittler zwischen der IT-Abteilung und anderen Geschäftsbereichen sowie externen Partnern (Abb. 1.6).

1.2   Strategische, taktische und operative Ebenen in Einklang bringen

Die strategische Ausrichtung der IT ist von entscheidender Bedeutung in einer zunehmend digitalisierten Welt. Eine gut durchdachte IT-Strategie definiert die Vision, Ziele und Prioritäten der IT-Organisation und stellt sicher, dass diese eng mit den

übergeordneten Geschäftszielen des Unternehmens abgestimmt sind. Sie legt den
Rahmen fest, wie die IT-Ressourcen und -Fähigkeiten eingesetzt werden, um Wett-
bewerbsvorteile zu schaffen, Effizienz zu steigern und Innovationen voranzutreiben.
Durch die strategische Ausrichtung der IT können Unternehmen auf sich ändernde
Marktbedingungen reagieren, Chancen nutzen und Risiken minimieren. Eine solide IT-
Strategie dient als Leitfaden für die Entwicklung und Umsetzung von Initiativen wie
Technologieinvestitionen, Prozessoptimierungen und Talententwicklung. Letztendlich ist
eine strategische Ausrichtung für die IT nicht nur eine unternehmerische Notwendigkeit,
sondern auch eine kritische Voraussetzung für eine erfolgreiche digitale Transformation.

Die taktische Ebene in der IT befasst sich mit der Umsetzung der strategischen Ziele
in konkrete Maßnahmen und Aktivitäten. Auf dieser Ebene werden Pläne entwickelt,
Ressourcen zugewiesen und Projekte durchgeführt, um die festgelegten Ziele der IT-
Strategie zu erreichen. Taktische Entscheidungen umfassen die Auswahl von Technologien, die Entwicklung von Prozessen und Verfahren, die Priorisierung von Projekten
und die Zuweisung von Budgets. Durch eine effektive taktische Umsetzung werden die
operativen Aktivitäten der IT-Organisation unterstützt, um eine kontinuierliche Bereitstellung von IT-Services sicherzustellen. Eine gut koordinierte taktische Ausführung ermöglicht es der IT, flexibel auf sich verändernde Anforderungen und Herausforderungen
zu reagieren, während gleichzeitig eine effiziente Nutzung der Ressourcen gewährleistet
wird. Letztendlich trägt eine starke taktische Ausrichtung dazu bei, die Umsetzung
der strategischen Ziele zu beschleunigen und den Erfolg der IT-Organisation als Ganzes zu fördern. Die taktische Leistung der IT konzentriert sich hauptsächlich auf zwei
Schlüsselelemente: IT-Projekte und IT-Services. Diese beiden Bereiche spielen eine
wesentliche Rolle bei der Umsetzung der strategischen Ziele der IT-Organisation und
bei der Erfüllung der Geschäftsanforderungen eines Unternehmens. IT-Projekte sind
zeitlich begrenzte Unterfangen, die darauf abzielen, spezifische Ziele zu erreichen, wie
die Einführung neuer Technologien, die Entwicklung von Softwareanwendungen oder
die Verbesserung bestehender IT-Systeme. Taktische Leistungen im Bereich IT-Projekte umfassen die Planung, Durchführung, Überwachung und Steuerung von Vorhaben, um sicherzustellen, dass sie rechtzeitig, innerhalb des Budgets und gemäß den
Anforderungen abgeschlossen werden. Dies beinhaltet weiterhin die Zuweisung von
Ressourcen, das Risiko-Management, das Stakeholder-Management und die Qualitätssicherung. IT-Services dagegen stellen Dienstleistungen und Funktionen dar, die von der
IT-Organisation bereitgestellt werden, um den Geschäftsbetrieb zu unterstützen und den
Anwendern einen Mehrwert zu bieten. Taktische Leistungen im Bereich IT-Services umfassen die Bereitstellung, Überwachung und Unterstützung von IT-Services gemäß den
vereinbarten Service-Level-Agreements (SLAs) und die kontinuierliche Verbesserung
der Servicequalität. Insgesamt sind die taktischen Leistungen der IT entscheidend für die
erfolgreiche Umsetzung von IT-Initiativen und die Bereitstellung hochwertiger IT-Services.

Auf operativer Ebene bildet die IT das Rückgrat des täglichen Geschäftsbetriebs
eines Unternehmens. Operative Aufgaben umfassen die Verwaltung und Wartung der

IT-Infrastruktur, die Bereitstellung von IT-Services, die Fehlerbehebung und das Incident-Management sowie die Sicherstellung der Datensicherheit und Compliance. Diese
operativen Aktivitäten sind entscheidend für die Aufrechterhaltung eines reibungslosen
IT-Betriebs. Eine effiziente operative Ausführung gewährleistet eine hohe Verfügbarkeit
und Leistung der IT-Systeme, minimiert Ausfallzeiten und trägt dazu bei, das Vertrauen
der Anwender in die IT-Services zu stärken. Durch die Implementierung bewährter Verfahren und die kontinuierliche Überwachung der operativen Abläufe kann die IT-Organisation ihre Effizienz steigern und die Servicequalität kontinuierlich verbessern.

Sicherheit, Business Continuity und Krisen-Management spielen eine entscheidende
Rolle auf operativer Ebene in der IT, da sie dazu beitragen, die Kontinuität des Geschäftsbetriebs sicherzustellen, Risiken zu minimieren und die Sicherheit von Informationen und Systemen zu gewährleisten. Hier sind einige weitere Gründe, warum diese
Aspekte so wichtig sind:

- **Schutz vor Bedrohungen**
  Durch eine effektive Sicherheitsstrategie kann die IT-Organisation Daten, Sys-
  teme und Netzwerke vor Bedrohungen wie Cyberangriffen, Malware und Daten-
  diebstahl schützen. Dies ist von entscheidender Bedeutung, um finanzielle Verluste,
  Reputationsschäden und rechtliche Konsequenzen zu vermeiden.
- **Business Continuity**
  Business Continuity bezieht sich auf die Fähigkeit eines Unternehmens, auch in
  Krisensituationen wie Naturkatastrophen, Stromausfällen oder Cyberangriffen weiter-
  hin geschäftliche Aktivitäten aufrechtzuerhalten. Durch die Implementierung von
  Maßnahmen wie Backup- und Wiederherstellungsstrategien sowie Notfallplänen für
  den Betrieb von IT-Systemen kann die IT-Organisation sicherstellen, dass geschäftskritische Funktionen auch unter widrigen Umständen fortgesetzt werden können.
- **Krisen-Management**
  Krisen-Management umfasst die Fähigkeit, angemessen auf unvorhergesehene Ereignisse zu reagieren und diese zu bewältigen, um Schäden zu minimieren und den Betrieb schnellstmöglich wiederherzustellen. Dies beinhaltet die Entwicklung von Notfallplänen, Schulungen für Mitarbeitende, die Koordination mit anderen Abteilungen
  und externen Partnern sowie die kontinuierliche Überwachung und Bewertung von
  Risiken.

Indem Security, Business Continuity und Krisen-Management auf operativer Ebene
in der IT integriert werden, kann die Organisation ihre Fähigkeit stärken, auf Herausforderungen und Bedrohungen zu reagieren, den Geschäftsbetrieb aufrechtzuerhalten
und die Sicherheit von Informationen und Systemen zu gewährleisten. Letztendlich trägt
dies dazu bei, das Vertrauen der Stakeholder zu stärken, die Compliance-Anforderungen
zu erfüllen und die langfristige Stabilität und Resilienz des Unternehmens zu stärken.

Eine effektive Abstimmung der strategischen, taktischen und operativen Ebenen ist
entscheidend für den Erfolg einer IT-Organisation. Auf der strategischen Ebene muss

die IT-Strategie eng mit den übergeordneten Unternehmenszielen abgestimmt sein. Auf taktischer Ebene müssen die Pläne und Maßnahmen der IT-Organisation die strategischen Ziele unterstützen und in konkrete Projekte und Services umgesetzt werden, die einen messbaren Mehrwert liefern. Auf operativer Ebene ist eine nahtlose Ausführung der IT-Aktivitäten erforderlich, um die fortlaufende Bereitstellung von hochwertigen IT-Services sicherzustellen. Durch eine enge Abstimmung zwischen den drei Ebenen kann die Gesamtleistung der IT-Organisation optimiert werden. Letztendlich führt eine solide Integration der strategischen, taktischen und operativen Aspekte der IT zu einer besseren Ausrichtung auf die Unternehmenszeile und einem höheren Mehrwert für das Unternehmen insgesamt.

Eine erfolgreiche IT-Organisation zeichnet sich übrigens sowohl durch „top-down"- als auch „bottom-up"-Managementmechanismen aus, um eine effektive Abstimmung der strategischen, taktischen und operativen Ebenen zu erreichen. Diese ganzheitliche Herangehensweise gewährleistet, dass die IT-Aktivitäten einen maximalen Mehrwert bieten. Die strategische Ebene wird in der Regel von der Geschäftsleitung festgelegt. Sie definiert die übergeordneten Geschäftsziele und -prioritäten, die die Richtung für die IT-Strategie vorgeben. Die IT-Strategie gibt dann klare Leitlinien für die taktischen und operativen Aufgaben der IT-Organisation. Diese Top-Down-Ausrichtung stellt sicher, dass die Ressourcen der IT dort eingesetzt werden, wo sie den größten geschäftlichen Nutzen bringen. Auf operativer Ebene sind allerdings die Mitarbeitenden oft am besten in der Lage, die tatsächlichen Herausforderungen und Bedürfnisse zu identifizieren, die bei der Umsetzung der strategischen Ziele auftreten können. Durch eine Bottom-up-Abstimmung werden die Mitarbeitenden aktiv in den Prozess einbezogen und ermutigt, Feedback zu geben, Ideen vorzuschlagen und Lösungen zu entwickeln. Dies fördert eine Kultur der Mitbestimmung und stärkt das Engagement der Belegschaft.

Eine erfolgreiche Abstimmung der strategischen, taktischen und operativen Ebenen erfordert eine enge Integration und Zusammenarbeit zwischen den verschiedenen Ebenen der IT-Organisation. Dies umfasst regelmäßige Kommunikation, klare Richtlinien und Prozesse sowie die Unterstützung für die Umsetzung von Initiativen. Es handelt sich dabei um keinen einmaligen Prozess, sondern es ist wichtig, regelmäßig zu überprüfen, ob die IT-Initiativen den Geschäftszielen entsprechen und die gewünschten Ergebnisse liefern. Gegebenenfalls müssen Anpassungen vorgenommen werden, damit die IT-Organisation flexibel bleibt.

1.3   Make-or-Buy

Make-or-Buy ist eine strategische Entscheidung, die Unternehmen treffen, wenn es darum geht, ob sie bestimmte Produkte oder Dienstleistungen intern herstellen („Make") oder von externen Quellen erwerben („Buy").

Bei der IT stehen Unternehmen oft vor komplexen Make-or-Buy-Entscheidungen. Die Wahl, ob bestimmte IT-Produkte, -Dienstleistungen oder -Lösungen intern entwickelt und betrieben oder von externen Anbietern erworben oder ausgelagert werden sollen, hängt von einer Vielzahl von Faktoren ab. Dazu gehören Kostenüberlegungen, verfügbare Ressourcen und Fachkenntnisse, Risikobereitschaft sowie strategische Ziele des Unternehmens. Bei der Softwareentwicklung zum Beispiel kann die Entscheidung zwischen Eigenentwicklung und Kauf oder Lizenzierung bestehender Softwarelösungen davon abhängen, ob das Unternehmen spezifische Anforderungen hat, die mit vorhandener Software nicht erfüllt werden können, oder ob es kosteneffizienter ist, eine bereits vorhandene Lösung zu nutzen. Ähnlich ist die Entscheidung bezüglich der Infrastruktur oft davon geprägt, ob das Unternehmen die Skalierbarkeit und Flexibilität von Cloud-Diensten benötigt oder ob es die Kontrolle und Sicherheit einer internen Infrastruktur bevorzugt. Letztendlich ist die richtige Make-or-Buy-Entscheidung in der IT entscheidend dafür, dass Unternehmen ihre Geschäftsziele effektiv erreichen und gleichzeitig Kosten im Einklang halten können.

Eine Kombination von hoher oder niedriger Verfügbarkeit von Lieferanten mit dem Kriterium hoher oder niedriger strategischer Bedeutung kann als Grundlage der Entscheidungsfindung verwendet werden und hat unterschiedliche Auswirkungen auf die Make-or-Buy-Entscheidung:

1. **Hohe Verfügbarkeit von Lieferanten und hohe strategische Bedeutung**
   Wenn es eine breite Auswahl an zuverlässigen Lieferanten gibt und das Produkt oder die Dienstleistung von hoher strategischer Bedeutung für das Unternehmen ist, könnte die Entscheidung getroffen werden, das Produkt oder die Dienstleistung extern zu beziehen. Dies ermöglicht es dem Unternehmen, sich auf seine Kernkompetenzen zu konzentrieren und möglicherweise Kosten zu sparen, indem es auf die Spezialisierung und Effizienz der externen Lieferanten zurückgreift.

2. **Hohe Verfügbarkeit von Lieferanten und niedrige strategische Bedeutung**
   In diesem Szenario könnte das Unternehmen eher dazu neigen, das Produkt oder die Dienstleistung extern zu kaufen, da es viele verfügbare Lieferanten gibt und das Produkt oder die Dienstleistung nicht wesentlich zur strategischen Positionierung des Unternehmens beiträgt. Externe Beschaffung könnte kosteneffizienter sein und interne Ressourcen für wichtigere Geschäftsbereiche freisetzen. In so einem Fall kann ein Unternehmen sogar die Outsourcing-Option bevorzugen.

3. **Niedrige Verfügbarkeit von Lieferanten und hohe strategische Bedeutung**
   Wenn das Produkt oder die Dienstleistung von entscheidender strategischer Bedeutung für das Unternehmen ist, aber nur wenige zuverlässige Lieferanten verfügbar sind, könnte die interne Herstellung bevorzugt werden. Dies könnte dazu beitragen, das Risiko von Lieferengpässen oder Qualitätsproblemen zu minimieren und eine höhere Kontrolle über den Herstellungsprozess zu gewährleisten.

4. **Niedrige Verfügbarkeit von Lieferanten und niedrige strategische Bedeutung**
   In dieser Situation könnte das Unternehmen die Entscheidung treffen, das Produkt oder die Dienstleistung extern zu beziehen, wenn es nur wenige verfügbare Lieferanten gibt und das Produkt oder die Dienstleistung nicht wesentlich für die strategische

Ausrichtung des Unternehmens ist. Das Unternehmen könnte sich darauf konzentrieren, interne Ressourcen für wichtigere Bereiche zu nutzen und externe Quellen für
weniger kritische Produkte oder Dienstleistungen zu nutzen (Abb. 1.7).

Von seinen bescheidenen Anfängen in den frühen Jahren der IT, wo Unternehmen einfache Aufgaben wie die Wartung von Mainframe-Computern auslagerten, bis hin zur
heutigen komplexen Landschaft, in der Unternehmen hochspezialisierte IT-Funktionen
wie Softwareentwicklung, Infrastruktur-Management und Support an externe Anbieter
übergeben, hat sich das **Outsourcing** zu einem wesentlichen Bestandteil der IT-Strategie
vieler Organisationen entwickelt. Die Einführung von Offshoring in den 2000er-Jahren
eröffnete Unternehmen die Möglichkeit, Kosten zu senken und auf ein breiteres Talent-
pool zuzugreifen. Der Aufstieg des Cloud Computing in den 2010er-Jahren veränderte
das Outsourcing-Paradigma erneut, indem es flexible und skalierbare Alternativen zu
herkömmlichen Outsourcing-Modellen bot. Heute wird das Outsourcing in der IT zunehmend durch digitale Transformation und Managed Services vorangetrieben, wobei
Unternehmen verstärkt auf externe Dienstleister zurückgreifen, um ihre Agilität zu verbessern, Innovationen voranzutreiben und sich auf ihre Kerngeschäfte zu konzentrieren.
Das Outsourcing in der IT ist angemessen, wenn ein Unternehmen feststellt, dass es
intern nicht über die erforderlichen Ressourcen, Fachkenntnisse oder Kapazitäten verfügt, um bestimmte IT-Produkte, -Dienstleistungen oder -Lösungen effektiv zu entwickeln, zu betreiben oder zu unterstützen. Dies kann der Fall sein, wenn das Unternehmen komplexe oder spezialisierte IT-Anforderungen hat, die über seine internen
Fähigkeiten hinausgehen, oder wenn es kosteneffizienter ist, auf das Fachwissen und die
Infrastruktur externer IT-Dienstleister zurückzugreifen. Ein Outsourcing kann auch in

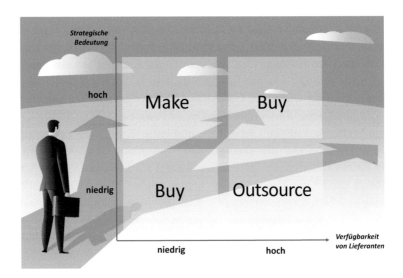

Abb. 1.7   Kriterienmatrix für „Make-or-Buy"-Entscheidungen

der IT dazu beitragen, Risiken zu minimieren, indem externe Anbieter für die Wartung, Sicherheit und Compliance von IT-Systemen verantwortlich sind. Durch die Auslagerung von nicht-kerngeschäftlichen IT-Aufgaben kann ein Unternehmen außerdem interne Ressourcen freisetzen, um sich auf strategisch wichtigere Projekte zu konzentrieren. Insgesamt ist das Outsourcing in der IT angemessen, wenn es dazu beiträgt, die Effizienz zu steigern, Kosten zu senken und die Flexibilität des Unternehmens zu erhöhen, während gleichzeitig die Qualität und Zuverlässigkeit der IT-Services sichergestellt werden.

Eine bewährte Praxis beim IT-Outsourcing besteht darin, klare und umfassende Service-Level-Agreements (SLAs) zu entwickeln, die die Erwartungen und Verantwortlichkeiten sowohl des Unternehmens als auch des Dienstleisters klar definieren. Diese SLAs sollten quantitative und qualitative Leistungsziele enthalten, die regelmäßig überwacht, gemessen und bewertet werden können, um sicherzustellen, dass die vereinbarten Standards erfüllt werden. Diese regelmäßige Überprüfung der Leistung und des Fortschritts sowie die Offenlegung von Daten und Metriken ermöglichen es beiden Parteien Verbesserungsmöglichkeiten zu identifizieren und das Vertrauen in die Partnerschaft aufrechtzuerhalten. Eine transparente Kommunikation zwischen dem Unternehmen und dem Dienstleister bleibt allerdings unerlässlich, um eine effektive Zusammenarbeit sicherzustellen und potenzielle Probleme frühzeitig anzusprechen.

Für ein erfolgreiches Outsourcing soll eine gründliche Evaluierung potenzieller Dienstleister durchgeführt werden, um festzustellen, ob das erforderliche Fachwissen, die Erfahrung und die nötigen Ressourcen vorhanden sind. Der ausgewählte Dienstleister soll dann als Partner betrachtet werden und nicht nur als Lieferant. Eine partnerschaftliche Zusammenarbeit basierend auf Vertrauen, Respekt und gemeinsamen Zielen trägt wesentlich zum langfristigen Erfolg des Outsourcing-Projekts bei.

Literatur

Aguilar FJ (1967) Scanning the business environment. McMillan, London

Christensen CM (1995) Disruptive technologies catching the wave. Harvard Business Review, Cambridge

Dannemiller K, Jacobs RW (1992) Changing the way organizations change: a revolution in common sense. J Appl Behav Sci 28(4):480–498

Doran GT (1981) There's a S.M.A.R.T. Way to write management's goals and objectives. Manag Rev 70:35–36

Drucker P (1954) The practice of management. Harper, New York. Heinemann, London, 1955; revised edition, Butterworth-Heinemann, 2007

Maslow A (1943) Hierarchy of needs: a theory of human motivation. Psychol Rev 50:370–396

McGregor D (1960) Theory X and theory Y printed in „The human side of enterprise". McGraw-Hill, New York 2006

Taylor FW (1911) The principles of scientific management. Harper & Brothers, New York 1947

Tuckman BW (1965) Developmental sequence in small groups. Psychol Bull 63:384–399

Waterman R Jr, Peters T, Phillips JR (1980) Structure is not organization. Bus Horizons 23(3):14–26

IT-Prozessmanagement

Die Definition und Optimierung von Prozessen gehören zu den Managementaufgaben. Dennoch stellt sich die Frage, wie dies bei den IT-Prozessen aussieht und warum das Thema so wichtig ist.

Wie erwartet, ist die Bedeutung der Prozesse groß, um Abläufe optimieren und Effizienzgewinne erzielen zu können. Es geht auch um die Risikominderung von Fehlern und Ausfällen, was für die IT besonders kritisch ist. Ebenfalls sollen IT-Prozesse Unternehmen ermöglichen, ihre Aktivitäten zu skalieren. Die Sicherheit hat mittlerweile oberste Priorität in der IT. Durch klare Richtlinien und strukturierte Vorgehensweisen bei der Übernahme neuer Aufgaben, der Einführung neuer Technologien oder der Integration neuer Mitarbeitenden kann die Integrität der Organisation und ihrer IT-Systeme sichergestellt werden.

IT-Prozesse, in denen Arbeitsschritte und Abläufe definiert werden, tragen wesentlich dazu bei, die Effizienz, Effektivität und Qualität der IT-Dienstleistungen sicherzustellen. Sie regeln Verantwortlichkeiten, Aufgaben und Rollen innerhalb der IT-Abteilung klar und deutlich. Darüber hinaus schaffen sie die Grundlage für eine gute Zusammenarbeit sowohl mit dem Business als auch mit externen Partnern. Kurz gesagt bilden Prozesse das zentrale Nervensystem der Organisation.

In diesem Absatz werden zuerst die **Prozessmerkmale** erläutert, damit ein gemeinsames Verständnis über das Thema Prozessmanagement gewonnen wird. Da die Visualisierung der Prozessschritte wichtig ist, werden **fünf verschiedene Methoden zur Prozessmodellierung** vorgestellt. Hiermit werden die Prämissen erfüllt, um sich mit Händen und Füßen um die Prozesse zu kümmern. Aber warum das Rad neu erfinden? Wir werden deshalb einen Blick auf die **bestehenden Standards wie ITL, COBIT oder IT4IT** werfen, bevor die IT-Prozesse im Einzelnen definiert werden. Die Erfahrung zeigt allerdings, dass die Erfolgschancen bei der Implementierung der IT-Prozesse größer sind, wenn zuerst eine Gesamtlandschaft, das sogenannte **„Big Picture"**, festgelegt

L. Pilorget, *Managing IT in einer digitalen Welt*, https://doi.org/10.1007/978-3-658-46012-9_2

wird. Grund dieser Feststellung liegt in der hohen Anzahl der Abhängigkeiten zwischen den Prozessen. Das bedeutet vor allem, dass eine schrittweise Einführung leider zu einer ständigen Überarbeitung des Vorhandenen führen würde.

2.1 Prozessmerkmale und Visualisierungsmethoden

Die klare Definition des zu erreichenden Zieles stellt eine Voraussetzung dar, um einen Prozess gestalten zu können. Soll ein Service erbracht werden? Sollen Probleme schnell gelöst werden? Oder soll eine neue Lösung fristgerecht, budgetgerecht und qualitätsgerecht geliefert werden? (Abb. 2.1).

Es ist hilfreich, den Prozess zuerst von außen zu charakterisieren, indem der Auslöser des Prozesses einerseits identifiziert und andererseits der Output klar spezifiziert wird. In einer zweiten Phase werden die Zwischenschritte definiert. Die Herausforderung besteht darin, präzise genug zu bleiben, ohne sich in Details zu verlieren. Sollten gewisse Aktivitäten automatisiert ablaufen, stellt sich die Frage, ob diese abgebildet werden sollen. Es ist sinnvoll, die Aktivitäten des Betreibers und die Überwachungsaufgaben darzustellen. Die Bedienung einer Software-Applikation sollte jedoch in einem separaten Dokument festgehalten werden.

Ein Prozess sollte in der Regel auf eine einfache Art und Weise abgebildet werden. D. h. nicht zu viele Schritte und nicht zu viele Abzweigungen. Wenn der Prozess Entscheidungsschritte umfasst, wird der Fluss als Antwort auf die einzelnen Entscheidungen abbiegen. Die Lesbarkeit und das Verständnis des Prozesses werden erschwert, wenn zu viele unterschiedliche Fälle abgebildet werden sollen. Es ist oft einfacher, einen weiteren Prozess zu definieren und damit eine Abhängigkeit zwischen zwei Prozessen festzuhalten. Aufpassen: wenn eine Anhängigkeit zwischen dem Prozess A und dem Prozess B

Prozessgestaltung

- Was ist das Ziel?
- Was ist der Auslöser für den Prozess?
- Was ist der Output des Prozesses?
- Was sind die wichtigsten Schritte?
- Welche Rollen werden benötigt?
- Welche Abhängigkeiten gibt es zu anderen Prozessen?

- Welche KPIs (Key Performance Indicators)?
- Welche CSFs (Critical Success Factors)?

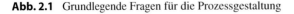

Abb. 2.1 Grundlegende Fragen für die Prozessgestaltung

definiert wird, muss diese Abhängigkeit ebenfalls in der anderen Richtung gelten, d. h. die Abhängigkeit vom Prozess B zu Prozess A muss auch berücksichtigt werden. Es geht an dieser Stelle um die Konsistenz der Prozessmodellierung über alle Prozesse hinweg (Abb. 2.2).

Es ist vorteilhaft, eine grafische Programmiersprache zu verwenden und die „Business Process Model and Notation" (BPMN) wird häufig zu diesem Zweck bevorzugt. Dies liegt daran, dass die Symbole und Elemente der Geschäftsprozessmodellierung als Standards genutzt werden.

Die Hauptelemente von BPMN sind:

- **Ereignisse** (Events): Zustände oder Zustandsänderungen im Prozess, die als Start- oder Endpunkte gelten
- **Aktivitäten/Aufgaben** (Activities): Aufgaben oder Handlungen, die ausgeführt werden müssen
- **Gateway:** Entscheidungspunkte im Prozess, an denen der Prozessfluss je nach bestimmten Bedingungen oder Regeln verzweigt oder zusammengeführt wird
- **Verbindungen** (Sequence Flow): Fluss der Prozessausführung, der die verschiedenen Elemente des Prozesses miteinander verbindet
- **Schwimmbahnen** (Lanes): Gruppierung von Aktivitäten oder Ereignissen nach bestimmten Akteuren oder organisatorischen Einheiten oder Rollen
- **Artefakte:** Beschreibung ergänzender Informationen oder Dokumentation im Prozess wie Textnotizen oder Datenobjekte (Abb. 2.3)

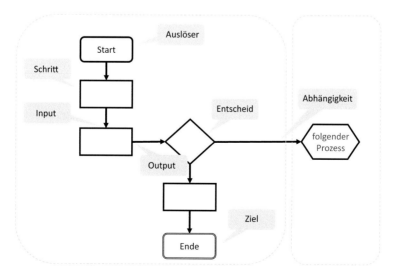

Abb. 2.2 Komponente einer Prozessgestaltung

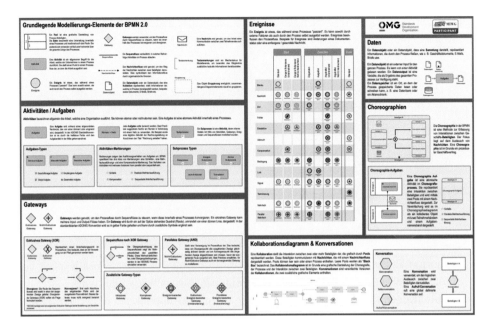

Abb. 2.3 Überblick über die BPMN-Hauptelemente (Quelle: boc-group)

In den folgenden Abschnitten werden drei klassische Methoden vorgestellt: das Flussdiagramm, die Swim Lane Graphik und die Kreisdarstellung, sowie zwei Methoden aus
dem Lean-Management, das SIPOC-Diagramm und die RACI-Matrix.

2.1.1 Flussdiagramm

Flow Charts oder Flussdiagramme oder Ablaufdiagramme bieten eine visuelle Darstellung an, die eine einfache Kommunikation ermöglicht.

Der Informationsfluss wird veranschaulicht, indem die verschiedenen Schritte oder
Aktionen des Prozesses als Rechteck dargestellt und durch Pfeile miteinander von oben
als Start bis unten als Ende verbunden werden (Abb. 2.4).

Die Entwicklung einer Applikation wird beschrieben, um die Anwendung eines Flussdiagramms zu illustrieren. Zuerst werden die Eckdaten der Prozessbeschreibung festgelegt. Der Prozess ist so konzipiert, dass die Entwicklung einer Applikation in den beiden Prozessen „Projektmanagement" und „Release Management" eingebettet ist. Eine
Anfrage für eine Entwicklung wird analysiert und als Auftrag eingeplant. Nach der Erledigung des Auftrags, d. h. wenn die Programmierung oder die Parametrierung der Applikation erledigt ist, werden Tests durchgeführt, damit die Qualität der Lösung durch die
Entwickler selber geprüft wird (Abb. 2.5).

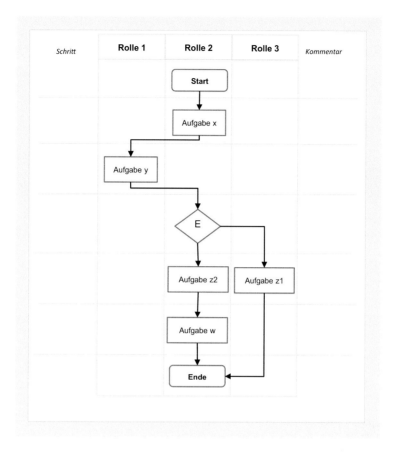

Abb. 2.4 Flussdiagramm (Flow Chart)

Die im Prozess definierten Hauptrollen können wie folgt zusammengefasst werden.

Projekt Manager	• Vermittelt die Aufträge basierend auf Spezifikationen • Koordiniert die Projektplanung mit der Detailplanung für die Lieferung der vorgesehenen Entwicklungen
Release Manager	• Koordiniert die Release Planung mit der Detailplanung für die Lieferung der vorgesehenen Entwicklungen

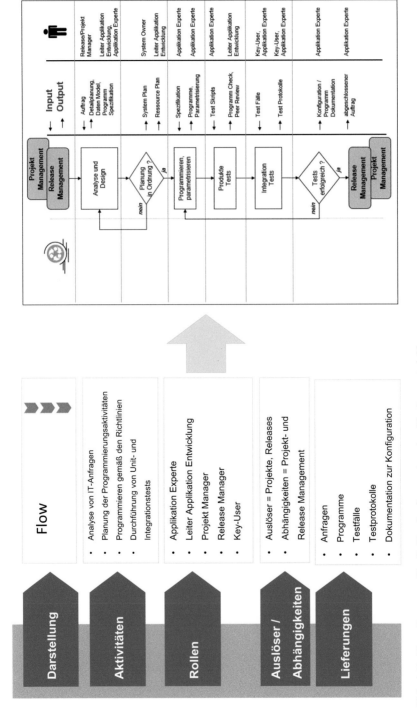

Abb. 2.5 Flussdiagramm für die Beschreibung einer Applikationsentwicklung

Leiter Applikationsent-wicklung	• Prüft die Machbarkeit anhand Ressourcenplanung und Aufwand-schätzung • Nimmt die Spezifikation ab • Prüft die Qualität der Entwicklung gemäß Programmierungsricht-linien • Stellt sicher, dass die Dokumentation zur Verfügung gestellt wird
Applikation Expert/Programmierer	• Prüft die Spezifikation auf Verständlichkeit und Vollständigkeit • Erstellt eine Aufwandschätzung und schlägt eine Detailplanung vor • Definiert das logische Datenmodel • Erstellt Basistestfälle • Programmiert oder parametrisiert • Führt die Funktionale Unit Tests durch • Unterstützt den Key-User bei der Durchführung der Integration Tests • Dokumentiert die Programme und die Konfigurationselemente
System Owner	• Prüft die Release Planung anhand Systemplanung • Stellt die IT-Infrastruktur zur Verfügung
Key-User	• Prüft die Spezifikation • Führt die Integrationstests durch • Gibt das OK für das Ende der Entwicklung

Während Flussdiagramme einer einheitlichen und konsistenten Darstellung dienen, können komplexe Flow Charts schnell unübersichtlich wirken und sind schwierig zu verstehen. Zu viele Verzweigungen oder detaillierte Schritte können die Lesbarkeit schwer beeinträchtigen.

Die Erstellung eines Flussdiagramms bleibt ein Balanceakt, wo zu viele Details die Übersichtlichkeit gefährden. Interpretationsspielräume, zum Beispiel bei Ausnahmefällen, sollen vermieden werden, da Missverständnisse oder unterschiedliche Interpretationen entstehen können.

2.1.2 Swim-Lane-Grafik

Um eine Swim-Lane-Grafik erstellen zu können, sollen die Akteure oder Rollen festgelegt werden, damit die Linien gezeichnet werden. Dadurch werden die Verantwortlichkeiten dargestellt. Innerhalb der entsprechenden Swim Lanes werden die Prozessschritte, als Rechtecke wie bei normalen Flussdiagrammen dargestellt, positioniert. Die Aktivitäten werden mit Pfeilen in der logischen Reihenfolge verbunden. Falls erforderlich werden den Entscheidungspunkte oder Bedingungen hinzugefügt (Abb. 2.6).

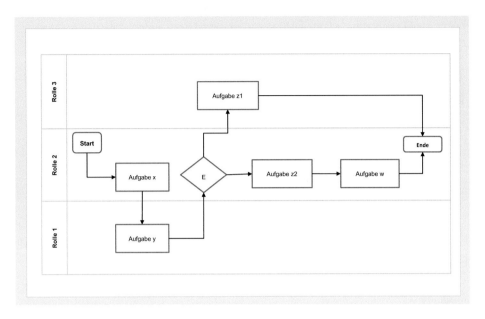

Abb. 2.6 Swim-Lane-Grafik

Swim-Lane-Grafiken werden häufig aufgrund der Übersichtlichkeit verwendet, um Prozesse darzustellen, an denen verschiedene Akteure beteiligt sind. Damit ergibt sich eine visuelle Darstellung der Aufgaben, Verantwortlichkeiten und Abläufe in einem Prozess.

Als Beispiel für die Anwendung einer Swim-Lane-Grafik wird der Prozess „IT-Lieferanten-Management" gewählt (Abb. 2.7).

Der Prozess fängt mit dem Auswahlverfahren für die Wahl eines Lieferanten an. Zuerst wird eine Anfrage bei verschiedenen Anbietern durchgeführt. Dieser Schritt wird auf Englisch als „RfP" bezeichnet, was „Request for Proposal" heißt. Die Kriterien für die Bewertung müssen von vornherein klar definiert werden. Zum Beispiel können diese wie folgt lauten:

- **Allgemeine Anforderungen**
  - Beschreibung der Firma des Anbieters (Gründung, Orte)
  - Produktstrategie (Anbindung von Standardprodukten, Releasezyklen, Wartungs- und Supportleistungen, Produktschulungen)
  - Projektmanagement und Release-Planung (Vorgehen zur Einführung der Lösung, Hauptrisiken bei der Projektumsetzung)
  - Referenzen (Referenzunternehmen)
- **Funktionale Anforderungen**
  - Abdeckungsgrad der beschriebenen funktionalen Anforderungen durch die Lösung

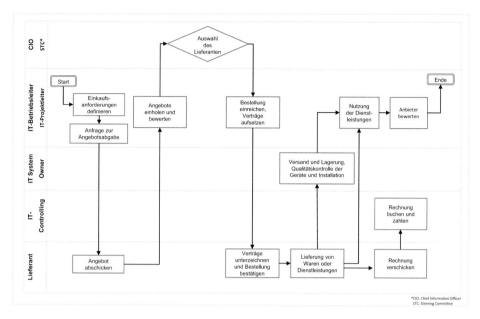

Abb. 2.7 Swim-Lane-Grafik für IT-Lieferanten-Management

- Daten-Validierung (Automatisierte und regelbasierte Prüfung aufgrund der minimal notwendigen Angaben)
- Bewilligungsprozesse (Workflows für die Qualitätskontrolle)
- Reporting und Audit
- **IT-Anforderungen**
  - Applikations-Infrastruktur (Systemarchitektur, Skalierung, Versionen-Kompatibilität)
  - Schnittstelle (Application Programming Interface)
  - Systemüberwachung
  - Qualitätssicherung und Business-Continuity-Management
  - IT-Sicherheit
- **Nicht-funktionale Anforderungen**
  - Vorgaben, Release-Fähigkeit und Wartbarkeit
  - Systemkomponenten
  - Qualitätsprüfung und Organisation
  - Performanz (Antwortzeiten, Zeitverhalten)
- **Finanzielle Anforderungen**
  - Investitionskosten (Lizenzen, Beratung, Schulung, interne Aufwände)
  - Laufende Kosten (Wartung, Lizenzen)

Die eingereichten Angebote sollen verglichen und in einem standardisierten Verfahren bewertet werden. Die folgenden Kriterien sind für die Bewertung wesentlich:

- Erfüllung der gestellten Anforderungen
- Qualität des Angebots und des vorgeschlagenen Lösungskonzepts
- Größe und wirtschaftliche Merkmale des Anbieters
- Expertise und Erfahrung des Anbieters
- Preis-Leistungs-Verhältnis
- Projektmanagement und Implementationsplan
- Referenzen

Eine Gewichtung der Kriterien kann je nach Natur des Projektes oder der zu erbrachten Dienstleistungen festgelegt werden.

Danach werden Verhandlungen geführt. In der Regel finden diese nur mit einer kurzen Liste potenzieller Lieferanten („Short List"-Verfahren) statt. Die Unterzeichnung des Vertrags zeigt das Ende der Verhandlungen an. In manchen Fällen wird eine Absichtserklärung („LoI": „Letter of Intent") unterzeichnet, bevor ein endgültiger Vertrag zustande kommt. Um die Beschreibung des Prozesses nicht zu erschweren, wird dieser Schritt nicht abgebildet, da dies keinen Mehrwert für die Beschreibung des Gesamtverfahrens bringt.

Sobald der IT-Lieferant ausgesucht wurde, werden die entsprechenden Produkte und Dienstleistungen in Anspruch genommen und in die bestehende IT-Infrastruktur implementiert und integriert.

Die Qualitätssicherung ist in diesem Prozess von großer Bedeutung, damit die Zuverlässigkeit und die Sicherheit der Produkte oder die Qualität der Leistungen gewährleistet werden.

Der vorgeschlagene Prozess sieht allerdings vor, dass die Einkäufe durch die IT-Organisation und durch IT-Projekte auf eine einheitliche Art und Weise durchgeführt werden.

Durch die Entwicklung des Prozesses können die dargestellten Rollen wie folgt zusammengefasst werden.

CIO (Chief Information Officer)	• Entscheidet über die Auswahl der Lieferanten • Stimmt Ausnahmen von Standards zu
STC (Steering Committee)	• Trifft die endgültige Entscheidung über die Wahl einer neuen IT-Lösung und die Auswahl des entsprechenden Lieferanten

IT-Betriebsleiter	• Definiert die Bestellanforderungen für den Kauf von IT-Geräten • Beauftragt die Lieferung aller erforderlichen IT-Dienstleistungen und Hard- und Softwareprodukte • Bestellt die gesamte Hard- und Software, die für die laufenden Projekte erforderlich ist • Stellt sicher, dass sowohl die IT-Dienstleistungen als auch die Hard- und Softwareprodukte den geltenden IT-Standards entsprechen (Ausnahmen werden an den CIO weitergeleitet) • Bewertet die Leistung der Lieferanten • Führt Aufzeichnungen über die Leistung der Lieferanten und aktualisiert gegebenenfalls eine Auswahlliste
Projektleiter	• Definiert die Auftragsanforderungen für den Projektbedarf • Bestellt alle genehmigten und budgetierten Dienstleistungen, die für einen erfolgreichen Abschluss des Projektes notwendig sind • Stellt sicher, dass die im Rahmen von Projekten sowohl beauftragten Dienstleistungen als auch die Hard- und Softwareprodukte den IT-Standards entsprechen • Bewertet die Serviceleistungen der Lieferanten • Führt Aufzeichnungen über die projektbezogene Leistung der Lieferanten und aktualisiert gegebenenfalls eine Auswahlliste
System Owner	• Nimmt die gelieferten Geräte entgegen • Prüft die Qualität und Vollständigkeit der Systeme • Führt Vorinstallationen und entsprechende Tests durch • Installiert die gelieferten Geräte und nimmt diese in Betrieb
IT-Controlling	• Stellt sicher, dass die Verträge aufgesetzt und unterzeichnet sind, bevor Aufträge erteilt oder bearbeitet werden • Erfasst externe Rechnungen • Überprüft die Richtigkeit der Rechnungen • Leitet die geprüften Rechnungen zur Zahlung an die Buchhaltung weiter
Lieferant	• Unterbreitet Angebote auf Anfrage • Unterzeichnet Vereinbarungen zur Bereitstellung bestimmter Produkte oder Dienstleistungen • Liefert Produkte und erbringt IT-Dienstleistungen • Legt Rechnungen für die gelieferte Produkte und Dienstleistungen vor

Die Darstellung soll übersichtlich bleiben und die Lesbarkeit sichergestellt werden. Aus diesem Grund sollen nicht zu viele Aktivitäten oder Beteiligten dargestellt werden. Weiterhin sind Swim-Lane-Grafiken eher statisch als abstrakte Darstellungsform. Bei Veränderungen oder neuen Anforderungen darf der Aufwand für die Aktualisierung und Pflege der Grafiken nicht unterschätzt werden.

2.1.3 Kreislauf

Die kreisförmige Prozessdarstellung erinnert an den Deming Kreis oder PDCA-Zyklus, der einen iterativen Prozess zur Kontrolle und kontinuierlicher Verbesserung von Aktivitäten oder Produkten beschreibt.

Der PDCA-Zyklus besteht aus vier Phasen:

- **P**lanen: Festlegung der Ziele für einen Prozess und der erforderlichen Änderungen, um diese zu erreichen.
- **D**o: Umsetzung der Änderungen
- **C**heck: Bewertung der Ergebnisse in Bezug auf die Leistung.
- **A**ct: Standardisierung und Stabilisierung der Änderung oder erneuter Beginn des Zyklus, je nach Ergebnissen (Abb. 2.8).

Als Beispiel wird der IT-Qualitäts-Managementprozess als Zyklus abgebildet.

In diesem Fall besteht das Hauptziel des IT-Qualitäts-Managements darin, sicherzustellen, dass eine angemessene Qualität geliefert wird. Dies geschieht durch die Festlegung von Qualitätsstandards und die Messung der im Rahmen von Dienstleistungen und Projekten erbrachten Qualität.

Die wichtigsten Aktivitäten innerhalb dieses Prozesses lassen sich in vier Schritten zusammenfassen, die alle in einem regelmäßigen Zyklus ablaufen:

1. Definition der IT-Qualitätsstandards
2. Messung und Überwachung der Qualität der erbrachten IT-Dienstleistungen
3. Durchführung interner Qualitätsaudits
4. Umsetzung von Maßnahmen zur Verbesserung der Qualität

Der Prozess wird als solches durch die IT-Strategie ausgelöst und hängt mit den 2 Prozessen „Service Management" und „Projektportfolio-Management" zusammen (Abb. 2.9).

Abb. 2.8 Kreisförmige
Prozessdarstellung

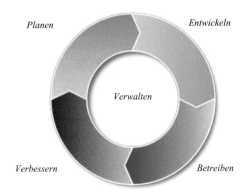

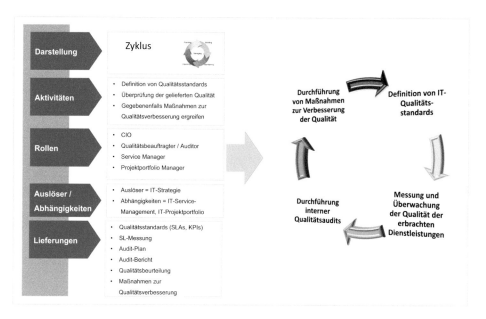

Abb. 2.9 Der IT-Qualitäts-Managementprozess als Zyklus

Die folgenden Rollen werden benötigt, um den Prozess zu implementieren.

CIO (Chief Information Officer)	• Legt die Qualitätsstandards für die spezifizierten IT-Dienstleistungen fest • Stellt die Einhaltung der festgelegten Qualitätsstandards sicher • Ist für die Einhaltung der Gesamtqualität verantwortlich • Leitet bei festgestellten Qualitätsmängeln geeignete Maßnahmen ein
Qualitätsbeauftragter	• Unterstützt den CIO bei der Festlegung der Qualitätsstandards • Ist verantwortlich für die Organisation und Planung von internen Audits • Leitet die Ergebnisse der Audits an den CIO weiter • Stellt sicher, dass die beschlossenen Maßnahmen umgesetzt und die festgestellten Qualitätsmängel wirksam behoben werden
Service Manager	• Definiert, misst und überwacht die Einhaltung der festgelegten Service Levels

Projektportfolio Manager	• Definiert Projekt-KPIs • Misst die Projektleistung • Organisiert „Lessons Learned" und setzt Verbesserungs- maßnahmen um

Eine kreisförmige Darstellung bietet eine einfache visuelle Darstellung eines Prozesses, die leicht zu verstehen und zu interpretieren ist.

Dennoch bleibt die Detailtiefe begrenzt und es ist schwierig, alle wichtige Informationen, wie zum Beispiel Rollen, wiederzugeben. Es ist auch kaum möglich, alternative Pfade, Ausnahmen oder Entscheidungszweige abzubilden.

2.1.4 SIPOC-Diagramm

SIPOC ist ein Werkzeug aus dem Six-Sigma, der für die Definitions-Phase im Geschäftsprozessmanagement benutzt wird. Das englischsprachige Akronym steht für **S**uppliers, **I**nputs, **P**rocess, **O**utputs und **C**ustomers.

Mit so einer Darstellung werden der Prozessfluss und die Interaktion zwischen Lieferanten, Eingängen, Prozessschritten, Ausgängen und Kunden veranschaulicht. Das SIPOC-Diagramm wird oft als Ausgangspunkt für die Prozessanalyse und -optimierung verwendet (Abb. 2.10).

SIPOC (Supplier-Input-Process-Output-Customer)

Supplier	Input	Process step	Output	Customer
		1.		
		2.		
		3.		
		...		

Abb. 2.10 SIPOC (Supplier-Input-Process-Output-Customer)-Diagramm

Als Beispiel wird jetzt der Prozess „Incident-Management" mit einem SIPOC-Diagramm modelliert.

Der Prozess „Incident-Management" ist ein operativer Prozess, dessen Ziel es ist, eine schnelle Reaktion auf Anfragen und die schnellstmögliche Wiederherstellung von Diensten nach Ausfällen oder Qualitätseinbußen zu gewährleisten.

Die Prozessauslöser sind eingehende Anrufe, eingehende Mails oder Webnachrichten von Anwendern.

Die folgende SIPOC-Tabelle beschreibt den Störungs-Management-Prozess in fünf Schritten.

Schritt	S	I	P	O	C
1	Anwender	Anruf, Mail, Web-Anfrage	Ein Ticket wird kreiert und die relevanten Informationen festgehalten	Call Ticket	Helpdesk
2	Helpdesk	Analyse der Meldung	Leistet 1st-Level-Support und legt die Priorität der Anfragen fest	Gelöstes Call-Ticket oder ein Incident Ticket wird erstellt	Anwender falls Anruf-anfrage gelöst, sonst Helpdesk
3	Helpdesk	Incident Ticket	Ein Incident Ticket wird erstellt und an den 2nd Level Support weitergeleitet	Zugewiesenes Incident Ticket	2nd Level Support
4	2nd Level Support	Incident Ticket	Behebt den Vorfall, dokumentiert die Lösung und benachrichtigt den Helpdesk	Gelöstes Ereignis, Dokumentation	Helpdesk
5	Helpdesk	Gelöster Fall	Benutzer wird kontaktiert und das Ticket geschlossen	Anwender-Feedback und geschlossenes Ticket	Anwender

Aus der Prozessbeschreibung können die 3 folgenden benötigten Rollen definiert werden.

Anwender	• Meldet Probleme und stellt Fragen • Genehmigt Antworten und Lösungen • Bewertet die Servicequalität

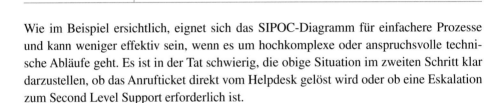

Helpdesk	• Beantwortet Telefonanrufe • Dokumentiert die Anfrage in einem Anrufbeleg und leistet erste Hilfe • Legt Prioritäten der Vorfälle fest • Erstellt Incident Tickets und leitet diese an den 2nd Level Support weiter • Schließt Tickets ab und benachrichtigt den Anwender
2nd Level Support	• Nimmt Störungsmeldungen entgegen • Analysiert und behebt Vorfälle entsprechend den Prioritäten der Tickets • Erstellt ein Problem Ticket bei komplexeren Vorfällen • Benachrichtigt den Helpdesk über den Ticketstatus

Wie im Beispiel ersichtlich, eignet sich das SIPOC-Diagramm für einfachere Prozesse und kann weniger effektiv sein, wenn es um hochkomplexe oder anspruchsvolle technische Abläufe geht. Es ist in der Tat schwierig, die obige Situation im zweiten Schritt klar darzustellen, ob das Anrufticket direkt vom Helpdesk gelöst wird oder ob eine Eskalation zum Second Level Support erforderlich ist.

2.1.5   RACI-Matrix

Das RACI-Diagramm ist ein Verantwortungsmatrix-Tool, das die Verknüpfung einer Rolle mit einer Aufgabe ermöglicht. RACI steht als Akronym für **R**esponsible, **A**ccountable, **C**onsulted und **I**nformed.

Während SIPOC den vollständigen Prozessfluss darstellt, konzentriert sich RACI auf die Verantwortlichkeiten innerhalb des Prozesses (Abb. 2.11).

Als Beispiel für eine RACI-Matrix wird der Prozess „Problemmanagement" dargestellt.

Der Problem-Management-Prozess befasst sich mit der Lösung der zugrunde liegenden Ursache von Vorfällen oder Störungen. Ziel ist es, die Fehlerursache zu beheben und dauerhafte Lösungen zu finden.

Der folgende Ansatz erweist sich als sehr nützlich für die Lösung von Problemen:

Schritt 1: Analyse der Situation
Ziel der Situationsanalyse ist es, ein besseres Verständnis des gemeldeten Problems und deren möglichen Ursachen innerhalb der Infrastruktur oder Anwendung zu erlangen:

• Beschreibung des gemeldeten Problems auf verständliche Weise
• Beschaffung aller relevanten Informationen
• Abgrenzung des Problems
• Klassifizierung des Problems (Auswirkung, Dringlichkeit, Priorität)

RACI (Responsible-Accountable-Consulted-Informed)

RACI Tabelle
Name des Prozesses: ....
Prozess-Eigentümer: ....

Nr.	Process step	Department / Area / Role					Inputs	Outputs	Comments
		A	B	C	D	E			
1									
2									
3									
4									
...									

R: Responsible ("Macher", der die Aufgabe ausführt und dafür sorgt, dass alles erledigt wird)
A: Accountable (Verantwortliche Person, keine Delegation an eine andere Rolle möglich)
C: Consulted (Person, die vor oder während der Erledigung einer Aufgabe Ratschläge erteilt, kann eine Entscheidung beeinflussen)
I: Informed (Personen oder Rollen, die nach Fertigstellung der Aufgabe informiert werden)

Abb. 2.11 RACI (Responsible-Accountable-Consulted-Informed)-Matrix

Schritt 2: Suche nach der zugrunde liegenden Ursache (Fehleridentifikation)
Einem gemeldeten Vorfall liegt eine Ursache zugrunde, die gefunden und entweder beseitigt oder umgangen werden muss:

- Suche nach möglichen Grundursachen
- Prüfung, ob eine bestimmte Ursache die „wahre" Ursache für die gemeldeten Symptome sein kann
- Auswahl einer der möglichen Ursachen und Versuch, den Fehler zu reproduzieren
- Versuch, eine Umgehung zu finden, wie der Dienst unter Umgehung der Ursache erbracht werden kann

Schritt 3: Bekannten Fehler dokumentieren
In dem Moment, in dem eine Ursache als Fehler innerhalb der Anwendung oder der Infrastruktur identifiziert wird, muss diese als solche dokumentiert werden, um weitere Vorfälle zu vermeiden:

- Dokumentation der zugrunden liegenden Ursache als bekannten Fehler
- Information an dem Service Desk und dem 2nd Level Support über die Existenz des Fehlers
- Kommunikation der Abhilfe

Schritt 4: Untersuchung möglicher Lösungen
Auf der Grundlage wirtschaftlicher Überlegungen werden mögliche Lösungen zur Behebung des Fehlers identifiziert:

- Ist die Lösung in einem bestimmten Zeit- und Aufwandsrahmen realisierbar?
- Stellt der Anbieter des Geräts oder der Anwendung in naher Zukunft eine Lösung (Patch, Upgrade) bereit?
- Wenn nicht, können die Anwender mit der Umgehung für längere Zeit oder sogar für immer leben?
- Dokumentation der Vor- und Nachteile der Lösung und Darstellung der Kosten und Nutzen

Schritt 5: Umsetzung einer Lösung
Wenn beschlossen wurde, eine Lösung zu implementieren, beginnen die IT-Architekten, Entwickler oder Service-Delivery-Manager mit der Umsetzung:

- Kauf oder Miete zusätzlicher, neuer oder zuverlässigerer Geräte
- Entwicklung, Test und Einführung eines Software-Updates oder -Release
- Aktualisierung der Konfigurationen in den Einstellungen der bestehenden Dienste
- Information des Helpdesks und des 2nd Level Supports über die Beseitigung des Fehlers

Schritt 6: Bewertung des Ergebnisses
Die implementierte Lösung wird überprüft, um festzustellen, ob das Problem behoben wurde oder nicht.
Zur Beschreibung des Prozesses wird die folgende RACI-Tabelle vorgeschlagen.

Nr	Prozess-schritt	IT-Be-triebs-leiter	Pro-blem Owner	Task Force Mit-glieder	System Owner	Input	Output	Kommen-tar
0	Start des Problem-management Prozesses und Definition des Problembereichs	A, R	I		C	Vorfalls-bericht in einem bestimmten Dienst	Nominierung eines Problem Owner	Sensibi-lisierung nötig
1	Analyse der aktuellen Symptome	A	R	I	C	Incidents, Nutzer-berichte	Ist-Ana-lyse	

Nr	Prozess-schritt	IT-Be-triebs-leiter	Pro-blem Owner	Task Force Mit-glieder	System Owner	Input	Output	Kommen-tar
2	Suche nach den zugrunde liegenden Ursachen	A	R	R	C	System/ Service In-formation	Mögliche Ursachen	Unter-suchungen durch Ex-perten
3a	Eine Ursache auswählen und als be-kannten Fehler doku-mentieren		A	R	C	Mögliche Ursachen	Be-kannter Fehler, Worka-round	
3b	Informieren	A	R			Bekannter Fehler, Wor-karound	Infor-mierter Helpdesk	Weitere Vorfälle vermeiden
4	Analyse möglicher Auflösungen	A	R	R	C	Kosten von Beschluss-vorschlägen	Aus-gewählte Lösung	
5	Umsetzung der Lösung		A	C	R	Änderungs-vorschlag	Be-arbeitete Ände-rung	Planung erforder-lich
6a	Bewertung der Auf-lösung	A	I	I	R	Be-schreibung des Fehlers und der Lö-sung	Prüfung der Lö-sung	Ende des Problems
6b	Informieren	A	C	I	R	Lösung be-stätigt	Infor-mierter Helpdesk	Worka-rounds müssen eingestellt werden

Anhand der Prozessbeschreibung lassen sich die folgenden erforderlichen Rollen er-mitteln.

IT-Betriebsleiter
- Initiiert den Problemmanagement Prozess
- Genehmigt Antworten und Lösungen
- Benennt den Problemverantwortlichen
- Ist für die Bekämpfung des Problems verantwortlich

Problem Owner	• Ist für die Durchführung des Problemmanagement Prozesses verantwortlich • Leitet die Task Force zur Analyse des Problems • Analysiert die Grundursachen und identifiziert den zugrunde liegenden Fehler • Untersucht die Abhilfemaßnahmen • Stellt sicher, dass die Umsetzung der Lösung korrekt erfolgt
Task Force Mitglieder	• Erledigt die vom Problem Owner gestellten Aufgaben • Berichtet über den Fortschritt der geplanten Aktivitäten
System Owner	• Führt Systemänderungen gemäß den geltenden Verfahren durch • Überwacht die Systemleistung • Stellt die Qualität des laufenden Systems sicher

Dank Klarheit über die Rollen und Verantwortlichkeiten innerhalb eines Teams kann ein RACI-Diagramm helfen, eine bessere Effizienz und Zusammenarbeit zu erreichen.

2.2   Existierende Standards zur Modellierung der IT-Prozesse

Es gibt zahlreiche Modelle, die mit IT-Governance und Definition der entsprechenden IT-Prozesse zu tun haben. In diesem Zusammenhang stellt das Calder-Moir IT-Governance Framework ein Metamodell dar, das einen gesamten End-to-End-Prozess mit sechs Quadranten beinhaltet (Geschäftsstrategie, Geschäftsrisiken, IT-Strategie, Veränderung, Fähigkeit, Betrieb). Jeder der Quadranten ist in drei Schichten unterteilt:

1. innere Schicht: die vom Vorstand behandelten Schlüsselthemen
2. mittlere Schicht: relevant für die Geschäftsleitung
3. äußere Schicht: richtet sich an die IT-Fachleute (Abb. 2.12)

Aus der Vielzahl der Modelle werden jetzt drei Standards ausgesucht, die eine gute Gelegenheit anbieten, ein besseres Verständnis für das Thema IT-Prozess-Management zu gewinnen.

Ein wichtiger Standard für IT-Prozesse ist **ITIL** (Information Technology Infrastructure Library). ITIL wurde in den 1980er-Jahren in Großbritannien von der britischen Regierungsbehörde *Central Computer and Telecommunications Agency* (CCTA) als Best Practice Framework für das IT-Service-Management (ITSM) erstellt.

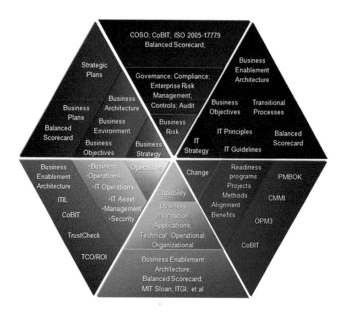

Abb. 2.12 Calder-Moir IT-Governance Framework.

COBIT (Control Objectives for Information and Related Technologies) wurde von der „Information Systems Audit and Control Association" (ISACA) entwickelt, einer internationalen Organisation, die sich mit IT-Governance, Risikomanagement und Compliance befasst. COBIT, als Framework für das IT-Governance-Management, wurde erstmals 1996 veröffentlicht und soll Unternehmen dabei helfen, die IT-Ressourcen effektiv zu nutzen, Risiken zu minimieren und strategische Ziele zu erreichen.

The Open Group, eine internationale IT-Standardisierungsorganisation, hat die **IT4IT-** Standards im Bereich der Informations- und Kommunikationstechnologie entwickelt. IT4IT wurde erstmals im Jahr 2014 veröffentlicht, als Referenzarchitektur, um Unternehmen bei der effektiven Verwaltung ihrer IT-Landschaften zu unterstützen.

2.2.1   ITIL

ITIL gilt als bewährtes Best Practice für das IT-Service-Management (ITSM). Die erste Version der ITIL-Standards fasste zehn IT-Prozesse zusammen, die in zwei Kategorien, einerseits Service Support und anderseits Service Delivery, geteilt wurden. Diese 10 Prozesse sind im Folgenden aufgelistet.

Service Support (5 Prozesse)

Bei diesen fünf Prozessen dreht es sich um die praktischen Anforderungen einer IT-Organisation, wie zum Beispiel das Management von Vorfällen, Änderungen an der IT-Umgebung und die Bereitstellung neuer Dienste.

- **Incident Management**
  Störungsbeseitigung und schnelle Wiederherstellung der Dienste
- **Problem Management**
  Lösung von Problemen an der Wurzel, um zukünftige Vorfälle zu verhindern
- **Configuration Management**
  Pflege aller notwendigen Informationen über Services, Dienstkomponenten und Be-
  ziehungen
- **Change Management**
  Kontrolle der Umsetzung von Änderungen an IT-Systemen
- **Release Management**
  Steuerung der Einführung neuer Versionen bei IT-Systemen

Service Delivery (5 Prozesse)

Das ITIL-Service-Delivery umfasst das Management von IT-Services und stellt sicher,
dass diese wie vereinbart zwischen Provider und Kunde erbracht werden. Dafür sind fünf
Prozesse vorgesehen.

- **Service-Level-Management**
  Definition und Umsetzung klarer Vereinbarungen für die Leistungserbringung zwi-
  schen einer IT-Organisation und ihren Kunden
- **Financial Management for IT-Services**
  Sicherstellung der ordnungsgemäßen finanziellen Verwaltung der IT-Services
- **Capacity Management**
  Optimierung der Kapazität zur Erfüllung der Serviceanforderungen zu akzeptablen
  Kosten
- **Availability Management**
  Sicherstellung der Verfügbarkeit von IT-Ressourcen zur Einhaltung der vereinbarten
  Service Levels
- **IT-Service-Continuity-Management**
  Sicherstellung der Geschäftskontinuität durch die Planung geeigneter Disaster Reco-
  very Pläne und Implementierung von Maßnahmen zur Wiederherstellung der IT-Ser-
  vices nach einem Ausfall

Die ITIL-Standards haben sich im Laufe der Zeit weiterentwickelt, um die modernen
Anforderungen an das IT-Service-Management zu berücksichtigen und gelten jetzt als
ganzheitliche IT Best Practice (Abb. 2.13).

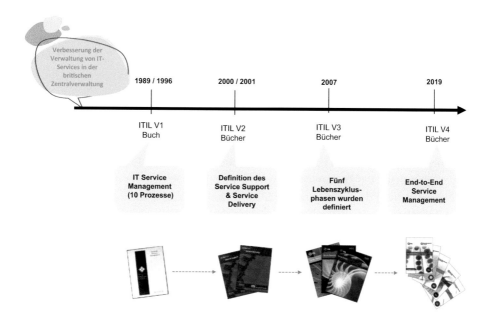

Abb. 2.13 Eine kurze Geschichte von ITIL

Die neue ITIL-Praxis basiert auf sieben Grundprinzipien:

1. Wertorientierung
2. Dort beginnen, wo man steht
3. Iterative Weiterentwicklung und Feedback
4. Zusammenarbeit und Transparenz fördern
5. Ganzheitlich denken und arbeiten
6. Auf Einfachheit und Praktikabilität achten
7. Optimieren und automatisieren

Das Ziel bleibt, IT-Services mit den Geschäftszielen zu verknüpfen, den Kundenservice zu verbessern, Kosten zu senken und die IT-Servicequalität insgesamt zu steigern. Als bewährte Richtlinie für das IT-Service-Management sieht das aktuelle ITIL-Rahmenwerk folgende Themen vor:

1. **Servicestrategie:** klare Definition der IT-Dienste, die den Geschäftszielen dienen und zur Wertschöpfung beitragen
2. **Service Design:** Gestaltung der IT-Services und Prozesse, um den Anforderungen und Zielen des Unternehmens gerecht zu werden
3. **Service Transition:** Sorgfältige Planung und Durchführung von Änderungen, um sicherzustellen, dass neue oder geänderte IT-Services reibungslos in Betrieb genommen werden können

4. **Servicebetrieb:** Effiziente Bereitstellung und Erbringung der IT-Services, inklusiv Incident- und Problemmanagement für den Support sowie Überwachung der Serviceleistung

5. **Serviceverbesserung:** Kontinuierliche Optimierung der IT-Services, um Engpässe zu beseitigen und eine ständige Verbesserung zu ermöglichen (Abb. 2.14)

ITIL hat sich weltweit als etablierte Methode durchgesetzt und wird von zahlreichen Unternehmen genutzt, um die Prozesse im IT-Service-Management zu optimieren. Nun stellt sich die Frage, wie ITIL in Zukunft verwendet wird. Im Rahmen der Digitalisierung spielen sicher die IT-Services eine noch wichtigere Rolle. Aus diesem Grund bleibt die Zukunft von ITIL vielversprechend. An dieser Stelle gibt es eindeutige Trends, die sich möglicherweise auf die zukünftige Entwicklung von ITIL auswirken könnten:

• *Agile und DevOps:* ITIL wird sich voraussichtlich an diese Veränderungen anpassen, um eine nahtlose Integration von agilen und DevOps-Praktiken zu ermöglichen
• *Automatisierung und KI:* Diese Technologien werden berücksichtigt sein müssen, um die IT-Service-Prozesse effizienter zu gestalten
• *Cloud Computing:* Für cloudbasierte IT-Dienste sollten Richtlinien und bewährte Verfahren vorgeschlagen werden
• *Digitalisierung:* Der Fokus soll auf das Kundenerlebnis und digitale Services gelegt werden, um vor allem eine schnellere Reaktion auf Marktbedürfnisse zu ermöglichen

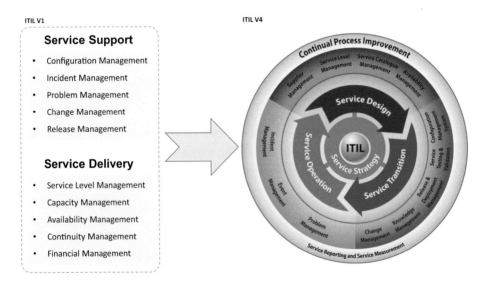

Abb. 2.14   Von ITIL V1 zu ITIL V4

2.2.2 COBIT

COBIT ist ein international anerkanntes Framework zur IT-Governance. Die aktuelle Version ist COBIT5, die in 2019 veröffentlicht wurde, damit wichtige technologische Entwicklungen wie organisatorische Best-Practices, insbesondere was Agilität anbelangt, berücksichtigt werden.

Das COBIT-Rahmenwerk beruht auf fünf Hauptbereichen:

1. EDM: Evaluate, Direct and Monitor
2. APO: Align, Plan and Organize
3. BAI: Build, Acquire and Implement
4. DSS: Deliver, Service and Support
5. MEA: Monitor, Evaluate and Assess

In jedem Bereich werden entsprechende Prozesse definiert.

COBIT 2019	Prozess
EDM (Evaluate, Direct and Monitor)	• EDM01: Sicherstellung der Festlegung und Pflege des Governance-Rahmens • EDM02: Sicherstellung der Leistungserbringung • EDM03: Sicherstellung der Risikominderung • EDM04: Sicherstellung der Ressourcenoptimierung • EDM05: Sicherstellung der Transparenz für die Stakeholder
APO (Align, Plan and Organize)	• APO01: Verwaltung des IT-Managementrahmens und der unterstützenden Strukturen • APO02: Management der Strategie • APO03: Management der Unternehmensarchitektur • APO04: Management der Innovation • APO05: Management des Portfolios (IT-gestützte Investitionen) • APO06: Management von Budget und Kosten • APO07: Management der Humanressourcen • APO08: Management der Beziehungen • APO09: Management der Leistungsvereinbarungen • APO10: Management der Lieferanten • APO11: Management der Qualität • APO12: Management der Risiken • APO13: Management der Sicherheit • APO14: Management der Daten

COBIT 2019	Prozess
BAI (Build, Acquire and Implement)	• BAI01: Verwaltete Programme und Projekte • BAI02: Verwaltete Anforderungsdefinition • BAI03: Identifizierung und Erstellung von verwalteten Lösungen • BAI04: Verwaltete Verfügbarkeit und Kapazität • BAI05: Verwaltete organisatorische Änderungen • BAI06: Verwaltete IT-Änderungen • BAI07: Verwaltete IT-Änderungsannahme und Umstellung • BAI08: Verwaltetes Wissen • BAI09: Verwaltete Vermögenswerte • BAI10: Verwaltete Konfiguration • BAI11: Verwaltete Projekte
DSS (Deliver, Service and Support)	• DSS01: Verwaltetes IT-Betrieb • DSS02: Verwaltete Serviceanfragen und Vorfälle • DSS03: Verwaltete Probleme • DSS04: Verwaltete Kontinuität • DSS05: Verwaltete Sicherheitsdienste • DSS06: Verwaltete Geschäftsprozesskontrollen
MEA (Monitor, Evaluate and Assess)	• MEA01: Leistung und Konformität überwachen, evaluieren und beurteilen • MEA02: das System der internen Kontrolle überwachen, evaluieren und beurteilen • MEA03: die Einhaltung externer Anforderungen überwachen, evaluieren und beurteilen • MEA04: Verwaltete Versicherung

Zusätzlich werden von COBIT fünf Prinzipien vorgegeben, damit Unternehmen eine effektive Steuerung und Kontrolle ihrer IT-Systeme erreichen können.

1. **Erfüllung der Stakeholder-Bedürfnisse:** IT-Lösungen sollen die Bedürfnisse und Erwartungen der Stakeholder erfüllen, einschließlich die Unterstützung von Geschäftszielen, die Einhaltung von Gesetzen und Vorschriften und die Sicherstellung einer angemessenen Risikokontrolle, um einen Mehrwert für die Organisation zu schaffen. Vor allem sollen die drei folgenden Fragen beantwortet werden:
   - Wer erhält den Nutzen?
   - Wer trägt das Risiko?
   - Welche Ressourcen werden benötigt?
2. **Abdeckung des gesamten Unternehmens:** die IT-Steuerung und Governance sollen in allen Bereichen und Funktionen eines Unternehmens umgesetzt werden, um eine konsistente und integrierte Unternehmenssteuerung zu gewährleisten.
3. **Anwendung eines einzigen integrierten Rahmens:** COBIT ist mit den neuesten relevanten Standards und Rahmenwerken, die von Unternehmen verwendet werden, kompatibel und ermöglicht es einer Organisation, als übergreifendes Rahmenwerk für Governance und Management einen systematischen und integrierten Ansatz für die

Steuerung der IT-Systeme, der Geschäftsprozesse, der IT-Ressourcen und Technologien zu verwenden.

4. **Ermöglichung eines ganzheitlichen Ansatzes:** Verschiedene individuelle und kollektive Faktoren (diese werden im COBIT als «Enabler» gekennzeichnet), müssen berücksichtigt werden, um die unterschiedlichen Einflüsse, wie zum Beispiel Unternehmensstrategie, Unternehmenskultur, oder gesetzliche und regulatorische Anforderungen, zu verstehen und die Komplexität der Interaktionen erfolgreich zu verwalten.

5. **Trennung von Governance und Management:** Es ist wichtig, klare Zuständigkeiten und Rollen sowohl innerhalb der IT-Abteilungen als auch zwischen IT und anderen Unternehmensbereichen zu definieren, um Transparenz sicherzustellen (Abb. 2.15).

Dafür werden 7 Komponenten als «Enabler» identifiziert:

1. **Prozesse:** Praktiken und Aktivitäten, um bestimmte Ergebnisse zu erzeugen, die zur Erreichung übergeordneter IT-bezogener Ziele beitragen
2. **Organisationsstrukturen:** Entscheidungsinstanzen innerhalb einer Organisation
3. **Kultur, Ethik und Verhalten:** von Einzelpersonen und der Organisation
4. **Grundsätze, Richtlinien und Rahmenwerke:** Mittel, um das gewünschte Verhalten in praktische Leitlinien für das tägliche Management umzusetzen

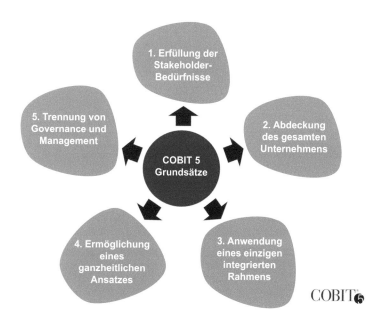

Abb. 2.15 Die fünf COBIT-Prinzipien

5. **Informationen**
6. **Dienste, Infrastruktur und Anwendungen**
7. **Menschen, Fertigkeiten und Kompetenzen**: für die erfolgreiche Durchführung aller
   Aktivitäten sowie für das Treffen richtiger Entscheidungen (Abb. 2.16)

Es gibt gute Argumente, warum COBIT in einer Organisation eingeführt werden soll.
Informationstechnologien gewinnen zunehmend an Bedeutung in jedem Aspekt der Wirtschaft und des öffentlichen Lebens. Es ist auch überlebenswichtig, den Wert von IT-Investitionen zu sichern, während IT-bezogene Risiken bewältigt werden müssen. Die zunehmende Regulierung und Gesetzgebung in Bezug auf die geschäftliche Nutzung von
Informationen schärfen auch das Bewusstsein für die Bedeutung einer gut geführten und
verwalteten IT.

Dennoch kann eine COBIT-Einführungsphase mehrere Monate bis hin zu einem Jahr
oder länger dauern. In dieser Zeit werden verschiedene Schritte unternommen, wie die
Durchführung einer Ist-Analyse der bestehenden IT- Governance-Struktur, die Festlegung von Zielen und Prioritäten, die Schulung der Mitarbeitenden, die Anpassung der
Prozesse und Richtlinien an die COBIT-Richtlinien und schließlich die Implementierung
und kontinuierliche Überwachung. Es ist dennoch wichtig zu beachten, dass die Einführung von COBIT ein fortlaufender Prozess ist und kontinuierliche Verbesserungen erfordert. Aus diesen Gründen werden in der Regel nur Teile von COBIT umgesetzt.

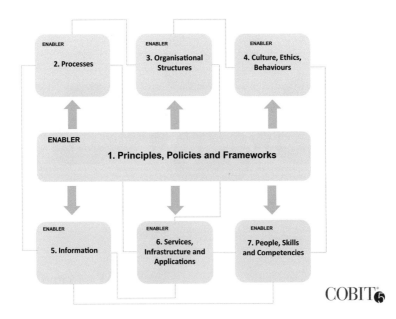

Abb. 2.16 Die sieben COBIT „Enablers"

Eine weitere Anwendung ist ausserdem, COBIT als Referenz für die Durchführung von Fachprüfungen zu nehmen. Dabei können Auditoren die Effektivität und Einhaltung interner Kontrollen bewerten und den Unternehmen helfen, sicherzustellen, dass die auditierte Organisation im Einklang mit den relevanten Gesetzen, Vorschriften und Branchenstandards agiert.

2.2.3 IT4IT

IT4IT steht für **Information Technology for IT** und definiert einen Referenzarchitektur-rahmen für das Management des IT-Geschäfts. Es ist ein offener Standard, der von «The Open Group» entwickelt wurde. IT4IT umfasst vier Hauptschritte: Planen, Bauen, Liefern und Ausführen.

1. Planen: von der Strategie zum Portfolio (S2P: Strategy to Portfolio)
   - Strategie definieren
   - Serviceportfolio festhalten
   - Nachfrage bestimmen
   - Auswahl treffen
2. Bauen: Von der Anforderung bis zur Bereitstellung (R2D: Requirement to Deploy)
   - Planen und Entwerfen
   - Entwickeln
   - Testen
   - Bereitstellen
3. Liefern: Vom Antrag bis zur Erfüllung (R2F: Request to Fulfil)
   - Definieren und Veröffentlichen
   - Abonnieren
   - Erfüllen
   - Messen
4. Ausführen: Vom Erkennen bis zum Korrigieren (D2C: Detect to Correct)
   - Erkennen
   - Eine Diagnose stellen
   - Ändern
   - Lösen (Abb. 2.17)

Das IT4IT-Modell beinhaltet außerdem fünf wichtige unterstützende Aktivitäten.

1. **Finanzen & Assets**
   - Verwaltung und Kontrolle der finanziellen Ressourcen in der IT, wie Budgetierung, Buchhaltung, Kostenverfolgung oder Berichterstattung
   - Asset-Inventarisierung, Lizenzmanagement, Lebenszyklusverwaltung und Risiko-bewertung

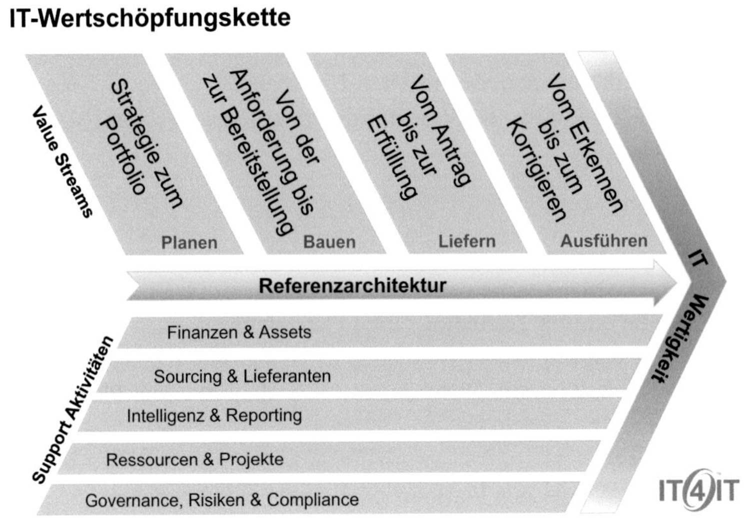

IT-Wertschöpfungskette

Abb. 2.17 IT4IT-Wertschöpfungskette

2. **Sourcing & Lieferanten**
   - Bessere Preise für IT-Produkte und -Dienstleistungen erzielen
   - Bewertung der Sicherheitsstandards der Lieferanten, Überprüfung ihrer finanziellen Stabilität und Gewährleistung der Einhaltung von Vorschriften und Verträgen
   - Auswahl von qualifizierten Lieferanten und klare Definition von Service-Level-Agreements (SLAs)
3. **Intelligenz & Reporting**
   - Datenanalyse durchführen
   - Informationen aus verschiedenen Quellen extrahieren
   - Verbesserungspotenziale identifizieren
   - Strategische Entscheidungen treffen
   - Probleme und Engpässe frühzeitig erkennen, Kapazitätsanpassungen vornehmen und die IT-Umgebung optimieren
4. **Ressourcen & Projekte**
   - Planung, Zuteilung und Verwaltung von den benötigten Ressourcen (IT-Personal, Lizenzen, Speicher)
   - Planung, Durchführung, Überwachung und Kontrolle von IT-Projekten
5. **Governance, Risikomanagement und Compliance**
   - Umsetzung effektiver Governance- und Compliance-Mechanismen
   - Risiken identifizieren, bewerten und kontrollieren

IT4IT bietet einen umfassenden und ganzheitlichen Ansatz, der eine bessere Integration und Zusammenarbeit zwischen verschiedenen IT-Disziplinen ermöglicht. Da Unternehmen immer komplexere IT-Systeme und Lösungen benutzen, hilft das Modell, die IT auf schlanke Weise zu verwalten. Große Unternehmen profitieren besonders von IT4IT, da es ihnen ermöglicht, ihre IT-Abteilungen effizienter zu organisieren und die Wertschöpfung zu maximieren. Bei einer digitalen Transformation kann IT4IT als Referenzmodell helfen, eine flexible und serviceorientierte IT-Organisation aufzusetzen.

2.3   IT-Prozesslandschaft und Gestaltung der einzelnen IT-Prozesse

Als allgemeine Vorgehensweise für die Definition und Modellierung der IT-Prozesse werden die folgenden Schritte empfohlen:

- **Überprüfung der Standards**
  Standards wie ITIL, COBIT oder IT4IT bieten bewährte Best Practices und Frameworks, die dabei helfen, IT-Prozesse effizient und wirksam zu gestalten. Dank dieser IT-Standards wird ein breites Verständnis geschaffen, das die Zusammenarbeit und Harmonisierung innerhalb der IT-Abteilungen stärkt und einen reibungslosen Austausch von Informationen und Wissen ermöglicht.
- **Analyse der bestehenden Prozesse**
  Die Kontinuität und Stabilität der betrieblichen Aktivitäten sollen gewährleistet werden. Zudem spielen die Akzeptanz und Anpassungsfähigkeit der Mitarbeitenden eine wichtige Rolle. Bei der Einführung neuer Prozesse ist daher die Einbeziehung der Mitarbeitenden entscheidend.
- **Definition des „Big Picture" für die IT-Prozess-Landschaft**
  Ein Gesamtbild aller IT-Prozesse ermöglicht ein umfassendes Verständnis der IT-Organisation. Dadurch werden die Wechselwirkungen und Abhängigkeiten zwischen den einzelnen Prozessen ersichtlich und verständlich. Das Big Picture dient als Referenzpunkt für alle, die an der IT-Prozesslandschaft beteiligt sind, und erleichtert dementsprechend die Kommunikation und Zusammenarbeit zwischen den verschiedenen Teams und Abteilungen.
- **Die Ärmel hochkrempeln**
  Eine aktive Beteiligung aller betroffenen Personen oder Teams fördert die Zusammenarbeit und die Akzeptanz der Lösung. Die komplette Definition aller IT-Prozesse ist eine Daueraufgabe, die Engagement und Einsatzbereitschaft verlangt.

Das vorgeschlagene Verfahren beruht auf einem Top-down-Ansatz und ist das Ergebnis von Erfahrungen, die gesammelt wurden. Die Gefahr bei einem Bottom-up-Vorgehen liegt darin, dass die Vorgehensweise nicht zielgerichtet ist, da man den Wald vor lauter Bäumen nicht sehen kann (Abb. 2.18).

Die Frage stellt sich, wie viele Prozesse überhaupt nötig sind. Die Antworten zu dieser Frage variieren zwischen „unendlich" und „zwei", nämlich „run and change". Um eine Prozesslandschaft für IT-Prozesse abbilden zu wollen, ist die Zahl der Prozesse

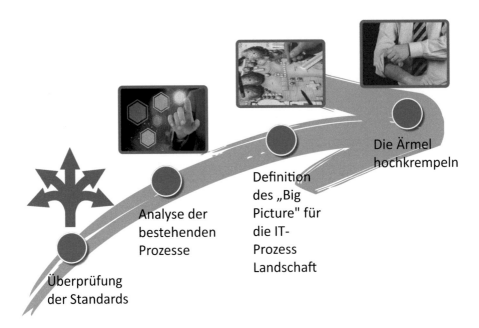

Abb. 2.18 Verfahren zur Umsetzung der IT-Prozesse

sehr relevant, um das Ziel erreichen zu können. Welches Ziel ist hiermit gemeint? Es geht in erster Linie um die Transparenz und die Zusammenarbeit innerhalb des Unternehmens. Es ist wichtig, dass alle Beteiligten einen klaren Überblick über die relevanten Prozesse haben und effizienter zusammenarbeiten können. Sind zu viele Prozesse auf der Prozesslandkarte abgebildet, wird zwar eine Scheingenauigkeit angestrebt, dennoch verliert man schnell den Überblick. Sind wenige Prozesse definiert, dann besteht die Gefahr, dass diese zu allgemein gehalten werden oder wiederum viel zu detailliert beschrieben werden. Als Faustregel wird es für eine IT-Organisation empfohlen, zwischen 20 und 40 Hauptprozesse zu definieren. An dieser Stelle liegt die Schwierigkeit bei den Abhängigkeiten zwischen den Prozessen, da die Konsistenz der Gesamtmodellierung zu gewährleisten ist.

Um eine klare Struktur erreichen zu können, wird zwischen drei Schichten unterschieden, die sowohl verschiedenen Managementebenen bei Kunden und Lieferanten als auch Zeitrahmen entsprechen:

1. **Strategische Ebene:** Oberes Management – Partnerebene bei Lieferanten -> langfristig
2. **Taktische Ebene:** Mittleres Management – Anbieter -> mittelfristig
3. **Operative Ebene:** Mitarbeitende – Verkäufer -> kurzfristig (Abb. 2.19)

- Kunden (als interner Kunde gemeint)
- Zeitrahmen
- Lieferanten

	Kunden	Zeitrahmen	Lieferanten
strategisch	Obere Führungsebene	langfristig	Partner
taktisch	Mittlere Führungsebene	mittelfristig	Anbieter
operativ	Mitarbeitende	kurzfristig	Verkäufer

Abb. 2.19 Strukturierungselemente zur Definition der IT-Prozesslandschaft

Ein Gesamtrahmen für die Zuordnung der IT-Prozesse kann hiermit skizziert werden. Dieser beinhaltet links die Kunden und rechts die Lieferanten. In der Mitte des Diagramms erscheinen die drei Schichten (strategisch – taktisch – operativ). Bei der taktischen Ebene wird noch zwischen dem „run"-Teil für existierende und laufende IT-Services und dem „change" Teil bezüglich der Einführung neuer IT-Lösungen unterschieden (Abb. 2.20).

Die vier kommenden Grafiken zeigen Beispiele von Unternehmen aus verschiedenen Dienstleistungssektoren.

Das erste Prozessmodell wurde basierend auf COBIT und IPW™ (Information Process Workflow: Konzept zur Beschreibung und Verwaltung des Informationsflusses innerhalb einer Organisation oder eines Systems) entwickelt (Abb. 2.21).

Das nächste Diagramm basiert auf den ISO-Normen 20000/27001 und CMMI.

ISO 20000 ist die Norm für das IT-Service-Management und konzentriert sich auf die Implementierung und Verwaltung von IT-Services innerhalb einer Organisation. Sie umreißt Anforderungen und Best Practices für die Bereitstellung qualitativ hochwertiger IT-Dienste, die Sicherstellung der Ausrichtung von IT-Diensten an den Geschäftsanforderungen und die kontinuierliche Verbesserung von Service-Management-Prozessen.

ISO 27001 ist die Norm für das Informationssicherheits-Management. Sie bietet einen systematischen Ansatz für die Verwaltung sensibler Unternehmensinformationen und gewährleistet deren Vertraulichkeit, Integrität und Verfügbarkeit. ISO 27001 hilft Organisationen bei der Einrichtung, Umsetzung, Aufrechterhaltung und kontinuierlichen Verbesserung eines Informationssicherheits-Management-Systems, wobei verschiedene

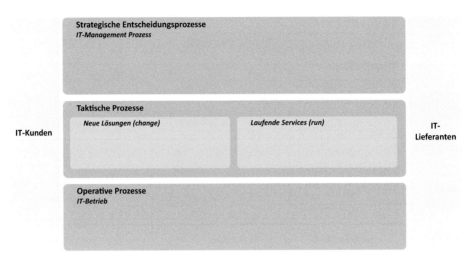

Abb. 2.20   Allgemeiner Rahmen zur Definition einer IT-Prozesslandschaft

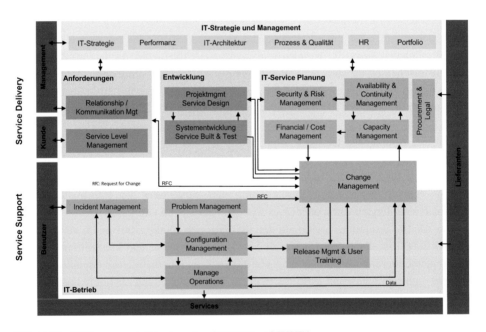

Abb. 2.21   IT-Prozessmodell basierend auf COBIT und IPW™

Aspekte wie Risikobewertung, Sicherheitskontrollen und laufende Überwachung berücksichtigt werden.

CMMI steht für „Capability Maturity Model Integration" und bietet eine Struktur zur Bewertung von Software- und Systementwicklungsprozessen. Es kann allerdings

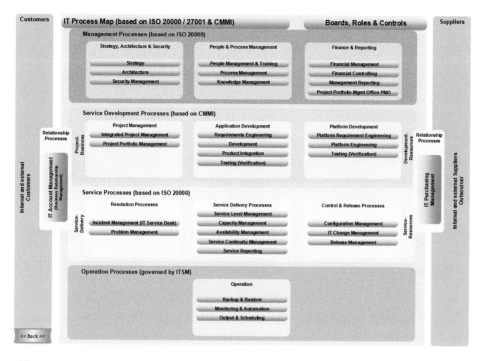

Abb. 2.22 IT-Prozesslandkarte basierend auf ISO 20000/27001 und CMMI

als Rahmenwerk für die Verbesserung der Prozessreife in Organisationen benutzt werden. CMMI hilft dann Unternehmen dabei, ihre Fähigkeiten in verschiedenen Bereichen wie Projektmanagement, Engineering, Prozessmanagement und Qualitätssicherung zu bewerten und zu verbessern. Es besteht aus verschiedenen Reifegraden und liefert Best Practices sowie Richtlinien (Abb. 2.22).

Die nachfolgende Grafik weist noch eine Besonderheit auf. Der Unterschied zwischen IT-spezifischen Prozessen und anderen Geschäftsprozessen im Unternehmen wird festgehalten. Damit werden die End-to-End-Integration der Abläufe und deren Konsistenz innerhalb der Organisation gewährleistet (Abb. 2.23).

Das folgende Modell ist das Ergebnis einer vollständigen Modellierung der IT-Prozesse. Es ist die Synthese einer gesteuerten „Bottom-up"-Vorgehensweise (siehe Pilorget L, MIIP).

Sieben Cluster wurden definiert, um die entsprechenden Prozessfamilien zu bilden:

1. Strategische Entscheidungsprozesse
2. Accountmanagement
3. Planung & Controlling
4. Implementierung

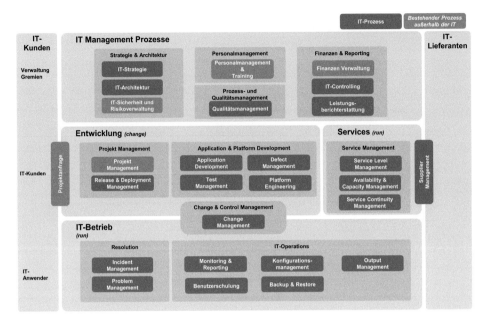

Abb. 2.23   IT-Prozesslandkarte mit IT-spezifischen und allgemeingültigen Prozessen

5. IT-Support
6. Betrieb & Konfigurationmanagement
7. Supplymanagement (Abb. 2.24)

Am Schluss wird noch ein Modell aus der Industrie präsentiert. Dieses Modell basiert auf der Struktur des ITIL-Referenzmodells und beinhaltet den Lebenszyklus der Services, von der Strategie über Design zu Transition bis zum Betrieb. Ergänzend erscheinen noch Governance und Support-Prozesse (Abb. 2.25).

Zu guter Letzt kann man nur unterstreichen, dass IT-Prozesse von entscheidender Bedeutung sind, da sie sicherstellen, dass Organisationen effizient und wirksam mit ihren IT-Ressourcen umgehen.

Die vorgestellte Prozessmodellierung bietet eine Methode, um IT-Prozesse visuell darzustellen. Dadurch ist es möglich, Prozessflüsse, Rollen, Kompetenzen und die Abhängigkeiten zwischen verschiedenen Elementen verständlich darzustellen. Engpässe können einfacher identifiziert werden und Verbesserungsmöglichkeiten effizienter umgesetzt werden.

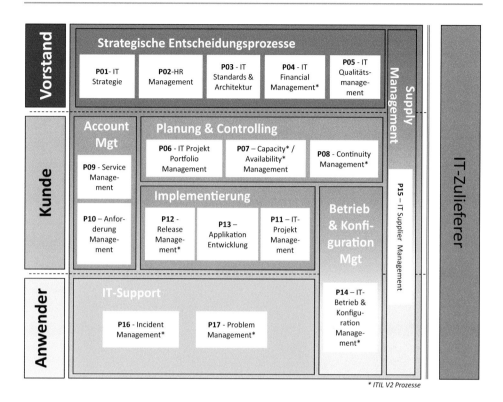

Abb. 2.24 IT-Prozesslandkarte aus einer „bottom-up"-Vorgehensweise

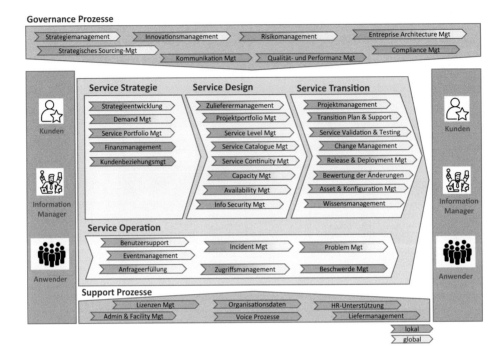

Abb. 2.25   IT-Prozesslandkarte basierend auf ITIL

Literatur

Pilorget L (2010) MIIP: Modell zur Implementierung der IT-Prozesse. Springer, Wiesbaden

IT-Strategie

3

Gehen wir davon aus, dass ein Unternehmen langfristige Ziele erreichen und dadurch einen Wettbewerbsvorteil erzielen möchte. Ein klassischer Ansatz besteht darin, zunächst die Vision und die Mission festzulegen. Eine klare Mission formuliert das grundlegende Ziel und den Zweck des Unternehmens, während die Vision beschreibt, wie das Unternehmen in Zukunft aussehen soll. Dadurch wird das sogenannte Leitbild der Organisation bestimmt.

Gemäß ChatGPT *besteht zum Beispiel die Mission von ChatGPT darin, eine benutzerfreundliche und zugängliche künstliche Intelligenz zu entwickeln, die Menschen bei der Lösung ihrer Probleme und Beantwortung ihrer Fragen unterstützt. Durch die Bereitstellung von relevanten und genauen Informationen möchte ChatGPT die Kommunikation zwischen Menschen und Computern verbessern und den Zugang zu Wissen erleichtern. ChatGPT soll eine vertrauenswürdige Quelle für Wissen und Unterstützung sein und Menschen in verschiedenen Bereichen wie Bildung, Forschung, Kundenservice und mehr helfen.*

Die Vision von ChatGPT besteht darin, eine leistungsfähige und benutzerfreundliche Chatbot-Plattform zu bieten, die in der Lage ist, natürliche und menschenähnliche Gespräche mit Benutzern zu führen. Das Ziel ist es, Informationen auf effiziente und zugängliche Weise zu liefern sowie Benutzern bei der Lösung ihrer Probleme und der Erfüllung ihrer Bedürfnisse zu helfen. Durch kontinuierliches Lernen und Verbessern möchte ChatGPT eine erschwingliche und skalierbare Lösung sein, die Anwendungen in verschiedenen Bereichen unterstützt.

In den weiteren Überlegungen werden wir davon ausgehen, dass die entsprechenden Organisationen über eine Vision und Mission verfügen und in diesem Zusammenhang Antworten auf die folgenden Fragen formuliert haben:

© Der/die Autor(en), exklusiv lizenziert an Springer Fachmedien Wiesbaden GmbH, ein Teil von Springer Nature 2025
L. Pilorget, *Managing IT in einer digitalen Welt*,
https://doi.org/10.1007/978-3-658-46012-9_3

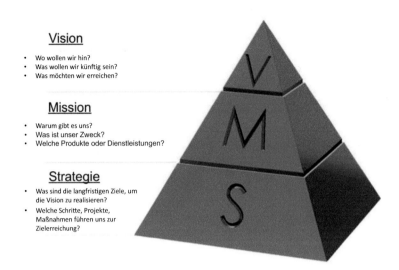

Abb. 3.1   Vision-Mission-Strategie

- Vision: Was wollen wir erreichen und was sind wir bereit dafür zu tun?
- Mission: Warum existieren wir und was ist unser Zweck mit welchen Produkten und Dienstleistungen?

Der nächste Schritt besteht in der Regel darin, eine Strategie zu entwickeln, die festlegt, wie die Ziele erreicht werden sollen (Abb. 3.1).

Im folgenden Abschnitt wird die Definition einer Unternehmensstrategie genauer erläutert. Außerdem wird die Ausrichtung der IT auf die Unternehmensstrategie untersucht. Anschließend wird eine generische IT-Strategie mit sechs Elementen vorgestellt, die aufgrund der Modellierung der IT-Prozesse als absolut erforderlich angesehen werden.

3.1   Die Geschäftsstrategie festlegen

Eine Geschäftsstrategie besteht darin, langfristige Ziele zu definieren. Sie dient auch als Leitfaden für Entscheidungen, damit ein Unternehmen sich effektiv am Markt positionieren kann. Die Entwicklung einer Unternehmensstrategie ist eine fortlaufende Aufgabe, in deren Rahmen die Pläne regelmäßig überprüft und angepasst werden müssen, um auf veränderte Bedingungen reagieren zu können (Abb. 3.2).

Es gibt eine Reihe von Fragen, die im Rahmen der Entwicklung einer Geschäftsstrategie beantwortet werden sollen:

1. Was ist das übergeordnete Ziel des Unternehmens?
2. Welchen Geschäftsplan verfolgt das Unternehmen?
3. Welche Werte und Prinzipien sollen das Unternehmen leiten?

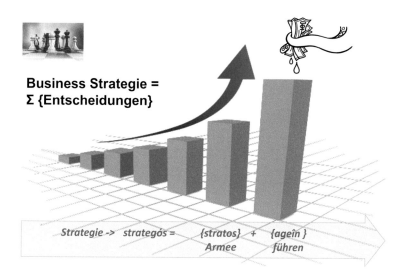

Abb. 3.2 Definition einer Geschäftsstrategie

4. Welche Märkte und Zielgruppen möchte das Unternehmen bedienen?
5. Wie positioniert sich das Unternehmen gegenüber Wettbewerbern?
6. Welche Produkte oder Dienstleistungen bietet das Unternehmen an?
7. Welche Alleinstellungsmerkmale hat das Unternehmen?
8. Welche Kompetenzen und Technologien muss das Unternehmen in Zukunft beherrschen?
9. Wie kann das Unternehmen seine Ressourcen effektiv einsetzen?
10. Wie plant das Unternehmen, mit Veränderungen im Markt umzugehen?
11. Wie sollen Risiken und Chancen bewertet und gehandhabt werden?

Es ist allerdings vom Vorteil, wenn eine Strategie mit einem Geschäftsmodell verknüpft wird. Ein Business-Modell erklärt, wie ein Unternehmen Geld verdient, während die Strategie definiert, wie, wo und zu welchem Zweck ein Geschäftsmodell eingesetzt wird.

Dank einer **strategischen Segmentierung** können Firmen ihre Marketing- und Vertriebsstrategien effektiver gestalten und ihre Ressourcen optimal einsetzen. Durch die Identifizierung und Analyse relevanter Kundensegmente können Unternehmen ihre Zielgruppe besser verstehen und maßgeschneiderte Angebote entwickeln. Die strategische Segmentierung ermöglicht es, die Wettbewerbsposition zu stärken und langfristige Kundenbeziehungen aufzubauen (Abb. 3.3).

Zahlreiche Theorien zur Unternehmensstrategie wurden veröffentlicht. In diesem Abschnitt werden vier davon kurz vorgestellt:

- Porters Fünf-Kräfte Modell (Porter's Five Forces Model)
- Die Theorie des „Stakeholder-Ansatzes" von Edward Freeman

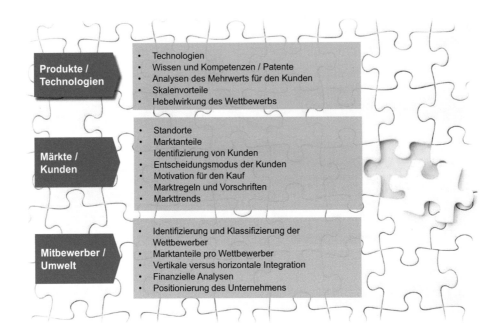

Abb. 3.3   Strategische Segmentierung

- Die Boston Consulting Group (BCG) Matrix
- Das Business Model Canvas (BMC)

Das **Porters Fünf-Kräfte-Modell** dient als strategisches Analysewerkzeug dazu, die Wettbewerbsintensität einer Branche zu bewerten und die Attraktivität eines Marktes zu bestimmen. Das Modell beruht auf fünf zentralen Kräften:

1. **Bedrohung durch neue Wettbewerber**
   Neue Unternehmen können in den Markt eintreten
2. **Verhandlungsmacht der Lieferanten**
   Lieferanten können viel Einfluss auf die Unternehmen der Branche haben und können in der Lage sein, Preise und Bedingungen zu diktieren
3. **Verhandlungsmacht der Kunden**
   Das Verhandlungspotenzial der Kunden ist entscheidend, um Preise beeinflussen zu können, Produkte zu vergleichen und gegebenenfalls den Anbieter zu wechseln
4. **Bedrohung durch Substitute**
   Alternative Produkte oder Dienstleistungen können die Bedürfnisse der Kunden erfüllen und die bestehenden Produkte in der Branche ersetzen. Disruptive Innovationen gehen darüber hinaus, da sie grundlegende Veränderungen in der Art und Weise bewirken, wie Geschäfte getätigt oder wie Produkte und Dienstleistungen bereitgestellt

werden. Eine Disruption stellt traditionelle Unternehmen und Branchen durch innovative Technologien oder moderne Geschäftsmodelle vor erhebliche Herausforderungen.

5. **Intensität des Wettbewerbs**
   Grad des Wettbewerbs zwischen den bestehenden Unternehmen einer Branche

Durch die Analyse dieser fünf Kräfte kann das Porters Modell Firmen helfen, ihre Wettbewerbsposition zu verstehen und ihre strategischen Entscheidungen entsprechend anzupassen (Abb. 3.4).

Gemäß der **Theorie des „Stakeholder-Ansatzes"** von Edward Freeman sind Unternehmen nicht nur den Interessen ihrer Eigentümer (Shareholder) verpflichtet, sondern auch den Bedürfnissen und Ansprüchen anderer Gruppen, die von ihren Aktivitäten betroffen sind, den sogenannten **Stakeholdern.** Diese Anspruchsgruppen können beispielsweise Mitarbeitende, Kunden, Lieferanten, lokale Gemeinschaften oder die Umwelt sein.

Freeman argumentiert, dass Unternehmen nur dann langfristig erfolgreich sein können, wenn sie eine gute Beziehung zu ihren Stakeholdern aufbauen und pflegen. Indem Firmen die Interessen aller Stakeholder berücksichtigen und versuchen, diese in Einklang zu bringen, können sie einen größeren gesellschaftlichen Nutzen schaffen und gleichzeitig ihre eigenen Ziele erreichen. Freeman hat dazu beigetragen, das Verständnis dafür zu erweitern, dass Organisationen nicht nur ihre finanziellen Interessen im Auge behalten sollten, sondern auch soziale und ökologische Belange berücksichtigen müssen.

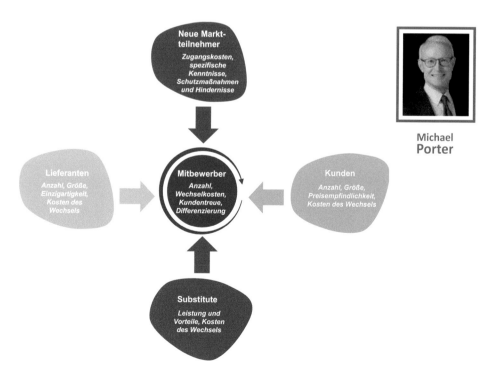

Abb. 3.4 Porters Fünf-Kräfte-Modell

Indem Unternehmen den Stakeholder-Ansatz in Bezug auf Ökosysteme anwenden, können sie nachhaltige Entscheidungen treffen, die sowohl ökonomische als auch gesellschaftliche und umweltfreundliche Auswirkungen berücksichtigen. Dies hilft, das Gleichgewicht zwischen Wirtschaftswachstum und Umweltschutz zu fördern und langfristige Nachhaltigkeit zu gewährleisten (Abb. 3.5).

Die BCG-Matrix, auch bekannt als Growth-Share-Matrix, ist ein strategisches Planungswerkzeug, das von der Boston Consulting Group entwickelt wurde. Mit diesem Tool werden Produkte oder Geschäftseinheiten auf der Grundlage ihres relativen Marktanteils und ihres Marktwachstums kategorisiert. Die BCG-Matrix unterteilt die Produkte anschließend in vier Kategorien:

1. **Stars (Sterne)**
   Stars kennzeichnen Produkte mit hohem Marktanteil in schnell wachsenden Märkten. Diese Produkte haben das Potenzial, profitable Einheiten zu entwickeln und Unternehmen sollten in diesen Bereichen weiter investieren.
2. **Cash Cows (Cash-Kühe)**
   Produkte mit hohem Marktanteil in allerdings gesättigten Märkten mit geringem Wachstum. Hohe Gewinne und Cashflow werden mit wenig Investitionen generiert.
3. **Question Marks (Fragezeichen)**
   Fragezeichen beziehen sich auf Produkte mit niedrigem Marktanteil in schnell wachsenden Märkten. Diese erfordern beträchtliche Investitionen, um den Marktanteil zu

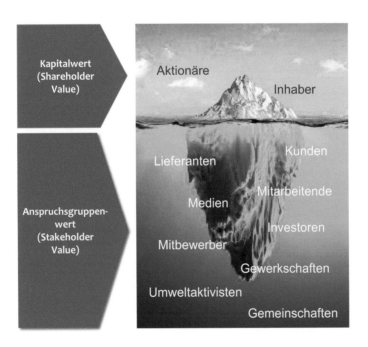

Abb. 3.5 Die Theorie des „Stakeholder-Ansatzes" von Edward Freeman

steigern und dann zu Stars zu werden. Es bestehen dennoch hohe Risiken, dass die entsprechenden Produkte nicht erfolgreich sein werden.

4. **Dogs (Hunde)**

Dogs charakterisieren Produkte mit niedrigem Marktanteil in gesättigten Märkten mit geringem Wachstum. Das Wachstumspotenzial bleibt begrenzt, sodass die Produkte entweder eingestellt oder ausgelaufen lassen werden.

Dank der BCG-Matrix kann das Unternehmen seine Geschäftseinheiten basierend auf dem relativen Marktanteil und dem Marktwachstum klassifizieren. Es konzentriert sich auf die Allokation von Ressourcen und die Entscheidung, ob eine Geschäftseinheit ausgebaut, gehalten oder aufgehoben werden sollte (Abb. 3.6).

Das **Business Model Canvas** (BMC) ist ein Framework für die Visualisierung und Strukturierung von Geschäftsmodellen. Der Business-Canvas besteht aus neun Bausteinen, darunter Kundensegmente, Wertangebote, Vertriebskanäle, Kundenbeziehungen, Schlüsselressourcen, Schlüsselaktivitäten, Schlüsselpartnerschaften, Kostenstruktur und Einnahmequellen. Durch die Visualisierung dieser verschiedenen Elemente auf einer einzigen Seite können Organisationen ihre Strategie klar definieren und die Ausrichtung ihres Geschäftsmodells verbessern. Es ermöglicht auch eine bessere Kommunikation und Zusammenarbeit im gesamten Unternehmen (Abb. 3.7).

Die Unternehmensstrategie bleibt der Eckpfeiler für die Festlegung der IT-Strategie, die definiert, welche Ressourcen der IT zur Verfügung stehen und wie diese eingesetzt werden sollen. Geschäftsprozesse sollen weiterhin optimiert werden, indem kritische

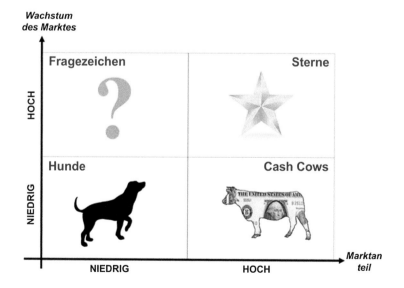

Abb. 3.6   Die BCG-Matrix

Abb. 3.7 Das Business Model Canvas

Geschäftsbereiche und Anforderungen identifiziert werden, die von der IT unterstützt werden müssen. Die Implementierung von Lösungen soll sich an den strategischen Bedürfnissen des Unternehmens orientieren, damit die Branchenentwicklung, die Kundenbedürfnisse und relevante Wettbewerbsfaktoren bei der Auswahl moderner Technologien berücksichtigt werden.

Insgesamt kann behauptet werden, dass eine enge Integration der IT-Strategie mit der Unternehmensstrategie wichtig ist, um sicherzustellen, dass die IT einen wertvollen Beitrag zur Erreichung der Unternehmensziele leisten kann. Dieser Punkt wird im nächsten Absatz genauer untersucht.

3.2   Ausrichtung Business – IT

Das Strategische Ausrichtungsmodell (SAM) unterstützt Unternehmen dabei, ihre Unternehmensziele mit ihren IT-Strategien in Einklang zu bringen.

Das Konzept differenziert zwischen

- der externen Ebene, die sowohl die Geschäftsstrategie als auch die IT-Strategie umfasst
- der internen Ebene, die die Geschäftsorganisation und ihre Prozesse umfasst, und der IT-Organisation, den IT-Prozessen und IT-Systemen

Das Ziel besteht darin, einen „strategischen" Fit zu erreichen, indem die vier Bestandteile des Quadranten aufeinander abgestimmt sind und sich gegenseitig unterstützen.

Es geht darum, sicherzustellen, dass die technologischen und organisatorischen Kapazitäten den Anforderungen der Geschäftsstrategie entsprechen und dass die Infrastruktur die Umsetzung dieser Strategie unterstützt (Abb. 3.8).

Aus der Modellierung sind vier Operationalisierungspfade möglich:

1. **IT als Realisierer**
   Die Anforderungen an die IT werden durch die Fachbereiche ermittelt. Diese sollen die Umsetzung der Geschäftsstrategie unterstützen.
2. **IT als Partner**
   Eine IT-Strategie wird ausgehend aus der Geschäftsstrategie definiert. Die Wahl der Technologien und der IT-Lösungen wird von der IT getroffen.
3. **IT als Ermöglicher**
   Mit der Definition der IT-Strategie werden die Geschäftspotenziale, die mit neuen Technologien abgeschlossen werden können, identifiziert. Geschäftsprozesse und die Gesamtorganisation werden anschließend angepasst.
4. **IT als Unterstützer**
   Die IT-Strategie wird weitgehend unabhängig von der Geschäftsstrategie entwickelt. Die IT-Prozesse, -Organisation und -Systeme werden entsprechend aufgebaut, um sicherzustellen, dass IT-Services für die Fachbereiche bereitgestellt werden.

Die Kultur der Firma und der damit zugrundlegende Stellenwert der IT spielen dabei eine wichtige Rolle.

Aufgrund der rasanten Technologieentwicklungen in vielen Bereichen sind Unternehmen mit unterschiedlichen Fragestellungen konfrontiert. Eine wichtige Herausforderung bleibt sicher die **digitale und nutzenbringende Abwicklung** von Vorgängen, damit Unternehmensprozesse durchgängig medienbruchfrei gestaltet werden. Als Folge

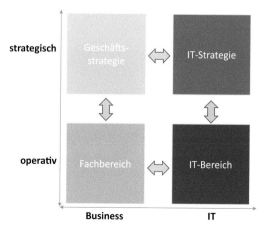
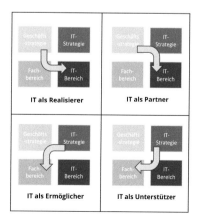

Abb. 3.8 Das Strategische Ausrichtungsmodell (SAM)

dessen ist die Cyberkriminalität ein äußerst wichtiges Thema für die gesamte digitale Welt geworden. Die Anzahl und die Komplexität der Techniken, wie Hacking, Phishing, Malware oder Ransomware haben dramatisch zugenommen. Die Entwicklung neuer **Sicherheitstechnologien und -richtlinien,** um der Bedrohung durch Cyberkriminalität effektiv zu begegnen, bleibt die erste Priorität vieler Organisationen. Die Nutzung von **Cloud-Plattformen** soll auch untersucht werden. Sind die Vorteile solcher Plattformen, wie etwa Flexibilität, Skalierbarkeit und Kosteneinsparungen wirklich wert oder sind die Risiken zu hoch? Es gibt auch ein enormes Potenzial bei der Analyse und Verarbeitung von **großen Datenmengen**, um daraus wertvolle Erkenntnisse (Kundenverhalten, Verkaufsprognose…) zu gewinnen. Die letzte Pandemie hat uns vor Augen geführt, wie nützlich und performant **mobile Technologien** sind und wie **Kollaborationsplattformen** die Zusammenarbeit und Kommunikation sowohl intern als auch extern verbessern können.

In den kommenden Jahren wird die technologische Entwicklung wahrscheinlich weiterhin schnell voranschreiten. Anbei eine kurze Auflistung von einigen Kerntechnologien: Künstliche Intelligenz (KI), Maschinelles Lernen (ML), das Internet der Dinge (IoT), die Entwicklung von 5G-Technologie, Fortschritte in der Biotechnologie, Quantencomputing. D. h. die Bereitschaft und die Fähigkeit der Unternehmen, sich über neue Technologien und Trends auf dem Laufenden zu halten und zu evaluieren, welche für ihre Strategie und ihr Geschäft relevant sind, bleiben von kritischer Bedeutung.

Für den Erfolg eines Unternehmens ist es unerlässlich, dass das Zusammenspiel zwischen Geschäft und IT optimal funktioniert. Die Trennung zwischen Business und IT ist heutzutage immer weniger eindeutig, da im Zeitalter der Digitalisierung technologische Lösungen unverzichtbar für den Geschäftserfolg vieler Unternehmen geworden sind (Abb. 3.9).

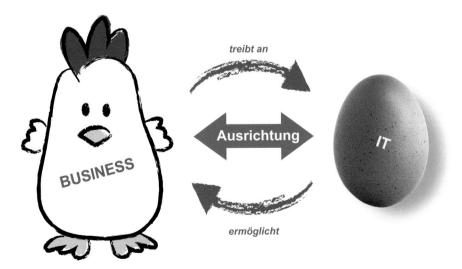

Abb. 3.9 Zusammenspiel zwischen Business und IT als Henne-Ei-Problem

Der Schlüsselfaktor bleibt eine klare und offene Kommunikation. Es ist wichtig, dass Business und IT ihre Anforderungen, Ziele und Risiken gut formulieren können. Ein regelmäßiger Austausch und eine gute Zusammenarbeit ermöglichen eine effektive Planung und die richtige Priorisierung. Die Quellen der Missverständnisse sind allerdings unzählig. Unausgesprochene Erwartungen, technischer Fachjargon, Änderungen in letzter Minute, Unterschätzung der technischen Schwierigkeiten können die Zusammenarbeit auf die Probe stellen (Abb. 3.10).

Die IT-Strategie sollte am liebsten als Prozess definiert werden. Durch die folgenden vier Schritte kann dies erreicht werden:

1. Ermittlung des IT-Bedarfs zur Unterstützung des Unternehmens
   In diesem Schritt wird analysiert, welche IT-Ressourcen, Fähigkeiten und Systeme benötigt werden, um die Unternehmensziele zu erreichen.
2. Definition der IT-Strategie
   Auf der Grundlage der ermittelten Anforderungen wird eine IT-Strategie definiert, die festlegt, wie die IT dazu beitragen kann, die Unternehmensziele zu erreichen.
3. Kommunikation und Umsetzung der IT-Strategie
   Die definierte IT-Strategie muss allen relevanten Stakeholdern kommuniziert werden, um sicherzustellen, dass sie verstanden und umgesetzt wird.

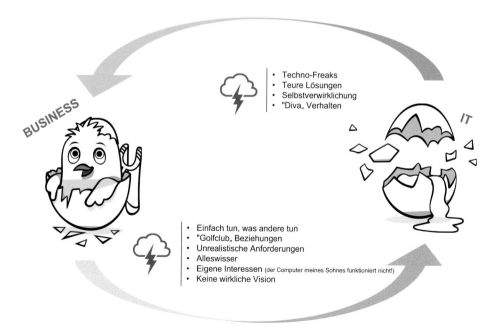

Abb. 3.10 Kommunikation zwischen Business und IT als Herausforderung

Abb. 3.11 IT-Strategie als
Prozess definieren

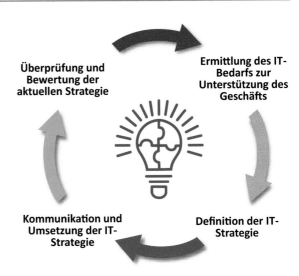

4. Überprüfung und Bewertung der aktuellen Strategie
   Regelmäßige Überprüfungen und Bewertungen sind entscheidend, um sicherzustellen, dass die IT-Strategie weiterhin wirksam ist und gegebenenfalls angepasst werden muss.

Durch die Definition der IT-Strategie als kontinuierlicher Prozess mit diesen vier Schritten wird gewährleistet, dass die Informationstechnologie effektiv als strategisches Instrument eingesetzt wird (Abb. 3.11).

3.3   Die sechs Schlüsselelemente einer IT-Strategie

Die IT-Strategie gilt als die Drehscheibe, um langfristige Ziele erreichen zu können
(Abb. 3.12).
   Dennoch stellt sich die Frage, ob eine IT-Strategie Sinn macht, wenn die Geschäfts-
strategie nicht klar ist oder ständig wechselt. Anhand einer „Bottom-up"-Modellierung
der IT-Prozesse wurden bei dieser Analyse sechs Elemente identifiziert, die in einer IT-
Strategie notwendig sind. Diese sechs Hauptkomponenten sind:

1. Definition der IT-Organisation
2. Identifizierung von geeigneten IT-Partnern, insbesondere für langfristige Partnerschaften
3. Qualitätsspezifikationen entsprechend den Bedürfnissen des Unternehmens
4. Definition der Standards und IT-Architektur, einschließlich IT-Sicherheitsrichtlinien
5. Definition von strategischen Projekten
6. Definition der erforderlichen IT-Services (Abb. 3.13)

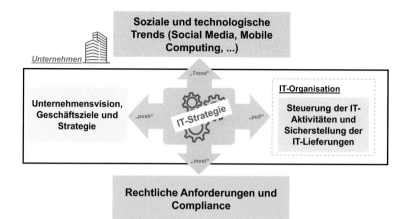

Abb. 3.12 Die IT-Strategie als Drehscheibe

1. Definition der IT-Organisation
2. Identifizierung von geeigneten IT-Partnern, insbesondere
   für langfristige Partnerschaften
3. Qualitätsspezifikationen entsprechend den Bedürfnissen
   des Unternehmens
4. Definition der Standards und IT-Architektur, einschließlich
   IT-Sicherheitsrichtlinien
5. Definition von strategischen Projekten
6. Definition der erforderlichen IT-Dienste

Abb. 3.13 Die sechs Kernelemente einer IT-Strategie

3.3.1 Definition der IT-Organisation

Die IT-Organisation hat eine strategische Bedeutung, Wichtige Punkte müssen in diesem Zusammenhang geklärt werden:

- Wie groß soll die IT-Organisation werden? Wie viele Vollzeitäquivalente?
- Welche IT-Kompetenzen müssen intern gehalten und entwickelt werden?
- Welche IT-Organisationsform?
- An wen soll die IT-Leitung rapportieren? (Abb. 3.14)

Eine gut durchdachte IT-Organisation trägt zur Erreichung der Unternehmensziele bei. Doch wie kann man nun am besten die IT organisieren, wenn die Bedürfnisse immer anspruchsvoller und die Einschränkungen immer größer werden?

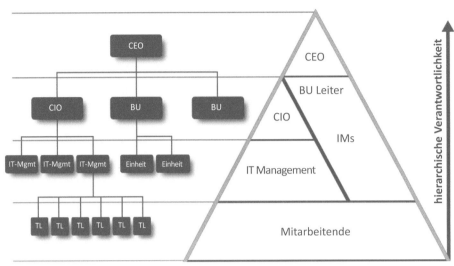

BU = Business Unit / TL = Team Leader / IM = Information Manager

Abb. 3.14 Darstellung der klassischen Organisation eines Unternehmens

Agilität kann die Antwort sein!

	Starke Kundenorientierung mit Schwerpunkt auf den geschäftlichen Nutzen anstelle von detaillierten Spezifikationen und Zwischenergebnissen
	Interdisziplinäre Teams, die sich auf gemeinsame Ziele konzentrieren, statt in funktionalen Silos zu arbeiten und nur lokale Optimierungen zu erreichen
	Kontinuierliche und schrittweise Bereitstellung von Produkten und Dienstleistungen statt Bereitstellung des Umfangs am Ende eines langen Projekts

Eine IT-Organisation sollte idealerweise in der Lage sein, sich schnell und flexibel an sich ändernde Anforderungen, Technologien und Kundenbedürfnisse anzupassen.

Neben der Einführung von agilen Methoden wie Scrum oder Kanban kann der **DevOps**-Ansatz Vorteile bringen. DevOps ist eine Methode, die darauf abzielt, die Zusammenarbeit zwischen Entwicklungsteams (Dev) und Betriebsteams (Ops) zu verbessern, um reibungslose Softwarebereitstellungen und kontinuierliche Iterationen zu ermöglichen. Entwicklungs- und Betriebsteams arbeiten enger zusammen, teilen Wissen und Erfahrungen, um gemeinsame Ziele zu erreichen (Abb. 3.15).

Die Einführung von DevOps bleibt eine Herausforderung, da vor allem eine enge Zusammenarbeit zwischen Entwicklern, IT-Betriebsteams und anderen Stakeholdern notwendig ist. Die nötigen kulturellen Veränderungen sollten nicht unterschätzt werden (Abb. 3.16).

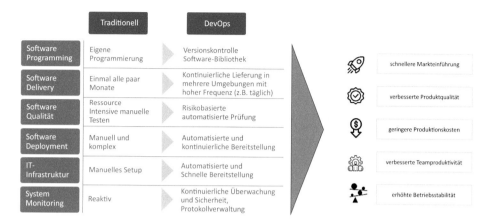

Abb. 3.15 Vorteile einer DevOps-Organisation

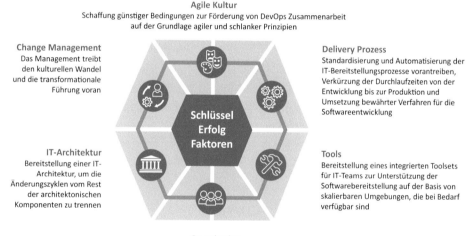

Abb. 3.16 Sechs Schlüsselfaktoren für eine erfolgreiche DevOps-Transformation

DevOps bietet eine Reihe von Praktiken und Tools an, die eine Änderung in der Denkweise und der Art der Zusammenarbeit erfordert. Es wird empfohlen, DevOps in kleinen Schritten zu implementieren, anstatt eine komplette Umstrukturierung der Organisation vorzunehmen.

Es gibt allerdings noch eine sehr einfache, aber dennoch sehr wirksame Art und Weise, eine DevOps-Kultur zu entwickeln. Wenn die Mitarbeitenden physisch zusammensitzen, können Silos durchbrochen werden. Dadurch kann eine enge Integration zwischen Entwicklung, Betrieb und anderen relevanten Teams erreicht werden (Abb. 3.17).

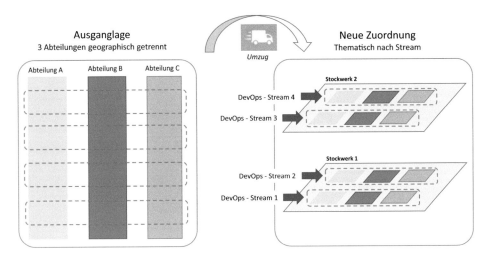

Abb. 3.17   DevOps-Einführung dank physischer Nähe

3.3.2   Identifizierung von geeigneten IT-Partnern

IT-Lieferanten spielen eine zentrale Rolle bei der Entwicklung und Umsetzung von Technologieprojekten. Zudem gibt es eine Vielzahl von IT-Dienstleistungen, bei denen die Zusammenarbeit mit externen Anbietern von großer Bedeutung ist:

- **Cloud Computing**
  Die Migration von lokalen Systemen in die Cloud und die Bereitstellung cloud-basierter Lösungen
- **Cybersecurity**
  ständig wachsende Bedrohung durch Cyberangriffe
- **Künstliche Intelligenz (KI)**
  KI-gestützte Lösungen implementieren und Daten effektiv nutzen
- **Datenmanagement und Big Data**
  Effektive Speicherung, Verwaltung und Analyse großer Datenmengen
- **Digitale Transformation**
  Umstellung traditioneller Prozesse auf digitale Technologien
- **Softwareentwicklung und Anwendungsentwicklung**
  Entwicklung von maßgeschneiderten Softwarelösungen und Anwendungen, um spezifische Geschäftsanforderungen zu erfüllen
- **Infrastruktur- und Netzwerklösungen**
  Planung, Implementierung und Verwaltung der IT-Infrastruktur und Netzwerke

Bei der Auswahl von externen IT-Partnern ist es wichtig sicherzustellen, dass diese über die erforderlichen Qualifikationen und Kompetenzen verfügen, um die gestellten

Anforderungen zu erfüllen. Es ist von Vorteil, wenn der Lieferant schon Erfahrungen mit ähnlichen Lösungen gesammelt hat und genügend kompetente Ressourcen zur Verfügung stellen kann. Der externe IT-Partner muss auch in der Lage sein, sich an sich ändernde Anforderungen und Technologien anzupassen.

Bei der Zusammenarbeit werden zweifellos Herausforderungen auftreten. Es ist von entscheidender Bedeutung, bereits zu Beginn der Partnerschaft einen klaren Eskalationsprozess festzulegen, um Konflikte schnell zu identifizieren und effektiv zu lösen, damit die Zusammenarbeit nicht beeinträchtigt wird. Vertrauen und Transparenz bilden die Grundlage für eine erfolgreiche Zusammenarbeit. Probleme sollten offen angesprochen und gemeinsame Lösungen gefunden werden.

Der Aufbau einer vertrauensvollen Beziehung erfordert Zeit und Ressourcen. Durch regelmäßigen Austausch und Zuverlässigkeit wird das Vertrauen im Laufe der Zeit gestärkt.

3.3.3   Qualitätsspezifikationen

Qualitätsspezifikationen sind wichtig für die IT, da Produkte und Dienstleistungen in der Regel eine hohe Verfügbarkeit, exzellente Leistungsfähigkeit und absolute Zuverlässigkeit aufweisen müssen.

Zur Qualitätssicherung in der IT werden verschiedene Praktiken der Qualitätsprüfung angewendet. Dabei liegt der Schwerpunkt insbesondere auf dem Testen, um die Qualität von Softwareprodukten, Systemen oder Komponenten zu beurteilen. Bei der Entwicklung einer Lösung werden in der Regel verschiedene Testarten und spezifische Teststufen definiert:

- **Code Reviews**
  Überprüfung des Programmcodes, um Fehler zu finden, die Leistung zu verbessern und sicherzustellen, dass bewährte Praktiken eingehalten werden
- **Smoke Test**
  Einfacher Durchlauf der wichtigsten Funktionen, um sicherzustellen, dass die grundlegende Stabilität und Nutzbarkeit der Lösung gegeben sind
- **Funktionaler Test**
  Überprüfung der Softwarefunktionen, um sicherzustellen, dass sie den Anforderungen entsprechen und korrekt funktionieren
- **Integrationstest**
  Überprüfung der Interaktionen zwischen mehreren Komponenten oder Modulen eines Systems
- **Benutzerakzeptanztest** (oder UAT: User Acceptance Test)
  Überprüfung der Funktionalität und Benutzerfreundlichkeit einer Software durch den späteren Anwender

- **Negativ-Test**
  Negative Szenarien oder fehlerhafte Bedingungen, um sicherzustellen, dass eine Software angemessen reagiert und mögliche Fehler oder Schwachstellen erkennt
- **End-to-End-Test**
  Reibungsloses Funktionieren eines Systems über alle Komponenten und Schnittstellen hinweg
- **Regressionstest**
  Durchführung von Regressionstests nach Änderungen oder Updates, um sicherzustellen, dass bestehende Funktionen weiterhin ordnungsgemäß funktionieren
- **Usability Test**
  Bewertung der Benutzerfreundlichkeit der Software, indem echte Anwender das System benutzen und Feedback geben
- **Performancetest**
  Prüfung der Leistungsfähigkeit eines Systems unter verschiedenen Lastbedingungen, um Engpässe oder Leistungsmängel zu identifizieren
- **Penetration Test** (PenTest oder Ethical Hacking)
  Simulieren von Angriffen auf das System, um potenzielle Schwachstellen zu identifizieren und Sicherheitsrisiken zu bewerten
- **Security Audits**
  Überprüfung der Sicherheitsmaßnahmen, um mögliche Schwachstellen oder Sicherheitslücken zu identifizieren und zu beheben
- **Failover-Test**
  Test eines Failover-Ablaufs, um einen kontinuierlichen Betrieb zu gewährleisten

Sollte die Entwicklung einer Softwareanwendung im agilen Modus stattfinden, wie es oft für Digitallösungen der Fall ist, spielt das Testen eine kritische Rolle. In der Tat sollen nach jedem Sprint die gelieferten Teile getestet werden. Noch wichtiger ist es, die Stabilität der Lösung zu garantieren, d. h. Regressionstests durchzuführen. Bei komplexeren Systemen, wie etwa einer Mobile-Banking-Lösung, müssen bis zu 1500 Regressionstests pro Sprint durchgeführt werden, was einen enormen manuellen Aufwand mit sich bringt. Es gibt kaum eine andere Alternative, als Regressionstests zu automatisieren.

Die Automatisierung von Testaktivitäten ist ein langwieriger und aufwendiger Prozess. Es ist ratsam, ein dediziertes Qualitätssicherungsteam einzurichten, das für die Entwicklung automatisierter Tests und die Durchführung von Testkampagnen verantwortlich ist. Die Organisation sollte in ein geeignetes Testframework investieren und eine entsprechende Testumgebung bereitstellen. Für die Durchführung der Tests sind Testdaten erforderlich, die am besten automatisch und synthetisch generiert werden. Die vollständige Automatisierung der Testaktivitäten kann Monate oder sogar Jahre dauern und erfordert erhebliche Investitionen seitens des Unternehmens. Zusätzlich zu diesen Kosten muss auch der Arbeitsaufwand der Fachexperten berücksichtigt werden, die die Tests entwickeln und pflegen.

Um die Effektivität des Testens zu steigern, wird im agilen Umfeld das **Shift-left Testing** praktiziert, sodass das Testen bereits während der Entwicklungsphase starten kann. Potenzielle Probleme und Fehler können bereits frühzeitig erkannt und behoben werden. Es ermöglicht auch eine schnellere Feedback-Schleife zwischen Entwicklern und Testern, was zu effizienteren Entwicklungszyklen führt.

Neben der Qualitätsprüfung umfasst die **Qualitätssicherung** die Festlegung von Standards und Richtlinien, die Implementierung von Prozessen und Methoden zur Einhaltung dieser Standards, die Überwachung von Leistungsindikatoren und die Durchführung von Audits. Zur Sicherstellung der Qualität in der IT können bekannte Standards wie ISO 9001 oder ITIL genutzt werden. Diese Standards bieten Leitlinien für verschiedene Bereiche der IT-Qualitätssicherung, wie etwa IT-Prozesse, Servicebereitstellung oder Changemanagement.

IT-Audits werden oft von unabhängigen Prüfern durchgeführt, um die Objektivität der Überprüfung zu gewährleisten. Die Ergebnisse der Audits werden analysiert, und falls Abweichungen von den Standards festgestellt werden, werden geeignete Maßnahmen zur Korrektur und Verbesserung in die Wege geleitet.

IT-Audits müssen präzise vorbereitet werden. Die spezifischen Ziele und der Umfang des Audits sowie die zu überprüfenden Bereiche müssen klar festgelegt werden. Ein Audit-Plan, in dem auch die angefragten Fachleute identifiziert sind, sollte vorliegen. Alle relevanten Ergebnisse, Erkenntnisse und Empfehlungen werden am Schluss des Audits in einem Auditbericht festgehalten. Dieser Bericht sollte klare und umsetzbare Empfehlungen enthalten, um mögliche Schwachstellen beheben zu können.

Weitere Qualitätsmerkmale spielen für die Einhaltung von Compliance Anforderungen eine ausschlaggebende Rolle bei der IT. Diese können länder- oder bereichspezifisch sein. So ist zum Beispiel der Datenschutz ein sehr aktuelles und relevantes Thema. Unternehmen müssen alle geltenden **Datenschutzgesetze** und Verordnungen, wie beispielsweise die Datenschutz-Grundverordnung (DSGVO) in der Europäischen Union, erfüllen. Zusätzlich müssen Unternehmen sicherstellen, dass sie ihre Aufbewahrungs- und Archivierungspflichten erfüllen, um den gesetzlichen Anforderungen für die Speicherung von Daten gerecht zu werden.

3.3.4 Definition der IT-Standards und der IT-Architektur

Die Definition der IT-Standards und der IT-Architektur ist entscheidend für die IT.

IT-Standards bieten einheitliche Vorgaben und Richtlinien, die die Implementierung und Verwaltung von IT-Lösungen vereinfachen. Dadurch werden Aufwände, Komplexität und Kosten reduziert, während die Effizienz gesteigert wird. Das Wissen über IT-Lösungen lässt sich einfacher sammeln und sicherstellen. Standards werden definiert, um eine reibungslose Integration und Austauschbarkeit von Technologien zu ermöglichen. Dadurch können verschiedene IT-Systeme und -Komponenten nahtlos miteinander kommunizieren und integriert werden, was die **Interoperabilität** gewährleistet. Standards fördern die Kompatibilität zwischen verschiedenen Technologien und unterstützen auch die Skalierbarkeit von IT-Systemen.

In den folgenden technischen Bereichen sollte, so weit wie möglich, eine Standardisierung angestrebt werden:

- **Protokolle und Kommunikationsstandards**
  Interoperabilität und reibungsloser Datenaustausch zwischen verschiedenen Systemen und Geräten
  Beispiele: das Internet Protocol (IP) für das Internet und das Transmission Control Protocol (TCP) für die zuverlässige Datenübertragung
- **Datenformate und -standards**
  Einheitliche Datenformate und -standards für einen effizienten Datenaustausch
  Beispiele: XML (Extensible Markup Language) oder JSON (JavaScript Object Notation) für den strukturierten Datenaustausch
- **Sicherheitsstandards**
  Verschlüsselungsprotokolle oder Authentifizierungsmethoden
- **Programmiersprachen und Entwicklungsmethoden**
  Gemeinsame Programmiersprachen und Entwicklungsmethoden
  Beispiele: Java, Python oder C++
- **Industriestandards**
  Spezifische Standards
  Beispiele: HL7 im Gesundheitswesen oder ISO 20022 im Bankwesen

Unternehmen verfügen über verschiedene IT-Systeme, die miteinander interagieren. Es muss also sichergestellt werden, dass die Anforderungen des Unternehmens erfüllt werden und dass dafür geeignete Lösungen entwickelt und umgesetzt werden. Der Begriff „IT-Architektur" erschien erstmals in den 1980er-Jahren und bezieht sich auf die strukturierte und ganzheitliche Gestaltung von IT-Systemen und -Infrastrukturen. Die IT-Architektur ist sehr wichtig bei der Entwicklung von IT-Systemen und für die Integration dieser Komponente in der bestehenden IT-Landschaft. Als Analogie vergleicht man die „IT-Architektur" mit einem Bebauungsplan für die Stadtplanung.

Es gibt verschiedene Arten von IT-Architekturen. Anbei werden einige Beispiele aufgelistet.

- **Monolithische Architektur**
  Eine traditionelle Architektur, bei der das gesamte System als eine einzige Einheit entwickelt und bereitgestellt wird. Es besteht aus einer einzigen Codebasis, die schwer zu warten und zu skalieren sein kann.
- **Schichtenarchitektur**
  Diese Architekturart unterteilt das System in verschiedene Schichten. Ein Beispiel dafür ist die dreischichtige Architektur, eine etablierte Softwareanwendungsarchitektur, die Anwendungen in drei logische und physische Datenverarbeitungsschichten gliedert:

- die Benutzerschnittstelle (Masken)
- die Anwendungsschicht (Transaktionen und Datenverarbeitung)
- die Datenschicht (Verwaltung und Speicherung)

- **Microservices-Architektur**

  Hierbei wird eine Anwendung in Form von eigenständigen Komponenten erstellt, die jeden Anwendungsprozess als Service ausführen. Jeder Dienst kümmert sich um eine bestimmte Funktionalität und kann unabhängig entwickelt und bereitgestellt werden. Microservices ermöglichen dann eine verbesserte Skalierbarkeit und Flexibilität.

- **Serviceorientierte Architektur (SOA)**

  SOA behandelt Funktionalitäten als einzelne Dienste, die über standardisierte Schnittstellen miteinander kommunizieren. Softwarekomponenten werden über Serviceschnittstellen wiederverwendbar und interoperabel. Diese Architektur ermöglicht die Wiederverwendung von Diensten und eine flexible Integration.

- **Eventgesteuerte Architektur**

  In dieser Architektur wird die Kommunikation zwischen den Komponenten durch den Austausch von Ereignissen gesteuert. Die Komponenten senden und empfangen solche Ereignisse und reagieren entsprechend darauf. Diese Architektur eignet sich besonders gut für Systeme, die auf Ereignissen basieren, wie zum Beispiel Echtzeitdatenverarbeitung, wie sie für personalisierte Kundenerlebnisse bei Kundeninteraktionen benötigt werden.

- **Cloud-Architektur**

  Mit Cloud-Service-Providern wie Amazon Web Services (AWS), Microsoft Azure oder Google Cloud können Unternehmen ihre IT-Infrastruktur in die Cloud verlagern. Cloud-Architektur ermöglicht eine flexible und skalierbare Bereitstellung von Ressourcen (Abb. 3.18).

Eine besondere Herausforderung bleibt die Anbindung von externen Lösungen oder die Benutzung von externen unstrukturierten Daten in der bestehenden Systemlandschaft (Abb. 3.19).

Die Erwartungen an zukünftige IT-Architekturen sind groß. Aufgrund der technologischen Entwicklungen und der Lösungsintegration für die Erbringung von Remote-Diensten wachsen die Anforderungen, insbesondere in den folgenden Bereichen:

- **Hochgeschwindigkeitsarchitektur und Hochverfügbarkeit**

  Alle Systeme müssen für eine einheitlich hohe Geschwindigkeit nachgerüstet werden und über redundante Komponenten verfügen, um Ausfälle einzelner Teile zu vermeiden. Proaktive Überwachung, Benachrichtigungen bei Ausfällen und schnelle Reaktionen bei Störungen sind ausschlaggebend, um die Hochverfügbarkeit sicherzustellen.

- **Geräte und Konnektivität**

  „Mobile first" ist selbstverständlich. Benutzer, sei es Mitarbeitende oder Endkunden, sollen sich reibungslos zwischen verschiedenen Konnektivitätskanälen einloggen

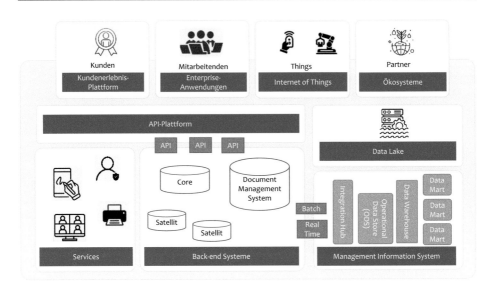

Abb. 3.18   Generische IT-Architektur

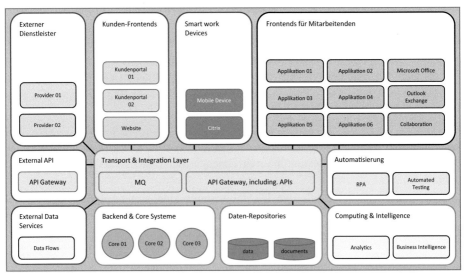

MQ: Middleware-Software from IBM for Message Queueing
API: Application Programming Interface
RPA: Robotic Process Automation

Abb. 3.19   Beispiel einer Anwendungsarchitektur

können. Lösungen sollen sowohl Online- als auch Offline-Funktionalität bieten. Es
sollte mit verschiedenen Netzwerktypen kompatibel sein, um eine nahtlose Konnektivität zu gewährleisten.

- **Microservices**
  Microservices zerlegen komplexe Anwendungen in einzelne Bestandteile. Sie sollten in der Lage sein, unabhängig voneinander entwickelt, bereitgestellt und aktualisiert zu werden, ohne Auswirkungen auf andere Services zu haben. Dadurch werden die Agilität, Stabilität und Skalierbarkeit gesteigert.
- **Anwendungs- und Entwicklungsplattformen** (PaaS: Platform-as-a-Service)
  Plattformen dienen zunehmend zur Integration von Anwendungen verschiedenster Hersteller und eigenen Entwicklungen. Sie sollten skalierbar sein, um eine steigende Last zu bewältigen und gleichzeitig eine gute Performance zu bieten. Es ist dennoch entscheidend, ob solche Lösungen in der Lage sind, mit anderen Systemen und Plattformen zusammenzuarbeiten, damit die Interoperabilität gewährleistet wird.
- **Daten**
  Die Datenarchitektur ist von größter Bedeutung für die Unterstützung betrieblicher Anwendungen, die Definition der zugrunde liegenden Datenumgebung für Business Intelligence (BI) und fortschrittliche Analyseinitiativen sowie die Schaffung einer effektiven Datenverwaltung. Data Lakes können eingerichtet werden, um unstrukturierte Daten und Massendaten aus heterogenen Quellen besser analysieren zu können.
- **Cloud-Infrastruktur**
  Eine Cloud-Infrastruktur bezieht sich auf die Struktur und das Design von Cloud-Computing-Umgebungen. Es umfasst die verschiedenen Komponenten, Technologien und Dienste, die zusammenarbeiten, um die Bereitstellung von Cloud-Lösungen zu ermöglichen.
- **Sicherheit**
  Sicherheit in Bezug auf eine IT-Architektur bedeutet den Schutz von Systemen, Netzwerken und Daten vor unautorisiertem Zugriff, Manipulation und anderen Bedrohungen. Dies umfasst die Implementierung von Sicherheitsmechanismen, um die Vertraulichkeit, Integrität und Verfügbarkeit der IT-Infrastruktur sicherzustellen (Abb. 3.20).

Eine gute Sicherheitsarchitektur berücksichtigt potenzielle Bedrohungen und Risiken, analysiert Schwachstellen, plant geeignete Kontrollen und Maßnahmen zur Risikominderung und überwacht kontinuierlich die Sicherheitslage, um Angriffe abzuwehren und Sicherheitsverletzungen zu erkennen.

In diesem Zusammenhang ist es besonders wichtig, die Mechanismen eines Angriffs zu verstehen, um die Organisation zu schützen und ihre Widerstandsfähigkeit zu erhöhen. Die Cyber-Kill-Chain ist ein Modell, das den Ablauf eines typischen Cyberangriffs beschreibt. Es wurde von der Firma Lockheed Martin entwickelt, um die verschiedenen Phasen eines solchen Angriffs zu verstehen (Abb. 3.21).

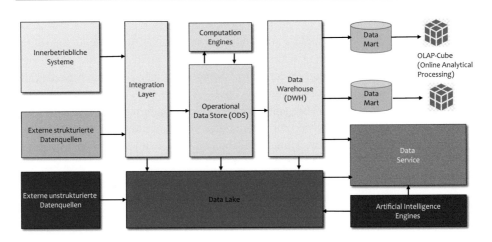

Abb. 3.20 Datenarchitektur für Big Data

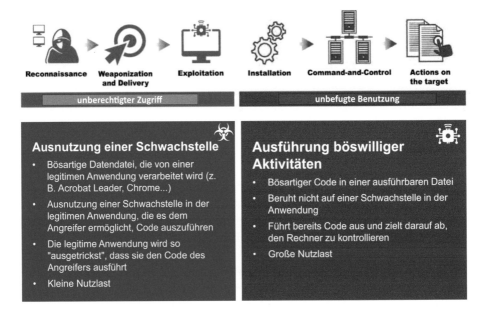

Abb. 3.21 Die Cyber-Kill-Chain

Die Cyber-Kill-Chain besteht aus den folgenden sieben Phasen:

1. **Reconnaissance** (Aufklärung)
   Die Angreifer sammeln Informationen über das potenzielle Ziel, wie zum Beispiel Netzwerkarchitektur, verwendete Technologien oder Mitarbeitendeinformationen.

2. **Weaponization** (Waffenentwicklung)

   Die Angreifer erstellen oder identifizieren geeignete Tools, Malware oder Exploits, die sie für den Angriff verwenden möchten.

3. **Delivery** (Lieferung)

   Die entwickelten Waffen werden auf die Zielumgebung übertragen. Dies kann beispielsweise durch E-Mail-Anhänge, infizierte Websites oder USB-Sticks erfolgen.

4. **Exploitation** (Ausnutzung)

   In dieser Phase nutzen die Angreifer Schwachstellen und Sicherheitslücken im Zielnetzwerk aus, um sich Zugang zu verschaffen und Kontrolle zu erlangen.

5. **Installation** (Installation)

   Die Angreifer platzieren ihre Malware oder Backdoors im kompromittierten System, um dauerhaften Zugriff zu erhalten.

6. **Command and Control** (Befehl und Kontrolle)

   Die Angreifer richten Mechanismen ein, um das kompromittierte System fernzusteuern und die Aktivitäten zu überwachen.

7. **Actions on Objectives** (Aktivitäten zur Zielerreichung)

   Der letzte Schritt beinhaltet die eigentliche Durchführung des Angriffsziels, sei es Datendiebstahl, Sabotage oder Störung der Systeme (Abb. 3.22).

Die Cybersecurity-Bedrohungen haben viele Formen (Malware, Phishing, DDoS-Angriffe, Identitätsdiebstahl, Zero-Day-Schwachstellen) und stellen ein großes Risiko für

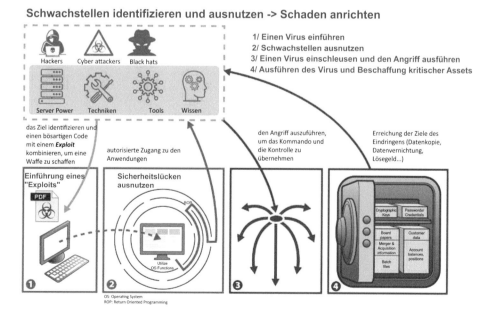

Abb. 3.22   Die Kinematik eines Cyberangriffs

die Integrität einer Organisation dar. In diesem Zusammenhang sind zwei Arten von Aktionen als Schutzmaßnahmen erforderlich:

- **Aufspüren:** Definition von Anwendungsfällen und Regeln zur Erkennung von Anomalien in Systemen oder laufenden Prozessen und Verwaltung von Warnmeldungen
- **Verhindern:** Anwendung von Schwachstellenmanagement, Patching von Servern, Nutzung kollektiver Erfahrungen (z. B. Überprüfung neuer SW-Pakete in einer Sandbox vor der ersten Ausführung), Whitelisting und Blacklisting

Die **SIEM-Technologie** (Security Information and Event Management) unterstützt die Erkennung von Bedrohungen und das Management von Sicherheitsvorfällen durch die Erfassung und Analyse von Sicherheitsereignissen, sowohl in Echtzeit als auch in der Vergangenheit. Diese Technologie ermöglicht die Analyse von Protokollereignissen und anderen Daten aus verschiedenen Quellen.

Vulnerability Management (Schwachstellenmanagement) ist der Prozess der Identifizierung, Bewertung, Behandlung und Meldung von Sicherheitsschwachstellen in Systemen und der darauf laufenden Software. Zusammen mit anderen Sicherheitstaktiken ist dies für Unternehmen von entscheidender Bedeutung, um „Angriffsfläche" zu minimieren. Scanner stützen sich dabei auf deklarierte und ständig aktualisierte Listen von erkannten Schwachstellen (Abb. 3.23).

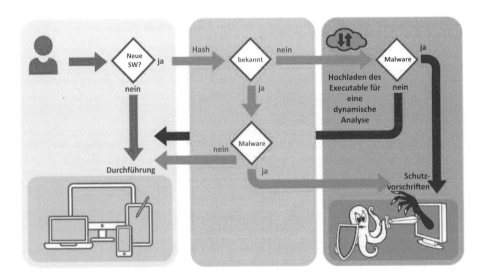

Abb. 3.23 Nutzung von Diensten zur Verwaltung von SW-Schwachstellen

3.3.5 Definition der strategischen IT-Projekte

Strategische IT-Projekte sind Initiativen, die auf der Basis der Unternehmensstrategie identifiziert und umgesetzt werden. Diese Projekte beinhalten zum Beispiel die Einführung neuer Technologien, die Umgestaltung von IT-Infrastrukturen oder die Entwicklung innovativer Lösungen.

IT-Projekte in einem Unternehmen müssen im Rahmen des **IT-Projektportfolio-Management** (IT-PPM) überwacht und verwaltet werden. Die wichtigste Aufgabe beim IT-PPM ist sicher die Auswahl und die Priorisierung der Projektanträge (Abb. 3.24).

Strategische IT-Projekte spielen eine entscheidende Rolle in Unternehmen, da sie dazu beitragen, die Geschäftsziele zu unterstützen und Wettbewerbsvorteile zu erlangen. Bei der Auswahl von IT-Projekten stehen zwei Hauptkriterien im Vordergrund: die strategische Ausrichtung und der Return on Investment (ROI). Die strategische Ausrichtung gewährleistet, dass die Projekte mit den übergeordneten Unternehmenszielen und -strategien übereinstimmen. Dadurch werden Ressourcen effektiv genutzt, um die langfristige Vision des Unternehmens zu unterstützen. Der ROI ist ein wesentlicher Faktor, der die wirtschaftliche Rentabilität eines Projekts bewertet und sicherstellt, dass die Investitionen einen messbaren Nutzen für das Unternehmen generieren. Darüber hinaus umfasst das IT-PPM in der Regel die Nutzung von Tools und Methoden zur Projektbewertung, Risikobewertung, Ressourcenplanung und -verwaltung sowie zur Leistungsüberwachung. Dadurch können Unternehmen ihre IT-Projektportfolios effizient verwalten und sicherstellen, dass die Projekte im Einklang mit den Unternehmenszielen durchgeführt werden (Abb. 3.25).

IT Projektportfolio Management = die Auswahl der wertvollsten IT-Projekte zu gewährleisten

Abb. 3.24 Das Ziel des IT-Projektportfolio-Managements

Abb. 3.25   Das IT-Projektportfolio-Management als Zyklus

Digitale Technologien sind von strategischer Bedeutung für Unternehmen, um in einem zunehmend wettbewerbsintensiven Umfeld erfolgreich zu sein. Die Nutzung moderner Technologien ist unerlässlich, um mit den sich ständig verändernden Markt-bedingungen Schritt zu halten. Die Digitalisierung von Geschäftsprozessen ermöglicht es Unternehmen, ihre Abläufe effizienter zu gestalten und Kosten zu senken. Durch die Nutzung digitaler Plattformen und Remote-Technologien können Unternehmen außer-dem ihre Flexibilität steigern und auf agile Weise auf Kundenanforderungen reagieren. Eine erfolgreiche digitale Transformation ermöglicht es einem Unternehmen, seine Aktivitäten, Prozesse und Geschäftsmodelle an die neuen Anforderungen und Möglich-keiten der digitalen Technologien anzupassen. Die Integration von digitalen Werkzeugen und Plattformen fördert die Effizienz, stärkt die Innovationskraft und verbessert das Kundenerlebnis erheblich. Mit der Einführung von Big Data-Analysen, Cloud Compu-ting, künstlicher Intelligenz, maschinellem Lernen, dem Internet der Dinge und anderen digitalen Lösungen können Unternehmen ihre Agilität, Flexibilität und Zukunftsfähig-keit deutlich steigern. Insbesondere die Schaffung von Online-Plattformen oder digita-len Marktplätzen eröffnet neue Geschäftsmodelle und Chancen für Unternehmen, um in einer zunehmend digitalisierten Welt erfolgreich zu sein (Abb. 3.26).

3.3.6   Definition der erforderlichen IT-Services

Services spielen eine zentrale Rolle bei der Schaffung von Wettbewerbsvorteilen und der langfristigen Geschäftsentwicklung von Organisationen. Unternehmen sollten sich an dieser Stelle diese zentralen Fragen stellen:

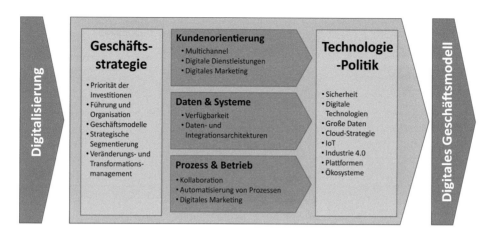

Abb. 3.26   Digitale Unternehmenstransformation

- Welche Services wollen wir anbieten?
- Welche Kundengruppen können von welchen Services profitieren?
- Welche Unterschiede gibt es zu Wettbewerbern?
- Wie ist es möglich, den Wertschöpfungsprozess sichtbar zu machen?
- Wie wird die Qualität der gelieferten Services definiert?
- Welche Synergien können erreicht werden?

Bei der Erbringung eines Services müssen viele Aspekte berücksichtigt werden, wie zum Beispiel die Identifizierung und Ansprache der Zielgruppe, das Aufbauen einer Marke oder rechtliche, finanzielle und administrative Aspekte. Die Schwierigkeit, einen Service anzubieten, hängt auch von individuellen Faktoren ab, wie z. B. der Verfügbarkeit der Ressourcen. Es kann auch immer unerwartete Hindernisse geben, die bewältigt werden müssen (Abb. 3.27).

Da in den meisten Firmen die Abwicklung der Geschäftsaktivitäten von der IT abhängig ist, sind IT-Services für Organisationen existentiell wichtig. Das **IT-Service-Management** (ITSM) steht für die Planung, die Bereitstellung und die Verwaltung von IT-Services in einem Unternehmen. Das ITSM umfasst verschiedene Prozesse, Methodiken und Tools, um die Effizienz, Qualität und Compliance von IT-Services sicherzustellen (Abb. 3.28).

Bei IT-Dienstleistungen wird häufig zwischen „Kundenservices", die sich direkt auf die Nutzer der Dienstleistung beziehen, und „Technischen Services", die interne Prozesse und Verfahren unterstützen, unterschieden. Die Qualität eines „Kundenservice" wird durch SLAs festgelegt, während die Vereinbarung zwischen den internen Teams als OLA bezeichnet wird.

Service-Level-Agreements (SLAs) sind Verträge, die zwischen einem Dienstleister und einem Kunden vereinbart werden, um die erwarteten Servicequalitäten zu definieren.

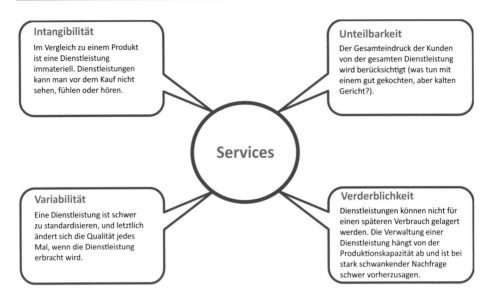

Abb. 3.27   Das Wesen von Dienstleistungen

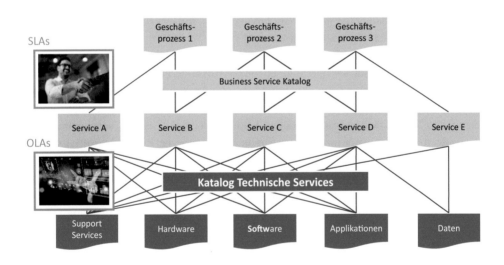

SLA: Service Level Agreement   **OLA:** Operational Level Agreement

Abb. 3.28   Business und technische IT-Dienstleistungen

Sie legen fest, welche Leistungen durch den Dienstleister erbracht werden, wie schnell und effizient der Provider agieren muss und welche Maßnahmen im Falle von Problemen ergriffen werden sollen.

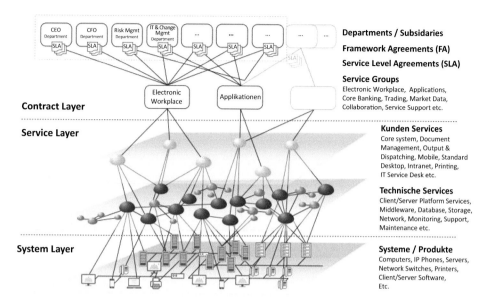

Abb. 3.29   Die Geschäftslogik steuert die IT-Infrastruktur

Operational Level Agreements (OLAs) hingegen sind interne Vereinbarungen beim Dienstleister oder innerhalb einer Organisation. Sie werden zwischen verschiedenen Teams geschlossen, um sicherzustellen, dass die erforderlichen Ressourcen, Prozesse und Verantwortlichkeiten vorhanden sind (Abb. 3.29).

Cloud Services sind zwar nicht mehr brandneu, aber sie haben in den letzten Jahren zweifellos eine enorme Bedeutung für die IT gewonnen. Diese sind Internetdienste, die es Unternehmen und Nutzern ermöglichen, diverse Ressourcen wie Rechenleistung, Speicherplatz, Software und Daten über das Internet bereitzustellen, zu nutzen und zu verwalten.

Es gibt verschiedene Arten von Cloud Services. Nachfolgend sind einige der verbreitetsten Typen aufgeführt:

- **Infrastructure-as-a-Service** (IaaS)
  Dieser Service bietet eine virtuelle IT-Infrastruktur mit virtuellen Maschinen, Netzwerken und Speicherplatz in der Cloud.
- **Platform-as-a-Service** (PaaS)
  PaaS stellt Entwicklern eine Plattform bereit, um Anwendungen zu entwickeln und zu testen, ohne sich um die zugrunde liegende Infrastruktur kümmern zu müssen.
- **Software-as-a-Service** (SaaS)
  Bei SaaS-Angeboten können Benutzer über das Internet auf Anwendungen zugreifen, die von einem Cloud-Anbieter gehostet und gewartet werden. Beispiele hierfür sind E-Mail-Dienste, Customer-Relationship-Management-Tools oder Kollaborationsplattformen.

- **Storage-as-a-Service** (STaaS)
  Dieser Service bietet Cloud-Speicherplatz, auf den Nutzer zugreifen können, um Daten sicher zu speichern und darauf zuzugreifen.
- **Database-as-a-Service** (DBaaS)
  DBaaS-Plattformen ermöglichen es Benutzern, Datenbanken in der Cloud zu erstellen, zu verwalten und darauf zuzugreifen, ohne sich um die zugrunde liegende Infrastruktur oder die Datenbankverwaltung kümmern zu müssen.
- **Function-as-a-Service** (FaaS)
  FaaS-Plattformen ermöglichen es Entwicklern, kleine Funktionen oder Events in der Cloud auszuführen, ohne sich um die Infrastruktur kümmern zu müssen (Abb. 3.30).

Cloud Services bieten eine Self-Service-Umgebung für die IT. Dies ermöglicht eine flexible und effiziente Nutzung der IT-Ressourcen, ohne dass die Unterstützung von IT-Experten dabei erforderlich ist.

Die Bedeutung von IT-Services hat mit der Digitalisierung stark zugenommen. Tatsächlich werden Services nicht nur internen Nutzern einer Organisation, sondern auch Endkunden bereitgestellt. **Digitale Services** sind von strategischer Wichtigkeit und umfassen die Gesamtheit der Prozesse und Verfahren, die von den verschiedenen Akteuren eingehalten werden müssen, um Transaktionen auf Selbstbedienungsbasis durchzuführen. Eine digitale Dienstleistung muss jedoch sicherstellen, dass Kunden mit der Digitallösung höchst zufrieden sind (Abb. 3.31).

Das Ziel eines digitalen Dienstes ist es, die Loyalität und das Vertrauen der Kunden zu gewährleisten. Er bringt auch zahlreiche Herausforderungen mit sich. Einige der Herausforderungen für eine digitale Lösung können die folgenden sein:

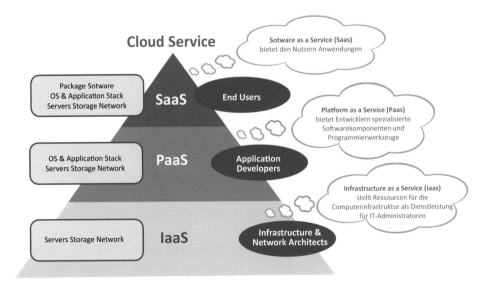

Abb. 3.30 XaaS: Alles als Dienstleistung

Die Funktionalitäten sind einfach und intuitiv zu bedienen. Dank der Selbstverwaltung kann der Nutzer vieles selbst erledigen. Die Kunden werden regelmäßig über neue Funktionen informiert.

Neue wichtige Funktionalitäten und Erweiterungen werden identifiziert und in hoher Qualität entwickelt, getestet und implementiert.

Benutzbarkeit

Entwicklungen

Anrufe und E-Mails werden von der Hotline oder den Relationship Managern kompetent und zügig beantwortet. Beschwerden werden von der Hotline aufgegriffen und dank eines "Beschwerdemanagement"-Prozesses analysiert und bearbeitet.

Kundenbetreuung

IT-Betrieb

Die Plattform ist hochverfügbar und die notwendigen IT-Wartungsarbeiten werden frühzeitig geplant und kommuniziert.

Abb. 3.31 Das Ziel digitaler Selbstbedienungssysteme

- **Technische Komplexität**
  Die Entwicklung und die Aufrechterhaltung eines digitalen Services erfordern ein hohes Maß an technischer Expertise und können sehr komplex sein, insbesondere wenn es um skalierbare Infrastruktur, Datenverarbeitung und -speicherung sowie Sicherheit geht.
- **Benutzererfahrung**
  Ein digitaler Service muss benutzerfreundlich und intuitiv gestaltet sein, um die Akzeptanz und Zufriedenheit der Anwender sicherzustellen. Es ist wichtig, eine ansprechende Benutzeroberfläche zu bieten, die einfache Interaktionen ermöglicht.
- **Datenschutz und Sicherheit**
  Das Sammeln und Speichern von Benutzerdaten birgt Risiken in Bezug auf Datenschutz und Sicherheit. Geeignete Sicherheitsmaßnahmen müssen implementiert werden, um die Privatsphäre der Benutzer zu schützen und Datenlecks oder unbefugten Zugriff zu verhindern.
- **Regulatorische Anforderungen**
  Digitale Services müssen häufig spezifischen rechtlichen und regulatorischen Anforderungen entsprechen, wie beispielsweise Datenschutzgesetzen, Urheberrechtsbestimmungen und anderen Richtlinien. Die Einhaltung dieser Vorschriften kann komplex und zeitaufwendig sein.
- **Technologische Weiterentwicklung**
  Die Technologie entwickelt sich ständig weiter, und ein digitaler Service muss mit den neuesten Trends und Innovationen Schritt halten, um relevant zu bleiben. Dies erfordert kontinuierliche Investitionen in Forschung und Entwicklung und die Bereitschaft, neue Technologien zu implementieren (Abb. 3.32).

Abb. 3.32 Die Herausforderungen digitaler Services

Insgesamt ist das Thema IT-Services sowohl in Bezug auf den Umfang als auch auf die Komplexität äußerst vielfältig. Es umfasst eine breite Palette von Dienstleistungen, die mit der Verwaltung, Wartung und Unterstützung von Informationstechnologie in Unternehmen verbunden sind. Es gibt verschiedene Arten von IT-Services, darunter Cloud-Services, Sicherheitsdienste, Datenbankmanagement, Softwareentwicklung sowie jetzt auch digitale Services für Endkunden. Darüber hinaus entwickelt sich das IT-Service-Management kontinuierlich weiter, um neuen Technologien und Trends gerecht zu werden.

3.3.7   Schlussfolgerung

Die Umsetzung einer IT-Strategie ist ein Balanceakt, bei dem der Nutzen von Informationstechnologien optimiert und gleichzeitig die damit verbundenen Risiken minimiert werden sollen. Abhängig von der Situation und der Risikobewertung, beispielsweise in Bezug auf Sicherheit, Datenschutz oder Ausfallzeiten sollten angemessene Maßnahmen ergriffen werden. Angesichts der kontinuierlichen Technologieentwicklung

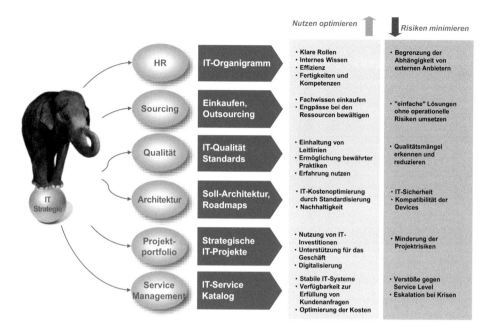

Abb. 3.33 Die Balance finden, je nach Situation, für eine erfolgreiche IT-Strategie

sollte eine IT-Strategie jedoch ausreichend flexibel und anpassungsfähig bleiben. Ideal wäre eine ausgewogene Mischung aus Flexibilität und Stabilität, um den heutigen Anforderungen gerecht zu werden und gleichzeitig zukünftige Entwicklungen zu antizipieren (Abb. 3.33).

Das Zusammenspiel von Organisation, Partnern, Qualität, Standards, Architektur, Projekten und Services bildet die Grundlage für die Definition einer umfassenden IT-Strategie und sollte natürlich an die spezifischen Anforderungen und Ziele eines Unternehmens angepasst werden. Es ist jedoch möglich, verschiedene Elemente zu kombinieren, beispielsweise DevOps mit Cloud-Outsourcing, um eine schnellere, skalierbarere und kosteneffizientere Entwicklung und Bereitstellung von Anwendungen zu erreichen. Je mehr Veränderungen vorgenommen werden, desto größer sind die Erfolgsaussichten, aber auch die Risiken negativer Auswirkungen auf die Organisation! (Abb. 3.34).

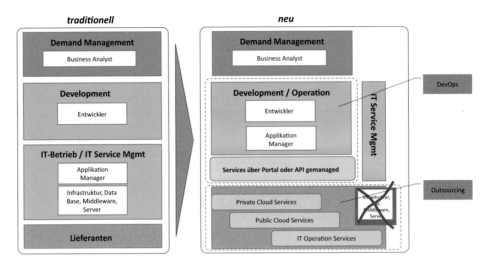

Abb. 3.34 Mögliche Kombination verschiedener Elemente für eine erfolgreiche IT-Strategie

Literatur

Freeman E (2010) Strategic Management A Stakeholder Approach. Cambridge University Press
Kotler P. (1999), Principles of Marketing, N.J. Prentice-Hall
Osterwalder A (2008) Business Model Generation
Porter ME (2008) The Five Competitive Forces That Shape Strategy

IT-Projektportfolio-Management

4

Das Projektportfolio-Management kann mithilfe der Metapher eines Flusses veranschaulicht werden, in dem sich gleichzeitig verschiedene Schiffe bewegen. Ein Schiff symbolisiert jeweils ein Einzelprojekt. Wie können alle diese Schiffe gleichzeitig fahren und ihr Ziel gefahrlos erreichen? (Abb. 4.1).

Während ein Projekt einen Anfang und ein Ende hat, bleibt das Projektportfolio-Management eine Daueraufgabe, die die übergreifende Verwaltung und kontinuierliche Steuerung aller Projekte einer Organisationseinheit sicherstellt.

Bei Projekten, die ähnliche Ziele verfolgen und große Abhängigkeiten oder Gemeinsamkeiten aufweisen, kann ein Programm gebildet werden. Ein Programm gilt als Gruppe zusammenhängender Projekte, wie zum Beispiel damals bei der Euro-Einführung oder mit dem Millennium-Fehler (Y2K-Bug) und wird auf koordinierte Weise von einem Programm-Manager verwaltet. Im Zeitalter der Digitalisierung bietet es sich sicher an, die Durchführung eines Digitalprogramms bei der Priorisierung von Projektanträgen innerhalb des Genehmigungsverfahrens vorzusehen (Abb. 4.2).

Der Sinn des Projektportfolio-Managements liegt in der Auswahl der „richtigen" Projekte, der Vermeidung von Doppelspurigkeit, der Transparenz über den laufenden Projekten und der projektübergreifenden Optimierung von begrenzten Ressourcen.

Die Dichotomie des Projektportfolio-Managements besteht darin, die Projektpipeline ständig zu versorgen und gleichzeitig sicherzustellen, dass die laufenden Projekte überwacht und getrackt werden (Abb. 4.3).

Das Projektportfolio-Management kann am einfachsten als Prozess dargestellt werden. Zuerst beinhaltet er den „Demand-Management"-Teil, in dem die IT-Bedarfe eines Unternehmens ermittelt und bewertet werden. Danach muss sichergestellt werden, dass alle Projekte gleichzeitig erfolgreich durchgeführt werden. Vor allem stellt die Planung der Ressourcen eine besondere Herausforderung dar. Dieser zweite Teil wird als Projektportfolio-Überwachung beschrieben. Am Schluss soll noch sichergestellt werden, dass

L. Pilorget, *Managing IT in einer digitalen Welt*, https://doi.org/10.1007/978-3-658-46012-9_4

Abb. 4.1   Projektportfolio-Management: alles im Fluss?

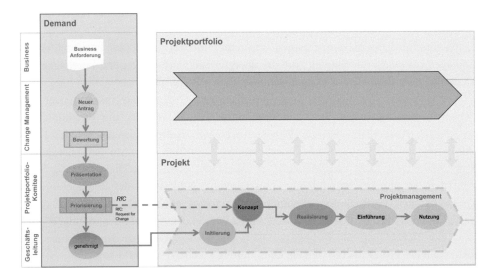

Abb. 4.2   Demands > Projekte > Digitalprogramm

die erwarteten Vorteile der neuen Lösungen in der Tat realisiert wurden. Es geht dann um die Nutzenrealisierung (Abb. 4.4).

Zusätzlich wird noch das Thema „Agilität" in diesem Absatz behandelt. Insbesondere wurden interessante Methoden entwickelt, um die Vorteile der Agilität in einen ansonsten starren Rahmen integrieren zu können.

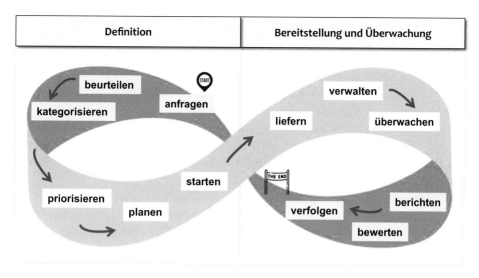

Abb. 4.3 Die Dichotomie des Projektportfolio-Managements

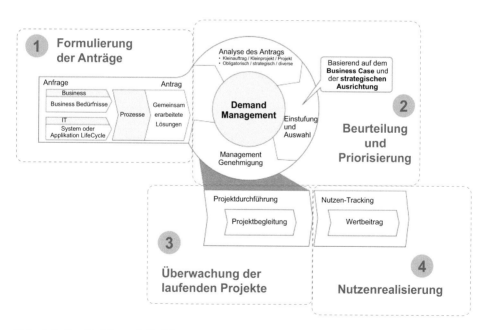

Abb. 4.4 Der Projektportfolio-Managementprozess

4.1   Demand Management: wie Ideen zu Projekten werden

Um ein Projekt in Gang setzen zu können, soll ein Projektantrag erstellt werden, aus dem
dann nach dem Managemententscheid ein Projektauftrag entstehen soll. D. h. die Frage
stellt sich an dieser Stelle, wie kommt man zu einem Projektantrag? Bei dieser Frage-
stellung wird implizit davon ausgegangen, dass ein interner Vorgang vorhanden sein
muss, damit alle Anfragen durch eine zentrale Stelle behandelt werden. Es ist in der Tat
sehr empfehlenswert, einen Prozess sowie die damit einhergehende Rolle des Portfolio-
managers zu definieren. Dazu kann der Prozess **„Demand Management"** definiert werden (Abb. 4.5).

Der Demand-Managementprozess definiert eine Vorgehensweise, die dazu dient, die
IT-Bedürfnisse eines Unternehmens umfassend zu verstehen, richtig einzuschätzen und
gezielt zu steuern. Oft wird der Prozess auch als Trichter dargestellt (Abb. 4.6).

Zwei getrennte Schritte werden unterschieden:

- Die Formulierung und Beurteilung der Anfragen
- Priorisierung der überreichten Anträge

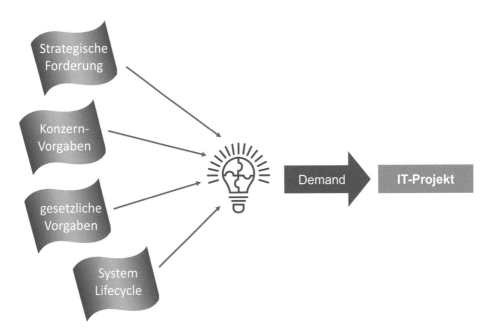

Abb. 4.5   Woher IT-Projekte kommen

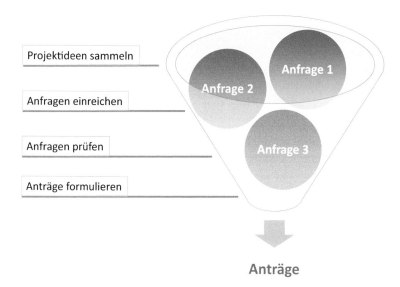

Projektideen sammeln

Anfragen einreichen

Anfragen prüfen

Anträge formulieren

Anfrage 1

Anfrage 2

Anfrage 3

Anträge

Abb. 4.6 Demand Management als Trichter

4.1.1   Formulierung der Anfragen

Der Prozess startet mit der Erstellung einer Anfrage. In der Regel wird dafür ein Dokument vorbereitet, in dem verschiedene Informationen zusammengefasst werden. Anbei
eine Liste der wichtigsten Elemente:

- **Ausgangslage**

Die Ist-Situation soll beschrieben werden und das Problem soll erläutert werden, bzw.
das Optimierungspotenzial eingeschätzt werden. Es soll auch klar sein, warum was
unternommen werden soll.
  Beispiele für relevante Informationen:

- Welche Probleme bestehen zum heutigen Zeitpunkt in welcher Organisationseinheit?
  Beschreibung und Anzahl der Vorfälle.
- Gibt es eine bestehende Revisionspendenz? Referenz und Inhalt.
- Welche konkreten Risiken bestehen, und wie werden diese heute mitigiert? Falls es
  schon zu Verlusten kam, diese auch aufführen.
- Welche Chancen bieten sich an? Wo gibt es konkret Optimierungspotenzial (Prozesse,
  Reduktion der Risiken, neue Ertragsquellen etc.)?
- Wie viele Kunden sind betroffen? Mengengerüste.

- **Zielsetzungen**

An dieser Stelle wird festgelegt, was erreicht werden soll sowie die dazugehörigen Messkriterien. Hilfefragen für die Festlegung von möglichen Zielsetzungen sind:

- Werden Zusatzerträge erzielt? Wie und bei welchen Kundensegmenten? Größen-
  ordnung?
- Welche Verluste können vermieden werden?
- Welche Risiken sollen wie mitigiert werden? Was für ein Mehrwert für welche Kun-
  den? Bei welchen Transkationen oder Produkten (Art, Höhe, Empfängerland)?
- Welche Effizienzsteigerungen werden in welchen Bereichen der Organisation erzielt?
- Welche Kosten können minimiert werden?

- **Zielgruppen**

Es ist wichtig zu identifizieren, wer intern betroffen ist und welche Kundenzielgruppen
angesprochen werden. Wenn möglich soll ein Mengengerüst der betroffenen Zielgruppen
angegeben werden.
   Beispiele:

- Firmeninterne Stakeholders
- Kunden (welche Segmente?)
- Partner
- Andere Drittparteien

- **Projektumfang**

Der Umfang des Projekts (=Scope) soll skizziert werden. Es ist wichtig festzulegen, was
nicht zum vorgeschlagenen Projekt gehört.

- **Kurzbeschriebe der Anforderungen (High Level)**

Eine Liste der Use Cases soll vorgeschlagen werden.

- **Erwartete Umsetzung**

Meilensteine, die zeitlich eingehalten werden sollen, müssen bekannt sein. Die Frage
der Dringlichkeit ist entscheidend und muss begründet sein. In der Tat sind oft Anträge
immer dringend und müssen sofort umgesetzt werden. Es ist auch vom Vorteil, wenn ein
Grobzeitplan unter Berücksichtigung von Systemreleases eingegeben werden kann.

- **Abhängigkeiten/Bedingungen**

Wie sehen die Rahmenbedingungen aus (regulatorische Anforderungen, Auflagen, Konzernanforderungen, andere Abhängigkeiten)? Wo gibt es Abhängigkeiten? Potenzielle Risiken? Stehen die Anforderungen im Zusammenhang mit anderen Anforderungen, Systemänderungen oder Projekten? Welche Vor- bzw. Folgeprojekte sind allenfalls notwendig?

Die Anträge müssen an einem Ort in der Organisation gesammelt und bewertet werden. Zwei grundlegende Parameter sind entscheidend für eine erste Beurteilung:

- Wie groß soll schätzungsweise das vorgesehene Vorhaben werden?
- Wie dringend soll eine Lösung angeboten werden?

Dafür sollen die folgenden Punkte untersucht werden:

- **Grobaufwandschätzung**

Die internen Ressourcen für die Projektphasen müssen identifiziert werden (Fachabteilungen, Legal, Compliance, Security, IT, Projektmanagement). Zusätzlich soll eine Schätzung der Bedürfnisse an externen Ressourcen abgegeben werden.

Durch diese Angaben kann geschätzt werden, ob es sich um eine „kleinere" Angelegenheit handelt, oder ob ein mehrjähriges Vorhaben gestartet werden soll.

Es ist hilfreich, eine Skala zu etablieren, um die Anträge zu sortieren und später die resultierenden Projekte zu selektieren. Anbei ein Vorschlag für eine Differenzierung zwischen Kleinaufträgen (RfC: Request for Change), Kleinprojekten und Projekten:

- Kleinauftrag [RfC]: <10 Personen-Tage **und** < TCHF 10
- Kleinprojekt [kP]: < 50 Personen-Tage **und** < TCHF 100
- Projekt [P]: >50 Personen-Tage **oder** >TCHF 100

Es soll auch festgehalten werden, welche Systeme betroffen sind und ob eine Ausschreibung bei verschiedenen Providern notwendig ist.

Eine erste Klassifizierung soll zur Verfügung stehen, um eine erste Zuordnung der eingereichten Projekt-Initiativen gewährleisten zu können. Dafür soll eine einfache Struktur definiert werden, wie zum Beispiel wie folgt dargestellt, um eine erste Sortierung zu ermöglichen:

- *obligatorisch:* die Umsetzung ist erforderlich aufgrund von gesetzlichen Anforderungen, einer laufenden Überarbeitung oder dem Auslaufen eines IT-Systems

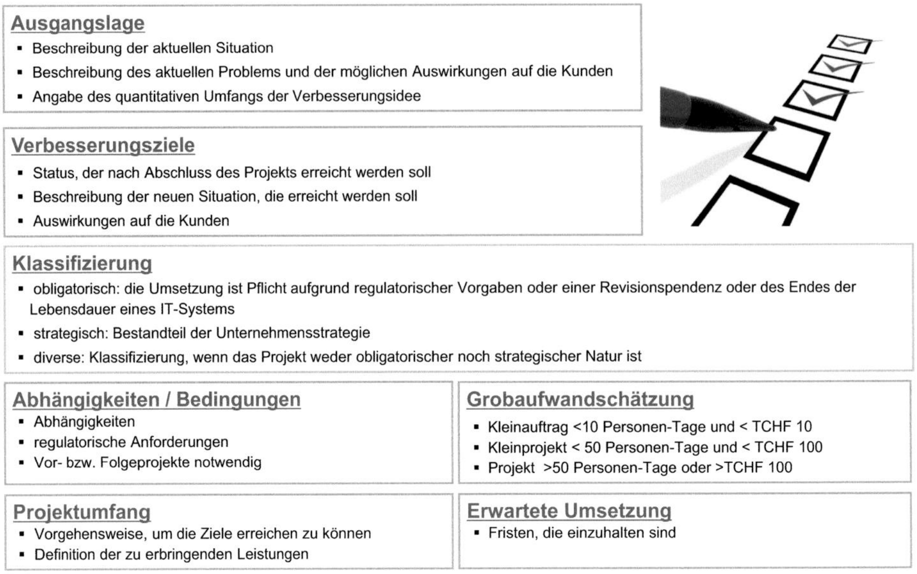

Ausgangslage
- Beschreibung der aktuellen Situation
- Beschreibung des aktuellen Problems und der möglichen Auswirkungen auf die Kunden
- Angabe des quantitativen Umfangs der Verbesserungsidee

Verbesserungsziele
- Status, der nach Abschluss des Projekts erreicht werden soll
- Beschreibung der neuen Situation, die erreicht werden soll
- Auswirkungen auf die Kunden

Klassifizierung
- obligatorisch: die Umsetzung ist Pflicht aufgrund regulatorischer Vorgaben oder einer Revisionspendenz oder des Endes der Lebensdauer eines IT-Systems
- strategisch: Bestandteil der Unternehmensstrategie
- diverse: Klassifizierung, wenn das Projekt weder obligatorisch noch strategischer Natur ist

Abhängigkeiten / Bedingungen	**Grobaufwandschätzung**
- Abhängigkeiten - regulatorische Anforderungen - Vor- bzw. Folgeprojekte notwendig	- Kleinauftrag <10 Personen-Tage und < TCHF 10 - Kleinprojekt < 50 Personen-Tage und < TCHF 100 - Projekt >50 Personen-Tage oder >TCHF 100

Projektumfang	**Erwartete Umsetzung**
- Vorgehensweise, um die Ziele erreichen zu können - Definition der zu erbringenden Leistungen	- Fristen, die einzuhalten sind

Abb. 4.7 Anforderungsprofil eines Projektantrags

- *strategisch:* als Bestandteil der Unternehmensstrategie
- *diverse:* Klassifizierung, wenn das Projekt weder obligatorischer noch strategischer Natur ist (Abb. 4.7)

Basierend auf dieser Klassifizierung und auf einzuhaltenden Fristen kann entschieden werden, direkt in die Projektvernehmlassung zu gehen. Es wird dennoch empfohlen, eine Beurteilung der Anträge durchzuführen. Dafür werden zwei Kriterien verwendet:

- der Business Case
- die strategische Ausrichtung

4.1.2 Beurteilung und Priorisierung der Anträge

Es gibt verschiedene Möglichkeiten, Anträge zu priorisieren. In der Regel wird zu diesem Zweck eine Matrix erstellt, mit zwei Achsen für die Bewertungskriterien. Verschiedene Kriterien, wie zum Beispiel die Komplexität des Projekts oder die Bedeutung für das Unternehmen oder das Risikoprofil können benutzt werden. Für die Darstellung und Priorisierung des Projektportfolios werden in diesem Buch die finanzielle Analyse, auch als Business Case bezeichnet, und die strategische Bedeutung vorgeschlagen.

- **Der Business Case**

Der Business Case bezieht sich auf die Analyse der Rentabilität einer Investition.

Zur Berechnung des Business Case sollen verschiedene Zahlen ermittelt werden. Zuerst müssen die Kosten geschätzt werden.

Bei einer IT-Investition werden die einmaligen Projektkosten (CapEx = Capital Expenditure) als Investitionsausgaben eingegeben. Es wird in der Regel zwischen Aufwand (cash out) und aktivierungsfähigen Investitionen entschieden. Die Projektkosten können pro Kostenart geschätzt werden:

- *Drittleistungen:* Ausgaben für Dienstleistungen oder Produkte, die von externen Anbietern erbracht oder geliefert werden. Bei Software-Projekten können gewisse Entwicklungskosten über 5 Jahre abgeschrieben werden.
- *Hardware:* in der Regel aktivierungsfähig, zum Beispiel über eine Dauer von 3 Jahren
- *Software:* in der Regel aktivierungsfähig, zum Beispiel über eine Dauer von 2 Jahren
- *Nachbesetzung:* wenn die Ressourcen im Unternehmen nicht ausreichen, muss zusätzliches Personal organisiert werden
- *Diverses:* Spesen, Übersetzungen…

Die Summe dieser Kosten bildet in der Regel das Projektbudget (cash-out).

Es gibt weitere Aufwendungen, die noch berücksichtigt werden müssen, und zwar die internen Aufwände. Dafür werden Aufwände der IT-Fachkräfte und der Business-Mitarbeitenden geschätzt und durch einen internen Tagessatz, zum Beispiel 1000 € pro Tag, multipliziert.

Die Summe ergibt den Betrag der **Gesamtkosten des Projekts.**

Neben den einmaligen Kosten müssen auch die wiederkehrenden Kosten (OpEx = Operational Expenditures) berücksichtigt werden, die auch als Betriebskosten genannt werden.

Bei den Betriebskosten sollen die inkrementellen Kosten für zusätzliches Personal oder erhöhte Wartungskosten berechnet werden.

Die Summe der Projektkosten und der Betriebskosten ergibt den Kostenvoranschlag für die gesamte Investition.

Bei dieser Kalkulation wird eine Dauer von 5 Jahren berücksichtigt. In der Tat möchten Unternehmen eine schnelle Investitionsrentabilität, obwohl manche Investitionen in die IT-Infrastruktur oder bei der Einführung von zentralen Systemen sogar über Jahrzehnte hinweg erfolgen können.

Eine Schätzung der Kosten bedeutet auch Arbeit seitens des Auftraggebers. Es kann auch sein, dass Lieferanten involviert werden müssen, damit Offerten zur Verfügung stehen. Falls es sich um eine bedeutende Initiative handeln sollte, wird es empfohlen, ein Kleinprojekt als Vorstudie zu eröffnen. Am Ende der Machbarkeitsanalyse sollten alle Informationen vorliegen, um den Kostenvoranschlag für das Projekt zu erstellen.

	Jahr 1	Jahr 2	Jahr 3	Jahr 4	Jahr 5	Summe
Gesamtinvestitionskosten (ohne Abschreibung)	Σ9	Σ9	Σ9	Σ9	Σ9	Σ9
Projektkosten	Jahr 1	Jahr 2	Jahr 3	Jahr 4	Jahr 5	Summe
Drittleistungen						Σ4
Hardware						Σ4
Sofware Lizenzen						Σ4
Nachbesetzung						Σ4
Diverses (Spesen, Übersetzungen…)						Σ4
Projekt Cash out (= Projektbudget)	Σ1	Σ1	Σ1	Σ1	Σ1	Σ4
internes IT-Personal						Σ4
weitere interne Arbeitskräfte						Σ4
Interne Projektaufwände	Σ2	Σ2	Σ2	Σ2	Σ2	Σ4
Gesamtprojektkosten	Σ2	Σ2	Σ2	Σ2	Σ2	Σ4
Wiederkehrende betriebliche Mehrkosten	Jahr 1	Jahr 2	Jahr 3	Jahr 4	Jahr 5	Summe
Software Wartung						Σ8
Externe Dienstleistungen						Σ8
Betrieb Cash out	Σ5	Σ5	Σ5	Σ5	Σ5	Σ8
zusätzliches internes IT-Personal						Σ8
zusätzliche interne Arbeitskräfte						Σ8
Interne zusäztliche Betriebskosten	Σ6	Σ6	Σ6	Σ6	Σ6	Σ8
Summe der zusätzlichen Betriebskosten	Σ7	Σ7	Σ7	Σ7	Σ7	Σ8

Abb. 4.8 Kostendarstellung einer IT-Investition für eine Business-Case-Kalkulation

Je nach Entscheid wird entweder das Kleinprojekt abgeschlossen oder die nächste Phase eines „regulären" Projektes wird durchgeführt (Abb. 4.8).

Die Vervollständigung des Business Cases erfordert nun die Darstellung der prognostizierten Ergebnisse, die dem Unternehmen Gewinne bringen sollen. Zu diesem Zweck werden zuerst die zusätzlichen Leistungen geschätzt. Dazu werden Verkaufs- und Umsatzziele festgelegt. Es ist auch wichtig, die Wirkungen einer Änderung des erwarteten Nutzens zu prüfen, um die Elastizität des Business Cases zu messen.

Potenzielle Kostensenkungen, sowohl in der IT wie im Business, werden zusätzlich berechnet. Diese Reduktionen können durch Personalabbau, Prozesseffizienz, Qualitätsverbesserung, Reduzierung der Fixkosten oder Abfallvermeidung erreicht werden.

Es können auch andere Kostenblöcke berücksichtigt werden, z. B. vermiedene Kosten, wenn durch die Investition andere zukünftige Kosten vermieden werden, z. B. die Aufrüstung eines Systems.

Ein Business Case soll auch die immateriellen Vorteile aufzeigen, damit qualitative Betrachtungen, wie zum Beispiel Marktdurchdringung oder strategische Diversifizierung, in den Entscheidungsprozess einbezogen werden (Abb. 4.9).

Aufgrund der Kostenschätzung und dem Gesamtnutzen kann der Business Case gerechnet werden.

Die Kapitalrendite, als **ROI** (= **Return on Investment**) bezeichnet, wird als Leistungsmaß zur Bewertung der Effizienz einer Investition gerechnet, indem der Nutzen (oder die Rendite) einer Investition durch die Kosten der Investition geteilt wird:

ROI = Gesamtnutzen (Return)/Kosten (Investment)

	Jahr 1	Jahr 2	Jahr 3	Jahr 4	Jahr 5	Summe
Gesamtnutzung	Σ7	Σ7	Σ7	Σ7	Σ7	Σ7

	Jahr 1	Jahr 2	Jahr 3	Jahr 4	Jahr 5	Summe
Geschäftsvorteile						
Personalabbau						Σ2
Betriebskostensenkung						Σ2
zusätzliche Gewinngenerierung						Σ2
Sonstige						Σ2
Zwischensumme	Σ1	Σ1	Σ1	Σ1	Σ1	Σ2

	Jahr 1	Jahr 2	Jahr 3	Jahr 4	Jahr 5	Summe
Nutzen für die IT						
Personalabbau						Σ4
Kostensenkung für den IT-Betrieb						Σ4
Einsparungen durch Systemersatz						Σ4
Sonstige						Σ4
Zwischensumme	Σ3	Σ3	Σ3	Σ3	Σ3	Σ4

	Jahr 1	Jahr 2	Jahr 3	Jahr 4	Jahr 5	Summe
Kostenvermeidung						
Vermeidung weiterer Investitionen (Upgrades...)						Σ6
Sonstige						Σ6
Zwischensumme	Σ5	Σ5	Σ5	Σ5	Σ5	Σ6

Abb. 4.9 Nutzung einer Investition bei der Kalkulation eines Business Case

Gesamtnutzen = Erträge−Investitionskosten. Einer höhere ROI deutet auf eine produktivere Investition hin. Ergibt die Berechnung hingegen einen negativen ROI-Prozentsatz, bedeutet dies, dass die Investition einen Verlust verursacht.

Um den Zeitfaktor berücksichtigen zu können, wird auch ein „Payback" als Zeitraum berechnet, der sich auf die benötigte Zeitspanne bezieht, bis eine Investition sich lohnt. Dieses entspricht der nötigen Dauer, in der eine Investition den „Break-even-Punkt" als Rentabilitätsschwelle erreicht.

Der Kapitalwert, auch bekannt als **NPV** (= **Net Present Value**) ergibt sich aus der Summe der auf den Bewertungszeitpunkt abgezinsten zukünftigen Barwerte über einen bestimmten Zeitraum. Durch diese Berechnung wird geprüft, ob sich ein Projekt letztendlich als wirtschaftlich erweist. Ist der NPV-Wert größer als null, dann heißt es, dass nach dem in der Berechnung angesetzten Zeitraum die anfängliche Investition zurückverdient wurde und sogar einen Gewinn erzielt werden könnte. Dagegen bedeutet ein negativer Kapitalwert, dass die betrachtete Investition keine Verzinsung in Höhe des Kalkulationszinssatzes erbringt.

In der beigefügten Modellierung wird der Beitrag zur Wertschöpfung über zwei Jahre definiert. Damit wäre die erste Achse der Bewertungsmatrix definiert.

• **Die strategische Ausrichtung**

Die zweite Achse befasst sich mit der strategischen Ausrichtung des Projektantrags. Die Definition der Bewertungskriterien sollte in die Unternehmensstrategie eingebettet sein. Um generisch zu bleiben werden Kostenführung und Wachstum als Hauptkriterien gewählt. Es ist wie gesagt jedem Unternehmen überlassen, die Natur und Anzahl der Kriterien festzulegen.

In einem weiteren Schritt werden pro Thema die Messkriterien definiert, damit pro Antrag eine Evaluation stattfinden kann. Die Beurteilung kann dann mit einer einfachen Tabelle durchgeführt werden.

Anbei ein Beispiel für das Kriterium „Wachstumsbeitrag":

Wachstumsbeitrag	Null (0 Punkt)	Niedrig (1 Punkt)	Mittel (2 Punkte)	Hoch (4 Punkte)
Neues Geschäft (neue Produkte oder neue Kunden)				
Kundenwert (mehr Umsatz pro Kunde)				
Kundenbindung				
Produktionsflexibilität				
Nachhaltiger Wettbewerbsvorteil				

Anbei ein Vorschlag für das Kriterium „Kostenführung".

Kostenführung	Null (0 Punkt)	Niedrig (1 Punkt)	Mittel (2 Punkte)	Hoch (4 Punkte)
Steigerung der Effizienz der Lieferkette				
Kostenvermeidung				
Verringerung der derzeitigen Kostenbasis, Kostensenkung				
Verbesserung der Geschäftskenntnisse				
Erhöhung der Forschungsproduktivität				

In den vorgeschlagenen Auswertungen ist die Skala absichtlich nicht linear. Dadurch können bestimmte Vorteile besser zum Ausdruck kommen.

Wenn man die beiden Noten addiert, ergibt sich ein Maximum von achtzig Punkten. Es kann dann festgelegt werden, dass Projektanträge als „strategisch" eingestuft werden, wenn die Gesamtnote von mindestens vierzig erreicht wird.

Bei dieser Übung stellt sich noch die Frage, wer die Bewertung vornehmen soll. Es wird empfohlen, dass verschiedene Personen diese Aufgabe übernehmen. Dadurch wird auch sichergestellt, dass die Organisation ein gemeinsames Verständnis über die Prioritäten des Unternehmens entwickelt.

Damit wurde die zweite Achse der Portfolio-Matrix definiert.

Die Kombination dieser zwei Dimensionen ermöglicht die Herstellung einer Matrix, die der BCG-Matrix ähnelt (Abb. 4.10).

Unten links erscheinen die sogenannten **„Dogs"** als Projekte, die in der Regel vorgeschrieben sind und deswegen als **obligatorisch** kennzeichnet werden. Es handelt sich typischerweise um das Aufsetzen vom Compliance-Anforderungen, Infrastrukturprojekte oder System Lifecycle.

Unten rechts findet man die Projekte, für die zwar ein positiver Business Case vorhanden ist, die allerdings keine strategische Relevanz besitzen. Solche Fälle können zum Beispiel der Automatisierung von Prozessen oder der Integration einer eigenständigen Lösung in ein integriertes System entsprechen. Diese Projekte werden oft als **„Cash Cows"** bezeichnet.

Oben links werden die **Fragezeichen** aufgelistet. Diese Projekte entsprechen meistens Vorstudien oder Machbarkeitsstudien (oder auch PoC als „Proof-of-Concept" genannt). Deren Bedeutung ist äußerst wichtig, um die Quellen der Innovation zu nähren. Durch solche Initiativen kann ein Unternehmen wichtige Erkenntnisse gewinnen und in der Lage sein, bessere Entscheidungen über zukünftige Investitionen zu treffen.

Oben rechts werden die **„Stars"** identifiziert, die meistens aus den Fragezeichen entstehen. Die Bedeutung solcher Projekte ist hoch und für die Zukunft der Organisation

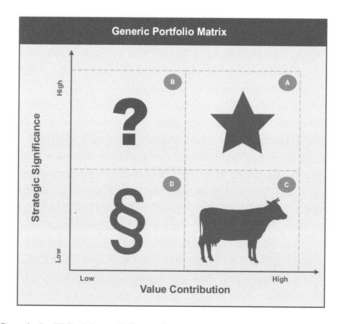

Abb. 4.10   Generische IT-Projektportfoliomatrix

entscheidend. Die Digitalisierung gehört heutzutage sicher dazu und im Allgemeinen die Einführung neuer Technologien, die idealerweise die nachhaltige Entwicklung der Firma garantieren.

Für die Entwicklung der Organisation ist es wichtig, ein „gesundes" Projektportfolio zu pflegen. In der Regel fallen die Sterne nicht vom Himmel, sondern sind das Ergebnis einer langen Vorbereitungsarbeit.

4.2   Überwachung des Projektportfolios

Je nach Größe der Organisation können bis zu mehrere hundert Projekte parallel laufen. Und es ist sicher nicht zu erwarten, dass alle Projekte reibungslos laufen. Was passiert, wenn das Go-live für eine neue Lösung verschoben wird? Welche Konsequenzen für andere Projekte? Und sind die Ressourcen überhaupt noch verfügbar?

Es ist naheliegend zu denken, dass eine Überwachung über alle laufenden Projekte von Vorteil ist. Neben der Transparenz über die laufenden Aktivitäten ermöglicht das Projektportfolio-Management eine optimale Nutzung der Ressourcen. Als Konsequenz bedeutet es, dass die Projektleitenden regelmäßig an dem Portfolio Manager über den Fortschritt der Projekte rapportieren. Diese Regel ist ein elementarer Punkt der Governance in der Organisation (Abb. 4.11).

Eine Übersicht der laufenden Projekte bietet Vorteile, insbesondere bei der **Ressourcenplanung,** der **Risikominderung** und der **Leistungserbringung.**

Zu Beginn eines Projektes muss sichergestellt werden, dass die nötigen Ressourcen vorhanden sind. Dafür soll eine initiale Aufwandschätzung der ersten Projektphasen durchgeführt werden. Aufgrund der bestehenden Situation soll die Zuweisung von Ressourcen erfolgen. Dies betrifft nicht nur technische Ressourcen, sondern auch Mitarbeitende aus dem Business-Bereich. Es ist empfehlenswert, die Projektteilnahme in den Jahreszielen der internen Ressourcen festzuhalten.

Falls verschiedene Organisationseinheiten involviert sind, ist es besonders wichtig, die Koordination sicherzustellen und die Ausrichtung zu harmonisieren. Darüber hinaus ist es vorteilhaft, gute Beziehungen zu verschiedenen externen Lieferanten zu pflegen. Dadurch können Ressourcenengpässe behoben und kritisches Wissen schnell verfügbar gemacht werden. Wie oft im Leben muss die Nutzung dieser Lösung ausgewogen sein, um große Abhängigkeiten zu vermeiden, es sei denn, es wird ein Outsourcing angestrebt. In der Regel beeinflusst auch die Nutzung externer Ressourcen das Projektbudget erheblich.

Tools können auch bei der Planung der Ressourcenallokation, der Überwachung des Ressourcenverbrauchs, der Identifizierung von Engpässen und der Anpassung der Ressourcenprioritäten helfen. Die Pflege und die Genauigkeit der Daten stellen sicher besondere Herausforderungen dar. Falls die Benutzung eines Tools zu aufwendig und nicht zielführend erscheint, dann soll ein grober Kapazitätsplan, zum Beispiel Excelbasierend, verwendet werden. Es soll dann nicht erwartet werden, dass die Vorgehensweise sehr präzis ist. Eine Frage der Abwägung zwischen Genauigkeit und Aufwand!

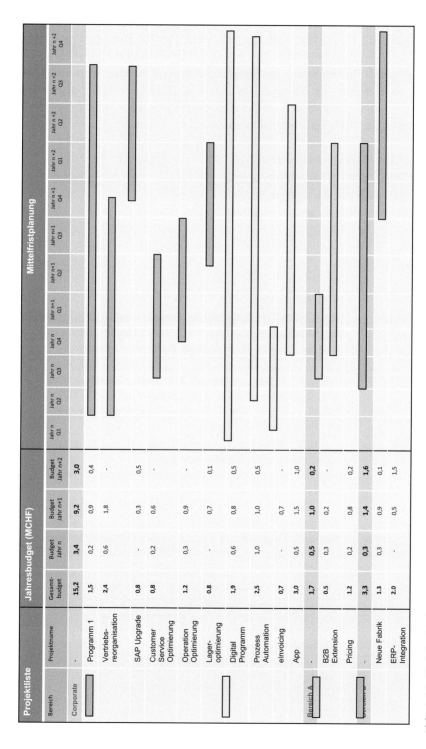

Abb. 4.11 Projekt Roadmap

Ein robustes **Risikomanagement** trägt maßgeblich dazu bei, die Erfolgschancen des IT-Projektportfolio-Managements zu verbessern. Das Risikomanagement sollte die Identifizierung von Risiken ermöglichen und dem Management die Möglichkeit geben, Maßnahmen zur Risikominderung festzulegen. Die Risikoermittlung bleibt eine kritische Aktivität, wo es darum geht, zu verstehen und zu beschreiben, welche potenziellen Ereignisse sich (negativ oder positiv) auf die Ziele der Projekte auswirken können.

Die Technik der 4 W's kann benutzt werden:

- Warum: Warum haben wir dieses Risiko?
- Wer: Wer ist für das Risiko verantwortlich?
- Was: Was wird passieren, wenn es eintritt?
- Wann: Welches Ereignis wird es auslösen?

Projektrisiken können in verschiedenen Kategorien sortiert werden, wie in der folgenden Tabelle gezeigt.

Kategorie	Risikobeschreibung
Finanzielle Risiken	Projekte können möglicherweise nicht die erwarteten finanziellen Ergebnisse liefern. Es könnten Budgetüberschreitungen, Kostensteigerungen oder unvorhergesehene Ausgaben auftreten
Priorität	Das Projekt hat möglicherweise nicht die höchste Priorität für die Organisation. Das bedeutet, dass trotz einer vernünftigen Planung die Einhaltung dieses Plans nicht gewährleistet ist, weil ein Thema, eine Initiative oder ein Projekt mit höherer Priorität die Verfügbarkeit von Ressourcen beeinträchtigen kann
Abhängigkeit	Das Projekt kann von der Lieferung einer neuen Technologieversion zu einem bestimmten Zeitpunkt abhängen Oder das Projekt ist von der Fertigstellung eines anderen Projekts abhängig Es können auch Konflikte auf technische Ebene oder mit anderen Projekten oder Initiativen entstehen
Einhaltung von Vorschriften, Recht und Sicherheit	Nichteinhaltung rechtlicher oder regulatorischer Anforderungen Nichteinhaltung von Datenschutz- und Sicherheitsanforderungen
Ressourcen	Mangel an spezialisierten Ressourcen, Teamzusammenarbeit, Teameffektivität, Engagement-Kultur, Unterstützung durch Lieferanten Nicht vollständig gesicherte Ressourcenverpflichtungen Risiko der unzureichenden Qualifikation und des fehlenden Fachwissens der Ressourcen
Aufwandschätzungen	Grad des Vertrauens in die Schätzungen und die geleistete Planungsarbeit

Kategorie	Risikobeschreibung
Termine	Risiken, die in den Zeitplan eingeflossen sind, d. h. der Zeitplan ist vollständig optimiert und hat keinen Spielraum Gibt es mehrere parallele Linien mit der Möglichkeit, mehrere kritische Zeitplanabschnitte zu haben? Sind die Aufgaben auf dem kritischen Pfad mit hohem Risiko/geringem Vertrauen in die Schätzung verbunden?
Anforderungen	Diese Kategorie sollte verwendet werden, um Risiken im Zusammenhang mit der Qualität, der Vollständigkeit, dem Verständnis und der Ausrichtung der Projektanforderungen zu erfassen
Projektumfang	Dieses Risiko umfasst Änderungen des Projektumfangs, die durch die folgenden Faktoren verursacht werden: • Ausweitung des Umfangs Das Projekt wird immer komplexer, da die Kunden die Anforderungen erhöhen und die Entwickler mit der Luxusvariante beginnen • Qualität des Umfangs Das Projekt ändert sich aufgrund des besseren Verständnisses dessen, was tatsächlich benötigt wird, sobald die Detailplanung beginnt • Unklare Definition des Umfangs • Hardware- und Softwaremängel, die zu einer Verringerung des Projektumfangs führen • Integrationsprobleme, die zu massiven Nacharbeiten führen können
Kunde, Partner, Stakeholder	Erfassung von Risiken im Zusammenhang mit der Ausrichtung auf die Stakeholder und die Empfänger der Projektlieferung
Förderung	Erfasst das Risiko aufgrund des für das Projekt erforderlichen Maßes an effektiver Unterstützung, sei es durch den Sponsor selbst oder durch interne Stakeholder (Vorgesetzte, Geschäftsleitung-Mitglieder), die für die Erleichterung und Unterstützung der Projektdurchführung entscheidend sind
Technische Aspekte	Komplexität der gewählten technischen Lösung, die zu Ungewissheit hinsichtlich der Fähigkeit führt, wie geplant zu liefern Komplexität der Anzahl von Schnittstellen und Schichten Das technische Risiko aufgrund mangelnder Fachkenntnisse sollte als Ressourcenrisiko erfasst werden Unfähigkeit, die technischen Aspekte der Lösung vor der vollständigen Erstellung zu validieren Hardware- und Softwaredefekte, die sich auf das Projekt auswirken
Leistungsfähigkeit und Zuverlässigkeit	Risiko, dass die Lösung die Leistungsanforderungen nicht erfüllt Risiko, dass die Lösung die Anforderungen an die Zuverlässigkeit nicht erfüllt
Operative Ebene	Risiko, dass die neue Lösung mehr Ressourcen für den Betrieb, die Wartung und die Weiterentwicklung erfordert als geplant Risiko, dass der gewählte Entwurf nicht zu einer einfach zu bedienenden Lösung führt

Kategorie	Risikobeschreibung
Benutzerfreundlichkeit (User Experience)	Die Lösung entspricht nicht den Bedürfnissen der Nutzer, die zögern, sie zu ändern, und deshalb Gefahr laufen, sie nicht zu übernehmen
Governance und Entscheidungsfindung	Diese Risikokategorie umfasst Risiken, die durch langsame, ineffiziente oder unentschlossene Entscheidungsfindung sowie durch komplexe Entscheidungsstrukturen entstehen, die dem Projekt von externen Parteien auferlegt werden (z. B. unvorhersehbare Kreditgenehmigungsverfahren)
Beschaffungswesen	Das Risiko, bei einer Ausschreibung keinen geeigneten Anbieter zu finden

Es soll eine systematische Identifikation von Risiken erfolgen. Eine Bewertung hinsichtlich Wahrscheinlichkeit und Auswirkung soll regelmäßig auf der Ebene des Projektportfolios durchgeführt werden. Um diesen Risiken entgegenzuwirken oder zumindest ihre Auswirkungen zu verringern, müssen geeignete Minderungsmaßnahmen ergriffen werden.

Es ist wichtig sicherzustellen, dass die laufenden Projekte die Leistungen erbringen, die für die Weiterentwicklung der Organisation nötig sind. Dafür soll eine Überprüfung der Ergebnisse im Vergleich zu den ursprünglichen Zielen erfolgen, sobald das Projekt abgeschlossen ist. Es werden Lehren und Erkenntnisse aus dem Projekt im Rahmen von „Lessons learned"-Workshops gezogen, um zukünftige Projekte zu verbessern. Es ist dennoch von Vorteil, wenn die Bewertungskriterien am Anfang des Projektes festgelegt werden. Dafür können sogenannte KPIs, Key Performance Indicators, vereinbart werden. Als Beispiel können folgende KPIs definiert werden:

- Erfüllungsgrad des Umfangs und der abzuliefernden Ergebnisse
- Einhaltung des Budgets
- Lieferung der Lösung im Zeitplan
- Zufriedenheitsgrad der Nutzer
- Erweiterung der Wissensbasis

Beim Abschluss des Projektes soll dann die Leistung anhand solcher KPIs bewertet werden. Diese Übung ist wichtig, nicht so sehr, um einen Bonus zu rechtfertigen, sondern um wichtige Erkenntnisse und Verbesserungsvorschläge, die aus der Erfahrung gewonnen wurden, umzusetzen.

Der Übergang an der Support IT-Organisation und an dem Business ist von großer Bedeutung.

Es kann allerdings auch passieren, dass entweder die neue Lösung durch ein Nachfolgeprojekt stabilisiert werden muss oder dass weitere Entwicklungen und Verbesserungen notwendig sind (Abb. 4.12).

Am Schluss müssen alle Ebenen, zwischen Unternehmensstrategie bis zum Betrieb, gut aufeinander abgestimmt werden (Abb. 4.13).

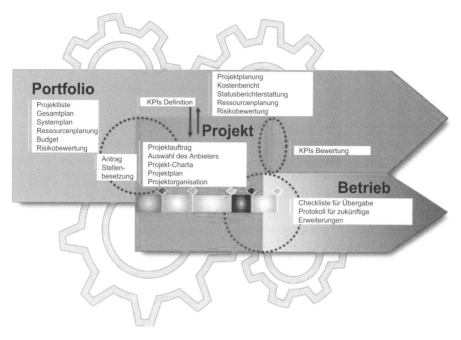

Abb. 4.12 Schnittstellen zwischen Projektportfolio, Projekt und Betrieb

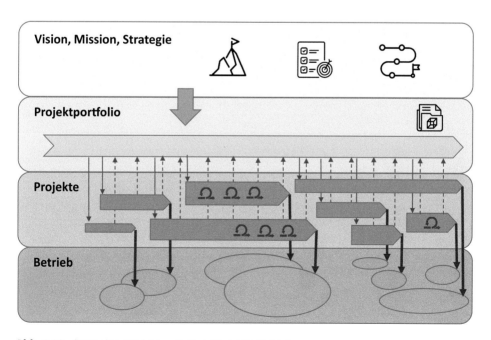

Abb. 4.13 Strategie > Projektportfolio > Projekt > Betrieb

Die Vervollständigung des Prozesses im Projektportfolio-Management erfordert die Beantwortung der Frage des Benefit-Controllings. Diese Aufgabe soll überprüfen, ob die Versprechungen eines Projekts, d. h. die Realisierung der Vorteile, nach der Projektlaufzeit eingetreten sind. Dieser Auftrag mag oft schwierig erscheinen, wenn andere Faktoren die Ergebnisse beeinflussen. Bei Einflussnahme durch andere Faktoren sollen diese identifiziert und bewertet werden, um eine korrekte Einschätzung des Nutzens zu ermöglichen.

Ein Tracking der Projektleistungen fördert die Verantwortlichkeit und Transparenz innerhalb einer Organisation. Durch die Festlegung klarer Ziele und die Verfolgung des Fortschritts wird es einfacher, Verantwortlichkeiten zuzuweisen und Einzelpersonen oder Teams zur Rechenschaft zu ziehen.

Wichtig ist auch die Tatsache, dass durch die Überwachung von Business Cases Firmen kontinuierliche Verbesserungen erzielen können. Durch die Analyse historischer Daten und die Identifizierung von Engpässen können Unternehmen ihre Abläufe optimieren und nach Spitzenleistungen streben.

Es wird an dieser Stelle empfohlen, die entsprechenden Aufgaben im Bereich Controlling anzusiedeln. Die entsprechenden Überlegungen können auch mit dem Budgetierungsprozess kombiniert werden, und zwar unternehmensweit, damit gegebenenfalls erhöhte IT-Betriebskosten durch erhöhte Erträge oder Ersparnisse im Business kompensiert werden.

Das Aufsetzen des Projektportfolio-Prozesses bleibt eine spannende Herausforderung. Es braucht Monate, wenn nicht Jahre, bis der Prozess sich etabliert hat. Durchsetzungsvermögen und eine unternehmensweite Disziplin sind absolut notwendig. Ohne hohe Managementunterstützung ist solch eine Initiative zum Scheitern verurteilt (Abb. 4.14).

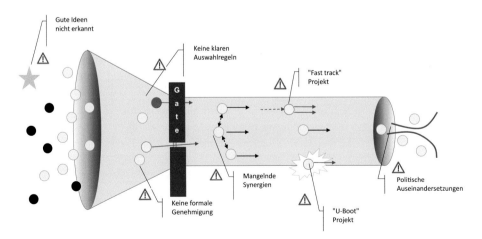

Abb. 4.14 Herausforderungen des Projektportfolio-Managementprozesses

4.3   Agiles Projektportfolio-Management

Der Ursprung der Agilität in der IT liegt sicher im Februar 2001 mit der Einführung einer neuen Vorgehensweise für die Software Entwicklung. Die Geburtsstunde der Agilität war gekommen. Die Bedeutung ist für Unternehmen sehr groß, da es sich im Allgemeinen um eine schnelle und angepasste Antwort auf Marktveränderungen handelt. Das sogenannte „time-to-market" wird als Ziel aufgenommen, damit neue Produkte oder Services „schnell" auf dem Markt angeboten werden. Durch Agilität möchten Unternehmen einen Wettbewerbsvorteil erzielen.

Das Streben nach Erreichung von Agilität betrifft alle Bereiche der Organisation. Nun stellt sich die Frage, was Agilität bezüglich Projektportfolio bedeutet. Die Produktorientierung soll eine Ausrichtung auf die Strategie ermöglichen, während Prioritäten rollend geprüft werden. Die Ausführung iterativer Versionen ermöglicht eine optimierte Ressourcenplanung und eine optimale Nutzung von Investitionen. Weiterhin setzen agile Portfolios auf ein kontinuierliches Monitoring der Projekte und deren Fortschritt, um Probleme frühzeitig erkennen zu können und entsprechende Anpassungen vorzunehmen.

Während Agilität Vorteile wie Flexibilität, schnelle Reaktion auf Veränderungen oder Maximierung des Kundenwerts bringen kann, stellen die Komplexität des Ressourcenmanagements, die Verwaltung der Abhängigkeiten und die Gefahr von „moving targets" mit ständigen Anpassungen kritische Herausforderungen dar.

Es gibt jedoch agile Skalierungsmethoden, die für Projektportfolios vorteilhaft sein können (Abb. 4.15).

Das **Scaled Agile Framework,** alias SAFe, ist sicher das am weitesten verbreitete agile Framework. SAFe erzielt eine skalierte Agile-Bereitstellung und bietet ein Rahmenwerk für Organisationen an, bei dem die strategischen, taktischen und operativen Ebenen durch Agilitätsmethoden im Einklang gebracht werden (Abb. 4.16).

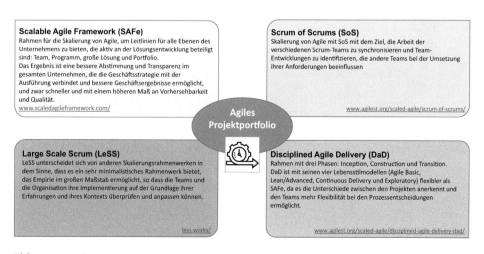

Abb. 4.15 Agile Projektportfolio-Skalierungsmethoden

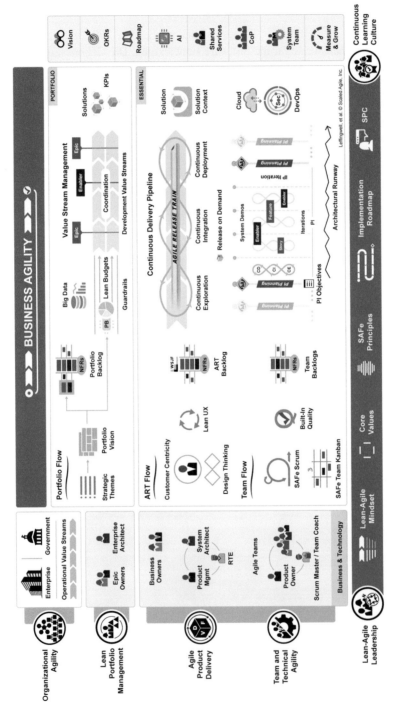

Abb. 4.16 SAFe 6.0/Portfolio. (Quelle: scaledagileframework.com)

Auf Portfolioebene werden die sogenannten **Development Value Streams** (DVS) definiert, um die Produktentwicklung und Budgetzuordnung auf die Unternehmensziele auszurichten. Ein Stream wird als Bereich identifiziert, der den maximalen Geschäftswert durch den gesamten Lebenszyklus der Lösungsbereitstellung ermöglicht. Dadurch kann eine gezielte Investitionsstrategie auf agile Weise mit einer quartalsweisen Planung umgesetzt werden. Das Portfolio Canvas wird verwendet, um die Value Streams sowie die Wertangebote und Lösungen, die in jedem Stream geliefert werden, festzulegen. Kundensegmente, Kanäle und die aufzubauende Kundenbeziehung werden dargelegt. Außerdem werden ein zugewiesenes Budget und messbare KPIs dokumentiert (Abb. 4.17).

Das „**Program Increment Planning**" (PIP) gilt als rollierende Planung und ermöglicht eine kontinuierliche Priorisierung. Mit der Definition von „**Agile Release Trains**" (ART) tragen die Iterationen dank kontinuierlicher Integration dazu bei, dass die Lösungen inkrementell gebaut werden (Abb. 4.18).

Es wäre falsch zu glauben, dass es aufgrund der agilen Ansätze keine Überwachung gibt. Bereits in dem SAFe Framework sind sogenannte „Leitplanken" (oder „Guardrails" genannt) definiert, die es ermöglichen sollen, die verschiedenen Aktivitäten in geordneten Bahnen zu entwickeln (Abb. 4.19).

Portfolio Canvas   Portfolio Name: Date: Version:

Value Streams	Solutions	Customers	Channels	Customer Relationships	Budget	KPIs/ Revenue

Key Partners	Key Activities	Key Resources

Cost Structure	Revenue Streams

The Portfolio Canvas is adapted from The Business Model Canvas (http://www.businessmodelgeneration.com).
This work is licensed under the Creative Commons Attribution-Share Alike 3.0 Unported License.
To view a copy of this license visit: http://creative commons.org/licensed/by-sa/3.0.

Abb. 4.17 Das SAFe Portfolio Canvas. (Quelle: scaledagileframework.com)

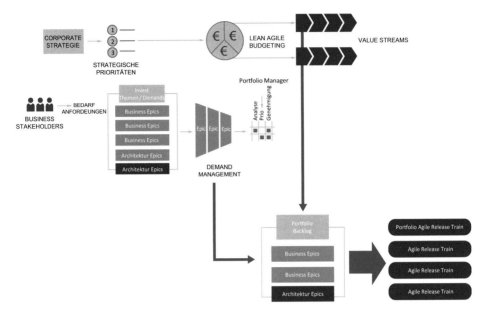

Abb. 4.18 Übersicht des SAFe-Projektportfolio-Prozesses

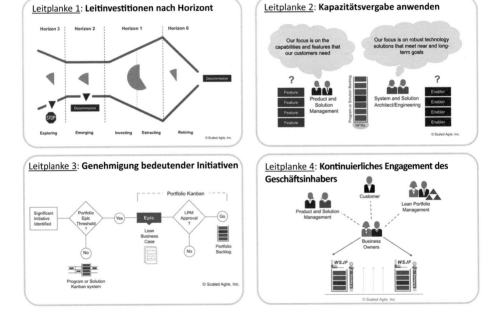

Abb. 4.19 SAFe-Leitplanken für die Durchführung des Projektportfolios

Die Einführung eines agilen Projektportfolio-Managements bedeutet jedoch eine signifikante Veränderung der Organisation, insbesondere in Bezug auf die Unternehmenskultur. Es ist jedoch nicht zwingend erforderlich, dass alle Bereiche „agil" werden. Vor allem gewisse IT-Projekte, insbesondere in der IT-Infrastruktur, können nicht vollständig agil durchgeführt werden. Aus diesem Grund entscheiden sich viele Unternehmen für einen hybriden Ansatz. In diesem Fall geht es darum, agile Elemente auszuwählen, die die erforderliche Flexibilität bieten.

Folgende Elemente können aus der Agilität für die „klassische" Durchführung eines Projektportfolios übernommen werden:

- **User Stories:** einfache Beschreibungen der Funktionalität aus der Perspektive des Endbenutzers
- **Use Case** (oder Anwendungsfall): detaillierte Beschreibungen von einer Interaktion zwischen einem Benutzer und einem System
- **Release Plan:** Zeitplan für das Entwicklungsteam
- **Kanban Board:** visuelle Darstellung von Arbeitsaufgaben in verschiedenen Phasen des Entwicklungsprozesses, um den Fluss und den Status von Aufgaben zu verfolgen
- **Burndown Chart:** Visualisierung der verbleibenden Arbeit während eines Sprints
- **Backlog:** Auflistung und Priorisierung aller Funktionen, Anforderungen und Erweiterungen für das Produkt oder Projekt
- **Retrospektive:** wiederkehrendes Treffen, bei dem das Team über den kürzlich abgeschlossenen Sprint oder die Projektphase reflektiert, um Verbesserungsmöglichkeiten zu erkennen (Abb. 4.20)

Dank der Nutzung dieser agilen Prinzipien können die Zusammenarbeit, die Transparenz und die Anpassungsfähigkeit erhöht werden, während die traditionellen Projekt-Managementpraktiken in einem hybriden Projektportfolio-Management weiterverwendet werden können.

EPIC
ein "Epic" stellt eine große Anforderung
als eine Reihe von Anwenderberichten
dar, um ein breiteres strategisches Ziel zu
erreichen

Beispiel:
Wunschliste für
die Kunden

User Story / Use Case (UC)
ein einzelnes Feature oder eine
Geschäftsanforderung, die innerhalb eines
einzigen Sprints geliefert werden soll

Beispiele:
UC1: bestehende
Wunschliste anzeigen
UC2: Neues Produkt zur
Wunschliste hinzufügen

Task
kleinste Einheit, die zur Verfolgung
der Arbeit verwendet wird

Ein Task sollte nur von einer Person
bearbeitet werden

Beispiele:
T1: Wunsch-Button auf allen
Produktseiten
T2: Wunschzettel hinzufügen zu
Produktansicht
T3: neue Wunschliste speichern
T4: Wunschliste anzeigen

Agile Release Train (ART)
Systemimplementierung durch
Integration von Entwicklungen
in produktive Systeme

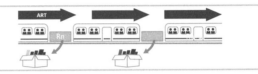

Abb. 4.20 Die agile Sprache sprechen

IT-Projektmanagement

5

Es heißt, gemäß Heraklit, die einzige Konstante im Universum sei die Veränderung. Entsprechend diesem Leitsatz und als einfache Beobachtung im tagtäglichen Leben einer Firma sind Projekte bei Unternehmen unausweichlich und stellen sogar den Motor der Innovationskraft dar.

Projekte haben jeweils einen unterschiedlichen Komplexitätsgrad, erfordern in der Regel Ressourcen von verschiedene Organisationseinheiten und haben einen definierten Zeitrahmen. Und in der Tat sind Projekte ganz unterschiedlich und bleiben sogar an und für sich einzigartig.

Projekte im Unternehmen können verschiedener Natur sein, wie zum Beispiel:

- Organisationsprojekte
- Technische Projekte
- Bauprojekte
- Fusionen und Übernahmen
- Marketinginitiativen
- Markteinführung eines Produkts

Der Ursprung eines Projektes kann auch sehr variieren (Abb. 5.1).

Es ist dennoch wichtig, das Vorfeld gut zu kennen. Im Umgang mit dem Sichtbaren und dem Unsichtbaren müssen die optimalen Vorrausetzungen geschaffen werden, um das Projekt reibungslos durchführen zu können (Abb. 5.2).

Einige Warnsignalen sollten allerdings vor dem Start des Projektes beachtet werden, insbesondere:

- Der Projektumfang ist nicht klar
- Die Bewältigung der Komplexität wird auf später verschoben

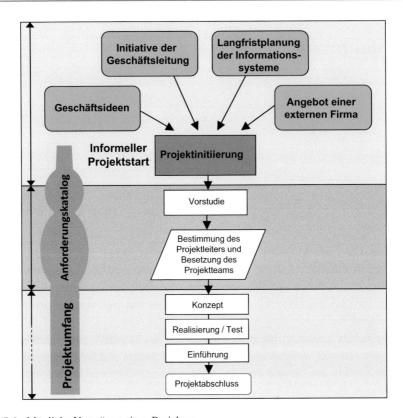

Abb. 5.1 Mögliche Ursprünge eines Projektes

- Die Mitarbeitende sind sich über ihre Rolle und/oder Verantwortlichkeiten nicht im Klaren
- Die Mitarbeitende wollen nicht zusammenarbeiten
- Das Projekt erfordert eine hohe Abstimmung oder Koordinierung zwischen verschiedenen Bereichen innerhalb der Organisation
- Es gibt nur eine begrenzte Sichtbarkeit der nächsten Schritte
- Es zeichnen sich keine „frühen Erfolge" in naher Zukunft ab

Da Projekte sehr unterschiedlich sind, wurden anfangs des 20. Jahrhunderts Methoden entwickelt, um Vorhaben realistisch planen zu können, die Koordinationsaufgaben sicherzustellen und strukturierte Vorgehensweise zu definieren.

Mit der konsequenten Nutzung einer Projekt-Management-Methode soll sichergestellt werden, dass die Projekte effizient, strukturiert und mit hoher Qualität durchgeführt werden. Es ist sehr empfehlenswert, sich im Unternehmen für eine standardisierte und einzige Projekt-Management-Methode zu entscheiden. Es gibt mehrere bereits bekannte und erprobte Projektmethoden wie Hermes, Prince 2, IPMA oder PMI. In diesem Buch

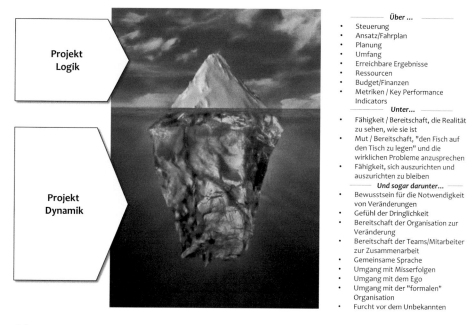

Über ...
- Steuerung
- Ansatz/Fahrplan
- Planung
- Umfang
- Erreichbare Ergebnisse
- Ressourcen
- Budget/Finanzen
- Metriken / Key Performance Indicators

Unter...
- Fähigkeit / Bereitschaft, die Realität zu sehen, wie sie ist
- Mut / Bereitschaft, "den Fisch auf den Tisch zu legen" und die wirklichen Probleme anzusprechen
- Fähigkeit, sich auszurichten und auszurichten zu bleiben

Und sogar darunter...
- Bewusstsein für die Notwendigkeit von Veränderungen
- Gefühl der Dringlichkeit
- Bereitschaft der Organisation zur Veränderung
- Bereitschaft der Teams/Mitarbeiter zur Zusammenarbeit
- Gemeinsame Sprache
- Umgang mit Misserfolgen
- Umgang mit dem Ego
- Umgang mit der "formalen" Organisation
- Furcht vor dem Unbekannten

Abb. 5.2 Umgang mit dem Sichtbaren und mit dem Unsichtbaren im Projekt

wird allerdings eine eigene und vereinfachte Projektmethodik beschrieben, die **für die Durchführung von IT-Projekten** besonders geeignet ist.

Die drei folgenden Elemente sind wichtige Eckpfeiler für ein erfolgreiches Projektmanagement und letztendlich als Basis für den Erfolg bei der Lösungsumsetzung:

1. 1 eine dedizierte **Projektorganisation** mit klaren Rollen und Verantwortlichkeiten
2. ein klarer und abgestimmter Plan mit **Projektphasen**
3. die Definition und Durchführung von Querthemen, die als **Supportprozesse** gekennzeichnet werden (Abb. 5.3).

Eine Präsentation der Projekt-Management-Methoden wäre sicher nicht vollständig, ohne das Thema „Agilität" zu erwähnen. Man kann sogar behaupten, dass die Agilität für Projektmanagement das Äquivalent der Quantenphysik für die Physik darstellt. Zum Glück wurde in der Zwischenzeit nachgewiesen, dass verschiedene Ansätze kombinierbar sind. Aus diesem Grund wird im letzten Kapitel die hybride Vorgehensweise zusätzlich vorgestellt.

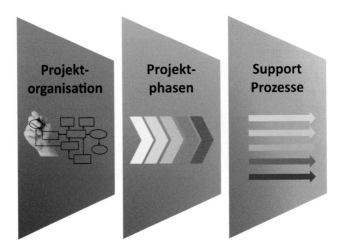

Abb. 5.3 Projektorganisation/Projektphasen/Supportprozesse

5.1   Projektorganisation

Damit ein Projekt erfolgreich durchgeführt wird, muss eine dedizierte Organisation aufgesetzt werden, in der die Projektmitglieder klar identifiziert und deren Rollen klar definiert sind.

Das folgende Diagramm zeigt eine generische Projektorganisation. Für jedes Projekt
muss dann konsequent ein eigenes Projektorganigramm erstellt werden (Abb. 5.4).

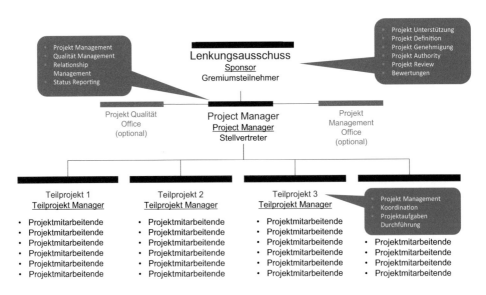

Abb. 5.4 Generische Projektorganisation

So eine Projektorganisation kann unabhängig von der gewählten Methodik zur Umsetzung eines Projekts angewendet werden. Bei Systemeinführungen ist jeweils zu definieren, wer oder welche Einheit nach Abschluss des Projektes welche Verantwortlichkeiten übernimmt (Service Owner, Business Owner, Key User, Business Analyst, Applikations Owner, Data Owner und/oder Prozess Owner). Idealerweise sind diese Einheiten als aktive Projektmitglieder involviert. Falls dies nicht möglich sein sollte, dann muss der Projektleiter sicherstellen, dass diese Stakeholder entsprechend während der Dauer des Projektes informiert werden.

Die Projektorganisation und die Verantwortlichkeiten werden festgehalten und beim Projekt-Kickoff den Projektteilnehmern vorgestellt. Allfällige Anpassungen werden im Verlauf des Projektes dokumentiert.

Jeder Projektmitarbeiter hat eine bestimmte Rolle und Verantwortung, die ihm zugewiesen wird und die er erfüllen muss. Wenn eine Rolle von einem Projektmitglieder nicht ausreichend wahrgenommen wird, hat der Projektleiter das Recht, den Sponsor zu bitten, die Person zu ersetzen.

In den folgenden Absätzen wird eine Beschreibung der verschiedenen Projektrollen gegeben.

5.1.1 Projektsponsor

Die Verantwortung des Projektsponsors als Vorsitzender des Lenkungsausschusses umfasst vor allem die folgenden Punkte:

Engagement für das Projekt	• Übernahme der Verantwortung für das Projekt und Förderung des Projekts im gesamten Unternehmen • Förderung der Bewältigung des Wandels, indem sichergestellt wird, dass keine betrieblichen, organisatorischen oder sonstigen Hindernisse den Fortschritt des Projekts behindern • Übernahme der Verantwortung für das Projektbudget: – Überwachung der Projektkosten und Sicherstellung der Einhaltung des Budgets – Genehmigung von Abweichungen der Ausgaben vom Budget und Unterstützung bei der Lösung von Ausgabenproblemen – Sicherstellen, dass der Nutzen in Übereinstimmung mit dem Business Case erbracht wird • Vorsitz im Lenkungsausschuss • Zusammenarbeit mit anderen Projektsponsoren und dem Linienmanagement zur Lösung von Konflikten
Projektdefinition	• Definition des Umfangs und der Ziele des Projekts in Übereinstimmung mit den Geschäftszielen • Sicherstellen, dass das Projekt die Erreichung der Geschäftsziele unterstützt

Genehmigung des Projekts	• Vorstellung des Projekts bei den zuständigen Verwaltungs- und Prüfungsgremien zur Genehmigung und zur Erlangung der Zustimmung und Bindung von Ressourcen • Einigung über die Projektdefinition und Genehmigung von Fortschritten und Ergebnissen an wichtigen Meilensteinen während des Projekts
Projektlenkung	• Delegierung von Befugnissen an den Project Manager für die operative Durchführung des Projekts • Sicherstellen, dass Ressourcenprobleme, die das Projekt einschränken, gelöst werden, und bei Problemen, die sich seiner Kontrolle entziehen, die Unterstützung der höheren Führungsebene oder des zuständigen Prüfungsausschusses einholen
Projektmonitoring	• Überprüfung des Projektfortschrittes • Sicherstellen, dass Meilensteine, Änderungen an Umfang, Plänen, Budgets und Qualität ordnungsgemäß vereinbart und bearbeitet werden
Beurteilung und Belohnung	• Einrichtung eines Beurteilungs- und Belohnungssystems gemeinsam mit der Personalabteilung zu Beginn des Projekts • Bewertung der endgültigen Qualität der Projektdurchführung • Beurteilung und Belohnung der Mitglieder des Projektteams nach Maßgabe der individuellen Leistung

5.1.2   Lenkungsausschuss (alias Steering Committee – STC)

Der Lenkungsausschuss setzt sich zusammen aus Vertretern der Geschäftsbereiche, die an der Durchführung des Projekts beteiligt oder davon betroffen sind.

Die folgenden Aufgaben gehören in dem Verantwortungsbereich der STC-Mitglieder:

Projektlenkung	• Überwachung und Kontrolle des Projektfortschritts (finanziell, zeitlich, qualitativ und vom Umfang her), einschließlich „Go/No Go" – Entscheidungen an Meilensteinen • Holen die Genehmigung der Geschäftsleitung ein, wenn die Kosten voraussichtlich das vereinbarte Budget überschreiten oder der erwartete Nutzen geringer ausfallen wird als erwartet
Weitere Aufgaben	Zu den Aufgaben des Lenkungsausschusses gehören außerdem: • Einholung von Genehmigungen für Ressourcen • Berichterstattung über Fortschritte und Ausnahmen an die Geschäftsleitung • Einholung der Genehmigung von Korrekturmaßnahmen, die vom Projektleiter veranlasst werden

Der Lenkungsausschuss fungiert einfach als Bindeglied zwischen dem Projektleiter und der Geschäftsleitung.

5.1.3   Project Manager

Der Project Manager (oder Projektleiter) wird vom Projektsponsor ernannt und sollte die höchste Führungskraft sein, die für das Tagesgeschäft innerhalb des Projekts verantwortlich ist. Er kann Aufgaben delegieren, behält aber die Verantwortung.

Der Projektleiter als Schlüsselperson sollte idealerweise ein Mitarbeitende des Unternehmens sein, der möglichst Vollzeit für das Projekt arbeitet.

Diese Person muss befugt sein, Projektausgaben zu genehmigen, die sich innerhalb des Projektbudgets und im Rahmen der Unternehmensrichtlinien bewegen.

Projekt**management**	• Verwaltung, Überwachung, Kontrolle und Abschluss von Projekten gemäß den vereinbarten Plänen und dem Budget • Vorbereitung des Projektstartes • Empfehlung von Projektteammitgliedern • Identifizierung, Priorisierung, Planung und Zuweisung der einzelnen Aufgaben • Überprüfung und Freigabe der Projektleistungen • Bericht über den Fortschritt und Problemlösung mit dem Projektsponsor und dem Projektlenkungsausschuss zusammen • Verwalten von Gesamtkosten, Nutzen und Risiken • Unterstützung des Projektsponsors bei der Sicherstellung, dass der geschäftliche Nutzen wie erwartet erbracht wird • Lösung aller Probleme, die die Projektdurchführung betreffen, ggf. mit Unterstützung des Projektsponsors und des Projektlenkungsausschusses
Qualität**management**	• Sicherstellung der Einhaltung der Richtlinien und Grundsätze für das Projektmanagement und die Systembereitstellung auf Unternehmens- und Abteilungsebene • Sicherstellen, dass die Qualitätssicherungs- und Validierungsaktivitäten durchgeführt und ordnungsgemäß dokumentiert werden • Sicherstellen, dass die Projekte die Funktionalität und die Qualität der Systeme termingerecht bereitstellen und die Erzielung von Vorteilen ermöglichen • Sicherstellung der Einhaltung der Firmenvorschriften
Relationship Management	• Koordinierung mit allen anderen Projekten und Linienfunktionen, die sich auf das zugewiesene Projekt auswirken oder von ihm betroffen sind, einschließlich Recht, Beschaffung, Technik usw • Koordinierung der Informatikaktivitäten mit dem zugewiesenen IT-Projektverantwortlichen, falls ein dedizierter IT-Projektmanager zugewiesen wird

Project Reporting	• Projektberichte und Beiträge zu Projektüberprüfungen über Fortschritte gegenüber dem Plan • Bericht über Ausnahmen

5.1.4   Projekt-Management-Office (PMO)

Bei größeren Projekten ist es empfehlenswert, ein sogenanntes PMO (Projekt-Management-Office) aufzusetzen, damit die folgenden Aufgaben erledigt werden können.

Controlling	• Bestellen eine Projektnummer und eine Auftragsnummer für die Buchhaltung • Durchführung eines monatlichen Projektbudget- und Kostencontrolling • Periodische Überprüfung der korrekten Zuordnung der Kosten zu den entsprechenden Projektkostenstellen
Administrative Unterstützung	• Unterstützung der Projektleitung in Bezug auf Büroinfrastruktur, Personalverwaltung und Zugangsrechte • Überwachung der Zeiterfassung, Unterstützung bei der Kostenkontrolle und Rechnungsprüfung • Verwaltung des Projektdokumentationsverzeichnisses • Registrierung der Projektdokumente
Kommunikation	• Interne Kommunikationsaktivitäten, wie zum Beispiel Informationsmeetings, Kick-off-Meeting, Projektpräsentationen, Team Building-Aktivitäten oder Veranstaltungen • Externe Kommunikationsmaßnahmen, wie zum Beispiel Logo, Newsletter, Webseite und Roadshows

5.1.5   Projektqualität Office

Für kritische und komplexe Projekte ist es üblich, externer Qualitätsbeauftragten den Auftrag zu erteilen, das Projekt zu begleiten, um eine neutrale Beurteilung der Projektdurchführung und der Risiken zu gewinnen. Bei Digitalprojekten wird es sogar empfohlen, durch Security Experten eine Zertifizierung der Lösung vorzusehen. Anbei sind die entsprechenden Verantwortlichkeiten beigefügt.

Qualitätssicherung	• Sicherstellung der Einhaltung der Projekt-Management-Richtlinien • Durchführung von Projektaudits und Erstellung eines schriftlichen Berichts für die Geschäftsleitung • Durchführung der abschließenden Qualitätskontrolle bei der Übergabe vom Projektteam an die Support-Einheiten • Archivierung aller projektbezogenen Dokumente auf Papier und in elektronischer Form, wie Projektcharta, Projektplan, Verträge, Stundenzettel, Rechnungen, Status-/Auditberichte und Übergabeprotokolle
Validierung (falls nötig)	• Erstellung eines Validierungsplans zu Beginn eines Projekts • Durchführung von Validierungsaudits und Entwurf eines schriftlichen Berichts an das Geschäfts- und Projektmanagement • Bereitstellung des Validierungsberichts für die Geschäftsleitung • Erteilung der endgültigen Zustimmung zur Systemfreigabe in einer validierten Umgebung

5.1.6   Teilprojektmanager

In der Regel wird die Gesamtprojektorganisation in Teilprojekten geteilt. Die Definition der Teilprojekte muss sorgfältig überlegt werden. Diese Verteilung kann die Struktur der Firma widerspiegeln, oder sich an Prozessen orientieren oder kann nach den Modulen des zukünftigen IT-Systems gestaltet werden.

Projektmanagement	• Vorbereitung, Präsentation und Überprüfung des detaillierten Projektplans • Verwaltung, Überwachung, Kontrolle und Abschluss der Aktivitäten und Aufgaben in Übereinstimmung mit dem Projektplan • Lösung aller Probleme, die sich auf die Projektdurchführung auswirken, gegeben Falls mit Unterstützung der Anwendungsexperten und Hauptnutzer • Berichterstattung über den Fortschritt und Meldung von Problemen an den Project Manager
Koordination	• Koordination gemeinsam mit den anderen Teamleitern der Projektaktivitäten, wie Integrationstests, Cutover-Aktivitäten und Endbenutzerschulungen • Etablieren effektive Kommunikationskanäle innerhalb des Teams sowie innerhalb der gesamten Projektorganisation

5.1.7   Weitere Rollen

Je nach Projektbedarf können weitere Rollen definiert werden. Anbei einige Beispiele.

Entwickler	• Bewertung der Systemfunktionalität im Hinblick auf die Geschäfts-anforderungen • Entwicklung oder Customizing der Lösung • Prototypen neuer und geänderter Funktionen • Definition von Datenmanagement • Behandlung von Entwicklungsproblemen • Kontrolle des Funktionsumfangs • Durchführung funktionaler Einheitstests • Entwicklung von Testszenarien • Unterstützung von Integrationstests • Bereitstellung der Testdokumentation • Unterstützung von Benutzerakzeptanztests • Unterstützung von Stresstests
System Owner	• Durchführung der systemtechnischen Planung • Beschaffung und Installation von Hardware und Software • Betreib von Hardware, Middleware und Betriebssystemen • Aufrechterhaltung der Systemsicherheit • Verwaltung der Anforderungen an Tools von Drittanbietern • Management der notwendigen Änderungen • Verwaltung der Systeme und der Zugriffsrechte nach Genehmigung durch den Sicherheitsbeauftragten
Business Expert	• Definition von Geschäftsanforderungen • Bereitstellung von Wissen über die entsprechenden Geschäftsprozesse • Informationen über Schnittstellen zu lokalen Altsystemen • Überprüfung des Berechtigungskonzepts • Bereitstellung von Informationen für die Entwicklung von Testszenarien • Durchführung von Benutzerakzeptanztests • Dokumentation und Abzeichnung der Testergebnisse
Key-User	• Durchführung von Integrationstests • Definition von Testszenarien für User Acceptance Tests (UATs) • Unterstützung der Anwender bei User Acceptance Tests • Dokumentation und Abzeichnung von User Acceptance Tests • Verfassung von Benutzerhandbüchern • Vorbereitung von Schulungsmaterial • Durchführung von Endbenutzerschulungen

5.2   Projektphasen

Um die Projektziele zu erreichen, ist es ratsam, Phasen zu definieren und „Schritt für Schritt" vorzugehen. Anschließend muss sichergestellt werden, dass die in jeder Phase erbrachten Leistungen ihren Zweck erfüllen und dass die Mitglieder des Projektteams angemessen auf die nächste Phase vorbereitet sind.

Anbei 3 wichtige Definitionen, um ein Projekt strukturieren zu können:

- **Phase:** Bündel von Projektaktivitäten, mit einem Anfang und einem Ende
- **Meilenstein:** jede Projektphase endet mit einem Meilenstein, der anzeigt, dass eine wichtige Phase des Projekts erreicht wurde. Das Wort „Meilenstein" bezeichnet ursprünglich einen Stein entlang einer Straße, der die Entfernung zu einer Stadt oder einem bestimmten Ort anzeigt.
- **Quality Gate:** bestimmt, ob die definierten Qualitätskriterien erfüllt sind und ob ein Ausschuss eine positive Entscheidung über den Projektfortschritt getroffen hat (Abb. 5.5)

In der vorgestellten Projekt-Management-Methode werden fünf Hauptphasen vorgeschlagen (Abb. 5.6).

Die fünf vorgeschlagenen Hauptphasen für die Durchführung eines IT-Projekts sind:

- **Phase „Initiierung"**
  In dieser Phase geht es um die Vorbereitung des Projekts, insbesondere um die Definition der Projektziele und ihrer geschäftlichen Relevanz, die Projektorganisation, die benötigten Ressourcen und die Gesamtprojektplanung.

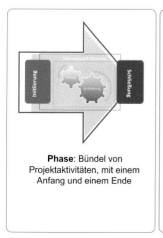

Phase: Bündel von Projektaktivitäten, mit einem Anfang und einem Ende

Meilenstein: jede Projektphase endet mit einem Meilenstein, der anzeigt, dass eine wichtige Phase des Projekts erreicht wurde (wie das Wort "Meilenstein" bedeutet)

Quality Gate: bestimmt, ob das Projekt die Ausstiegskriterien erreicht hat, d. h. ob der Meilenstein erreicht wurde oder nicht und ob die Ergebnisse zufriedenstellend sind oder nicht

Abb. 5.5   Phase/Meilenstein/Quality Gate

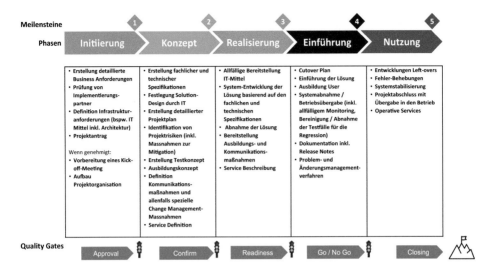

Abb. 5.6 Projektphasen eines IT-Projektes

- **Phase „Konzept"**
  In dieser Phase werden die Geschäftsanforderungen, Prozessspezifikationen und weitere Konzepte erstellt.
- **Phase „Realisierung"**
  Diese Phase entspricht der Entwicklung der Lösung. Es muss sichergestellt werden, dass die Qualitäts- und Konformitätsanforderungen erfüllt werden.
- **Phase „Einführung"**
  Bevor das neue System in Betrieb genommen wird, müssen einige Aktionen durchgeführt werden, um auf einen produktiven Modus umzustellen, insbesondere Benutzerschulungen, Betriebsverfahren und Umstellungsaktivitäten.
- **Phase „Nutzung"**
  In dieser letzten Phase geht es um die effiziente Nutzung des neuen Systems. Der Übergang zu der betrieblichen Organisation muss klar definiert werden, einschließlich der Unterstützung nach der Implementierung. Der Abschluss des Projekts ist die letzte Aktivität, die durchgeführt werden muss.

Die Projektphasen können je nach Art des Projekts angepasst werden. Für ein kleines Projekt können 3 Phasen ausreichen, während beispielsweise für ein längeres Einführungsprojekt wesentlich mehr Phasen erforderlich sind. Dennoch ist es immer notwendig, zu Beginn eines Projekts mindestens eine Definitionsphase vorzusehen, um das Projekt zu starten und alle betroffenen Organisationseinheiten zu informieren (Abb. 5.7).

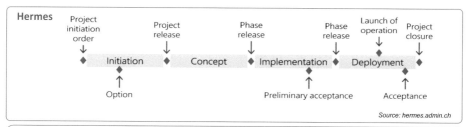

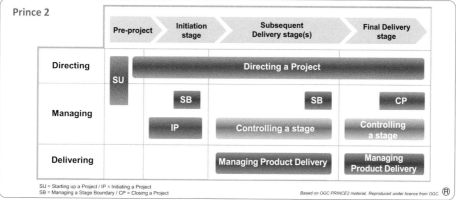

Abb. 5.7 Projektphasen gemäß Hermes und Prince2

5.2.1 Phase „Initiierung"

Sobald ein Projektantrag als Projektauftrag genehmigt wird, kann die Phase „Initiierung" starten. Diese Phase ist entscheidend für die erfolgreiche Durchführung des Projektes, da viele Erfolgsfaktoren in der Vorbereitung des Projektes festgelegt werden.

Im Rahmen dieser Phase sollen wichtige Eckpunkte klar analysiert und beschrieben werden. Unter anderen:

- Eine Problembeschreibung
- Die Zielbeschreibung
- Ein erster Projektplan
- Ein Business Case
- Der Projektumfang
- Die Projektorganisation

Eine klassische Vorgehensweise stellt die Durchführung einer GAP-Analyse dar.

Aus der heutigen Ausgangslage werden die Verbesserungspotenziale für die Unternehmung identifiziert und ein Sollzustand dokumentiert. Die Ausgangslage beschreibt die heutige Situation (Ist-Analyse), insbesondere:

- die bisherigen Verfahren
- die heutige Organisation
- die aktuellen IT-Systeme
- die bekannten Schwachstellen
- die zu beseitigenden Risiken
- die Stärken der bisherigen Lösungen

Die Beschreibung einer Ausgangslage übermittelt allen Beteiligten ein gemeinsames Verständnis über die heutige Situation und den Sollzustand.

Aus der Analyse sollen die Hauptzielsetzungen des vorgesehenen Projektes beschrieben werden. Diese Ziele sollen messbar und terminiert sein. Bei allgemeinen Aussagen wie: „muss besser sein", „einfacher zu bedienen" oder „die Arbeit muss schneller durchgeführt werden können", beschreibt man Chancen statt Ziele, da es nicht bekannt ist, wann diese erreicht sind. Falls ein Projekt mehrere Ziele verfolgt, sollen allerdings diese priorisiert werden.

Um einen ersten Projektplan effektiv und realistisch zu erzeugen, werden die folgenden drei Schritte vorgeschlagen:

1) **Zieltermin bestimmen**

Das Zieldatum ist in der Regel erwünscht, es sei denn, es muss eine Frist eingehalten werden. Obligatorische Lieferungen müssen explizit begründet werden, z. B. ein gesetzliches Datum.

2) **Phasenlaufzeit grob schätzen**

Aus Erfahrungswerte und Eckdaten des Projektes wird eine erste Grobaufwandschätzung gemacht. In der Regel beinhaltet ein Projekt die 5 vorgeschlagenen Phasen und erfahrungsgemäß verteilt sich der Gesamtaufwand wie folgt:

1. Initiierung (10 %)
2. Konzept (20 %)
3. Realisierung (55 %), aufgeteilt in Implementierung (35 %) und Test (20 %)
4. Einführung (10 %)
5. Nutzung (5 %)

3) **Konsolidieren und Abstimmen der Planung**

Verschiedene Rahmenbedingungen (fixe Termine für Releases, Termine von Genehmigungsgremien, STC-Termine beim Erreichen von Meilensteinen, Ferienplanung) müssen berücksichtigt werden, um eine realistische Planung zu erhalten.

Hinweis: Wenn die Planung ausbleibt und das Projekt nur mit dem Wunschtermin startet, besteht das Risiko, dass das Projektziel nicht erreicht wird oder die Qualität leidet und die Kosten steigen.

Der Business Case stellt ein wesentliches Deliverable der Initiierungsphase dar. Er resultiert aus dem Verhältnis von Nutzen zu Kosten, wobei der erwartete Nutzen bereits zu Beginn des Projekts klar definiert werden muss. Der Nutzen kann sowohl quantitativ als

auch qualitativ sein und sollte präzise formuliert werden. Dabei können realistische Annahmen gemacht werden, um den Nutzen abzuschätzen. Die Wirtschaftlichkeit des Projekts kann jedoch erst nach einer Schätzung der Kosten bestimmt werden. Die relevanten Kennzahlen wie der Strategieindex, der NPV (Net Present Value) hart und der NPV
weich werden üblicherweise vom Projektleiter in Zusammenarbeit mit der Controlling-
Abteilung erarbeitet und festgelegt.

Zusätzlich wird die Definition des Projektumfangs durch konkrete Liefergüter festgelegt. Konkrete Liefergüter sind zum Beispiel für ein Software-Projekt der Anforderungskatalog, die Spezifikationen, das Testdrehbuch, die umgesetzte Applikation
oder das Schulungskonzept.

Der Projektumfang wird durch folgende Parameter bestimmt:

- Anzahl betroffene Benutzer
- Erweiterung eines existierenden IT-Systems oder Aufbau eines neuen IT-Systems
  (inkl. Schnittstellen zu andern IT-Systemen)
- Automatisierungsgrad der Abläufe

Es hilft, wenn die sogenannten „Use Cases" identifiziert werden. Eine detaillierte Beschreibung soll dokumentiert werden, wo die Häufigkeit, wie z. B. wievielmal pro Tag
oder Woche oder Monat und bei welchem Ereignis, und die Anzahl der betroffenen Ob-
jekte festgehalten werden.

Die Abgrenzungen beschreiben alles, was im Projekt nicht berücksichtig werden
muss. Dies kann durch die Beantwortung folgender Fragen definiert werden:

- Welche Organisationseinheiten sind nicht betroffen?
- Welche IT-Systeme werden nicht berührt?
- Welche Prozesse bleiben unverändert?

Muss die Sicherheit oder der Datenschutz berücksichtigt werden? Wenn eine der folgenden Fragen mit „JA" beantwortet wird, dann sollte dies Teil des Projekts sein.

1) Handelt es sich um ein Projekt für eine Anwendung, die für das Internet offen ist?
2) Sind in der angestrebten Lösung „personenbezogene Daten" betroffen oder werden
   sie verwendet?
3) Wird das Projekt zu einem Zugriff von außerhalb des Unternehmensnetzes führen?
4) Wird mit dem Projekt eine Hosting-Vereinbarung mit Dritten oder ein anderer Zugriff
   Dritter auf kritische Systeme oder kritische Daten eingeführt?
5) Erfordert das Projekt neue Firewall-Regeln von der internen Zone zur DMZ (De-
   militarisierte Zone) oder zum Internet?
6) Erfordert das Projekt eine wesentliche Änderung der IT-Architektur?
7) Beinhaltet das Projekt die Authentifizierung oder Autorisierung von Benutzern bzw.
   eine vollständige Verwaltung der Benutzerzugänge?

Anbei zusammengefasst eine Auflistung der wichtigsten Aktivitäten der Phase „Initiierung":

• Die Bestimmung des Sponsors und des Projektleiters
• Der Aufbau der Projektorganisation und Auswahl der internen Projektmitglieder und
  externen Partner
• Das Vorbereiten des Gesamtprojektplans
• Die Durchführung eines Kick-off-Meetings
• Die Schulung des Projektteams
• Das Vorbereiten der Projektinfrastruktur
• Die Definition der Validierungsprüfung
• Eine erste Durchführung der Risikoanalyse und Identifizierung von Maßnahmen zur
  Risikominderung

Damit das Quality Gate „**Approval**" gutheißen kann, müssen alle Beteiligten den
Grundgedanken des Projekts verstanden haben. Die folgenden Punkte müssen klar definiert und erledigt werden, damit der STC die Entscheidung für den Start der Phase „Konzept" treffen kann:

• Problemverständnis und Definition der Ziele: Werden die Probleme verstanden und
  sind die Ziele des Projekts klar definiert und erreichbar?
• Änderungen in Prozess und Organisation: Sind die Änderungen in den Abläufen und
  in der Organisation den Zielen entsprechend angemessen und durchsetzbar?
• Übereinstimmung zwischen dem erklärten Projektziel und der Geschäftsabsicht: Werden die Projektaktivitäten in die richtige Richtung entwickelt? Wo gibt es noch Un-
  klarheiten? Ist der Überblick ausreichend (Überwindung der Organisationsblindheit)?
• Kosten, Nutzen und Rentabilität: Wie hoch ist die Bereitschaft, den erforderlichen
  Aufwand zu betreiben? Kann der Nutzen sichergestellt werden? Ist das Projektteam in
  der Lage, die Erreichung des Nutzens sicherzustellen?
• Unternehmenssicht auf Fristen, Meilensteine und Ergebnisse: Sind die Meilensteine
  und die zu erbringenden Leistungen richtig definiert? Ist die Planung realistisch?
• Risiken: Wurden die wichtigsten Risiken bereits ermittelt?

Bevor die Phase „Konzept" gestartet wird, soll gegeben Falls die Geschäftsleitung über
die definitive Umsetzung des Projekts entscheiden (Abb. 5.8).

5.2.2 Phase „Konzept"

Während der „Konzept" Phase wird die vom STC ausgewählte Lösung analysiert sowie
die notwendigen Komponenten und Funktionen spezifiziert, damit für die nächste Phase
eine reibungslose Umsetzung erfolgen kann.

Abb. 5.8 Phase „Initiierung"

Im Rahmen der fachlichen Spezifikationen werden

- die Rollen und die Tätigkeiten inkl. Berechtigungskonzept,
- die organisatorischen Abläufe und Zustände (Business Prozesse),
- die fachlichen Anforderungen an die Datenhaltung,
- die maximale Ausfallzeit und die Priorität des operativen Systems im Wiederanlaufplan,
- umfassende Abnahmekriterien

beschrieben.

In den technischen Spezifikationen sind

- die Berücksichtigung der Standards und Richtlinien
- das Datenmodell, die Programm- und Schnittstellen-Spezifikationen,
- das Sicherheitskonzept,
- die betrieblichen Anforderungen

detailliert beschrieben und mit den Entwicklungseinheiten besprochen.

In diesem Zusammenhang können die wichtigsten Tätigkeiten dieser Phase wie folgt zusammengefasst werden:

- die Durchführung von Workshops zum Verständnis der bestehenden Geschäftsprozesse
- das Dokumentieren der zu implementierenden Geschäftsprozesse, einschließlich etwaiger Abweichungen vom Abteilungsmodell, und Einholen der Zustimmung der Geschäftsprozessverantwortlichen
- die Spezifizierung der technischen Merkmale des zu implementierenden Systems, einschließlich des maßgeschneiderten Datenmodells, der Datenladungen, Schnittstellen, Programme und Berechtigungen.
- Falls erforderlich, eine Produktbewertung und ein Auswahlverfahren
- Das Einrichten einer Sandkastenumgebung für eine erste Bewertung der technischen Lösung
- Die Definition der IT-Architektur und die Planung der IT-Infrastruktur
- Überprüfung von Umfang, Zeit, Kosten und Nutzen zur Genehmigung durch den Lenkungsausschuss
- Überprüfung der ursprünglichen Kostenschätzung. Sollte zu Abweichungen kommen, dann ist der Projektleiter zu informieren, welcher ausschließlich das STC informiert
- Die Identifizierung der zukünftigen Services

Bereits in der Konzeptphase beginnt die Erstellung des Testkonzepts, welches unter anderem die Testmethode, den Testablaufplan, den Testumfang sowie die Testdaten definiert. Aus den vorhandenen Informationen der Bedarfsanalyse und den Spezifikationen werden die Testfälle erarbeitet. Der Testplan verdeutlicht die Testabdeckung und stellt die Basis für die Testfallerstellung dar. In den ersten Testphasen werden die Tests vervollständigt und auf Testschritt-Ebene ausgearbeitet.

Die Tests, welche sich für eine Testautomatisierung eignen, werden durch das Quality Assurance definiert. Die end-to-end Automatisierung kann erst beginnen, wenn stabile Testsysteme verfügbar sind, somit gegen Ende des Projektes bzw. nach dem eigentlichen Projektabschluss.

Die Tests während der Projektphase werden in der Regel durch das Projektteam vorgenommen. Dabei können unterschiedliche Testmethoden zur Anwendung kommen. Diese werden jedoch im Rahmen des Testkonzepts definiert.

Damit die Phase „Konzept" formell abgeschlossen werden kann und dadurch das Quality Gate „**Confirm**" erreicht wird, müssen alle Beteiligten mit der Lieferstrategie, der Anzahl und der Art der zur Erreichung der Ziele benötigten Ressourcen einverstanden sein. Das STC ist auch überzeugt, dass der Business Case noch gültig ist. Am Ende der Konzeptphase muss das STC sein Einverständnis für die Durchführung des Projekts nach den folgenden Kriterien geben:

- Beschreibung der Lösung: Bietet die definierte Lösung eine gute Lösung, um die Ziele des Projekts zu erreichen?
- Änderungen von Prozessen und Organisation: Wurden alle erforderlichen Änderungen ermittelt und angemessen bewertet? Sind Spezifikationen verfügbar?

- Übereinstimmung des Projektziels mit der Geschäftsabsicht: Ist die ausgewählte Vorgehensweise geeignet, um die Projektziele zu erreichen? Stimmt sie mit der Geschäftsabsicht überein?
- Kosten, Nutzen, Rentabilität: Ist die Organisation bereit, sich für das Projekt zu engagieren? Ist der überprüfte Business Case noch gültig? Ist das Projektteam in der Lage, den Nutzen zu realisieren? Sind genügend Ressourcen vorhanden?
- Geschäftliche Sichtweise von Terminen, Meilensteinen und Ergebnissen: Sind die Meilensteine und Ergebnisse messbar und bewertbar? Ist die Planung realistisch?
- Risiken und Maßnahmen zur Risikominderung: Wurden alle potenziellen Risiken ermittelt? Sind Maßnahmen zur Risikominderung genehmigt und geplant?

Bei Kostenabweichungen, zum Beispiel von mehr als 10 %, soll der Sponsor die Geschäftsleitung über die angepasste Kostenschätzung informieren, damit nochmals über die Durchführung des Projekts entschieden werden kann (Abb. 5.9).

5.2.3   Phase „Realisierung"

Der Zweck dieser Phase besteht darin, die im Konzept festgelegten Spezifikationen IT-technisch zu entwickeln und ausgiebig zu testen.

Zur Realisierung gehören folgende Hauptaktivitäten:

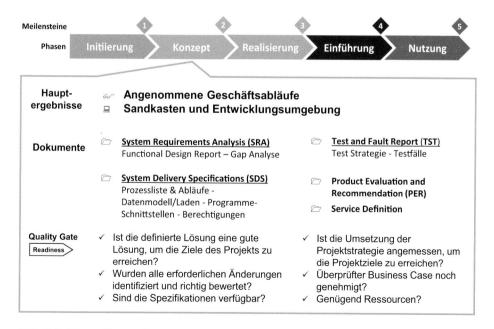

Abb. 5.9 Phase „Konzept"

Bei der Projektleitung:

- Planung der einzelnen Tätigkeiten
- Überwachung und Aktualisierung der Planung und Risikobewertung
- Regelmäßige Teammeetings
- Testkonzept erweitern, sofern nicht bereits im Konzept vollständig abgehandelt
- Schulungskonzept erweitern, sofern nicht bereits im Konzept vollständig abgehandelt

Bei den Entwicklungs- und IT-Teams

- Entwicklungs- und Integrationssysteme aufsetzen
- Hard- und Softwareinstallation vornehmen
- Eigene Komponenten programmieren
- Unit-Tests durchführen
- Datenvorbereitung und Übernahme (Datenbereinigung eventuell durch Fachbereich)
- Systemdokumentation erstellen (Konfiguration, Programme und Schnittstellen)
- Berechtigungen umsetzen

Bei den Testing Teams

- Testfälle definieren und vorbereiten
- Integrationstest durchführen
- Abnahmetest durchführen
- Regressionstest durchführen
- Stress Test durchführen

Falls verschiedene Funktionalitäten gleichzeitig entwickelt werden, wird empfohlen, ein „Task Tracking" zu führen, in welchem die verschiedenen Liefertermine festgehalten werden, damit eine Synchronisierung der SW-Bereitstellungen stattfinden kann.

Die wichtigsten Tätigkeiten dieser Phase sind dann dementsprechend:

- Die Entwicklung der Lösung
- Das Einrichten von Testszenarien und Durchführung von Tests
- Die Erstellung und Umsetzung von Berechtigungs- und Sicherheitskonzepten
- Die Bereitstellung der IT-Infrastruktur
- Die Entwicklung von Schulungskonzepten und die Planung der Benutzerschulungen
- Das Erstellen von Benutzerhandbüchern
- Die Beschreibung der Services und die Festlegung der Verantwortlichkeiten

Das STC muss die Qualität des neu einzuführenden Systems anhand der folgenden Kriterien bewerten, damit das Quality Gate **„Readiness"** erreicht wird:

- Abnahmebericht in Bezug auf die technische Lösung, die Prozesse und die Organisation, den Betrieb und die Migration: Sind die Abnahmeberichte in Bezug auf die technische Lösung, die Prozesse und die Organisation, den Betrieb und die Migration verfügbar? Wo liegen die größten Probleme in Bezug auf die Qualität? Erfüllt die entwickelte Lösung die definierten Anforderungen?
- Übereinstimmung mit den ursprünglichen und überarbeiteten Zielen: Liegt das Projekt im Plan? Sind alle Systemfunktionen entsprechend den definierten Anforderungen verfügbar?
- Kosten, Nutzen, Rentabilität: Wie sieht die Kostenbasis aus? Ist das Projektteam in der Lage, die Vorteile zu realisieren? Kann der Business Case erreicht werden?
- Geschäftliche Sichtweise von Terminen, Meilensteinen, Leistungen: Liegen die Meilensteine und Ergebnisse im Plan? Ist die Planung noch realisierbar? Sind die potenziellen Nutzer informiert und geschult?
- Risiken und Maßnahmen zur Risikominderung: Konnten die identifizierten Risiken durch Abhilfemaßnahmen verringert werden? Gibt es eine aktualisierte Liste, die mit den betroffenen Personen besprochen wurde? Erfüllt die entwickelte Lösung die definierten Anforderungen? (Abb. 5.10)

Abb. 5.10 Phase „Realisierung"

5.2.4   Phase „Einführung"

Die Phase „Einführung" dient zur Produktivsetzung und zur Aufnahme des Betriebes der realisierten Lösung. Sie gewährleistet einen sicheren Übergang der bestehenden Situation zur in Inbetriebnahme der neuen Lösung.

Diese Phase umfasst folgende Tätigkeiten, welche im Einführungsplan beschrieben werden:

- Die Durchführung von Stresstest
- Benutzerschulungen gemäß Schulungskonzept
- Die Einrichtung von technischen Betriebsverfahren
- Die Entwicklung eines Umstellungsplans
- Die Einrichtung von Problem- und Änderungs-Management-Verfahren
- Die Durchführung einer abschließenden Qualitätsprüfung, insbesondere zu Validierungszwecken
- Die Installation des produktiven Systems
- Durchführung der Migration und Beginn der Nutzung
- Anfangsunterstützung des Fachbereiches bei der Nutzung des Systems
- Identifikation der Mängel und Durchführung der kurzfristig notwendigen Nacharbeiten
- Übergabe an den IT-Betrieb inkl. Help Desk und externer Support

Das STC muss sein Einverständnis geben, das neue System nach den folgenden Kriterien produktiv zu setzen:

- Bereitschaft des produktiven Systems (technische Lösung, Prozess und Organisation, Betrieb und Migration): Liegen Statusberichte zur technischen Lösung, zu den Prozessen und der Organisation, zum Betrieb und zur Migration der Projektumsetzung vor? Ist Nacharbeit vor dem Produktivstart erforderlich? Sind die Prozesse bezüglich Problem- und Änderungs-Management-Verfahren aufgesetzt?
- Plan und Verfahren für den Produktivstart: Ist der produktive Rollout-Plan für alle Komponenten, (a) technisches System, (b) Prozesse und Organisation, (c) Migration und (d) Betrieb vorhanden und plausibel?
- Schnelle Entscheidungswege: Ist die Projektorganisation oder zumindest ein Teil der Betriebsorganisation in der Lage, fundierte und schnelle Entscheidungen zu treffen?
- Risiken und Maßnahmen zur Risikominderung: Gibt es eine aktualisierte Liste mit Risiken und geplanten Maßnahmen, die mit allen betroffenen Personen besprochen wurde?
- Engagement, Verantwortung und Maßnahmen zur Sicherstellung des Nutzens: Wer ist dafür verantwortlich, dass die offenen Aufgaben auch nach dem Rollout weitergeführt werden, bis der Nutzen realisiert ist? Gibt es genügend qualifizierte Ressourcen? Fühlen sich die Personen zuständig?

Mit dem Quality Gate **„Go/No Go"** stimmt das STC zu, das System in Betrieb zu nehmen. Wenn nicht, müssen die Konsequenzen ausgewertet werden, beziehungsweise ein „Plan B" genehmigt und durchgeführt werden (Abb. 5.11).

5.2.5 Phase „Nutzung"

Der Go-Live markiert den Start des Systems in den operativen Betrieb. Die Unterstützung nach der Implementierung stellt sicher, dass das System ordnungsgemäß funktioniert und die Wartung kontinuierlich gewährleistet ist.

Nach erfolgter Abnahme des Systems in der Produktion, der Übergabe an den IT-Betrieb und Verbuchung aller Projektkosten kann das Projekt offiziell abgeschlossen werden.

Der Abschluss beinhaltet folgende Tätigkeiten:

- Erstellen des Kostenabschlusses und Aktualisierung des Business Cases aufgrund der effektiven Projektkosten
- Durchführung von „Lessons Learned" mit den ganzen Projektteam
- Erstellen des Abschlussberichts

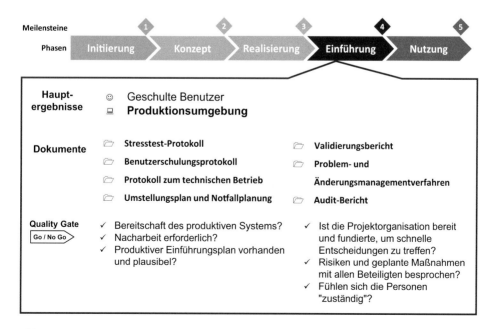

Abb. 5.11 Phase „Einführung"

Soll das Quality Gate „**Closing**" erreicht werden, dann ist das STC damit einverstanden, das Projekt abzuschließen. Dafür muss das STC dem Abschluss des Projekts nach den folgenden Kriterien zustimmen:

- Übereinstimmung mit den ursprünglichen und überarbeiteten Zielen: Wurden die Ziele erreicht? Wie wurde der Umfang gehandhabt, falls nicht alle Ziele erreicht werden konnten (Descoping, Workarounds,…)?
- Kosten, Nutzen, Business Case: Wurde das Budgetziel erreicht? Warum und wo nicht?
- Geschäftsansicht zu Fristen, Meilensteinen, Ergebnissen: Wurden die Meilensteine und die zu erbringenden Leistungen ausreichend gut definiert und erreicht? Gab es eine gute Planungsgrundlage?
- Risiken und Maßnahmen zur Risikominderung: Wurden die Risiken aktiv gemanagt und waren die Maßnahmen zur Risikominderung geeignet? Wurden während des Projekts viele neue Risiken entdeckt?
- Projektorganisation: War die Projektorganisation gut ausgebildet und für die Erreichung der Ziele geeignet?
- Projektdurchführung: War die Umsetzungsstrategie effektiv und geeignet, um die Ziele zu erreichen?
- Beteiligte und betroffene Personen: Wurden die betroffenen Personen ausreichend einbezogen?
- Planung: War die Planung angemessen und zuverlässig?
- Steuerung: Wurde eine transparente Steuerung während des Projekts durchgeführt?
- Qualitätssicherung: Wurden Maßnahmen zur Sicherung des Projektplans und der Führung der Projektergebnisse ergriffen und umgesetzt (Review, 4-Augen-Prinzip)?
- Inbetriebnahme: sind die notwendigen Prozesse im Business und in der IT erfolgreich eingerichtet? (Abb. 5.12)

5.3 Support-Prozesse

Die sogenannten „Support-Prozesse" werden als phasenübergreifende Queraktivitäten definiert, die dann während der gesamten Projektdauer durchgeführt werden müssen.

Die folgende Grafik gibt einen Überblick über die gewählten Unterstützungsprozesse:

- Kostencontrolling
- Projektplanung
- Risiken und Möglichkeiten
- Beschaffung und Verträge
- Kommunikation
- Fortschrittskontrolle (Abb. 5.13)

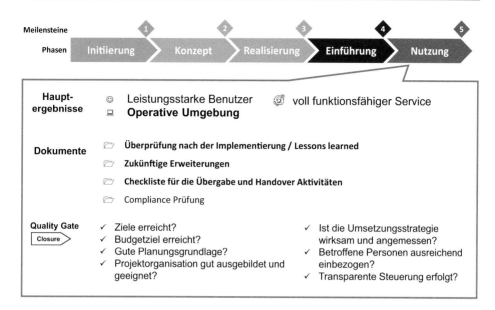

Abb. 5.12 Phase „Nutzung"

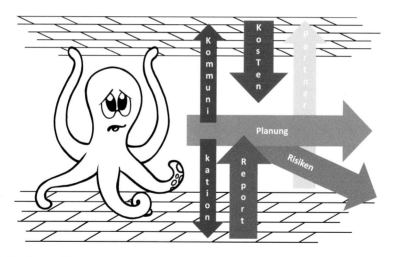

Abb. 5.13 Support Prozesse

5.3.1 Kostencontrolling

Der Projektleiter sollte zu jedem Zeitpunkt in der Lage sein, die finanzielle Situation des Projekts zu beurteilen, insbesondere wie sich die Schätzung der Gesamtprojektkosten, der so genannte „Forecast", im Vergleich zur Budgetbasis darstellt.

Das Projektkostencontrolling befasst sich mit den Primärkosten und umfasst:

Projektausgaben	Investitionen
• IT-Aufwand	• Software
• IT-Beratung	• Hardware
• Kommunikation	• Maschinen
• Reisekosten, Spesen	
• Sonstige Kosten	

Die Projektausgaben werden als „einfache" Kosten auf das Projekt gebucht, während die Investitionsbeträge je nach Art der Anlage abgeschrieben werden.

Um die Projektkosten effektiv zu verfolgen, wird empfohlen, jede Kostenart und jeden Lieferanten für die gesamte Projektdauer in einer Excel-Datei separat aufzulisten und zu pflegen. Die Nachverfolgung sollte monatlich erfolgen, indem der jeweilige Betrag unmittelbar nach Erhalt einer Rechnung eingetragen wird. Zur Erstellung einer neuen Prognose der Projektkosten können alle zukünftig geschätzten Kosten beispielsweise kursiv markiert werden.

Sobald eine Dienstleistung in Rechnung gestellt wird, muss der Projektleiter darauf achten, dass die Projektnummer auf der Rechnung angegeben wird. Dies ermöglicht der Buchhaltung, den entsprechenden Betrag dem richtigen Projekt zuzuordnen (Abb. 5.14).

5.3.2   Projektplanung

Die Projektplanung stellt einen wichtigen Rahmen dar und ist verbindlich bezüglich Ressourcen und Inhalt. Dadurch wird die Grundlage für das Projekt geschaffen, wonach sich alle für die Projektzielerfüllung ausgerichteten Aktivitäten richten. Der Sinn der Projektplanung ist, einen realistischen und stabilen Etappenplan mit Meilensteinen, die durch das STC abgenommen werden sollen, zu erstellen.

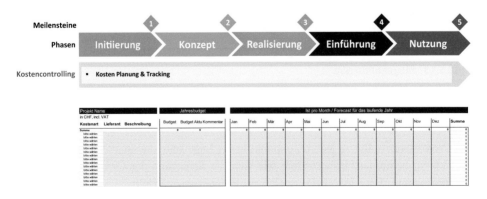

Abb. 5.14 Projektkostencontrolling

Um die Planung eines Projektes effizient zu gestalten, ist es empfohlen nach „Planungsstufen" vorzugehen.

Die **erste Stufe** stellt die **oberste Planungsstufe** dar. An dieser Stelle wird die Gesamtplanung der Projektphasen mit dem Gesamtprojektportfolio abgestimmt. Im Projektplan erfolgt die Planung des zeitlichen Ablaufs der einzelnen Phasen. Beim Aktivitätsplan handelt es sich um die Planung der spezifischen Projekttätigkeiten (z. B. Tests).

In der Regel sollte die Planung in einer separaten Datei oder einem speziellen Tool erfolgen. Der Zeitrahmen des Projektplans sollte dem Umfang der Projektaktivitäten entsprechen. Es ist nicht sinnvoll, ein ganzes Projekt mit einer Laufzeit von mehr als einem Jahr in täglichen Zeitintervallen zu planen. Daher sollte zwischen einer „groben" Planung, beispielsweise auf Quartalsbasis, und einer „detaillierten" Planung auf Wochenbasis unterschieden werden.

Die **zweite Stufe** beinhaltet die **Ressourcenplanung.** Hierbei werden die für die Aktivitäten im Projekt benötigten Ressourcen den jeweiligen Rollen innerhalb des festgelegten Zeitrahmens zugeordnet. Dabei ist es wichtig, Urlaubszeiten und Feiertage zu berücksichtigen.

Die **Systemplanung** stellt die **dritte Stufe** dar. Oft werden Lösungen auf bestehenden Informationssystemen entwickelt, die im Rahmen eines Release-Zyklus verwaltet werden. Dafür müssen Termine wie Code-Freeze, Testkampagnen oder System-Freeze (z. B. für eine Jahresendverarbeitung) berücksichtigt werden.

Das Zeit- und Ressourcenmanagement ist für das Projektmanagement von entscheidender Bedeutung. Die Planung eines Projektes ist eine Daueraufgabe der Projektleitung und soll bei jedem Steering Committee zur Abnahme vorgelegt werden.

Um einen realistischen Plan zu erstellen, werden die folgenden drei Schritte empfohlen:

- **Vor Projektstart**
  Es ist wichtig, eine Schätzung der erforderlichen Anstrengungen zu haben. Daher sollte der Projektmanager Gespräche mit den jeweils beteiligten Stellen führen. Schätzverfahren können auch verwendet werden, insbesondere:
  1. Personalbedarfsplanung: Auf der Grundlage der geplanten Aufgaben und der nachfolgenden Arbeitspakete wird der Bedarf an Ressourcen gemäß den erforderlichen Fähigkeiten und dem geschätzten Aufwand berechnet.
  2. Prozessorientierte Aufwandschätzung: Auf der Grundlage der Anzahl der Geschäftsprozessflüsse und der zugewiesenen „Funktionspunkte" wird der Aufwand in Zeit und Personentagen geschätzt. Diese Methode benötigt Daten aus abgeschlossenen Projekten. Je mehr Daten, desto wertvoller die Schätzung.
  Es ist auch sinnvoll, eine Retrograde Planung als Prüfstein der vorgesehenen Aktivitäten durchzuführen. Bei so einer Übung wird auch der sogenannte „kritische Pfad" identifiziert.

- **Während des Projekts**
  Es ist wichtig, sicherzustellen, dass der effektive Projektfortschritt im Einklang mit den erwarteten Lieferterminen bleibt. Es wird empfohlen, eine Metrik zur Messung des Fortschritts des Projekts einzusetzen. Zum Beispiel können die zu migrierende Dokumente oder die durchgeführten Tests gemessen werden.

  Sollten Abweichungen festgestellt werden, muss die Situation beobachtet und analysiert werden, damit die richtigen Maßnahmen getroffen werden können. In diesem Zusammenhang soll der Project Manager wissen, wo Engpässe bestehen. Wenn eine Aktivität auf dem kritischen Pfad verzögert wird, kann sich dies auf das gesamte Projekt auswirken. Und eine Projektverzögerung kann auch Auswirkungen auf andere Projekte haben, falls Abhängigkeiten bestehen.

- **Am Ende des Projekts**
  Der Project Manager muss sicherstellen, dass alle Aktivitäten ausgeführt werden, um ein erfolgreiches Ende des Projekts zu gewährleisten. Dies umfasst unter anderem die Auslastung der Ressourcen sowie den Wissenstransfer bei externen Mitarbeitenden. Im Rahmen von „Lessons Learned" Workshops ist es auch wertvoll, Erfahrungswerte zu sammeln, um die Planung von zukünftigen Projekten besser abstimmen zu können (Abb. 5.15).

5.3.3 Risiken und Möglichkeiten

Die Durchführung eines Projektes ist mit Risiken verbunden. Ein Risiko bezeichnet die subjektive Wahrnehmung, dass „irgendetwas schief gehen kann", mit der Konsequenz, dass der erwartete Nutzen nicht erzielt wird. Das Risikomanagement bezeichnet

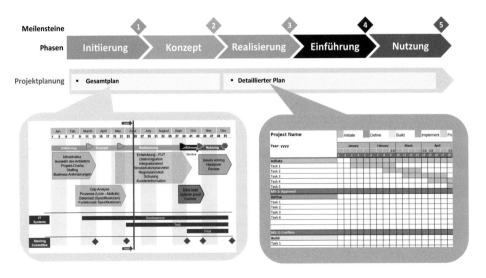

Abb. 5.15 Projektplanung

Abb. 5.16 Risiko-
Managementprozess

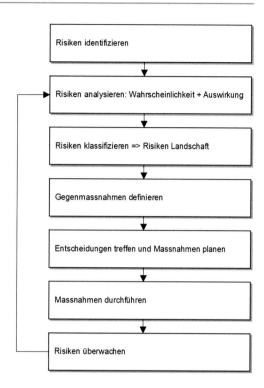

den Prozess der Auflistung der Risiken, ihrer Klassifikation und der Verminderung der Hauptrisiken. Zur Klassifikation dienen die Eintrittswahrscheinlichkeit und die Auswirkung. Ein eingetretenes Risiko führt zu einem Ergebnis. Kann das Projekt mit diesem Ergebnis nicht umgehen, so muss ein Eskalationspfad beschritten werden.

Der Prozess umfasst die folgenden Schritte, wie in der folgenden Abbildung dargestellt (Abb. 5.16).

Die Eintrittswahrscheinlichkeit wird wie folgt definiert:

Eintrittswahrscheinlichkeit	%
5	>90 %
4	>70 %
3	>40 %
2	>20 %
1	>5 %

Die Auswirkung wird wie folgt definiert:

Auswirkung	Erklärung
5	Show-Stopper
4	Gefährdet massiv den Projekterfolg

Auswirkung	Erklärung
3	Gefährdet den Projekterfolg
2	Mindert den Projekterfolg
1	Stört den Projekterfolg

Aufgrund der Risikobewertungen wird eine Risikolandschaft visualisiert (Abb. 5.17). Zu jedem Risiko müssen die Maßnahmen mit Beschreibung, ihrer Art (effektiv oder präventiv), Verantwortlichkeit und Termin definiert, genehmigt und durchgeführt werden. Diese wichtige Aufgabe nennt man „Mitigation".

Es ist möglich, für ein Projekt ein Gesamtrisiko oder ein Risikoprofil herzustellen. Dieses Gesamtrisiko kann dann durch verschiedene Parameter beeinflusst werden, wie z. B.:

- Ressourcenverfügbarkeit
- Strenge Termine
- Enges Budget
- Mögliche schädliche Businessauswirkungen

Diese Betrachtung wird benutzt, um das Projektportfolio unter verschiedenen Gesichtspunkten zu steuern. Dies kann jedoch bedeuten, dass ein einzelnes Projekt verschiedene Maßnahmen ergreifen muss, um die Gesamtrisiken auf der Ebene des Projektportfolios zu verringern.

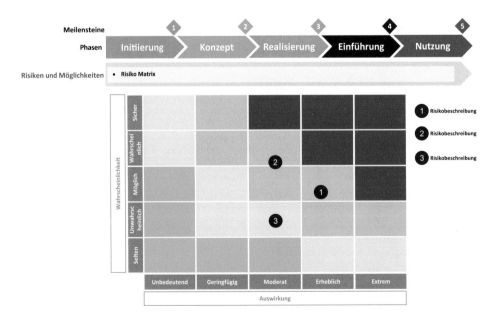

Abb. 5.17 Projektrisikomatrix

5.3.4   Beschaffung und Verträge

Bei den meisten Projekten werden externe Ressourcen eingeholt. Entweder fehlen interne Ressourcen für die Durchführung des Projektes oder das Wissen ist nicht vorhanden. Das Lieferantenmanagement in einem Projekt umfasst die Verwaltung der Beziehungen zwischen einem Projektteam und externen Lieferanten. Dazu gehört die Festlegung von Verträgen, Dienstleistungsdefinitionen und Geheimhaltungsvereinbarungen, um sicherzustellen, dass die Projektziele erreicht werden und vertrauliche Informationen geschützt sind.

Verträge sind rechtliche Vereinbarungen, die die Bedingungen einer Geschäftsbeziehung definieren. Im Projektumfeld werden Verträge genutzt, um den Umfang der Arbeiten, die Preisgestaltung und die Lieferfristen für die von Lieferanten bereitgestellten Waren oder Dienstleistungen festzulegen. Es ist wichtig, dass Verträge von der Rechtsabteilung geprüft werden, um sicherzustellen, dass sie durchsetzbar sind und die Interessen der Organisation schützen.

Dienstleistungsdefinitionen beschreiben den Umfang der Arbeit und die Erwartungen an die Dienstleistungen eines Lieferanten. Diese Definitionen sollten klar und detailliert sein und Leistungskennzahlen und Zeitpläne werden vereinbart.

Service-Level-Agreements (SLAs) werden häufig verwendet, um das erwartete Serviceniveau des Lieferanten zu definieren und Strafen für Nichterfüllung festzulegen.

Geheimhaltungsvereinbarungen sind rechtliche Vereinbarungen, die vertrauliche Informationen schützen. Im Projektumfeld werden NDAs (Non-Disclosure Agreement) oft verwendet, um proprietäre Informationen, Geschäftsgeheimnisse und andere vertrauliche Informationen zu schützen, die möglicherweise mit dem Lieferanten geteilt werden.

Eine effektive Lieferantenverwaltung umfasst laufende Kommunikation, Überwachung und Bewertung der Lieferantenleistung. Regelmäßige Leistungsbewertungen, Fortschrittsberichte und Projektaktualisierungen können dazu beitragen, Probleme zu identifizieren und zu lösen, bevor sie größere Schwierigkeiten verursachen. Durch die Festlegung klarer Verträge, Dienstleistungsdefinitionen und eine effektive Lieferantenbeziehung können Projektteams sicherstellen, dass Projekte termingerecht, innerhalb des Budgets und in den erforderlichen Qualitätsstandards abgeschlossen werden.

Die Gewinnung von externen Ressourcen hat Auswirkungen auf Kosten, Zeitrahmen und Risiken. Dieser Prozess muss deshalb sorgfältig durchgeführt werden. Zwei Phasen sind besonders kritisch:

- Bewertung und Auswahl von IT-Anbietern
- Bewertung und Auswahl der einzelnen externen Projektmitglieder.

Bei größeren Projekten, bei denen externe Ressourcen erforderlich sind, ist es notwendig, ein „Request for Proposal" (RfP) zu erstellen. In diesem Dokument werden die Anforderungen und Rahmenbedingungen zusammengefasst, um potenziellen Anbietern

die Erstellung eines Angebots zu ermöglichen. Das RfP wird an eine vorher ausgewählte
Gruppe von Anbietern versandt. Anschließend werden 2 bis 3 Angebote in die engere
Auswahl genommen. Üblicherweise präsentieren die ausgewählten Anbieter ihre An-
gebote, bevor die endgültige Entscheidung über die Wahl eines Partners getroffen wird.

Um diesen Prozess optimal zu gestalten, müssen die Selektionskriterien und deren
Gewichtung im Voraus klar definiert und intern genehmigt werden. Im RfP (Request
for Proposal) werden die Anforderungen der Organisation und die Rahmenbedingungen
zusammengestellt, damit die Anbieter ein passendes Angebot erstellen können. Die folgende Gliederung kann verwendet werden (siehe auch die Swim-Lane-Grafik für das IT-
Lieferanten-Management in Kap. 2):

- Einleitung
- Projektbeschreibung
- Allgemeine Anforderungen
- Funktionale Anforderungen
- IT-Anforderungen
- Nicht-funktionale Anforderungen
- Finanzielle Anforderungen
- Bewertungskriterien
- zusätzliche Informationen

Die Entscheidung für einen Anbieter oder eine Lösung kann je nach Projektgröße ein
bis drei Monate dauern. Der Vorteil dieses Vorgehens liegt in der optimalen Auswahl des
Dienstleisters bei gleichzeitiger Vergleichbarkeit der Angebote für das Projekt.

Die notwendigen Dokumente (z. B. Anforderungskatalog oder Ausschreibung) werden innerhalb des Projektes durch das Projektteam vorbereitet, während die endgültige
Annahme des Angebots durch das STC (Steering Committee) des Projekts erfolgt.

Die eingereichten Angebote müssen eine Gültigkeit von mindestens drei Monaten
haben, damit die Projektgenehmigung organisiert werden kann.

Sobald die Auswahl des Anbieters abgeschlossen ist, muss eine Vereinbarung, der
sogenannte Vertrag, unterzeichnet werden. Bei größeren Verträgen ist eine Prüfung
durch die Rechtsabteilung erforderlich. Sollte dies einige Zeit in Anspruch nehmen,
kann zwischenzeitlich eine Absichtserklärung (Letter of Intent) unterzeichnet werden
(Abb. 5.18).

5.3.5 Kommunikation

Braucht es im Projekt Kommunikation? Selbstverständlich benötigt ein Projekt sowohl
eine interne als auch eine externe Kommunikation.

Abb. 5.18 Lieferanten-Management für IT-Projekte

Folgende Tools sind wichtige Elemente der internen Kommunikation:

- *Emails:* mit Vorsicht zu genießen. Dieses mächtige Kommunikationstool wird oft missbraucht (typischerweise ein einziger Nachrichtempfänger mit 10 Namen „cc"). Dieses Medium soll dosiert eingesetzt werden, um eine E-Mail-Flut vermeiden zu können. Oft bringt ein direkter Kontakt mehr!
- *Beschlüsse:* Relevante Beschlüsse müssen schriftlich festgehalten werden.
- *Meetings:* Ein Meetingkonzept soll am Anfang des Projekts definiert werden und spätestens beim Kick-off präsentiert werden. Für jedes Meeting sollen das Ziel, die Häufigkeit, die Teilnehmer, die Inputs und Outputs festgelegt werden. Meetings werden am Anfang des Projektes vereinbart und sollen in der Regel nicht länger als 1 h dauern.
- *Kick-off*
- *Protokolle:* Meetings mit ihren Kernaussagen und Beschlüssen sollen kurz protokolliert werden (nicht mehr als 2 Seiten). Protokolle verweisen auf weitere Dokumente wie Projektplan, Risikomatrix oder Pendenzenliste.
- *Status Reports*
- *Eskalation:* bei Ausnahmen oder eingetroffenen Risiken
- *Events:* Bei der Entwicklung des Projektes muss auch darauf geachtet werden, dass „Team Events" regelmäßig stattfinden, allerdings und vor allem, wenn das Projekt vor einer kritischen Phase steht.

Die externe Kommunikation sollte nicht vernachlässigt werden und betrifft alle Anspruchsgruppen, die außerhalb des Projektteams stehen und betroffen sein könnten. Auch dort steht eine große Vielfalt an Möglichkeiten zur Verfügung:

- *Name:* Es ist wichtig, einen Projektnamen zu wählen, der einerseits einen positiven Eindruck hinterlässt und andererseits eine Verbindung zum Ziel des Projekts herstellt (z. B. NewTon => NEW Telefon Over Network). Die Wahl des Projektnamens bietet eine gute Gelegenheit, die Stakeholder für das Projekt zu gewinnen; es kann auch ein kleiner Wettbewerb organisiert werden, um kreative Vorschläge zu fördern.
- *Logo:* wenn es das „Corporate Design" zulässt, ist es empfehlenswert, ein Logo für das Projekt zu kreieren
- *Newsletter:* dies ermöglicht eine breite Informationsverteilung auf eine persönlichere Weise als ein E-Mail
- *Artikel:* immer wieder daran denken, durch die etablierten Unternehmenskanäle Informationen über das Projekt zu vermitteln
- *Intranet:* ist ein wirkungsvolles Kommunikationsmittel, um viele Mitarbeitende zu erreichen. Wirklich zu empfehlen, z. B. bei einer Systemumstellung, bei der viele Benutzer betroffen sind
- *Marketing:* es gibt auf diesem Gebiet keine Grenzen der Vorstellung; ein Beispiel wäre ein Mouse-Pad mit der Helpdesknummer bei einem PC-Rollout (Abb. 5.19)

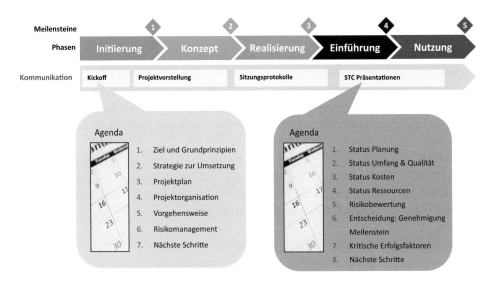

Abb. 5.19 Kommunikation bei IT-Projekten

5.3.6   Fortschrittkontrolle

Ein regelmäßiger Projektstatusbericht soll erstellt und dem Projektportfolio-Management zur Verfügung gestellt werden. Folgende Angaben sollen berichtet und aktualisiert werden:

- *Projektstammdaten:* Projektname, Projektnummer, Projektziel, Sponsor, Project Manager
- *Projektkennzahlen:* Kosten, interne Aufwände, Termine
- *Projektplanung:* Auflistung der Meilensteine und ihrer geplanten resp. neuen Termine
- *Gesamtsituation:* Kurzbeschreibung der laufenden Projektaktivitäten
- *Probleme/Maßnahmen/Verantwortliche:* Auflistung neuer aktueller Probleme (eingetretene Risiken)
- *Erfolgschancen:* Können die nächsten Meilensteine mit allen Ergebnissen im geplanten Termin erreicht werden? Schätzung, ob der nächste Termin erreicht werden kann.

Für kritische, teure oder strategische Projekte kann noch ein zusätzliches Reporting als Steuerungsinstrument eingeführt werden. Ob dieses Reporting zwingend notwendig ist, bestimmt das STC. Bei diesem Reporting handelt es sich um einen detaillierten Bericht, welcher in einem dem Projekt angepassten Rhythmus erstellt wird. Er zeigt den aktuellen Stand und die jeweiligen Veränderungen der einzelnen Liefergüter. Diese werden nach Termintreue, Budgettreue und Qualität bewertet. Ebenso werden die Ergebnisse der bereits abgeschlossenen Phasen angezeigt.

Wichtig ist, dass das STC regelmäßig über folgende Angaben informiert wird:

- Fortschrittübersicht
- Projektrisiken und Maßnahmen
- Problemverlauf: Auflistung aller Probleme während des Projektes inkl. Zeitpunkt und Beschreibung
- Geplante Abwesenheiten
- Status über die Erreichung der Projektmeilensteine und der Qualität der Liefergüter

Das Reporting sollte frühzeitig aufzeigen, ob Probleme entstehen werden. Es ermöglicht dann, einem Projektleiter entsprechende Maßnahmen zu lancieren und das STC zu informieren (Abb. 5.20).

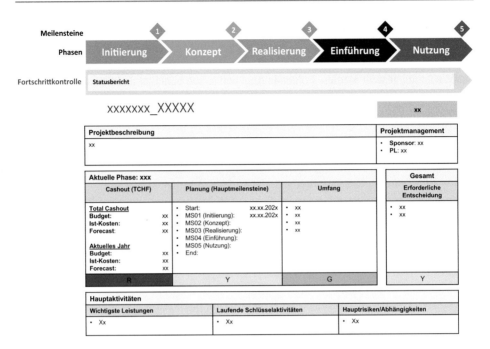

Abb. 5.20 Projekt Fortschrittskontrolle

5.4   Agilität in IT-Projekten

Obwohl agile Methoden bereits existierten, wie z. B. Rapid Application Development oder Extreme Programming, gilt das Agile Manifest 2001 als die Geburtsstunde der agilen Softwareentwicklung.

Das Manifest basiert auf vier Werten und beschreibt anschliessend 12 Prinzipien:

Individuen und Interaktionen haben Vorrang vor Prozessen und Tools
Funktionierende Software hat Vorrang vor umfassender Dokumentation
Die Zusammenarbeit mit den Kunden hat Vorrang vor Vertragsverhandlungen
Das Reagieren auf Veränderungen hat Vorrang vor dem Befolgen eines Plans

Wir folgen diesen Prinzipien (siehe https://agilemanifesto.org/iso/de/principles.html*):*

- Unsere höchste Priorität ist es, den Kunden durch frühe und kontinuierliche Auslieferung wertvoller Software zufrieden zu stellen.
- Heisse Anforderungsänderungen selbst spät in der Entwicklung willkommen. Agile Prozesse nutzen Veränderungen zum Wettbewerbsvorteil des Kunden.
- Liefere funktionierende Software regelmäßig innerhalb weniger Wochen oder Monate und bevorzuge dabei die kürzere Zeitspanne.

- Fachexperten und Entwickler müssen während des Projektes täglich zusammenarbeiten.
- Errichte Projekte rund um motivierte Individuen. Gib ihnen das Umfeld und die Unterstützung, die sie benötigen und vertraue darauf, dass sie die Aufgabe erledigen.
- Die effizienteste und effektivste Methode, Informationen an und innerhalb eines Entwicklungsteams zu übermitteln, ist im Gespräch von Angesicht zu Angesicht.
- Funktionierende Software ist das wichtigste Fortschrittsmaß.
- Agile Prozesse fördern nachhaltige Entwicklung. Die Auftraggeber, Entwickler und Benutzer sollten ein gleichmäßiges Tempo auf unbegrenzte Zeit halten können.
- Ständiges Augenmerk auf technische Exzellenz und gutes Design fördert Agilität.
- Einfachheit – die Kunst, die Menge nicht getaner Arbeit zu maximieren – ist essenziell.
- Die besten Architekturen, Anforderungen und Entwürfe entstehen durch selbstorganisierte Teams.
- In regelmäßigen Abständen reflektiert das Team, wie es effektiver werden kann und passt sein Verhalten entsprechend an.

Die Verbreitung dieses neuen Ansatzes für die Entwicklung von SW-Lösungen ist heutzutage unbestreitbar. Dank Fokussierung auf konkrete Schritte kann ein wertvoller Nutzen von agilen Arbeitsweisen durch Flexibilität und Effizienz erreicht werden.

In der Zwischenzeit wurden verschiedenen agile Methoden definiert, wie Scrum, Kanban, Scrumban, Objectives und Key Results (OKRs), Extreme Programming (XP), Design Thinking oder Feature-Driven Development (FDD). Da Scrum die beliebteste agile Methode im Projektmanagement bleibt, obwohl streng genommen Scrum nicht zu den Projektmanagement-Methoden, sondern zu den Produktentwicklung Methoden, gehört, wird diese Vorgehensweise in dem nächsten Absatz beschrieben.

5.4.1 Scrum

Scrum wird für die Produktentwicklung durch inkrementelle Iterationen unter Verwendung des Scrum-Frameworks eingesetzt. Damit sollen Entwicklungsteams brauchbare Softwarelösungen liefern, die den Bedürfnissen des Unternehmens entsprechen (Abb. 5.21).

Das Scrum Framework besteht aus Rollen, Ereignissen, Artefakten und den Regeln, die sie miteinander verbinden.

In Scrum werden drei Rollen, darunter den Product Owner, den Scrum Master und das Entwicklungsteam definiert:

- Der **Product Owner** verwaltet das Product Backlog und stellt sicher, dass das Team dem Kunden einen Mehrwert liefert. Im Product Backlog werden die Produktanforderungen aufgelistet, die häufig die Form von User Stories haben. Der Product

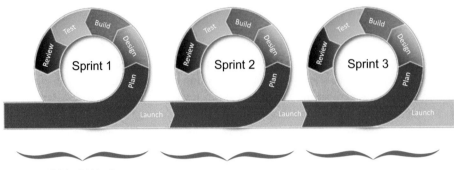

2 bis 6 Wochen

• Schnelle Lieferung -> man sieht, ob die Richtung noch stimmt
• Das ganze Team ist beteiligt -> keine versteckten Kosten
• Anforderungen werden immer überprüft -> man bekommt, was man sieht
• Backlog wird regelmäßig priorisiert -> Möglichkeit zur Anpassung an neue Kundenbedürfnisse

Abb. 5.21 Scrum Vorgehensweise

Owner muss den Markt, die Bedürfnisse der Kunden und die Geschäftsziele des Produkts genau verstehen.

• Der **Scrum Master** ist dafür verantwortlich, dass alle Teammitglieder Scrum vollständig verstehen und anwenden. Zu seinem Aufgabenbereich gehören die Planung von Sprints, die Überwachung des Ausführungsstatus und die Verteilung der Aktivitäten auf die Teammitglieder.
• Das **Entwicklungsteam** ist für die Erstellung eines Produktinkrements zuständig. In der Regel besteht das Entwicklungsteam aus 5–9 Teammitgliedern und ist selbstorganisierend (Abb. 5.22).

Das Herzstück von Scrum besteht in der Lieferung einer der Produktentwicklungsarbeit nach der Durchführung eines Sprints, das als zeitlich begrenzte Iteration von zwei bis sechs Wochen gilt. Während der Dauer eines Sprints werden vier Ereignisse festgelegt:

• Im **Sprint Planning Meeting** vereinbaren das Entwicklungsteam und der Product Owner, welche bevorstehenden Leistungen im Sprint geliefert werden sollen
• Das **Daily Scrum** ist ein tägliches Meeting, um die Aufgaben zu koordinieren und Pläne für die folgenden 24 h zu machen
• Der Sprint Review ist eine Veranstaltung, bei der das entwickelte Inkrement überprüft wird. Es werden Feedbacks eingeholt und das Team entscheidet, welche Elemente in den nächsten Sprint aufgenommen werden sollen.
• In der Sprint **Retrospektive** reflektiert das Team den vorangegangenen Sprint und identifiziert Verbesserungsmöglichkeiten (Abb. 5.23)

Abb. 5.22 Scrum Rollen

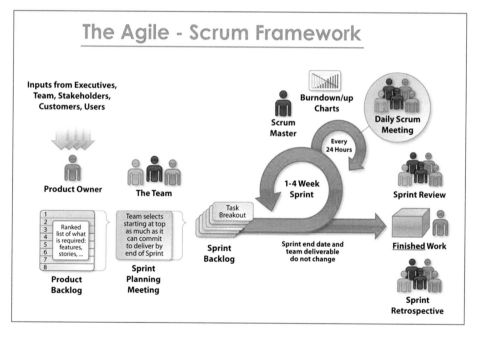

Abb. 5.23 Scrum Framework

Ein Sprint wird auf der Grundlage der **Definition von „erledigt"** als abgeschlossen betrachtet, wenn das System integriert, vollständig getestet, dokumentiert und potenziell
versandfähig ist. Sprints bieten einen strukturierten Rahmen für die agile Entwicklung
und helfen den Teams, sich auf die vorhersehbare und iterative Bereitstellung von aus-
lieferbaren Inkrementen zu konzentrieren. Durch die Aufteilung der Arbeit in kleinere
und überschaubare Teile tragen Sprints zur Risikominimierung bei und ermöglichen es
den Teams, schnell auf dem Kundenfeedback oder Marktbedingungen zu reagieren.

Artefakte sind wichtige Daten, die für die Entwicklung eines Produkts erforderlich
sind, um eine bessere Kommunikation, Zusammenarbeit und Transparenz zwischen Stakeholdern und Entwicklungsteam gewährleisten zu können. Einige Beispiele für agile
Artefakte sind User Stories, Sprint Backlogs, Burn-Down-Charts und Produktinkre-
mente:

- **User Stories** beschreiben die Funktionen aus Sicht des Anwenders und legen Kriterien fest, die das Produkt benötigt
- Das **Produkt Backlog** bezeichnet eine Liste von Aufgaben, neuen Features, Verbesserungen oder Fehlerbehebungen, die zur Erstellung eines Produkts erforderlich
  sind
- Das **Sprint-Backlog** beinhaltet die Aufgaben aus dem Produkt-Backlog, die im
  nächsten Produktinkrement umgesetzt werden sollen
- Das **Produktinkrement** umfasst das Produkt für den Kunden, das durch die Bearbeitung des Produkt-Backlog erstellt wurde
- **Burn-Down-Diagramme** spiegeln die Entwicklung wider, damit geschätzt wird, wie
  viele Aufgaben in einem bevorstehenden Sprint realistischerweise erledigt werden
  können

Als Schlussfolgerung kann die Agile Scrummethodik als ein flexibles und anpassungs-
fähiges Rahmenwerk dargestellt werden, das den Schwerpunkt auf Teamarbeit, Kommunikation und kontinuierliche Verbesserung legt.

5.4.2 Hybride Vorgehensweise

Nach der durchschlagenden Verbreitung agiler Methoden geht der Trend zunehmend
zum hybriden Vorgehen, als Kombination von Wasserfall und Agile. Oft wurden die beiden Arten von Methoden allerdings einander gegenübergestellt.

Das Wasserfallmodell basiert auf eine lineare Planung, wo mehrere Phasen sequen-
ziell aufeinander folgen. Der Endpunkt eines Abschnitts dient somit immer als Anstoß
für die nächste Phase. Ähnlich dem Wasserfallmodell wurde das **„V-Modell"** für die
Softwareentwicklung konzipiert, wo zusätzlich zu den Entwicklungsphasen die Qualitätssicherung mit den entsprechenden Testing Aktivitäten gegenübergestellt wird.

Tab. 5.1 Die jeweiligen Vorteile von Wasserfall und agilen Methoden

Wasserfall	Agile
Vorausschauende Planung	Anpassungsfähigkeit
Klarer Rahmen	Engagement
Dokumentation	Einzelne lieferbare Teile
Klarer Umfang, kein „moving target"	Einbeziehung des Kunden

Die beiden Methoden, Wasserfall und Agile, werden oft verglichen. Die Tatsache ist einfach, dass beide Methoden Vorteile und Nachteile aufgrund eigener Eigenschaften mitbringen (Tab. 5.1):

Eine erfolgreiche Einführung von agilen Methoden bedeutet oft einen Kulturwandel und ist nur durchführbar, wenn die Unterstützung des Managements vorhanden ist. Damit die Vorteile der Agilität voll ausgeschöpft werden können, sind bestimmte Rahmenbedingungen wie die physische Arbeitsplatzumgebung oder die Entwicklung einer agilen Organisation erforderlich. Aus Zeit- oder Kultur- oder sogar Regulierungsgründen kann ein Unternehmen nicht immer in der Lage sein, die sogenannte agile Transformation vollständig durchführen zu können. Es wurde auch in der Zwischenzeit erkannt, dass die Anwendung eines agilen Ansatzes nicht gleich für alle IT-Projekte, wie z. B. die Migration eines Rechnerzentrums, vom Vorteil ist. Von daher kam die Idee, die Vorteile der Agilität zu nutzen, ohne dafür eine komplette Umwandlung des Unternehmens durchführen zu müssen.

Die Kombination der beiden Methoden soll eine geeignete Antwort anbieten und wird als Agile Wasserfälle, „Multi-Methoden-Ansätze" oder Hybrid Agile gekennzeichnet.

Im Allgemeinen werden drei verschiedene hybride Rahmenwerke unterschieden, die traditionelle und agile Projekt-Management-Ansätze kombinieren:

- **Wasser–Scrum-Fall**
  Die Entwicklung wird auf der Grundlage eines iterativen Ansatzes durchgeführt, während das gesamte Projekt in den strukturellen Rahmen einer etablierten wasserfallbasierten Methodik eingebettet ist.
- **Wasserfall-Agile**
  Die letzte Phase eines Projekts nach der Wasserfall-Agile Vorgehensweise ist durch die fortgesetzte Anwendung des agilen Ansatzes gekennzeichnet.
- **Hybrid V-Modell**
  Die eine agile Phase wird in der Mitte des Projektlebenszyklus für Design, Entwicklung und Unit-Tests verwendet, während der Beginn und das Ende des Projekts in klassischer Wasserfalltechnik durchgeführt warden (Abb. 5.24 und 5.25).

Bei der Durchführung von Projekten können verschiedene Ansätze je nach Projektgröße angewendet werden, von traditionellen Wasserfallmethoden bis hin zu agilen Vorgehensweisen mit Sprints und kontinuierlicher Integration und Lieferung. Die Herausforderung

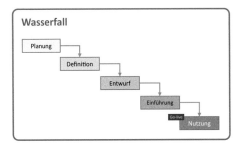

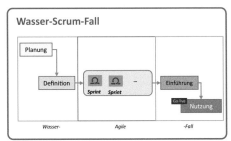

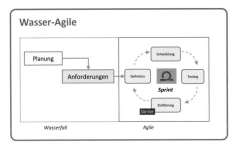

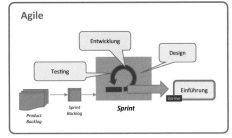

Abb. 5.24   Von Wasserfall zu Agile

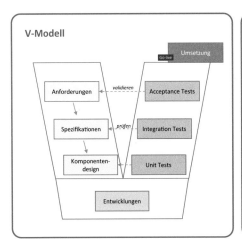

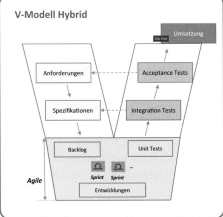

Abb. 5.25   V-Modell klassisch oder hybrid

besteht darin, die Entwicklung in Zusammenarbeit mit verschiedenen Parteien abzu-
stimmen. Dies erfordert von einem Projektleiter Flexibilität, Kenntnis der verschiedenen
Umsetzungsansätze sowie die Fähigkeit, die Integration und Abnahme der implementierten Lösungen effektiv zu koordinieren. Die folgende Grafik veranschaulicht beispielhaft,
wie verschiedene Vorgehensweisen kombiniert werden können (Abb. 5.26).

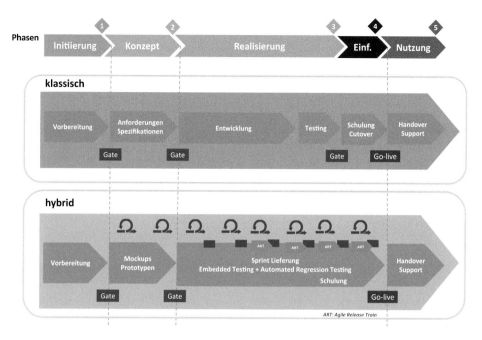

Abb. 5.26 Eine mögliche phasenweise Angleichung zwischen Wasserfall und Hybrid

IT-Service-Management

Ein Taxidienst bietet Transportdienstleistungen für Passagiere an, die von einem Ort zum anderen reisen möchten. Taxidienste sind in vielen Städten und Regionen weltweit verfügbar und werden häufig genutzt, um Personen schnell und bequem zu befördern. Dieser Service wird gegen Bezahlung angeboten und Kunden erwarten als Gegenleistung **einen professionellen Service,** der es ihnen ermöglicht, sich während der Fahrt zu entspannen. Die Verantwortung für den Führerschein, die Navigation und das Tanken liegt beim Taxifahrer, nicht beim Kunden.

In der heutigen digitalen Ära nutzen Menschen eine Vielzahl von Services, die ihren Alltag erleichtern und bereichern. Kommunikationsdienste wie Messaging-Apps und E-Mail sind unverzichtbare Werkzeuge für den Austausch von Nachrichten mit Freunden, Familie und Kollegen. Soziale Medienplattformen ermöglichen es Benutzern, sich zu vernetzen, Inhalte zu teilen und auf dem Laufenden zu bleiben. Suchmaschinen sind ein Tor zu unzähligen Informationen und Ressourcen im Internet. Streamingdienste bieten Unterhaltung in Form von Filmen, Musik und Videos auf Abruf. E-Commerce-Plattformen ermöglichen es den Verbrauchern, Produkte und Dienstleistungen bequem von zu Hause aus zu kaufen. Finanzdienstleistungen wie Online-Banking und Zahlungsapps vereinfachen Geldtransaktionen. Transportdienste wie Ride-Sharing-Apps revolutionieren die Art und Weise, wie Menschen sich fortbewegen. Cloud-Speicherdienste bieten eine sichere Möglichkeit, Dateien zu speichern und von überall darauf zuzugreifen. Diese Services haben einen tiefgreifenden Einfluss auf unser tägliches Leben und zeigen die fortschreitende Digitalisierung der Gesellschaft (Abb. 6.1).

Services sind auch für Unternehmen von grundlegender Bedeutung, da sie den Kern jeder Geschäftsaktivität darstellen. Durch die Bereitstellung von Dienstleistungen können Unternehmen die Bedürfnisse ihrer Kunden effektiv erfüllen und langfristige Beziehungen aufbauen. Außerdem können Dienstleistungen dazu beitragen, die Effizienz und Produktivität innerhalb des Unternehmens zu verbessern, indem sie unterstützende

L. Pilorget, *Managing IT in einer digitalen Welt*, https://doi.org/10.1007/978-3-658-46012-9_6

Abb. 6.1 Wert einer Dienstleistung aus Sicht der Kunden

Funktionen wie IT-Services, Buchhaltung, Marketing, Logistik und Kundensupport bereitstellen. Ein guter Service kann auch dazu beitragen, das Markenimage zu stärken und das Vertrauen der Kunden zu gewinnen.

IT-Services sind wichtig, da sie eine breite Palette von Funktionen unterstützen, die wesentlich zum reibungslosen Betrieb des Unternehmens beitragen. Diese Services reichen von der Netzwerk- und Infrastrukturverwaltung über die Bereitstellung von Softwarelösungen bis hin zur Datensicherheit und dem Support für Anwender. Sie spielen eine Schlüsselrolle bei der Digitalisierung von Geschäftsabläufen und der Erschließung neuer Geschäftsmöglichkeiten in einer zunehmend digitalen Welt. Durch die Bereitstellung zuverlässiger und effizienter IT-Services können Unternehmen ihre Flexibilität verbessern, Innovationen fördern und langfristige Wachstumsziele erreichen.

Dieses Kapitel untersucht die grundlegenden Konzepte **von IT-Services**, **das IT-Service-Management** und deren wichtigsten Standards, die die Branche prägen. Dazu werden **Cloud-Services** und **digitale Services** als wichtige Aspekte des modernen IT-Managements betrachtet, die Unternehmen dabei unterstützen, um wettbewerbsfähig zu bleiben.

6.1   IT-Services

Services sind wesentliche Bausteine für die reibungslose Durchführung von Geschäftsprozessen. Die Bereitstellung dieser Services als integraler Bestandteil eines Businessprozesses ist äußerst anspruchsvoll und erfordert das Zusammenspiel von Fachkräften, Abläufen, Werkzeugen und Partnern. Fachkräfte müssen über das erforderliche Fachwissen und die entsprechenden Fähigkeiten verfügen, um den spezifischen Anforderungen der Services gerecht zu werden. Daher werden kontinuierliche Schulungen und Weiterbildungsmaßnahmen angeboten.

Die Definition und Optimierung von Prozessen sind ebenfalls komplexe Aufgaben, die eine genaue Kenntnis der beteiligten Abläufe sowie die Fähigkeit erfordern, Engpässe zu identifizieren und erfolgreich zu bewältigen. Die Auswahl und Implementierung von Werkzeugen sind entscheidend und müssen gut in bestehende Systeme integriert werden. Die Zusammenarbeit mit Partnern erfordert klare Kommunikation, präzise Vereinbarungen und gegenseitiges Vertrauen, um sicherzustellen, dass die Erwartungen bezüglich der Services erfüllt werden.

Insgesamt ist die Bereitstellung von Services als Bestandteil eines Businessprozesses eine komplexe und anspruchsvolle Aufgabe, die ein hohes Maß an Engagement, Fachwissen und Ressourcen erfordert, um erfolgreich zu sein (Abb. 6.2).

Ein IT-Dienstleistungsanbieter kann einen Mehrwert für verschiedene Stakeholder wie Sponsoren, Kunden und Anwender schaffen. Durch ein tiefgehendes Verständnis der geschäftlichen Anforderungen seiner Kunden kann der Anbieter maßgeschneiderte Lösungen entwickeln, die direkt auf die Erreichung dieser Ziele ausgerichtet sind. Wenn diese Lösungen effektiv umgesetzt und durch gut durchdachte Prozesse verwaltet werden, können sie das Wachstum der Organisation fördern und sichern.

Die kontinuierliche Weiterentwicklung der Fähigkeiten und Erfahrungen der Mitarbeitenden ist ein weiterer Schlüssel, um den Service weiter zu verbessern und den sich ändernden Anforderungen der Kunden gerecht zu werden. Durch die Integration fortschrittlicher Technologien und Methoden kann der Anbieter weiterhin innovative Lösungen entwickeln, die die Effizienz steigern, die Qualität erhöhen und die Wettbewerbsfähigkeit stärken.

Die Kombination all dieser Elemente ermöglicht es einem IT-Dienstleistungsanbieter, langfristige Kundenbindung und eine positive Wahrnehmung bei seinen Verbrauchern zu

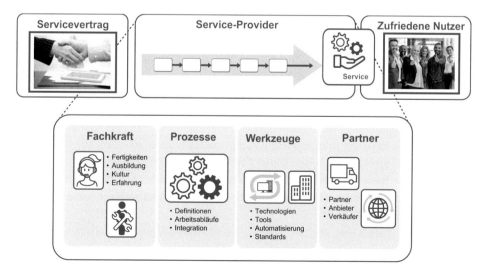

Abb. 6.2 Services als Bestandteil der Abwicklung von Geschäftsprozessen

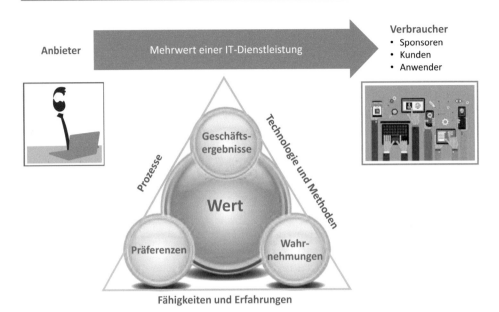

Abb. 6.3 Mehrwert einer IT-Dienstleistung

erreichen, was zu einer nachhaltigen Partnerschaft und einem erfolgreichen Geschäfts-
ergebnis führen kann (Abb. 6.3).

Im Automobilsektor können Autodienste den Kunden weitreichenden Mehrwert bieten, der über den bloßen Kauf eines Fahrzeugs hinausgeht. Durch die Bereitstellung
von Dienstleistungen wie Wartung, Reparatur, Versicherungspaketen und sogar Carsha-
ringoptionen können Kunden eine ganzheitliche Erfahrung genießen. Dies ermöglicht
es Automobilherstellern und -händlern, eine langfristige Bindung zu ihren Kunden aufzubauen, da sie kontinuierlichen Support und maßgeschneiderte Dienstleistungen anbieten können. Dies führt zu einer positiven Wahrnehmung der Marke und fördert die
Kundenbindung, da die Kunden das Gefühl haben, da ihre Bedürfnisse ernst genommen
und effektiv erfüllt werden. Ähnlich ist es in der Informationstechnologie, wo durch
die Bereitstellung von individuellem Lösungen, kontinuierlichem Support, Schulungen
und Beratungsdiensten IT-Serviceprovider ihren Kunden dabei helfen können, ihre Geschäftsziele effektiver zu erreichen und den maximalen Nutzen aus ihren Investitionen in
Technologie zu ziehen. Durch den Einsatz von bewährten Technologien, Best Practices
und effizienten Prozessen können IT-Serviceprovider einen echten Mehrwert schaffen,
der über die reine Bereitstellung von Produkten hinausgeht und zu einer positiven Wahrnehmung führt (Abb. 6.4).

IT-Services spielen eine zentrale Rolle in der Wertschöpfungskette zwischen Business
und IT, indem sie eine nahtlose Integration und Unterstützung für geschäftskritische Prozesse und Funktionen bieten. Sie beginnen mit der Analyse der Geschäftsanforderungen

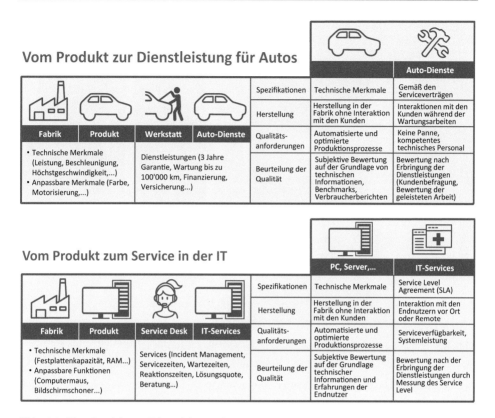

Abb. 6.4 Vom Produkt zur Dienstleistung für Autos und in der IT

und der Bereitstellung von Beratungsdiensten, um passende Lösungen zu entwickeln. Durch Implementierung und laufenden Betrieb von IT-Infrastruktur und Anwendungen sorgen IT-Services für die reibungslose Funktion und Verfügbarkeit von Technologien, die für das Unternehmen unerlässlich sind. Darüber hinaus tragen sie zur Sicherheit, Compliance und Effizienz der IT-Systeme bei, während sie gleichzeitig die Datenverwaltung und -analyse ermöglichen, um wertvolle Erkenntnisse für strategische Entscheidungen zu liefern. Durch die Bereitstellung von Kommunikations- und Kollaborationstools fördern IT-Services die Interaktion und Effektivität der Mitarbeitenden, während ihre Skalierbarkeit und Flexibilität es Unternehmen ermöglichen, sich schnell an sich ändernde Marktbedingungen anzupassen. Insgesamt tragen IT-Services dazu bei, die Brücke zwischen Business und IT zu schlagen, indem sie die technologische Grundlage für den Geschäftserfolg bereitstellen (Abb. 6.5).

In der Regel wird zwischen business-orientierten und technischen IT-Services unterschieden. Diese Trennung spiegelt die unterschiedlichen Aspekte wider, die zur Unterstützung eines Unternehmens erforderlich sind. Businessorientierte IT-Services konzentrieren sich darauf, die Bedürfnisse des Unternehmens zu verstehen und IT-Lösungen

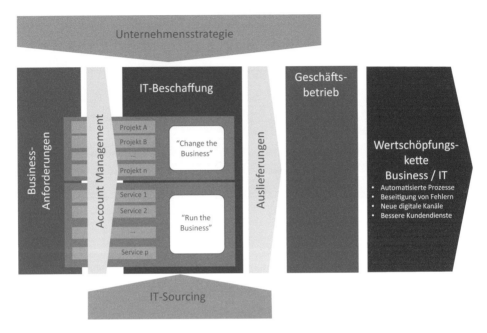

Abb. 6.5 IT-Services in der Wertschöpfungskette zwischen Business und IT

bereitzustellen. Dazu gehören Dienstleistungen wie IT-Beratung, Anforderungsanalyse, Projektmanagement und Anwendungsberatung. Auf der anderen Seite umfassen technische IT-Services die Entwicklung, Implementierung und Wartung der IT-Infrastruktur und Anwendungen. Dies beinhaltet Aspekte wie Netzwerkmanagement, Serverwartung, Softwareentwicklung und technischen Support. Technische IT-Services sind darauf ausgerichtet, sicherzustellen, dass die IT-Systeme zuverlässig, sicher und effizient betrieben werden (Abb. 6.6).

In den nächsten beiden Abbildungen wird anhand eines Beispiels aus dem Finanzsektor verdeutlicht, wie potenzielle geschäftsorientierte und technische IT-Services im Dienstleistungsbereich aussehen könnten (Abb. 6.7 und 6.8).

Die folgende Abbildung gibt einen Überblick von möglichen IT-Services in einem Fertigungsunternehmen (Abb. 6.9).

Die Ausrichtung zwischen den Geschäftsanforderungen, der IT-Organisation und der Integration externer Dienste auf strategischer, taktischer und operativer Ebene ist wichtig für die erfolgreiche Erbringung von IT-Dienstleistungen. Auf strategischer Ebene geht es darum, die langfristigen Ziele und Bedürfnisse des Unternehmens zu verstehen und eine IT-Strategie zu entwickeln, die diese unterstützt. Auf taktischer Ebene müssen Entscheidungen darüber getroffen werden, wie IT-Dienstleistungen am besten bereitgestellt und verwaltet werden können, um die strategischen Ziele zu erreichen. Dies beinhaltet die Auswahl und Integration externer Dienstleistungen, um die erforderlichen Fähigkeiten und das Fachwissen zu ergänzen. Auf der operativen Ebene schließlich müssen die

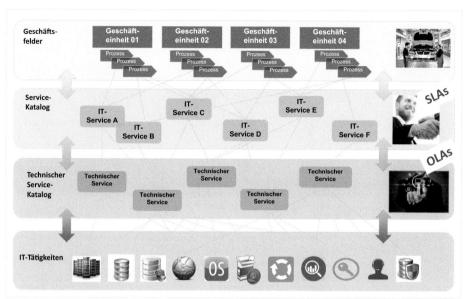

SLA: Service Level Agreement   **OLA:** Operational Level Agreement

Abb. 6.6 Unterscheidung zwischen geschäftsorientierten IT-Services und technischen IT-Diensten

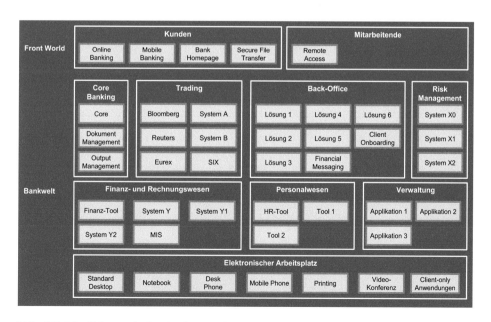

Abb. 6.7 Mögliche geschäftsorientierte IT-Services im Bankingbereich

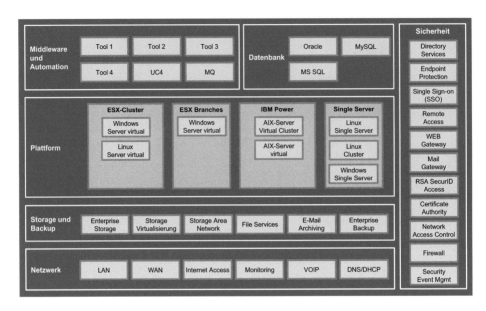

Abb. 6.8 Mögliche technische IT-Dienste im Bankingbereich

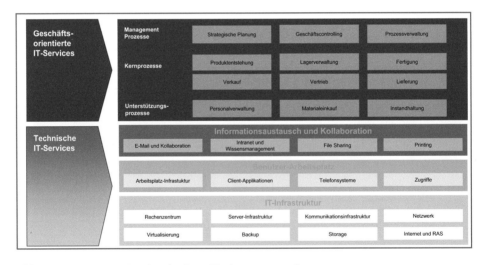

Abb. 6.9 Mögliche IT-Services in einem Fertigungsunternehmen

IT-Dienste täglich ausgeführt und überwacht werden, wobei darauf zu achten ist, dass sie den vereinbarten Service-Level-Agreements entsprechen (Abb. 6.10).

Für eine IT-Organisation ist es entscheidend, ein robustes Ökosystem zu entwickeln, um auf ein breites Spektrum von Ressourcen, Fachkenntnissen und Technologien

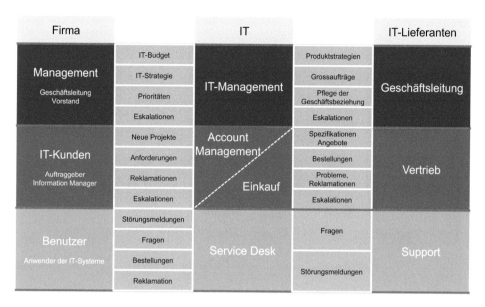

Abb. 6.10 Abstimmung des Geschäftsbedarfs, der IT-Organisation und der Integration externer Dienstleistungen auf strategischer, taktischer und operativer Ebene für die Bereitstellung von IT-Services

zugreifen zu können, die für die Erfüllung der geschäftlichen Anforderungen erforderlich sind. Durch den Aufbau eines starken Ökosystems kann die IT-Organisation sicherstellen, dass sie über die notwendige Flexibilität, Skalierbarkeit und Innovationsfähigkeit verfügt, um den sich ständig ändernden Anforderungen des Unternehmens gerecht zu werden. Ein solches Ökosystem ermöglicht eine bessere Integration von Technologien und eine schnellere Bereitstellung von IT-Services, was letztendlich dazu beiträgt, die Wettbewerbsfähigkeit des Unternehmens zu stärken (Abb. 6.11).

6.2 IT-Service-Management (ITSM)

Das IT-Service-Management (ITSM) bezeichnet die Strukturierung und Organisation von Prozessen, die zur Bereitstellung und Unterstützung von IT-Services innerhalb einer Organisation dienen. Das Ziel von ITSM ist es, die Qualität, Effizienz und Effektivität der IT-Services zu maximieren und sicherzustellen, dass sie den Geschäftsanforderungen und -zielen entsprechen. Insgesamt fungiert das IT-Service-Management als Bindeglied zwischen den Nutznießern von Dienstleistungen und den Dienstleistern.

Das **IT-Serviceportfolio** bietet eine strukturierte Sammlung aller IT-Services an, die angeboten werden. Es dient dazu, einen umfassenden Überblick über die verfügbaren Services zu geben und sicherzustellen, dass sie den geschäftlichen Anforderungen entsprechen.

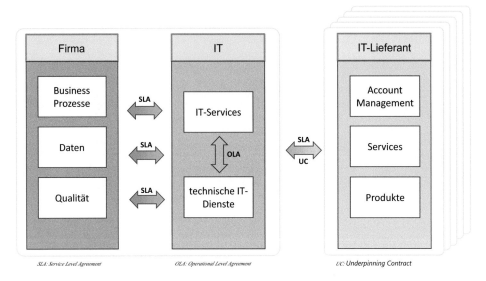

SLA: *Service Level Agreement*   OLA: *Operational Level Agreement*   UC: *Underpinning Contract*

Abb. 6.11 Ökosystem zur Erbringung von IT-Services

Der Dienstleistungskatalog enthält detaillierte Informationen zu den angebotenen Diensten sowie die entsprechenden Service-Level-Agreements (SLAs), um den Nutznießern der Dienste klare Erwartungen an die Qualität der Dienste zu vermitteln.

Der **IT-Servicelebenszyklus** beschreibt die verschiedenen Phasen, die ein IT-Service durchläuft, von der Konzeption und Definition über die Bereitstellung und den Betrieb bis hin zur kontinuierlichen Verbesserung und möglichen Stilllegung. Diese Phasen sind in der Regel durch definierte Prozesse und Aktivitäten gekennzeichnet, die sicherstellen, dass der Service effektiv verwaltet wird und den sich ändernden Anforderungen und Bedürfnissen gerecht wird.

Das **kontinuierliche Serviceverbesserungsmodell** ist ein wesentlicher Bestandteil von ITSM und legt den Fokus auf die fortlaufende Überprüfung, Bewertung und Verbesserung der IT-Services, Prozesse und Systeme. Durch die Analyse von Leistungsdaten, Kundenfeedback und bewährten Verfahren werden kontinuierlich Möglichkeiten zur Verbesserung der Effizienz, Qualität und Kundenzufriedenheit ermittelt.

6.2.1   Das IT-Service-Portfolio

Das IT-Service-Portfolio ist eine dynamische Sammlung von IT-Services, die einen ganzheitlichen Überblick über die aktuellen und geplanten Dienstleistungen eines Unternehmens bietet. Es setzt sich aus drei Hauptkomponenten zusammen:

- kommende Services
- bestehende Services
- stillgelegte Services

Die kommenden Services umfassen Dienste, die sich noch in der Planungs- oder Entwicklungsphase befinden und bald eingeführt werden sollen. Diese Services werden oft aufgrund von geschäftlichen Anforderungen, Technologietrends oder strategischen Initiativen identifiziert und entwickelt, um die zukünftigen Bedürfnisse der IT-Kunden zu erfüllen.

Die bestehenden Services repräsentieren die aktiven Dienstleistungen, die derzeit für die Organisation bereitgestellt werden. Diese sind in Betrieb, um die täglichen Geschäftsprozesse zu unterstützen.

Die stillgelegten Services sind Dienste, die entweder nicht mehr benötigt werden oder durch neue Technologien oder Geschäftsanforderungen ersetzt wurden. Diese Services werden aus dem aktiven Betrieb genommen und können aus dem IT-Service Portfolio entfernt werden (Abb. 6.12).

Die Wechselwirkung zwischen IT-Projekten und IT-Services ist von entscheidender Bedeutung, sowohl um neue Services einzuführen als auch um ehemalige Services stillzulegen. IT-Projekte dienen oft als Katalysator für Veränderungen in den IT-Services, da sie neue Technologien einführen, bestehende Systeme verbessern oder aktualisieren und die organisatorischen Abläufe optimieren. Neue Vorhaben können beispielsweise die Entwicklung und Implementierung innovativer Lösungen zur Einführung neuer Services vorantreiben, die auf die sich ändernden Anforderungen und Bedürfnisse der Kunden abgestimmt sind.

IT-Projekte können auch dazu beitragen, ehemalige Services stillzulegen, indem veraltete Systeme ersetzt werden, redundante Dienste konsolidiert werden oder ineffiziente Prozesse optimiert werden (Abb. 6.13).

6.2.2   Der IT-Servicekatalog

Ein IT-Servicekatalog dient als Referenzdokument zwischen den IT-Dienstleistungsanbietern und den Serviceempfängern, oft die Kunden oder Anwender innerhalb einer Organisation. Der IT-Servicekatalog bietet eine strukturierte Liste aller verfügbaren

Abb. 6.12 Das IT-Service
Portfolio

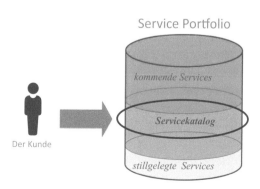

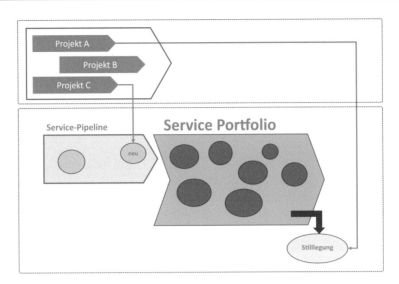

Abb. 6.13 Wechselwirkung zwischen IT-Projekten und IT-Services

IT-Services, die von der IT-Organisation bereitgestellt werden, sowie detaillierte Informationen über jeden Service.

Der IT-Servicekatalog steht oft im Mittelpunkt zwischen den Anforderungen der Serviceempfänger und den Beschränkungen der IT-Organisation. Auf der einen Seite müssen die Anforderungen der Serviceempfänger vollständig erfasst und erfüllt werden, um die geschäftlichen Bedürfnisse bestmöglich zu unterstützen. Dies erfordert eine sorgfältige Dokumentation und Beschreibung der verfügbaren IT-Services, um sicherzustellen, dass sie leicht zugänglich sind und die Erwartungen der Nutzer erfüllen.

Auf der anderen Seite müssen die Beschränkungen der IT-Organisation berücksichtigt werden, einschließlich Ressourcen, Budgets, Kapazitäten und technologischer Gegebenheiten. Es muss sichergestellt werden, dass die im Servicekatalog aufgeführten Services realistisch sind und von der IT-Organisation effektiv bereitgestellt und unterstützt werden können. Dies erfordert eine Abwägung zwischen den Anforderungen der Serviceempfänger und den verfügbaren Ressourcen der IT-Organisation, um sicherzustellen, dass die bereitgestellten Services sowohl praktikabel als auch kosteneffizient sind (Abb. 6.14).

IT-Support und Servicezeiten sind für Unternehmen entscheidend, um Probleme schnell zu beheben. Ein effektiver IT-Support kann Ausfallzeiten minimieren, die Produktivität steigern und die Zufriedenheit der Anwender verbessern. Ebenso wichtig sind die Servicezeiten, da sie angeben, wann Unterstützung verfügbar ist und wie schnell auf Anfragen reagiert wird. Unternehmen sollten sicherstellen, dass sie über angemessene IT-Support-Ressourcen und geeignete Servicezeiten verfügen, um ihre Betriebsabläufe effizient zu halten (Abb. 6.15).

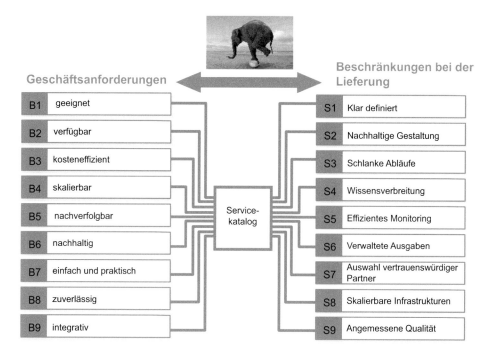

Abb. 6.14 Der IT-Servicekatalog: das Gleichgewicht zwischen Anforderungen und Beschränkungen halten

Eine typische Service-Level-Vereinbarung (SLA) für IT-Services umfasst eine Reihe von Elementen, die klar definieren, was von beiden Parteien – dem Dienstanbieter und dem Kunden – erwartet wird. Hier ist eine Übersicht über die typischen Inhalte eines SLA für IT-Services:

- **Beschreibung der Dienstleistung**
  Eine detaillierte Beschreibung der bereitgestellten IT-Dienstleistung, einschließlich ihres Umfangs, ihrer Funktionen, ihrer Verfügbarkeit und der unterstützten Plattformen oder Systeme
- **Servicezeiten**
  Festlegung der Zeiten, während derer der Service verfügbar ist, sowie der vereinbarten Reaktions- und Lösungszeiten für Support-Anfragen
- **Verantwortlichkeiten für den Kunden**
  Klar definierte Verantwortlichkeiten und Pflichten des Kunden im Zusammenhang mit der Nutzung des IT-Services, einschließlich der Bereitstellung erforderlicher Informationen oder Ressourcen
- **Verbindlichkeiten und Verpflichtungen**
  Die spezifischen Verpflichtungen sowohl des Dienstanbieters als auch des Kunden im Rahmen der SLA, einschließlich der Einhaltung von vereinbarten Service-Level Zielen und der Behandlung von Vorfällen oder Ausfällen

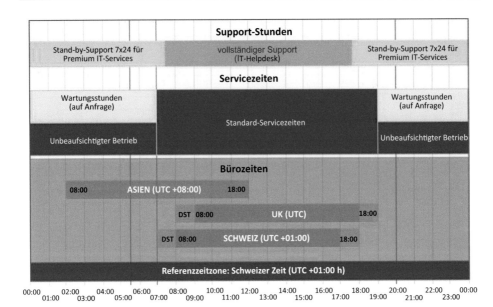

Abb. 6.15 IT-Support und Servicezeiten

- **Eskalation und Benachrichtigung**
  Verfahren zur Eskalation von Problemen oder Vorfällen, die nicht innerhalb der ver-
  einbarten Zeit gelöst werden können, sowie klare Kommunikationswege und Zu-
  ständigkeiten für die Benachrichtigung im Falle eines Serviceausfalls
- **Grenzwerte der Arbeitsbelastung**
  Festlegung von Grenzwerten für die maximale Arbeitsbelastung oder Auslastung des
  Systems, um sicherzustellen, dass der Service angemessen skaliert wird
- **Ziele der Dienstleistung**
  Messbare Ziele und Metriken, die die Qualität und Leistung des IT-Services definie-
  ren, wie z. B. Verfügbarkeit, Durchsatz, Antwortzeiten usw.
- **Einzelheiten zur Abrechnung**
  Informationen zur Abrechnung des IT-Services, einschließlich Kostenstruktur, Ab-
  rechnungszyklen und eventuellen Zusatzkosten oder Gebühren
- **Vorfälle oder Katastrophen**
  Notfallpläne und Verfahren zur Wiederherstellung des Services im Falle von Störun-
  gen, Katastrophen oder anderen unvorhergesehenen Ereignissen
- **Glossar**
  Definitionen von Fachbegriffen oder Abkürzungen, die im SLA verwendet werden,
  um Missverständnisse zu vermeiden und die Kommunikation zu erleichtern

Eine gut strukturierte SLA trägt dazu bei, Transparenz, Verantwortlichkeit und Vertrauen
zu fördern (Abb. 6.16).

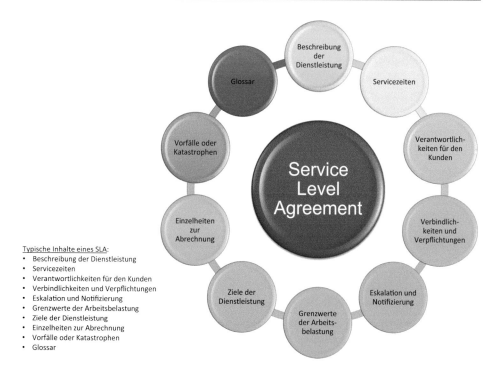

Typische Inhalte eines SLA:
- Beschreibung der Dienstleistung
- Servicezeiten
- Verantwortlichkeiten für den Kunden
- Verbindlichkeiten und Verpflichtungen
- Eskalation und Notifizierung
- Grenzwerte der Arbeitsbelastung
- Ziele der Dienstleistung
- Einzelheiten zur Abrechnung
- Vorfälle oder Katastrophen
- Glossar

Abb. 6.16   Typische Inhalte eines Service-Level-Agreement (SLA)

Die Zuordnung der IT-Services in Bronze, Silber und Gold ist eine bewährte Best-Practice-Methode, um sicherzustellen, dass Ressourcen sinnvoll eingesetzt werden.

- **Gold**
  Diese Kategorie umfasst die wichtigsten IT-Services, die für den reibungslosen Betrieb wesentlich sind. Dazu gehören Dienstleistungen wie Netzwerksicherheit, Daten-Backup und Recovery, sowie Unterstützung für geschäftskritische Anwendungen. Diese Services erhalten die höchste Priorität und die schnellste Reaktionszeit bei Problemen.
- **Silber**
  IT-Services in der Silberkategorie sind wichtig, aber nicht so entscheidend wie diejenigen in der Goldkategorie. Hier finden sich beispielsweise Services wie Benutzerunterstützung, Druckersupport und Softwareinstallation. Diese Services erhalten eine mittlere Priorität und eine angemessene Reaktionszeit.
- **Bronze**
  Dienste in der Bronzekategorie sind in der Regel weniger kritisch und können warten, wenn nötig. Beispiele hierfür sind Schulungen für neue Technologien, Berichterstellung und Speicherplatzverwaltung. Bronzeservices erhalten die niedrigste Priorität und die längste Reaktionszeit (Abb. 6.17).

Services	Bronze	Silver (Kritische Services)			Gold (Business Kritische Services)	
	Alle Dienstleistungenaußer Silber und Gold	Verfauf	Lager	Lohnbuch-haltung	Handel	E-Commerce
		Control Desk	Lieferanten-management			Einkauf
Weitergabe von Informationen		Intranet		Öffentliche Websites	E-Mail & Collaboration	
User Workplace		Remote-Zugriff, Druckdienste			File Sharing	
Benutzungszeiten	365 Tage x 24 Stunden	Zugänglichkeit der IT-Infrastruktur für IT-Anwender Außer in Zeiten der IT-Service-Wartung, in Übereinstimmung mit dem Geschäftsprozesskalender				
Support-Stunden	Mo - Fr, Mo - So	06:15 - 17:15 Lokales Service Desk/UTC 365 Tage x 24 Stunden Global Service Desk			Außerhalb der Service-Desk-Zeiten Unterstützung bei der Infrastruktur Auf Anfrage Applikation Support	
Lösung Zeit für Benutzervorfall	90% innerhalb von maximal 3 Werktagen	90% aller Benutzervorfälle innerhalb von max. 1 Arbeitstag gelöst			95% aller Benutzervorfälle innerhalb von max. 4 Stunden gelöst	
Verfügbarkeit	96,6% 4 Betriebsunterbrechungen/Jahr, jeweils max. 3 Tage	98.9% 4 Betriebsunterbrechungen/Jahr, jeweils max. 24 Stunden			99.6% 4 Betriebsunterbrechungen/Jahr, jeweils max. 8 Stunden	
IT-Servicekontinuität	Notbetrieb innerhalb von maximal 20 Tagen eingerichtet	Notbetrieb innerhalb von maximal 72 Stunden eingerichtet			Notbetrieb innerhalb von maximal 48 Stunden eingerichtet	
Geschäftskontinuität RTO: Wieder-herstellungszeit	RTO < 36 Stunden	RTO < 8 Stunden			RTO < 4 Stunden	

Abb. 6.17 Zuordnung der IT-Dienste in Bronze, Silver und Gold

Die Priorisierung von Vorfällen bei IT-Services basiert oft auf der Einschätzung von Schweregrad aus Kundensicht und Ernsthaftigkeit aus Sicht des Lieferanten. Diese beiden Perspektiven können sich manchmal unterscheiden. Aus diesem Grund ist es wichtig, klare Kommunikationswege und Kriterien für die Priorisierung und Behandlung von Vorfällen festzulegen. Hier ist eine Erläuterung, wie diese Aspekte typischerweise betrachtet werden:

- **Schweregrad aus Kundensicht**
  Dies bezieht sich auf die Bedeutung der Auswirkungen des Vorfalls auf die Geschäftstätigkeit und die Kundenzufriedenheit.
  Kunden bewerten oft die Schwere eines Vorfalls basierend auf Faktoren wie der Anzahl betroffener Benutzer, der kritischen Geschäftsprozesse, die beeinträchtigt sind, und der Dauer des Ausfalls.
  Schweregrade werden in verschiedene Stufen eingeteilt, wie z. B. „kritisch", „hoch", „mittel" und „niedrig", wobei „kritisch" die schwerwiegendste Stufe ist, die einen unmittelbaren Handlungsbedarf erfordert.
- **Ernsthaftigkeit aus Sicht des Lieferanten**
  Dies bezieht sich auf die Bewertung der Auswirkungen des Vorfalls auf die Servicebereitstellung und die Fähigkeit des Lieferanten, diesen zu beheben.
  Der Lieferant bewertet die Ernsthaftigkeit eines Vorfalls anhand verschiedener Kriterien wie der Komplexität der Lösung, der Verfügbarkeit von Ressourcen und Fachwissen sowie der potenziellen Auswirkungen auf andere Services oder Systeme.

Ernsthaftigkeitsbewertungen können sich auf die Dringlichkeit der Behebung des Vorfalls aus Sicht des Lieferanten auswirken und können dazu führen, dass bestimmte Vorfälle priorisiert werden, um die Auswirkungen auf die Servicebereitstellung zu minimieren.

Es ist wichtig, daß der Dienstanbieter und der Kunde klare Richtlinien und Kommunikationswege für die Meldung, Bewertung und Behandlung von Vorfällen festlegen. Dadurch werden eine effektive Priorisierung und Bearbeitung sichergestellt. Die Zusammenarbeit zwischen beiden Parteien ist entscheidend, um eine wirksame Behebung von Vorfällen zu gewährleisten und die Servicequalität aufrechtzuerhalten (Abb. 6.18).

6.2.3   ITSM als Zyklus

Das ITSM kann als ein zyklischer Prozess mit vier Hauptphasen dargestellt werden: Servicekatalog, Vertragsabschluss, Zustellung und Überwachung sowie Gebührenberechnung und Berichterstattung. Hier ist eine Beschreibung jeder Phase:

PRIORITÄT		Schweregrad (Kundensicht)			
		Kritisch	Hoch	Mittel	Niedrig
Ernsthaftigkeit (Ansicht des Lieferanten)		Alle Benutzer sind betroffen Vorfall verhindert wichtige Geschäftsvorgänge	Eine Gruppe von Benutzern ist betroffen Vorfall schränkt wichtige Funktionen ein oder verhindert sie	Einige wenige Benutzer sind betroffen Vorfall erschwert einen Geschäftsvorgang	Nur sehr wenige Benutzer betroffen geringe oder keine Auswirkungen auf die Geschäftsprozesse
Schwerwiegend	Sofortige Lösung erforderlich	P1 Kritisch	P1 Kritisch	P2 Hoch	P3 Mittel
Hoch	Lösung wird innerhalb von 1 Werktag benötigt	P2 Hoch	P2 Hoch	P3 Mittel	P4 Niedrig
Mittel	Lösung innerhalb von mehreren Werktagen erforderlich	P3 Mittel	P3 Mittel	P3 Mittel	P4 Niedrig
Niedrig	Keine Zeitbeschränkung	P4 Niedrig	P4 Niedrig	P4 Niedrig	P4 Niedrig

Abb. 6.18 Priorisierung der Vorfälle

1. **Servicekatalog**

   In dieser Phase werden die verschiedenen IT-Services definiert und dokumentiert. Der Servicekatalog fungiert als zentrale Referenz für Kunden und Stakeholder, um die verfügbaren Services, deren Beschreibungen, Service-Level-Vereinbarungen (SLAs) und etwaige Kosten zu verstehen.

2. **Vertragsabschluss**

   Nachdem die Kunden den Servicekatalog durchgesehen haben, können sie Serviceverträge mit der IT-Organisation abschließen. Diese Verträge legen die spezifischen Bedingungen und SLAs fest, die zwischen den Kunden und der IT-Organisation gelten. Sie definieren auch die Erwartungen in Bezug auf Servicequalität, Verfügbarkeit, Support und andere relevante Parameter.

3. **Zustellung und Überwachung**

   In dieser Phase werden die vereinbarten IT-Services den Kunden bereitgestellt und kontinuierlich überwacht, um sicherzustellen, dass die definierten SLAs eingehalten werden. Dies umfasst die Bereitstellung von technischem Support, die Behebung von Störungen und Problemen sowie die Überwachung der Systemleistung und -verfügbarkeit. Es können auch regelmäßige Berichte über die Serviceleistung erstellt werden, um Kundenfeedback zu erhalten und mögliche Verbesserungen zu identifizieren.

4. **Gebührenberechnung und Berichterstattung**

   In dieser letzten Phase werden die Gebühren für die erbrachten IT-Services berechnet und den Kunden in Rechnung gestellt, basierend auf den im Servicevertrag festgelegten Konditionen. Es werden auch regelmäßige Berichte erstellt, um den Kunden Einblicke in ihre Nutzung der IT-Services zu geben, Kosten zu verfolgen, Trends zu analysieren und potenzielle Optimierungsmöglichkeiten aufzuzeigen (Abb. 6.19).

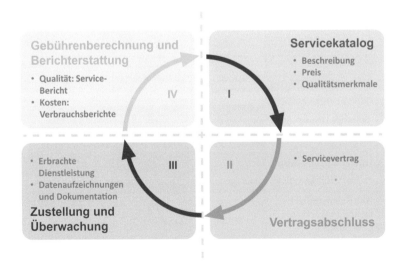

Abb. 6.19 ITSM als Zyklus

Die Messung und Berichterstattung von Service-Level-Agreements (SLAs) sind entscheidend, um die Leistung der IT-Services zu überwachen und sicherzustellen, dass sie
den vereinbarten Standards entsprechen.

Ein Beispiel für SLA-Messungen ist die Qualität von IT-Kursen, die von einer IT-
Weiterbildungsorganisation angeboten werden. Hier könnten SLAs festgelegt werden,
die Kriterien wie die Erfolgsquote der Teilnehmer bei Prüfungen, die Zufriedenheit mit
dem Kursinhalt und die Kompetenzerweiterung nach dem Kurs umfassen. Diese Mes-
sungen könnten durch Feedback-Umfragen, Prüfungsergebnisse und Follow-up-Befra-
gungen erfolgen. Ein weiteres Beispiel wäre die Verfügbarkeit wichtiger IT-Systeme,
wie z. B. eines unternehmensweiten CRM-Systems. SLAs könnten hier die maximale
Ausfallzeit pro Monat oder Quartal definieren, die für das System akzeptabel ist. Diese
Verfügbarkeit könnte durch kontinuierliches Monitoring der Systemleistung und -ver-
fügbarkeit gemessen und in Berichten dargestellt werden, die den Kunden einen klaren
Überblick über die Einhaltung der SLAs geben. Schließlich könnte die Qualität des End-
nutzer-Supports ein weiteres Beispiel für SLA-Messungen sein. Hier könnten SLAs festlegen, wie schnell Supportanfragen bearbeitet werden müssen, gemessen von der Zeit
der Anfrage bis zur ersten Reaktion des Support-Teams. Diese Antwortzeiten könnten
ebenfalls in Berichten verfolgt und kommuniziert werden, um die Effizienz des Support-
prozesses zu überwachen und gegebenenfalls Anpassungen vorzunehmen (Abb. 6.20).

Die Berechnung der IT-Kosten zur Fixierung der Kosten pro IT-Service schließt verschiedene Kostenkomponenten ein, einschließlich Overhead-Kosten, Personalkosten
und Materialkosten. Hier ist eine Beschreibung, wie diese Kosten berechnet und auf die
einzelnen IT-Services verteilt werden können:

- **Overhead-Kosten**
  Overhead-Kosten sind allgemeine Kosten, die nicht direkt einem bestimmten IT-
  Service zugeordnet werden können, sondern die für den Betrieb der gesamten IT-
  Infrastruktur anfallen. Dazu gehören beispielsweise Kosten für die IT-Infrastruktur,
  Gebäudekosten, Verwaltungskosten und andere gemeinsam genutzte Ressourcen. Die
  Berechnung der Overhead-Kosten pro IT-Service kann durch die Verwendung von
  Schlüsselkennzahlen erfolgen, die den relativen Anteil jedes Services an der Gesamt-
  nutzung dieser allgemeinen Ressourcen berücksichtigen.
- **Personalkosten**
  Die Personalkosten umfassen die Kosten für die Mitarbeitenden, die an der Bereit-
  stellung, Wartung und Unterstützung der IT-Services beteiligt sind. Dies kann
  Systemadministratoren, Entwickler, Supportmitarbeitenden und andere IT-Fachkräfte
  umfassen. Die Berechnung der Personalkosten pro IT-Service erfolgt normalerweise
  auf Grundlage des Arbeitsaufwands oder der Zeit, die für jeden Service aufgewendet
  wird. Dies kann durch Erfassung der Aufwände für jeden Service und entsprechende
  Zuordnung der Personalkosten erfolgen.

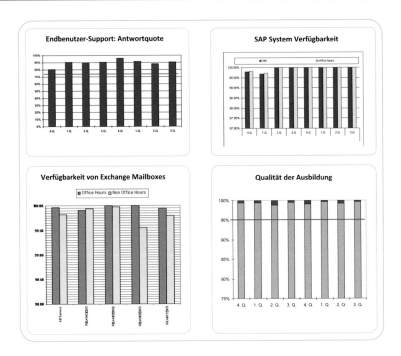

Abb. 6.20 Beispiele von SLA-Messung und Rapportierung

- **Materialkosten**

  Die Materialkosten umfassen die Kosten für Hardware, Software-Lizenzen und andere materielle Ressourcen, die für die Bereitstellung und Wartung der IT-Services erforderlich sind. Die Berechnung der Materialkosten pro IT-Service kann entweder direkt erfolgen, wenn die Ressourcen ausschließlich für einen bestimmten Service verwendet werden, oder auf Grundlage der Nutzung oder Beanspruchung der Ressourcen durch jeden Service verteilt werden (Abb. 6.21).

Die Verrechnung der IT-Services erfolgt in der Regel auf monatlicher Basis auf Grundlage der Kosten, die für die Bereitstellung dieser Services anfielen. Eine effektive Verrechnungsmethode soll transparent sein und Anreize für die Effizienzsteigerung und Qualitätsverbesserung schaffen (Abb. 6.22).

Die IT-Kosten durchlaufen entlang des Lebenszyklus eines IT-Systems mehrere Phasen, beginnend mit den Projektkosten beim Start des Produktivsystems, die Planung, Entwicklung und Implementierung umfassen. Während des Systemlebenszyklus können weitere Projektkosten für Erweiterungen und Weiterentwicklungen anfallen, um den sich verändernden Anforderungen gerecht zu werden oder die Leistungsfähigkeit zu verbessern. Parallel dazu entstehen wiederkehrende Servicekosten für den Betrieb des IT-Systems, einschließlich Wartung, Support und Lizenzgebühren. Zum Ende des Lebenszyklus können einmalige Stilllegungskosten auftreten, die den Abbau von Hardware, die

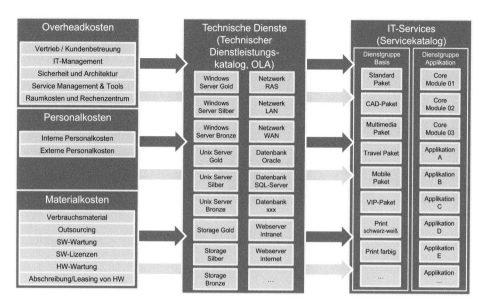

Abb. 6.21 Verteilung der IT-Kosten auf die angebotenen Services

Datenmigration und die Schulung für ein neues System umfassen. Die Berücksichtigung dieser Kosten entlang des Lebenszyklus ermöglicht eine effektive Budgetplanung, insbesondere die Planung für zukünftige Investitionen (Abb. 6.23).

6.2.4   Kontinuierliche Serviceverbesserung (CSI: Continual-Service-Improvement)

Die kontinuierliche Serviceverbesserung ist ein essenzieller Bestandteil des IT-Service-Managements, der darauf abzielt, die Qualität der bereitgestellten IT-Services kontinuierlich zu verbessern. Durch die systematische Analyse von Serviceleistungen, Prozessen und Ergebnissen werden Schwachstellen identifiziert und Verbesserungsmaßnahmen eingeleitet. Diese kontinuierlichen Verbesserungen tragen nicht nur dazu bei, die Zufriedenheit der Kunden und Benutzer zu steigern, sondern unterstützen auch die Organisation dabei, flexibler, agiler und widerstandsfähiger gegenüber sich ändernden Marktbedingungen und technologischen Entwicklungen zu werden. Letztendlich ermöglicht die CSI es der IT, ihren Wertbeitrag für das Geschäft zu maximieren und einen nachhaltigen Wettbewerbsvorteil zu erzielen.

Zum Beispiel könnten häufig auftretende Servicetickets automatisch den zuständigen Teams zugewiesen werden, wodurch die Reaktions- und Durchlaufzeiten für die Lösung von Problemen verkürzt werden. Des Weiteren könnte die Implementierung regelmäßiger Überprüfungen und Optimierungen der Netzwerkinfrastruktur dazu beitragen,

Servicekatalog

Service Kategorie / Service ID	Service Type	Short Description	Support Model	Availability Level	Planned Quantity	Unit Price CHF p.a.	Claring Unit
Geschäftsbereich							
Consulting Services							
ITS 179	Standard Service	IT Business Consulting	Basic	Business Relevant	0	165.-	Stunde
ITS 188	Standard Service	IT Application Development	Basic	Business Relevant	0	165.-	Stunde
Core Application							
ITS 062	Individual Service	Signature Management System	Basic	Business Relevant	180	240.-	Anwender
ITS 131	Standard Service	Core System	Premium	Business Critical	235	18'980.-	Anwender
ITS 132	Standard Service	Old Archive Systems	Basic	Business Relevant	8	600.-	Anwender
ITS 201	Standard Service	JIRA Tool	Basic	Business Relevant	0	.-	incl. ITS009
Electronic Workplace							
ITS 009-A	Standard Service	Standard Electronic Workplace	Basic	Business Important	246	5'100.-	Systems
ITS 009-B	Standard Service	Additional Screen	Basic	Business Important	85	300.-	Systems
ITS 009-C	Standard Service	Mobile Workplace	Basic	Business Important	15	6'780.-	Systems
ITS 021	Standard Service	E-Mail	Top	Business Critical	256	1'200.-	Users
ITS 022	Standard Service	IT Service 01	Basic	Business Relevant	256	.-	incl. ITS009
ITS 028	Standard Service	Mobile Computing	Basic	Business Required	6	6'780.-	Systems
ITS 036	Standard Service	Distributed Print Services	Basic	Business Relevant	1	.-	incl. ITS009
ITS 055	Standard Service	WWW Access Special	Basic	Business Relevant	1	.-	incl. ITS009
ITS 056	Standard Service	WWW Access Standard from Workplace	Basic	Business Important	1	.-	incl. ITS009

vierteljährliche Abrechnung

ServiceCode	Description	Kosten pro Monat	Januar 20xx Menge	Januar 20xx Kosten	Februar 20xx Menge	Februar 20xx Kosten	März 20xx Menge	März 20xx Kosten	Gesamt
Electronic Workplace									
Standard Client Services									
ITS 009-A	Standard Electronic Worplace (EWP)	578,00	176	101'728	175	101'150	171	98'838	301'716
ITS 009-B	Additional Screen (EWP)	27,00	154	4'158	153	4'131	130	3'510	11'799
ITS 009-C	Mobile Workplace (EWP)	673,00	32	21'536	33	22'209	34	22'882	66'627
ITS 022	IT Service Desk (incl. ITS009)		170	0	170	0	168	0	0
ITS 036	Distributed Services (incl. ITS009)		32	0		0	33	0	0
ITS 169	E-Mail	44,17	170	7'508	170	7'508	168	7'420	22'437
ITS 181	Webaccess	58,33	34	1'983	34	1'983	33	1'925	5'892
ITS 056	WWW Access Standard from Workplace		170	0	170	0	168	0	0
ITS 204	Stansdalone Systems						5	400	400
	Total Standard Client Services			136'914		136'982		134'975	408'870
Extended Client Services									
ITS 058-A	Extended Client Services (ECS)	5,00	244	1'220	232	1'160	225	1'125	3'505
ITS 058-B	Extended Client Services (ECS)	10,00	47	470	43	430	42	420	1'320
ITS 058-C	Extended Client Services (ECS)	19,17	66	1'265	69	1'323	70	1'342	3'929
	Total Extended Client Services			2'955		2'913		2'887	8'754
				139'869		139'894		137'862	417'624

Abb. 6.22   Verrechnung der IT-Kosten basierend auf Kosten pro Einheit eines Services

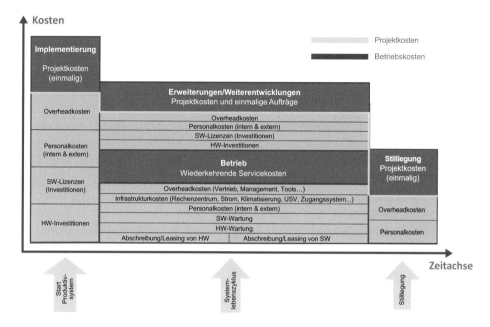

Abb. 6.23 IT-Kosten entlang des Lebenszyklus eines IT-Systems

die Systemverfügbarkeit zu erhöhen und Ausfallzeiten zu minimieren. Durch die Analyse von Sicherheitsvorfällen und gezielte Schulungen für Benutzer könnte außerdem das Sicherheitsbewusstsein gestärkt und die Anfälligkeit für Sicherheitsrisiken reduziert werden. Solche konkreten Maßnahmen auf IT-Service-Ebene können die kontinuierliche Serviceverbesserung unterstützen und die Effizienz der IT-Services stetig steigern.

Die kontinuierliche Serviceverbesserung kann mit dem PDCA-Zyklus (Plan-Do-Check-Act) kombiniert werden. Wie bereits in Kap. 2 erwähnt, ist der PDCA-Zyklus ein bewährtes Modell zur kontinuierlichen Verbesserung und wird häufig zur Optimierung von Prozessen und Dienstleistungen eingesetzt. So lässt sich CSI mit PDCA kombinieren:

1. **Planung (Plan)**
   In der Planungsphase werden Ziele und Strategien für die Serviceverbesserung durch die Identifizierung von Verbesserungsbereichen festgelegt. Die Planung umfasst die Festlegung von konkreten Verbesserungsmaßnahmen, Zielen, Ressourcen und Zeitrahmen.
2. **Umsetzung (Do)**
   Die Umsetzungsphase beinhaltet die Implementierung der geplanten Verbesserungsmaßnahmen gemäß den CSI-Plänen. Dies umfasst die Durchführung von Änderungen, Schulungen, Kommunikation und anderen Aktivitäten, um die Servicequalität zu verbessern.

3. Überprüfung (Check)
Die Überprüfungsphase beinhaltet die Bewertung der Ergebnisse der implementierten Verbesserungsmaßnahmen. Dies kann durch die Verwendung von Leistungskennzahlen, Kundenfeedback, Audits und anderen Bewertungsmethoden erfolgen, um festzustellen, ob die Ziele erreicht wurden und welche Lektionen gelernt wurden.

4. Anpassung (Act)
Basierend auf den Ergebnissen der Überprüfung werden Anpassungen vorgenommen, um die Servicequalität weiter zu optimieren. Dies kann die Anpassung von Plänen, die Iteration von Verbesserungsmaßnahmen und die Implementierung von Korrekturmaßnahmen umfassen (Abb. 6.24).

Das Capability Maturity Model Integration (CMMI) kann als Modell für die Reifegradstufen vom IT-Service-Management verwendet werden. Folgende Reifegradstufen können definiert werden:

1. Anfänglich
In dieser Stufe sind Prozesse ad hoc und unvorhersehbar. Es gibt keine klaren Richtlinien oder Standards, und die Ergebnisse sind oft zufällig. Die Organisation reagiert auf Probleme, wenn sie auftreten, anstatt proaktiv zu handeln.

2. Wiederholbar
Auf dieser Stufe beginnt die Organisation, ihre Prozesse zu standardisieren und zu dokumentieren. Es gibt grundlegende Richtlinien und Verfahren, die es ermöglichen,

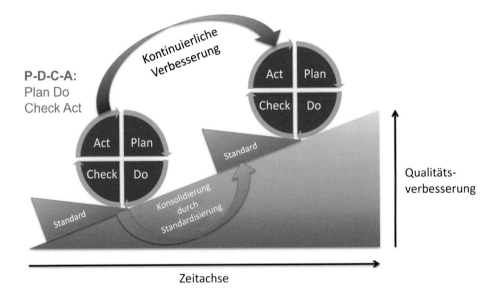

Abb. 6.24 Kombination aus der kontinuierlichen Serviceverbesserung und dem PDCA-Zyklus (Plan Do Check Act)

ähnliche Ergebnisse zu wiederholen. Die Organisation kann bestimmte Dienstleistungen und Prozesse reproduzierbar liefern.

3. **Definiert**

   Hier werden die Prozesse weiter formalisiert und in einem festgelegten Rahmen dokumentiert. Es gibt klare Rollen, Verantwortlichkeiten und Abläufe für die Bereitstellung von IT-Services. Die Organisation ist in der Lage, ihre Dienstleistungen kon-
   sistent und vorhersagbar zu erbringen.

4. **Geführt**

   Auf dieser Stufe implementiert die Organisation fortgeschrittene Mess- und
   Steuerungstechniken, um die Leistung ihrer Prozesse zu überwachen und zu verbessern. Es gibt eine starke Führung und Unterstützung von der obersten Führungsebene, um eine kontinuierliche Verbesserung sicherzustellen.

5. **Optimiert**

   In dieser höchsten Stufe strebt die Organisation kontinuierlich nach Verbesserung
   und Innovation. Es werden fortgeschrittene Techniken wie Datenanalyse und Risikomanagement eingesetzt, um die Effizienz und Effektivität der IT-Servicebereitstellung
   zu maximieren (Abb. 6.25).

Das Reifegrad eines Service-Management-Systems kann mittels eines Radar-Diagramms
zwischen dem aktuellen Zustand (As-Is) und dem angestrebten Zielbild dargestellt werden, indem zum Beispiel die verschiedenen Komponenten der ISO 20000 betrachtet
werden. Dieses Diagramm bietet eine visuelle Darstellung der Stärken und Schwächen
des Systems in Bezug auf diese Norm. Die Komponenten werden entlang der Achsen

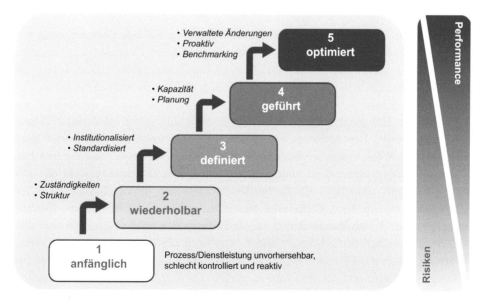

Abb. 6.25   Reifegradstufen nach dem CMMI-Modell (Capability Maturity Model Integration)

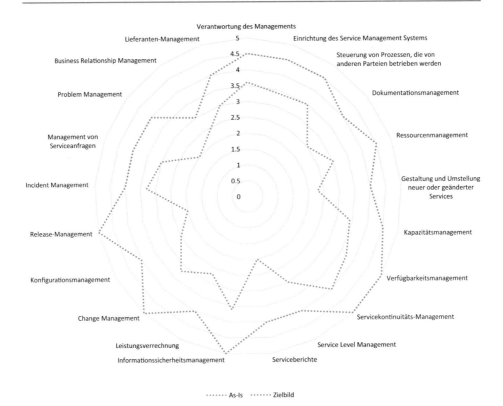

Verantwortung des Managements
Lieferanten-Management   5   Einrichtung des Service Management Systems
                               4.5   Steuerung von Prozessen, die von
Business Relationship Management 4   anderen Parteien betrieben werden
                               3.5
Problem Management   3   Dokumentationsmanagement
                               2.5
Management von   2   Ressourcenmanagement
Serviceanfragen   1.5
                                1
Incident Management   0.5
                                0   Gestaltung und Umstellung
                                                    neuer oder geänderter
                                                    Services
Release-Management   Kapazitätsmanagement
Konfigurationsmanagement   Verfügbarkeitsmanagement
Change Management   Servicekontinuitäts-Management
Leistungsverrechnung   Service Level Management
Informationssicherheitsmanagement   Serviceberichte

········ As-Is ······· Zielbild

Abb. 6.26 Reifegrad gemäß ISO 20000

des Diagramms dargestellt, wobei der Grad der Erfüllung für jede Komponente in verschiedenen Ebenen angezeigt wird. Auf diese Weise können Organisationen leicht erkennen, wo sie stehen und welche Bereiche noch Entwicklungspotenzial aufweisen, um ihr Service-Management-System entsprechend den ISO 20000-Anforderungen zu verbessern (Abb. 6.26).

Bestimmte Erfolgsfaktoren für das IT-Service-Management sind entscheidend, um eine effektive Bereitstellung von IT-Services sicherzustellen. Transparenz spielt eine wichtige Rolle, indem sie Stakeholdern Einblick in Prozesse, Leistung und Entscheidungsfindung bietet. Eine klare Präsenz seitens des IT-Teams, sowohl physisch als auch virtuell, unterstützt die Kommunikation und den Informationsaustausch mit den Anwendern, um deren Bedürfnisse besser zu verstehen und zu erfüllen. Kundenorientierung stellt eine Voraussetzung dar, da IT-Services darauf ausgerichtet sein sollten, die spezifischen Anforderungen und Erwartungen der Benutzer zu erfüllen. Wertschätzung seitens des IT-Teams gegenüber den Nutzern trägt dazu bei, eine positive Beziehung aufzubauen und das Vertrauen zu stärken. Darüber hinaus sollte die Bedeutung der IT-Abteilungen klar kommuniziert werden, um das Bewusstsein für ihren Beitrag zum Erfolg des Unternehmens zu schärfen.

6.3   ITSM-Standards

Es gibt verschiedene Frameworks, die Unternehmen bei der Umsetzung von ITSM-Praktiken unterstützen. Drei der bekanntesten ITSM-Standards werden jetzt vorgestellt. Es handelt sich um ITIL, die Norm ISO/IEC 20000 und FitSM.

6.3.1   IT Infrastructure Library (ITIL)

ITIL ist ein umfassendes Framework für das IT Service Management, das ursprünglich von der britischen Regierungsorganisation CCTA (Central Computer and Telecommunications Agency) entwickelt wurde.

Das ITIL-Modell besteht aus fünf Kernphasen, die den gesamten Lebenszyklus eines IT-Services abdecken: Service Strategy, Service Design, Service Transition, Service Operation und Continuous Service Improvement (CSI). In der Phase der Service Strategy werden die strategischen Ziele definiert und die Ressourcen für die Umsetzung dieser Ziele alloziert. In der Phase des Service Designs werden die Anforderungen und Spezifikationen für den Service festgelegt, einschließlich der Service Level, der Architektur und der Prozesse. Die Phase der Service Transition befasst sich mit der Planung und Durchführung von Änderungen sowie der Gewährleistung einer reibungslosen Einführung neuer oder geänderter Services. Während der Phase der Service Operation wird der laufende Betrieb des Services sichergestellt. Alle Störungen oder Probleme werden behoben, um einen kontinuierlichen Servicebetrieb zu gewährleisten. Schließlich konzentriert sich die Phase der Continuous Service Improvement darauf, die Wirksamkeit der Servicebereitstellung kontinuierlich zu verbessern, indem Verbesserungsmöglichkeiten identifiziert, bewertet und implementiert werden. Zusammen bilden diese Phasen einen zyklischen Ansatz (Abb. 6.27).

6.3.2   ISO/IEC 20000

Diese internationale Norm definiert die Anforderungen an ein IT-Service-Management-System (ITSMS). Das Konzept des Service-Management-Systems (SMS) gemäß der Norm ISO 20000 legt großen Wert auf die Verantwortung des Managements, die Einrichtung des Service-Management-Systems sowie die Gestaltung und Umstellung neuer oder geänderter Services, einschließlich der Leistungserbringungsprozesse, Steuerungsprozesse, Lösungsprozesse und Beziehungsprozesse.

Gemäß ISO 20000 trägt das Management die Hauptverantwortung für die erfolgreiche Umsetzung und Aufrechterhaltung des Service-Management-Systems. Dies umfasst die Festlegung der Servicestrategie und -ziele, die Allokation von Ressourcen, die Überwachung der Serviceleistung und die kontinuierliche Verbesserung des SMS. Das

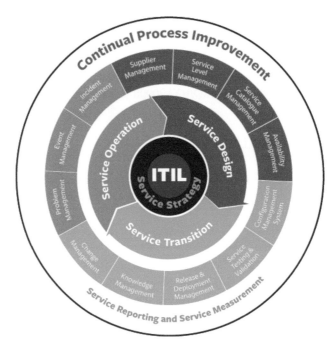

Abb. 6.27 ITIL-Service-Lebenszyklus

Management muss dann sicherstellen, dass das SMS angemessen geplant, implementiert, betrieben, überwacht, gewartet und verbessert wird.

Die Norm legt fest, dass das SMS dokumentiert, implementiert und aufrechterhalten werden muss. Dies umfasst die Definition von Strukturen, Rollen, Verantwortlichkeiten, Prozessen und Ressourcen, die für die Planung, Bereitstellung, Steuerung und Verbesserung der IT-Services erforderlich sind. Ein formales SMS soll sicherstellen, daß alle relevanten Anforderungen der Norm erfüllt sind und dass klare Kommunikationswege und Verfahren für das Service Management vorhanden sind.

Bei der Einführung neuer oder geänderter Services müssen verschiedene Prozesse berücksichtigt werden. Dies umfasst die Gestaltung von Leistungserbringungsprozessen, die sicherstellen, daß die Services den Anforderungen entsprechen und effektiv bereitgestellt werden. Die Steuerungsprozesse sind erforderlich, um die Serviceleistung zu überwachen, zu steuern und zu verbessern. Lösungsprozesse beziehen sich auf die effiziente Behebung von Störungen und die Implementierung von Änderungen. Beziehungsprozesse sind wichtig, um eine effektive Kommunikation und Zusammenarbeit zwischen dem Service Provider und den Kunden sicherzustellen. Alle diese Prozesse müssen klar definiert, dokumentiert, implementiert und überwacht werden (Abb. 6.28).

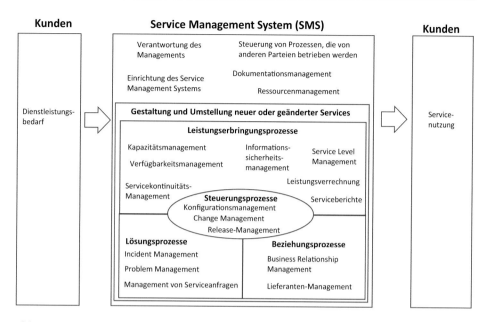

Abb. 6.28 Service-Management-System nach ISO 20000

6.3.3 FitSM

FitSM ist ein Framework für das IT-Service-Management, das darauf abzielt, eine schlanke und anpassungsfähige Lösung für Organisationen bereitzustellen. Das FitSM-Framework definiert eine Reihe von Prozessen, Richtlinien und Empfehlungen, die darauf abzielen, die Qualität und Effizienz der IT-Services sicherzustellen.

Die folgenden 14 Prozesse werden berücksichtigt:

1. **Service-Portfolio-Management** (SPM)
   SPM befasst sich mit der Verwaltung des Portfolios von IT-Services einer Organisation. Es umfasst die Planung, Entwicklung und Verwaltung von Services, um sicherzustellen, da sie den aktuellen und zukünftigen Anforderungen entsprechen.
2. **Service-Level-Management** (SLM)
   SLM konzentriert sich auf die Vereinbarung, Überwachung und Berichterstattung von Service-Level-Vereinbarungen (SLAs) zwischen dem Service Provider und den Kunden. Ziel ist es sicherzustellen, dass die Services den vereinbarten Standards entsprechen.
3. **Service-Reporting-Management** (SRM)
   SRM beinhaltet die Erstellung und Bereitstellung von Berichten über die Leistung der IT-Services. Diese Berichte dienen dazu, Transparenz zu schaffen und den Kunden Einblicke in die erbrachten Services zu geben.

4. **Service Availability and Continuity Management** (SACM)

   SACM stellt sicher, dass die IT-Services zu den vereinbarten Zeiten verfügbar sind und die vereinbarten Leistungsanforderungen erfüllen. Die Planung für Notfälle und die Sicherstellung der Geschäftskontinuität werden auch adressiert.

5. **Capacity Management** (CAPM)

   CAPM befasst sich mit der Planung und Überwachung der Ressourcenkapazität, um sicherzustellen, dass die IT-Infrastruktur den aktuellen und zukünftigen Anforderungen gerecht wird.

6. **Information-Security-Management** (ISM)

   ISM konzentriert sich auf die Verwaltung der Sicherheit von Informationen und Daten, um die Vertraulichkeit, Integrität und Verfügbarkeit der Informationen sicherzustellen und Risiken zu minimieren.

7. **Customer-Relationship-Management** (CRM)

   CRM beinhaltet die Pflege und Entwicklung von Beziehungen zu Kunden, um ihre Bedürfnisse zu verstehen und effektiv auf ihre Anforderungen zu reagieren.

8. **Supplier-Relationship-Management** (SUPPM)

   SUPPM konzentriert sich auf die Pflege und Entwicklung von Beziehungen zu Lieferanten und externen Dienstleistern, um sicherzustellen, dass sie den Bedarf der Organisation decken können.

9. **Incident- and Service-Request-Management** (ISRM)

   ISRM befasst sich mit der Bearbeitung von Störungen und Serviceanfragen, um den normalen Betrieb der IT-Services und eine hohe Kundenzufriedenheit sicherzustellen.

10. **Problem Management** (PM)

    PM identifiziert und behebt die zugrunde liegenden Ursachen von wiederkehrenden Störungen, um zukünftige Ausfälle zu verhindern und die Servicequalität zu verbessern.

11. **Configuration Management** (CONFM)

    CONFM befasst sich mit der Verwaltung und Kontrolle der Konfigurationselemente und -daten, um eine genaue Darstellung der IT-Infrastruktur sicherzustellen und Änderungen zu verfolgen.

12. **Change Management** (CHM)

    CHM verwaltet und kontrolliert Änderungen an IT-Services und der IT-Infrastruktur, um die Auswirkungen auf den Betrieb zu minimieren und die Qualität der IT-Services sicherzustellen.

13. **Release-and-Deployment-Management** (RDM)

    RDM plant, steuert und führt Änderungen durch sowie die Bereitstellung neuer oder geänderter Services und Infrastrukturkomponenten.

14. **Continual-Service-Improvement-Management** (CSI)

    CSI fördert kontinuierliche Verbesserungen in allen Aspekten des IT-Service-Managements, um die Servicequalität zu erhöhen und den Kundenwert zu maximieren.

FitSM ist im Vergleich zu ITIL ein schlankeres Framework, das auf weniger detaillierten und komplexen Prozessen basiert. Es bietet eine leichtere und agilere Herangehensweise an das ITSM und eignet sich besonders für kleinere Organisationen oder solche, die nach einer einfacheren Lösung suchen, wie in der folgenden Tabelle dargestellt.

ITIL-Phase	FitSM IT-Prozesse
Service Strategy	• Service Portfolio Management (SPM)
Service Design	• Service Level Management (SLM) • Service Reporting Management (SRM) • Service Availability & Continuity Management (SACM) • Capacity Management (CAPM) • Information Security Management (ISM) • Customer Relationship Management (CRM) • Supplier Relationship Management (SUPPM)
Service Operation	• Incident & Service Request Management (ISRM) • Problem Management (PM) • Configuration Management (CONFM) • Change Management (CHM) • Release & Deployment Management (RDM)
Service Improvement	• Continual Service Improvement Management (CSI)

„FitSM-1: Requirements" beziehen sich auf spezifische Anforderungen, die Organisationen erfüllen müssen, um die FitSM-Prozesse erfolgreich einzuführen und umzusetzen. Diese Anforderungen bieten eine klare Richtlinie für die Implementierung der Prozesse. Einige Beispiele für die spezifischen Anforderungen in FitSM-1 sind:

- Die Organisation muss ein formales Service-Portfolio-Management etablieren, um die angebotenen IT-Services zu planen, zu definieren und zu verwalten.
- Es müssen klare Service-Level Vereinbarungen (SLAs) zwischen dem Service Provider und den Kunden festgelegt werden, die regelmäßig überwacht und überprüft werden.
- Die Organisation muss geeignete Maßnahmen ergreifen, um die Verfügbarkeit und Kontinuität der IT-Services sicherzustellen, einschließlich der Implementierung von Notfallplänen und -Maßnahmen.
- Es müssen Kapazitäts-Management-Prozesse etabliert werden, um sicherzustellen, dass die IT-Infrastruktur den aktuellen und zukünftigen Anforderungen gerecht wird.

„FitSM-2: Objectives and activities" bieten Hinweise und Leitlinien für Organisationen, die die FitSM-Prozesse einführen möchten. Diese Hinweise helfen den Organisationen, klare Ziele zu setzen und geeignete Aktivitäten zu identifizieren. Einige Beispiele für die Ziele und Aktivitäten in FitSM-2 sind:

- Die Sicherstellung einer effektiven Kommunikation mit den Kunden über den Service.

  Aktivitäten: Entwicklung von Kommunikationsplänen, Erstellung von Berichten über die Serviceleistung, Bereitstellung von regelmäßigen Updates und Mitteilungen an die Kunden.

- Die Identifizierung und Behebung von Störungen, um den normalen Betrieb der IT-Services sicherzustellen.

  Aktivitäten: Einrichtung eines Service Desks zur Entgegennahme und Bearbeitung von Störungsmeldungen, Implementierung von Eskalationsverfahren, Schulung des Personals für die effektive Bearbeitung von Störungen.

- Die Kontrolle von Änderungen an IT-Services und der IT-Infrastruktur, um die Auswirkungen auf den Betrieb zu minimieren.

  Aktivitäten: Einführung eines formalen Change-Management-Prozesses, Einrichtung von Änderungsgremien zur Genehmigung von Änderungen, Durchführung von Auswirkungsanalysen vor der Implementierung von Änderungen.

Durch FitSM-1 und FitSM-2 erhalten Organisationen klare Anforderungen und Leitlinien für die erfolgreiche Implementierung der FitSM-Prozesse und können so ihre IT-Services effektiv verwalten und verbessern.

6.4   Cloud Services

Cloud Services bieten **Selbstbedienungsfunktionen für die IT,** was bedeutet, dass die Benutzer Ressourcen wie Rechenleistung, Speicher und Datenbanken nach Bedarf nutzen können, ohne direkt auf physische Infrastruktur zugreifen zu müssen. Durch Self-Service-Funktionen kann man schnell und flexibel auf IT-Ressourcen zugreifen.

In die 1960er-Jahre entstanden die ersten „time-sharing"-Systeme, bei denen mehrere Benutzer gemeinsam auf einen zentralisierten Computer zugreifen konnten. In den späten 1990er- und frühen 2000er-Jahren begannen Unternehmen wie Salesforce und Amazon, Dienste anzubieten, die als Vorläufer des modernen Cloud-Computing betrachtet werden können. Salesforce begann in 1999 als einer der ersten Anbieter von Software-as-a-Service (SaaS), während Amazon Web Services (AWS) im Jahr 2006 als einer der ersten Anbieter von Infrastructure-as-a-Service (IaaS) gestartet ist. Der eigentliche Durchbruch für die Cloud-Technologie kam jedoch Mitte der 2000er-Jahre, als breitbandige Internetverbindungen erschwinglicher und verbreiteter wurden und die Virtualisierungstechnologie fortschritt. Dies ermöglichte es Unternehmen, IT-Ressourcen wie Rechenleistung, Speicher und Anwendungen über das Internet zu nutzen, anstatt diese physisch vor Ort zu besitzen und zu verwalten. In den folgenden Jahren entwickelten sich verschiedene Cloud-Modelle weiter, darunter Platform-as-a-Service (PaaS), die es Entwicklern ermöglichen, Anwendungen in einer bereitgestellten Umgebung zu erstellen, zu hosten und zu skalieren, sowie Software-as-a-Service (SaaS), die

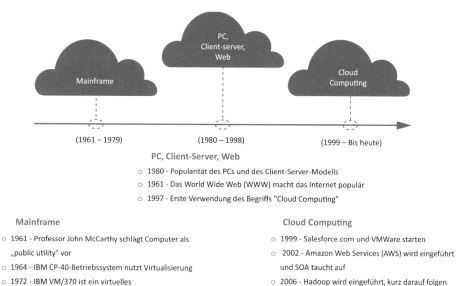

PC, Client-Server, Web
- 1980 - Popularität des PCs und des Client-Server-Modells
- 1961 - Das World Wide Web (WWW) macht das Internet populär
- 1997 - Erste Verwendung des Begriffs "Cloud Computing"

Mainframe
- 1961 - Professor John McCarthy schlägt Computer als „public utility" vor
- 1964 - IBM CP-40-Betriebssystem nutzt Virtualisierung
- 1972 - IBM VM/370 ist ein virtuelles Maschinenbetriebssystem (verschiedene Betriebssysteme und Anwendungen gleichzeitig auf derselben Hardware)

Cloud Computing
- 1999 - Salesforce.com und VMWare starten
- 2002 - Amazon Web Services (AWS) wird eingeführt und SOA taucht auf
- 2006 - Hadoop wird eingeführt, kurz darauf folgen Amazon S3 und Amazon EC2
- 2007 - Salesforce führt Force.com ein
- 2008 - Google App Engine startet
- 2009 - Microsoft Azure startet

Abb. 6.29 Geschichte des Cloud Computing

es Benutzern ermöglichen, Anwendungen über das Internet zu nutzen, ohne sie lokal zu installieren (Abb. 6.29).

Die Cloud-Computing-Technologie bietet eine Reihe von Merkmalen, unter anderem die Selbstbedienung nach Bedarf. Anwender können Ressourcen wie Rechenleistung, Speicher und Anwendungen schnell und unkompliziert über eine Benutzeroberfläche oder API bereitstellen, konfigurieren und verwalten. Weiterhin werden die IT-Ressourcen von Cloudanbietern in einem Pool zusammengefasst und von mehreren Benutzern oder Organisationen gemeinsam genutzt. Dies ermöglicht eine effizientere Nutzung der Ressourcen, da sie dynamisch und je nach Bedarf verteilt werden können. Die Ressourcen sind virtualisiert und können flexibel zugewiesen und umverteilt werden. Die Cloud bietet die Fähigkeit, Ressourcen schnell und automatisch zu skalieren, um sich an veränderte Anforderungen anzupassen. Benutzer zahlen allerdings nur für die Ressourcen, die sie tatsächlich nutzen, und können die Nutzung genau verfolgen und analysieren, da die Cloudplattformen die Nutzung von Ressourcen überwachen, kontrollieren und abrechnen. Cloud-Services sind über das Internet von nahezu überall und von verschiedenen Geräten aus zugänglich. Benutzer benötigen lediglich eine Internetverbindung und einen Webbrowser oder eine spezifische Anwendungssoftware, um auf Cloudressourcen zuzugreifen und sie zu nutzen. Dies ermöglicht eine flexible und standortunabhängige Nutzung der Cloud.

Verschiedene Servicemodelle der Cloud stehen zur Verfügung. Bei **Software-as-a-Service** (SaaS) stellen Anbieter Anwendungen über das Internet bereit und hosten sie. Nutzer können diese Anwendungen über das Internet beziehen, ohne sie auf ihren eigenen Geräten installieren zu müssen. Ein Beispiel für SaaS ist Google Workspace oder Microsoft Office 365. **Platform-as-a-Service** (PaaS) bietet eine Plattform, auf der Entwickler Anwendungen erstellen, hosten und skalieren können, ohne sich um die zugrunde liegende Infrastruktur kümmern zu müssen. Beispiele für PaaS sind Microsoft Azure App Service oder Google App Engine. Bei **Infrastructure-as-a-Service** (IaaS) stellen Anbieter grundlegende IT-Infrastrukturkomponenten wie Rechenleistung, Speicher und Netzwerke über das Internet bereit. Benutzer können diese Ressourcen nach Bedarf nutzen und verwalten, ohne physische Hardware besitzen oder verwalten zu müssen. Beispiele für IaaS sind Amazon Web Services (AWS), Microsoft Azure und Google Cloud Plattform.

In der Regel werden die vier folgenden Einsatzmodelle der Cloud angeboten:

- **Öffentliche Cloud**
  In der öffentlichen Cloud werden Cloud Services von einem Drittanbieter über das Internet bereitgestellt und von mehreren Organisationen oder Benutzern gemeinsam genutzt. Die Infrastruktur wird vom Anbieter verwaltet und betrieben, und Nutzer zahlen nur für die Ressourcen, die sie tatsächlich nutzen. Beispiele für öffentliche Cloud-Anbieter sind AWS, Azure und Google Cloud Plattform.
- **Private Cloud**
  Eine private Cloud wird von einer einzelnen Organisation betrieben und genutzt. Die Infrastruktur kann in einem eigenen Rechenzentrum des Unternehmens oder in einem dedizierten externen Rechenzentrum gehostet werden. Eine private Cloud bietet mehr Kontrolle und Sicherheit, kann jedoch auch kostspieliger sein als die öffentliche Cloud.
- **Community-Cloud**
  In einer Community-Cloud teilen sich mehrere Organisationen ähnlicher Interessen oder Anforderungen die Cloud-Infrastruktur und -Dienste. Dies ermöglicht es diesen Organisationen, von den gemeinsam genutzten Ressourcen und der Zusammenarbeit zu profitieren. Eine Community-Cloud kann von den Mitgliedern selbst verwaltet werden oder von einem Drittanbieter bereitgestellt werden.
- **Hybride Cloud**
  Eine hybride Cloud kombiniert Elemente der öffentlichen, privaten und/oder Community-Clouds. Organisationen können bestimmte Workloads oder Daten in der öffentlichen Cloud ausführen, während sie andere Workloads oder Daten in einer privaten oder Community-Cloud behalten. Dies ermöglicht eine flexible Nutzung der Cloud, wobei sensible Daten oder Workloads intern gehalten werden können, während weniger sensitive Workloads in der öffentlichen Cloud ausgeführt werden (Abb. 6.30).

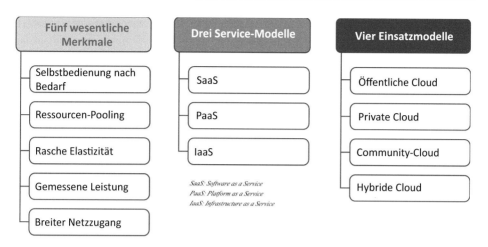

Abb. 6.30   Definition von Cloud Computing

Die Cloudtechnologie bietet zahlreiche Vorteile, die sie zu einer attraktiven Option für Unternehmen aller Größen machen. Dank ihrer hoch skalierbaren Natur können Unternehmen schnell und flexibel auf sich ändernde Anforderungen reagieren, indem sie Ressourcen nach Bedarf erhöhen oder verringern, ohne dass umfangreiche Infrastrukturänderungen erforderlich sind. Die hohe Automatisierung, die in der Cloud integriert ist, vereinfacht komplexe Prozesse und reduziert den manuellen Arbeitsaufwand erheblich. Durch die Integration verschiedener Cloud Services und die Standardisierung von Prozessen können Unternehmen nahtlose Arbeitsabläufe schaffen und eine konsistente Benutzer- und Kundenerfahrung gewährleisten. Letztendlich ermöglicht die Cloudtechnologie Unternehmen, agiler, effizienter und wettbewerbsfähiger zu sein, indem sie ihnen die Werkzeuge bietet, sich den Herausforderungen der modernen Geschäftswelt anzupassen und innovative Lösungen zu entwickeln (Abb. 6.31).

Abb. 6.31   Eigenschaften der Clouddienste

In gemischten Umgebungen ist es wichtig, den Unterschied zwischen standort-
gebundenen und cloudbasierten Lösungen zu verstehen. Dieser liegt vor allem in der
Art und Weise, wie die IT-Ressourcen bereitgestellt und verwaltet werden. Bei On-Premise-Lösungen werden alle benötigten Hardware- und Softwarekomponenten lokal im
Unternehmen betrieben und gewartet. Dies bedeutet, dass das Unternehmen die volle
Kontrolle über die gesamte IT-Infrastruktur hat, aber auch die Verantwortung für deren
Wartung, Aktualisierung und Skalierung trägt. Im Gegensatz dazu werden bei Cloud-
lösungen die IT-Ressourcen von einem externen Anbieter über das Internet bereitgestellt
und verwaltet. Unternehmen nutzen Cloud Services nach Bedarf und zahlen in der Regel
nur für die tatsächlich genutzten Ressourcen, was Flexibilität, Skalierbarkeit und Kosten-
effizienz bietet. Während On-Premise-Lösungen eine hohe Kontrolle und Sicherheit bieten können, ermöglichen Cloudlösungen eine schnellere Bereitstellung, Automatisierung
und Integration sowie den Zugang zu neuesten Technologien und Innovationen. Letztendlich hängt die Wahl zwischen On-Premise und Cloud von den spezifischen Anforderungen, Präferenzen und Ressourcen eines Unternehmens ab (Abb. 6.32).

In den letzten Jahren haben EU-Unternehmen verstärkt Cloud Services genutzt, insbesondere im Bereich der E-Mail-Dienste, Speicherlösungen, Office-Software und
Sicherheitsanwendungen. Im Bereich der E-Mail-Dienste haben viele Unternehmen auf

Abb. 6.32 Trennung der Zuständigkeiten je nach Servicemodell

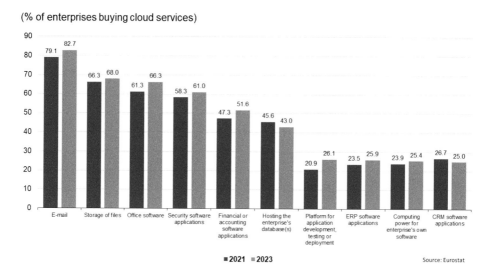

(% of enterprises buying cloud services)

Source: Eurostat

Abb. 6.33 EU-Unternehmen, die Cloud-Computing-Dienste kaufen, nach Art der Clouddienste

Cloudbasierte Plattformen umgestellt, um von den Vorteilen wie Zugänglichkeit von überall her, automatischen Updates und skalierbaren Speicherkapazitäten zu profitieren. Für die Speicherung von Daten haben Cloud-Storage-Lösungen an Popularität gewonnen, da sie eine kostengünstige und flexible Möglichkeit bieten, große Datenmengen zu speichern und von verschiedenen Geräten aus darauf zuzugreifen. Office-Software wie Textverarbeitung, Tabellenkalkulation und Präsentationssoftware werden zunehmend als SaaS-Modelle angeboten, was es Unternehmen ermöglicht, Lizenzen einfach zu verwalten und auf die neuesten Funktionen zuzugreifen. Schließlich investieren EU-Unternehmen vermehrt in Cloud-Sicherheitslösungen, um ihre Daten und Anwendungen vor Bedrohungen zu schützen, indem sie auf fortschrittliche Tools für Authentifizierung, Verschlüsselung und Überwachung zurückgreifen, die von Cloudanbietern bereitgestellt werden (Abb. 6.33).

Der größte Cloudanbieter weltweit ist derzeit Amazon Web Services (AWS), das Cloud-Computing-Plattformen und -Dienste für Unternehmen und Organisationen bereitstellt. AWS bietet eine breite Palette von Cloud Services an, darunter Computing Power, Speicherlösungen, Datenbanken, künstliche Intelligenz, Machine Learning, Internet of Things (IoT), Sicherheit und mehr. AWS wird von Unternehmen jeder Größe und Branche genutzt, von Startups bis zu etablierten multinationalen Konzernen. Es ist wichtig anzumerken, dass die Cloudbranche dynamisch ist und sich ständig weiterentwickelt, und während AWS derzeit der größte Anbieter ist, gibt es auch andere bedeutende Anbieter wie Microsoft Azure, Google Cloud Plattform, IBM Cloud und Alibaba Cloud, die ebenfalls einen erheblichen Marktanteil haben und in verschiedenen Regionen und Märkten stark vertreten sind (Abb. 6.34).

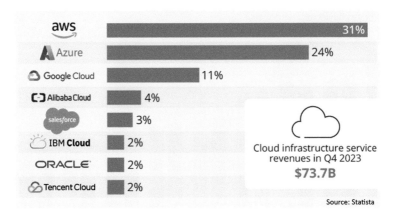

Abb. 6.34 Weltweiter Marktanteil der führenden Anbieter von Cloudinfrastrukturen

Datenschutz bleibt ein äußerst wichtiges Thema beim Bezug von Cloud Services. Da Unternehmen zunehmend Cloud-Technologien für die Speicherung, Verarbeitung und Übertragung sensibler Daten nutzen, ist der Schutz dieser Daten von größter Bedeutung. Cloudanbieter haben Zugriff auf die Daten ihrer Kunden, und die Sicherheit dieser Daten darf nicht vernachlässigt werden. Die Einhaltung von Datenschutzbestimmungen wie der DSGVO in der Europäischen Union oder vergleichbaren Gesetzen in anderen Regionen ist grundlegend, um das Vertrauen der Kunden zu erhalten und rechtliche Konsequenzen zu vermeiden. Datenschutzverletzungen können zu erheblichen finanziellen Verlusten, Reputationsproblemen und rechtlichen Sanktionen führen. Daher sollten Unternehmen bei der Auswahl eines Cloudanbieters darauf achten, dass dieser strenge Sicherheitsmaß-nahmen und Datenschutzstandards einhält und transparente Richtlinien für den Umgang mit Daten bereitstellt. Ein durchdachtes Datenmanagement sowie klare Richtlinien für den Zugriff und die Kontrolle über die Daten sind verpflichtend, um die Integrität, Vertraulichkeit und Verfügbarkeit der Daten in der Cloud zu gewährleisten.

Zum Beispiel berücksichtigt das **„Data Protection and Cloud Computing Frame-work"** von Adrian Sutherland verschiedene Schlüsselelemente, um einen umfassenden Ansatz für Datenschutz und Cloud-Computing zu gewährleisten (siehe http://architectu-reportal.org/data-protection-and-cloud-computing-framework).

Dazu gehören:

- **Daten**
  Das Framework adressiert die Sicherheit und den Schutz von Daten in der Cloud, einschließlich ihrer Vertraulichkeit, Integrität und Verfügbarkeit. Es legt Wert darauf, dass sensible Daten angemessen geschützt und gemäß den Datenschutzbestimmungen behandelt werden.

- **Regelungen/Richtlinien**
  Es berücksichtigt geltende Datenschutzgesetze, -vorschriften und -standards, um sicherzustellen, dass die Datenschutzanforderungen erfüllt sind und rechtliche Compliance gewährleistet ist.
- **Operationen/Prozesse**
  Das Framework definiert betriebliche Abläufe und Prozesse für den sicheren Umgang mit Daten in der Cloud, einschließlich der Implementierung von Sicherheitsmaßnahmen, der Überwachung von Datenzugriffen und der Reaktion auf Sicherheitsvorfälle.
- **Organisation/Rollen**
  Es legt die Verantwortlichkeiten und Rollen innerhalb der Organisation fest, um sicherzustellen, dass Datenschutzrichtlinien und -verfahren ordnungsgemäß umgesetzt und durchgesetzt werden. Dies umfasst die Zuweisung von Aufgaben und Verantwortlichkeiten für die Datensicherheit.
- **Souveränität/Standorte**
  Das Framework adressiert Fragen der Datenstandorte und Datenhoheit, einschließlich der Einhaltung von Vorschriften zur Datenübertragung und -speicherung in verschiedenen Rechtsordnungen, um sicherzustellen, dass die Datenschutzanforderungen eingehalten werden, unabhängig vom Standort der Daten in der Cloud (Abb. 6.35).

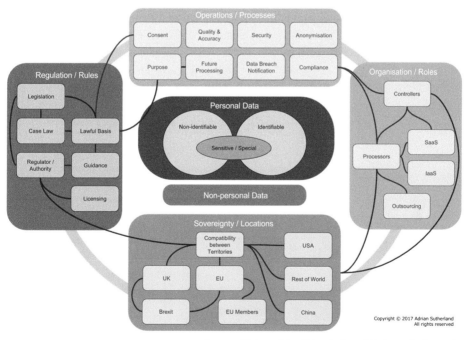

Source: architectureportal.org/data-protection-and-cloud-computing-framework

Abb. 6.35   Rahmenwerk für Datenschutz im Cloud Umfeld von A. Sutherland

6.5   Digitale Services

Digitale Services können oft als eine Art **Self-Service für die Kunden** betrachtet werden. Sie ermöglichen es den Kunden, bestimmte Aufgaben oder Transaktionen eigenständig und ohne Unterstützung auszuführen. Durch digitale Plattformen können Kunden beispielsweise Produkte kaufen, Dienstleistungen buchen, Rechnungen bezahlen, Informationen abrufen oder Support erhalten, alles von ihren eigenen Geräten und nach ihrem eigenen Zeitplan.

Diese Selbstbedienungsfunktionen bieten den Kunden mehr Autonomie und Flexibilität, da sie nicht auf die Öffnungszeiten von Geschäften oder die Verfügbarkeit von Kundendienstmitarbeitenden angewiesen sind. Stattdessen können sie die gewünschten Aktionen schnell und bequem online durchführen. Digitale Services sollten so gestaltet sein, daß sie eine intuitive und benutzerfreundliche Selbstbedienungsoption bieten.

Ein **effektiver Support** ist entscheidend für den Erfolg digitaler Services und trägt maßgeblich zur Kundenzufriedenheit bei. Kunden schätzen die Gewissheit, dass sie bei Problemen oder Fragen prompt und effizient unterstützt werden. Dies steigert ihre Zufriedenheit und fördert ihre Bindung an die digitale Lösung. Der Support hat auch einen direkten Einfluss auf das Markenimage und die Reputation eines Unternehmens. Ein kompetenter Support kann zu positivem Feedback und einer gestärkten Kundenloyalität führen. Im Gegensatz dazu kann ein unzureichender Support das Markenimage beschädigen und das Vertrauen der Kunden untergraben (Abb. 6.36).

Eine ausgewogene Kombination aus maschinellem und menschlichem Support stellt oft die optimale Lösung für digitale Services dar. Maschineller Support bietet den Vorteil, rund um die Uhr verfügbar zu sein und Kunden unabhängig von Standort sofortige Hilfe zu bieten. Dies ist insbesondere für globale Unternehmen oder Dienstleistungen in verschiedenen Zeitzonen von großem Nutzen. Automatisierte Systeme lassen sich problemlos skalieren, um eine Vielzahl von Anfragen gleichzeitig zu bearbeiten, ohne dass zusätzliche menschliche Ressourcen erforderlich sind. Dies ist besonders wichtig

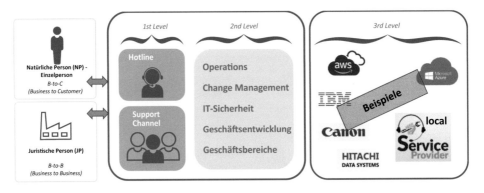

Abb. 6.36 Support als Erfolgsfaktor für digitale Services

für digitale Services, die ein rasantes Wachstum verzeichnen. Dennoch können manche Anfragen oder Probleme zu komplex sein, um sie vollständig durch automatisierte Systeme zu lösen. Ein menschlicher Supportmitarbeitender kann die Situation besser verstehen und geeignete Lösungen anbieten. Jeder Kunde ist einzigartig, und automatisierte Systeme können nicht immer auf individuelle Bedürfnisse oder Vorlieben eingehen. In manchen Fällen benötigen Kunden nicht nur technische Hilfe, sondern auch emotionale Unterstützung. Ein menschlicher Supportmitarbeitender kann Mitgefühl zeigen, beruhigen und dem Kunden das Gefühl geben, gehört und verstanden zu werden.

Für den Support bei digitalen Services stehen verschiedene technische Möglichkeiten zur Verfügung, wobei Co-Browsing eine besonders leistungsstarke Funktion darstellt. Co-Browsing ermöglicht es Supportmitarbeitern, in Echtzeit den Bildschirm des Kunden zu sehen und gemeinsam mit ihm durch die digitale Oberfläche zu navigieren. Diese Funktion wird typischerweise durch spezielle Co-Browsing-Software oder -Plattformen bereitgestellt, die eine sichere Verbindung gewährleisten. Durch Co-Browsing können Supportmitarbeiter Kundenprobleme besser verstehen, Lösungen direkt anzeigen und den Kunden durch komplexe Prozesse führen. Moderne Co-Browsing-Lösungen bieten oft auch Datenschutzfunktionen, um die Sicherheit sensibler Daten zu gewährleisten. Neben Co-Browsing gibt es weitere technische Möglichkeiten für den Support bei digitalen Services, darunter Chatbots, Remote-Desktop-Verbindungen und Screen-Sharing-Tools, die alle dazu beitragen, eine effektive und effiziente Unterstützung für die Benutzer bereitzustellen.

Die Bereitstellung von **end-to-end digitalen Services** kann in vielen Fällen zahlreiche Vorteile bieten. Durch die Digitalisierung aller Prozesse können Unternehmen die Effizienz steigern und die Skalierbarkeit verbessern. Digitale Services sind oft leichter zu automatisieren und können schneller an steigende Benutzerzahlen angepasst werden. Die Digitalisierung aller Aspekte eines Dienstes kann zu niedrigeren Betriebskosten führen, da weniger physische Ressourcen und manuelle Eingriffe erforderlich sind. End-to-end digitale Services sind oft rund um die Uhr und von überall aus zugänglich, was die Erreichbarkeit für Kunden verbessert und ihnen mehr Flexibilität bietet. Dies kann dazu beitragen, die Kundenzufriedenheit zu steigern und die Kundenbindung zu stärken. Trotz dieser Vorteile ist es wichtig zu beachten, daß nicht alle Dienstleistungen vollständig digitalisiert werden können oder sollten. In einigen Fällen kann eine Kombination aus digitalen und nicht-digitalen Elementen die beste Lösung sein. Letztendlich hängt die Entscheidung, end-to-end digitale Services anzubieten, von den spezifischen Anforderungen, Zielen und Möglichkeiten eines Unternehmens ab (Abb. 6.37).

Abb. 6.37 End-to-End-
Digitaldienste sind oft
anstrebenswert

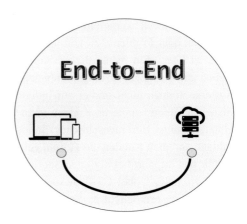

IT-Operation-Management

7

Die IT-Infrastruktur und der IT-Betrieb können metaphorisch als das zentrale Stütz-system einer modernen Organisation betrachtet werden. Ähnlich wie eine gut funktio-nierende Wirbelsäule den Körper unterstützt, ermöglicht eine effiziente Infrastruktur den reibungslosen Betrieb von Informationstechnologiesystemen. Diese umfassen Hardware, Software, Netzwerke und Dienste, die gemeinsam als ein integriertes System arbeiten.

Die Erwartungen an IT-Infrastruktur und -Betrieb sind vielfältig und umfassen fol-gende Schlüsselaspekte.

1. **Kosten**
   Eine effiziente IT-Infrastruktur sollte kosteneffektiv gestaltet sein. Das bedeutet, dass die Investitionen in Hardware, Software und Dienstleistungen angemessen sein soll-ten, um ein ausgewogenes Verhältnis zwischen Leistung und Budget zu gewährleisten.
2. **Verfügbarkeit**
   Hohe Verfügbarkeit ist entscheidend, um Ausfallzeiten zu minimieren. IT-Ressourcen müssen zur Verfügung stehen, um einen kontinuierlichen Geschäftsbetrieb zu gewähr-leisten.
3. **Sicherheit**
   Ein zentraler Aspekt ist die Sicherheit der IT-Infrastruktur. Geeignete Sicherheitsmaß-nahmen müssen implementiert werden, um Datenintegrität, Vertraulichkeit und Ver-fügbarkeit zu schützen. Dies umfasst den Schutz vor Cyberangriffen, Datenlecks und anderen Sicherheitsbedrohungen.
4. **Erreichbarkeit**
   Die IT-Infrastruktur sollte leicht zugänglich sein, sowohl für interne Mitarbeitende als auch für externe Stakeholder. Dies umfasst die Bereitstellung von Fernzugriffs-möglichkeiten, um die Flexibilität der Arbeitskräfte zu unterstützen.

5. **Skalierbarkeit**
   Die IT-Infrastruktur muss skalierbar sein, um den wachsenden Anforderungen und dem Umfang des Geschäftsbetriebs gerecht zu werden. Dies ermöglicht es der Organisation, ihre IT-Ressourcen bei Bedarf zu erweitern oder zu reduzieren.

6. **Kompatibilität**
   Die Kompatibilität zwischen verschiedenen Technologien und Plattformen muss gewährleistet werden, um eine nahtlose Integration von Systemen und Anwendungen zu ermöglichen. Dies fördert die Interoperabilität und verhindert Inkompatibilitätsschwierigkeiten.

7. **Robustheit**
   Die IT-Infrastruktur muss robust sein, um Belastungen standzuhalten und unter anspruchsvollen Bedingungen stabil zu bleiben. Dies schließt die Fähigkeit ein, unerwartete Spitzenbelastungen oder technische Herausforderungen zu bewältigen.

8. **Resilienz**
   Resilienz ist entscheidend, um sich von Störungen zu erholen. Mechanismen sollen implementiert werden, um schnell auf Ausfälle oder Katastrophen zu reagieren und den Geschäftsbetrieb wiederherzustellen (Abb. 7.1).

Der IT-Betrieb wird oft als „Black Box" wahrgenommen, da viele Benutzer und sogar interne Abteilungen oft nicht genau verstehen, wie die komplexen Prozesse und Systeme hinter den Kulissen funktionieren. Die Vielzahl von Technologien, Software-Anwendungen, Netzwerkkomponenten und Servern, die im IT-Betrieb zum Einsatz

Abb. 7.1 Erwartungen und Anforderungen an die IT-Infrastruktur und den IT-Betrieb

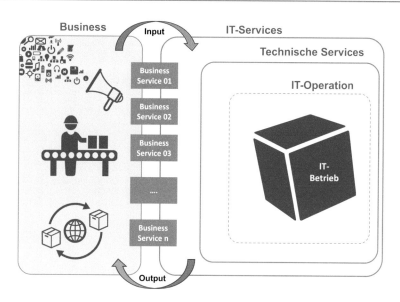

Abb. 7.2 IT-Betrieb als „Black Box"

kommen, kann für Nicht-Experten schwer nachvollziehbar sein. Dieser Mangel an Transparenz kann zu Fehleinschätzungen führen und die Vorstellung verstärken, dass der IT-Betrieb eine undurchsichtige und schwer verständliche Maschine ist, die außerhalb der Reichweite der meisten Menschen liegt. Diese Wahrnehmung verdeutlicht die Notwendigkeit einer verbesserten Kommunikation und Aufklärung über die Funktionsweise dieser entscheidenden Geschäftskomponente (Abb. 7.2).

Das **I&O-Reifegradmodell von Gartner,** auch als Infrastructure and Operations Maturity Model bekannt, bietet einen strukturierten Rahmen zur Bewertung und Verbesserung der Leistung von IT-Infrastruktur und -Betrieb in Organisationen. Es umfasst mehrere Stufen, die den Reifegrad der Organisation widerspiegeln. Dieses Modell bietet eine Roadmap, um Prozesse schrittweise zu entwickeln und zu verbessern, um mit den sich ständig ändernden Anforderungen und Technologien Schritt zu halten. Durch die Anwendung dieses Modells kann ein gemeinsames Verständnis geschaffen werden, um den aktuellen Zustand des IT-Betriebs zu bewerten und Ziele für die zukünftige Entwicklung festzulegen. Dadurch können Organisationen besser verstehen, welche Schritte erforderlich sind, um von einem niedrigeren Reifegrad zu einem höheren zu gelangen, und wie sie ihre Ressourcen am besten einsetzen können, um diese Ziele zu erreichen (Abb. 7.3).

Die folgende Tabelle gibt eine Beschreibung des Gartner I&O-Reifegradmodells.

	Überleben	Bewusstsein	Engagiert	Proaktiv	Service ausgerichtet	Geschäftspartner
Mensch	Keine organisatorische Ausrichtung auf IT-Infrastruktur und -Betrieb	Definierte technologie-zentrierte Organisation für IT-Infrastruktur und -Betrieb	Technologie-orientierte Organisation; Investitionen in die IT-Service-Desk-Funktion und in Personal	Technologie-zentrierte Organisation und definierte Führungsstruktur	Kunden- und geschäftsorientierte, auf IT-Dienstleistungen und -Leistungen ausgerichtete Organisation, formale Governance	Geschäfts-optimierung und unternehmerisch orientierte Kultur
Prozess	Keine formalen IT-Prozesse für IT-Infrastruktur und -Betrieb	Ad hoc, aber im Bewusstsein, dass Prozesse notwendig sind; abhängig von Tools zur Umsetzung von De-facto-Prozessen	Definierte Prozesse für IT-Serviceunterstützung und Projektmanagement	Wiederholbar und individuell automatisiert; Schwerpunkt auf IT-Prozessen im Zusammenhang mit der Erbringung von IT-Dienstleistungen	Integriert, automatisiert und erweitert über I&O hinaus; Fokus auf alle Service- und Geschäftsmanagementprozesse	Dynamische Optimierung der IT-Dienste, Umsetzung von Prozessen zur Förderung der Unternehmensinnovation
Techno-logie	Keine formale Strategie oder Umsetzung von Technologieinvestitionen	Grundlegende Management-Tools; keine formalen Standards für Infrastruktur-Hardware oder -Software	IT-Support und projektbezogene Management-Tools; Definition von Desktop-Hardware/Software-Standards; Beginn der Standardisierung/Rationalisierung der Infrastruktur	Formale Infrastrukturstandards und -richtlinien; prozess- und bereichsorientierte Verwaltungstools; Virtualisierungsgrundlage vorhanden	Formale IT-Management-Prozess-/Tool-Architektur; gemeinsame Dienste; aggregiertes Kapazitätsmanagement	Proaktive Förderung neuer Technologien und deren Auswirkungen auf die Unternehmen; Echtzeit-Infrastruktur
Business Management	Keine formellen IT-Geschäftsführungsfunktionen	Sehr wenig außerhalb der Budgetierung	Projektmanagement Office	Finanzmanagement, formale Leistungsindikatoren	Kostenkennzahlen für IT-Dienstleistungen, Wettbewerbsfähigkeit	Metriken zum Geschäftsbeitrag
Stufe	*0*	*1*	*2*	*3*	*4*	*5*

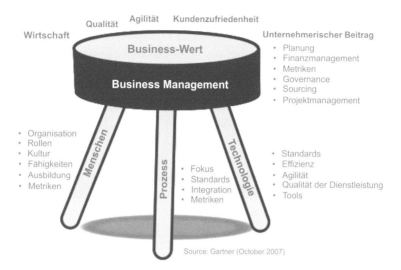

Abb. 7.3 Das I&O-Reifegradmodell von Gartner

In diesem Absatz wird zuerst auf die **Komplexität moderner IT-Systeme** aufmerksam gemacht. In den letzten Jahren ist die Zahl der IT-Lösungen exponentiell gewachsen, da Organisationen zunehmend auf eine Vielzahl von Technologien, Plattformen und Anwendungen angewiesen sind. In diesem komplexen Umfeld wird das effektive Management von IT-Ressourcen entscheidend, um die Stabilität, Sicherheit und Effizienz zu gewährleisten. Ein wesentliches Instrument zur Bewältigung dieser Herausforderungen ist die **Configuration-Management-Database (CMDB),** die als zentrale Datenbank dient, um den Überblick über die verschiedenen IT-Komponenten zu behalten. Durch die systematische Erfassung und Verwaltung von Konfigurationsdaten ermöglicht die CMDB eine präzise Steuerung der IT-Infrastruktur.

Die **Prozesse im Bereich IT-Operation** spielen eine Schlüsselrolle, um sicherzustellen, dass IT-Systeme reibungslos funktionieren. Von der Bereitstellung und Konfiguration bis hin zur Überwachung und Fehlerbehebung tragen diese Prozesse dazu bei, die Verfügbarkeit und Leistung der IT-Infrastruktur sicherzustellen.

Die Bedeutung der **IT-Sicherheit** in diesem Kontext kann nicht genug betont werden. Angesichts wachsender Bedrohungen durch Cyberangriffe und Datensicherheitsverletzungen ist es von entscheidender Bedeutung, starke Sicherheitsmaßnahmen zu implementieren, um Daten, Systeme und Netzwerke zu schützen.

Letztendlich gewinnt das **Business-Continuity-Management** an Bedeutung, da Unternehmen auf unvorhergesehene Ereignisse, wie Naturkatastrophen oder Cyberangriffe, vorbereitet sein müssen. Die Fähigkeit, den Geschäftsbetrieb in solchen Situationen aufrechtzuerhalten, ist entscheidend für die Resilienz und das langfristige Überleben einer Organisation.

Insgesamt verdeutlicht die komplexe Natur von IT-Systemen die Notwendigkeit einer integrierten Herangehensweise an Configuration Management, IT-Operation, Sicherheit und Business-Continuity-Management, um eine effektive, sichere und widerstandsfähige IT-Infrastruktur zu gewährleisten.

7.1   Die Komplexität von IT-Systemen

IT-Systeme werden immer komplexer aufgrund eines fortlaufenden Zusammenspiels verschiedener Faktoren. Technologischer Fortschritt treibt die Entwicklung leistungsfähigerer Hardware, vielfältiger Software und innovativer Anwendungen voran. Gleichzeitig steigen die Anforderungen von Unternehmen an IT-Systeme, sei es bezüglich Funktionalität, Sicherheit oder Skalierbarkeit. Die Vernetzung von Systemen, die Notwendigkeit der Interoperabilität und die zunehmende Globalisierung erfordern komplexe Schnittstellen und Infrastrukturen. Die Bewältigung großer Datenmengen, der Fokus auf Big Data-Analysen und die steigenden Sicherheitsanforderungen tragen ebenfalls zur wachsenden Komplexität bei. Die Implementierung verteilter Systeme, Cloud-Technologien und die Einhaltung gesetzlicher Vorschriften wie Datenschutz und Compliance stellen weitere Herausforderungen dar. Insgesamt spiegelt die zunehmende Komplexität den ständigen Wandel und die fortlaufende Anpassung an technologische, geschäftliche und regulatorische Entwicklungen wider.

Ein effizientes IT-System setzt sich aus verschiedenen Hauptkomponenten zusammen, die gemeinsam die Grundlage für seine Funktionalität bilden. Anwender, als zentrale Nutzer des Systems, interagieren mit Workstations und Devices, darunter Arbeitsplatzrechner und mobile Geräte, um auf Anwendungen und Dienste zuzugreifen. Server, darunter Anwendungs-, Datei- und Webserver, bieten die notwendige Infrastruktur für die Bereitstellung von Diensten. Datenbanken fungieren als strukturierte Datenspeicher, während Software, von Betriebssystemen bis hin zu Anwendungen, die Funktionalität des Systems ermöglichen. Daten, sei es in Datenbanken oder Dateisystemen, repräsentieren den Kern der Informationsverarbeitung. Die nahtlose Zusammenarbeit und Integration dieser Hauptkomponenten gewährleisten die Leistungsfähigkeit eines gut gestalteten IT-Systems (Abb. 7.4).

7.1.1   Client-Infrastruktur

Die Client-Infrastruktur in der IT bezieht sich auf die Komponenten und Technologien, die auf der Benutzerseite eines IT-Systems eingesetzt werden. Diese Infrastruktur ist entscheidend, da sie die Schnittstelle zwischen den Anwendern und den zentralen IT-Ressourcen bildet.

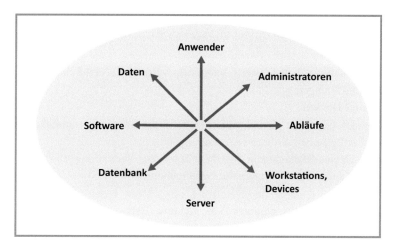

Abb. 7.4 Hauptkomponente eines IT-Systems

Hier sind einige Hauptaspekte der Client-Infrastruktur:

1. **Office-Benutzer**
   - Arbeitsplatzrechner: Desktop-Computer oder Laptops mit den erforderlichen Anwendungen für Büroaufgaben
   - Peripheriegeräte: Tastaturen, Mäuse, Drucker und Monitore für eine ergonomische Arbeitsumgebung
   - Software: Büroanwendungen, E-Mail-Clients und andere Tools zur Unterstützung von Büroaufgaben
2. **Remotebenutzer**
   - Virtual Private Network (VPN): Ermöglicht sichere Verbindungen für Remotebenutzer, die von extern auf Unternehmensressourcen zugreifen
   - Mobile Geräte: Smartphones und Tablets mit VPN-Funktionalität für den mobilen Zugriff auf Unternehmensdaten
3. **Telefonie**
   - VoIP-Telefone (Voice over Internet Protocol) oder Softphones: Für die Integration von Telefonie in die IT-Infrastruktur
   - Unified Communications: Integrierte Kommunikationsplattformen, die Telefonie, Video und Messaging kombinieren
4. **Sitzungszimmer**
   - Konferenztechnologie: Audio- und Videokonferenzsysteme für effektive virtuelle Meetings
   - Präsentationstechnologie: Verbindung zu Bildschirmen oder Projektoren für Präsentationen und Zusammenarbeit

5. **Alarm und Videoüberwachung**
   - Überwachungskameras: Zur Sicherheit und Überwachung von physischen Standorten
   - Alarm- und Sicherheitssysteme: Integrierte Systeme für den Schutz von Räumlichkeiten und Anlagen
6. **Handys und Devices**
   - Mobile Geräte: Smartphones und Tablets für die mobile Kommunikation und den Zugriff auf geschäftskritische Anwendungen
   - Mobile-Device-Management (MDM): Tools zur Verwaltung und Sicherung von mobilen Geräten in der Unternehmensumgebung (Abb. 7.5)

In der Client-Infrastruktur ergeben sich mehrere Herausforderungen, die eine umfassende Herangehensweise erfordern. Die Implementierung von Backup- und Wiederherstellungsmechanismen sowie die Nutzung redundanter Speicherlösungen sind notwendig, um Datenverluste zu verhindern. Gleichzeitig ist die Gewährleistung einer zuverlässigen Konnektivität zwischen Clients und zentralen Ressourcen essenziell, insbesondere im Hinblick auf Remotearbeit und verteilte Arbeitsumgebungen.

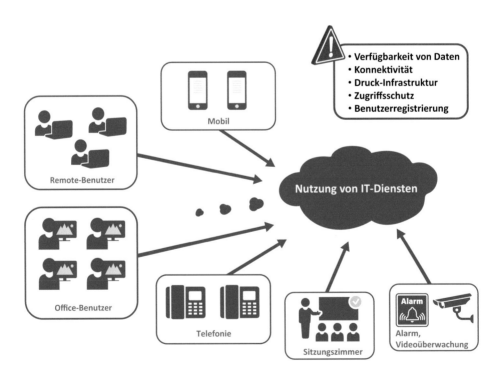

Abb. 7.5 Komplexität der Client-Infrastruktur

Die Druckinfrastruktur stellt eine weitere Herausforderung dar, da eine effiziente Verwaltung von Druckressourcen, einschließlich der Kompatibilität von Druckgeräten, notwendig ist. Hierbei sind die Implementierung von Druckwarteschlangen und die Überwachung von Druckvorgängen von Bedeutung.

Zugriffsschutzmaßnahmen spielen eine zentrale Rolle in der Sicherung der Client-infrastruktur. Dazu gehören starke Authentifizierungsmethoden, klare Autorisierungsrichtlinien und die Nutzung von Verschlüsselungstechnologien zur Gewährleistung der Datensicherheit.

Die Benutzerregistrierung und -verwaltung stellen eine organisatorische Herausforderung dar. Identity-Management-Systeme ermöglichen eine zentralisierte Verwaltung von Benutzeridentitäten und erleichtern die Einhaltung von Zugriffsrichtlinien. Durch die Einführung von Single Sign-On-Lösungen kann die Benutzerfreundlichkeit verbessert und das Management von Zugriffsrechten optimiert werden.

Insgesamt spielt die Client-Infrastruktur eine entscheidende Rolle bei der Bereitstellung einer effizienten und sicheren Umgebung für Benutzer, um auf IT-Ressourcen zuzugreifen und ihre täglichen Aufgaben zu erledigen.

7.1.2 Datenbank und Applikationen

Datenbanken und Applikationen sind zwei grundlegende Komponenten in der Welt der Informationstechnologie, die gemeinsam dazu beitragen, Daten zu speichern, zu organisieren und zu verarbeiten. Eine Datenbank ist eine strukturierte Sammlung von Daten, die systematisch organisiert, gespeichert und verwaltet wird. Applikationen, oder auch Anwendungen genannt, sind Softwareprogramme oder Computersysteme, die entwickelt wurden, um spezifische Aufgaben oder Funktionen auszuführen. Diese greifen auf Datenbanken zu, um Informationen abzurufen, zu aktualisieren oder zu speichern. Zum Beispiel könnte eine Verkaufsanwendung auf eine Datenbank zugreifen, um Kundendaten und Bestellinformationen zu speichern und abzurufen.

Bei der Verwaltung von Applikationen gibt es verschiedene Umgebungen, die in der Regel durch die Anforderungen des Entwicklungs-, Test- und Produktionszyklus bestimmt werden. Die drei grundlegenden Umgebungen sind:

1. **Entwicklungsumgebung (Development Environment)**
   Diese Umgebung ist für Entwickler bestimmt, um Anwendungen zu erstellen, zu testen und zu verbessern. Entwickler können hier neue Funktionen implementieren, Fehler beheben und Code schreiben, ohne die Produktionsumgebung zu beeinträchtigen.
2. **Testumgebung (Testing Environment)**
   In dieser Umgebung werden Anwendungen getestet, um sicherzustellen, dass sie den funktionalen und nicht-funktionalen Anforderungen entsprechen, bevor sie in die Produktionsumgebung übernommen werden. Das Testen kann verschiedene Aspekte umfassen, einschließlich Funktionalität, Leistung, Sicherheit und Benutzerfreundlichkeit.

3. **Produktionsumgebung (Production Environment)**
   Dies ist die Produktionumgebung, in der die Anwendung in Betrieb ist und von End-
   benutzern genutzt wird. Änderungen an der Produktionsumgebung sollten nach umfassenden Tests in der Entwicklungs- und Testumgebung vorgenommen werden, um
   Stabilität und Zuverlässigkeit sicherzustellen.

Es gibt jedoch auch weitere Umgebungen, die je nach den Anforderungen und Prozessen
eines Unternehmens existieren können:

- **Staging-Umgebung**
  Diese Umgebung dient als Zwischenstation zwischen der Testumgebung und der
  Produktionsumgebung. Hier können Tests durchgeführt werden, die die Produktionsumgebung simulieren, um sicherzustellen, dass die Übernahme in die Produktionsumgebung reibungslos verläuft.
- **Notfall-Wiederherstellungsumgebung (Disaster Recovery Environment)**
  Diese Umgebung ist darauf ausgerichtet, im Falle von Katastrophen oder Systemaus-
  fällen die Wiederherstellung der Anwendungen und Daten zu ermöglichen. Sie dient
  dazu, die Kontinuität des Geschäftsbetriebs sicherzustellen (Abb. 7.6).

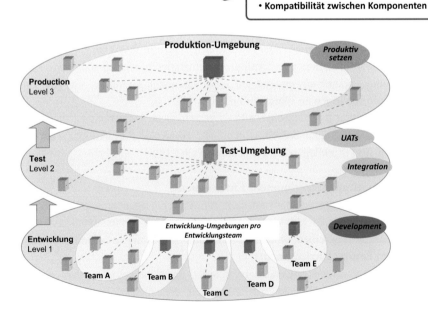

Abb. 7.6 Komplexität der Datenbank- und Applikationslandschaft

Die Verwaltung einer Datenbank- und Applikationslandschaft bringt verschiedene Herausforderungen mit sich, die sich auf die Konsistenz zwischen den verschiedenen Umgebungen, die Anonymisierung von Daten und die Kompatibilität zwischen den einzelnen Komponenten beziehen.

Änderungen an Datenbankstrukturen oder Applikationscode müssen reibungslos zwischen den Umgebungen übertragen werden, um sicherzustellen, dass Entwicklungs- und Testergebnisse die Produktionsumgebung korrekt widerspiegeln. Dies erfordert sorgfältiges Management von Versionskontrollen, Deploymentprozessen und klare Richtlinien für Änderungen.

Die Anonymisierung von Daten stellt eine Herausforderung dar, insbesondere in Testumgebungen, in denen sensible Informationen verwendet werden. Es ist wichtig, sicherzustellen, dass personenbezogene Daten anonymisiert oder verschlüsselt werden, um Datenschutzbestimmungen zu erfüllen. Gleichzeitig müssen Testdaten realistisch genug sein, um aussagekräftige Testergebnisse zu liefern.

Die Kompatibilität zwischen den verschiedenen Komponenten der Applikationslandschaft, einschließlich Datenbanken, Middleware und Anwendungen, ist entscheidend. Unterschiedliche Versionen oder Inkompatibilitäten können zu Fehlern führen und die Leistung beeinträchtigen. Ein durchdachtes Change Management und regelmäßige Tests sind notwendig, damit alle Komponenten reibungslos zusammenarbeiten.

Die sorgfältige Planung von Datenmigrationen, das Testen von Wiederherstellungsprozessen und die Einhaltung von Richtlinien zur Umgebungsverwaltung tragen dazu bei, eine stabile und zuverlässige Gesamtlösung sicherzustellen. Insgesamt erfordert die Bewältigung dieser Herausforderungen eine enge Zusammenarbeit zwischen Entwicklung, Testing und Operations-Teams. Kontinuierliche Überwachung, klare Prozesse und die Nutzung von Best Practices sind Schlüsselaspekte für eine effiziente Verwaltung einer komplexen Datenbank- und Applikationslandschaft.

7.1.3   Serverinfrastruktur

Eine Serverinfrastruktur ist die Grundlage für den Betrieb von Anwendungen. Zu den grundlegenden Merkmalen gehören Leistungsfähigkeit, Skalierbarkeit und Zuverlässigkeit, sodass diese Infrastruktur den Anforderungen an Rechenkapazität und Arbeitslasten gerecht wird. Verfügbarkeit ist entscheidend, um kontinuierlichen Zugriff auf Daten und Anwendungen zu gewährleisten.

Sicherheitsmechanismen sind integral, um die Serverinfrastruktur vor unbefugten Zugriffen und Bedrohungen zu schützen. Eine skalierbare Netzwerkinfrastruktur ist weiterhin notwendig, um den reibungslosen Datenverkehr zwischen den Servern und anderen Komponenten zu unterstützen.

Ein herausragendes Merkmal ist die Heterogenität, da Serverinfrastrukturen oft aus einer Vielzahl von Technologien, Plattformen und Komponenten bestehen können.

Diese Vielfalt kann auf unterschiedliche Hardware, Betriebssysteme, Anwendungen und Clouddienste zurückzuführen sein.

Insgesamt erfordert die effektive Verwaltung einer Serverinfrastruktur eine sorgfältige Planung und Konfiguration, um die Anforderungen an Leistung, Sicherheit, Verfügbarkeit und Skalierbarkeit zu erfüllen (Abb. 7.7).

Die Verwaltung einer Serverinfrastruktur steht vor neuen Herausforderungen, die sich auf die erhöhte Komplexität durch Mikrodienste, die gemeinsame Nutzung von Infrastrukturkomponenten, die Kompatibilität zwischen Systemen, die Lastverteilung zwischen Servern und die Synchronisierung beziehen.

Die Einführung von Mikrodiensten erhöht die Komplexität der Serverinfrastruktur, da sie eine Vielzahl von kleinen, eigenständigen Diensten umfasst. Die Koordination und das Management dieser Mikrodienste erfordern fortgeschrittene Überwachungstools.

Die gemeinsame Nutzung von Infrastrukturkomponenten wie Datenbanken, Front-Ends und Speicher kann zu Konflikten und Engpässen führen. Eine sorgfältige Konfiguration, Ressourcenallokation und Skalierbarkeit sind notwendig, um eine effiziente gemeinsame Nutzung zu ermöglichen.

Die Kompatibilität zwischen verschiedenen Systemen ist entscheidend, um einen nahtlosen Informationsaustausch zu gewährleisten. Hierbei sind Standards, Protokolle und Integrationslösungen erforderlich, um Inkompatibilitäten zu überwinden.

Die Lastverteilung zwischen Servern ist essenziell, um eine optimale Leistung und Ressourcennutzung zu gewährleisten. Intelligente Lastenausgleichsmechanismen sind erforderlich, um sicherzustellen, dass keine einzelnen Server überlastet werden.

Die Synchronisierung von Daten und Prozessen zwischen verschiedenen Servern ist entscheidend, um Konsistenz und Genauigkeit sicherzustellen. Hierbei spielen Datenreplikationstechnologien und Synchronisationsprotokolle eine wichtige Rolle.

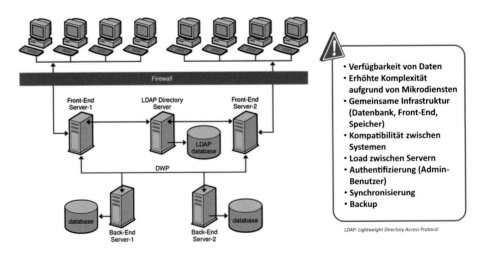

Abb. 7.7 Heterogene Serverinfrastruktur

7.1.4   Netzwerk-Infrastruktur

Die Netzinfrastruktur ermöglicht die effiziente Kommunikation zwischen Geräten und sorgt für eine zuverlässige, sichere und skalierbare Netzwerkinfrastruktur.

Die Hauptkomponenten einer Netzinfrastruktur umfassen verschiedene Elemente, die zusammenarbeiten, um die Kommunikation und den Datenaustausch zu ermöglichen. Hier sind die Hauptkomponenten:

- **Router** leiten Datenpakete zwischen verschiedenen Netzwerken weiter und ermöglichen die Verbindung mit externen Netzwerken wie dem Internet. Router spielen eine Schlüsselrolle bei der Weiterleitung von Daten zwischen verschiedenen Netzwerksegmenten.
- **Switches** bieten eine lokale Konnektivität innerhalb desselben Netzwerks. Sie leiten Datenpakete gezielt an die richtigen Endgeräte weiter, um effiziente und schnelle Kommunikation in lokalen Netzwerken zu gewährleisten.
- **Firewalls** schützen das Netzwerk vor unautorisiertem Zugriff und potenziellen Bedrohungen. Firewalls überwachen den Datenverkehr und blockieren oder erlauben Daten basierend auf vordefinierten Sicherheitsrichtlinien.
- **Modems** konvertieren digitale Daten in analoge Signale (Modulation) für die Übertragung über analoge Leitungen und wandeln empfangene analoge Signale wieder in digitale Daten (Demodulation) um. Sie ermöglichen die Verbindung eines lokalen Netzwerks mit externen Netzwerken, insbesondere dem Internet.
- **Verkabelung und Drahtlostechnologien** umfassen die physische Infrastruktur, einschließlich Ethernetkabel für kabelgebundene Netzwerke und Drahtlostechnologien wie Wi-Fi für drahtlose Konnektivität.
- **Netzwerkprotokolle und Standards,** wie zum Beispiel
  - TCP/IP (Transmission Control Protocol/Internet Protocol): Ein grundlegendes Netzwerkprotokoll, das die Grundlage des Internets bildet
  - DNS (Domain Name System): Übersetzt Domainnamen in IP-Adressen
  - DHCP (Dynamic Host Configuration Protocol): Weist IP-Adressen automatisch an Geräte im Netzwerk zu
- **Netzwerk-Management-Software** sind Tools zur Überwachung und Verwaltung der Netzwerkinfrastruktur. Diese Software ermöglicht es Administratoren, die Leistung zu überwachen, Fehler zu identifizieren und Konfigurationen zu verwalten.
- **Serverkomponenten** stellen die Dienste wie Dateifreigabe, E-Mail oder Datenbankzugriff bereit. Server sind integraler Bestandteil der Netzinfrastruktur, da sie die Grundlage für verschiedene Anwendungen bilden (Abb. 7.8).

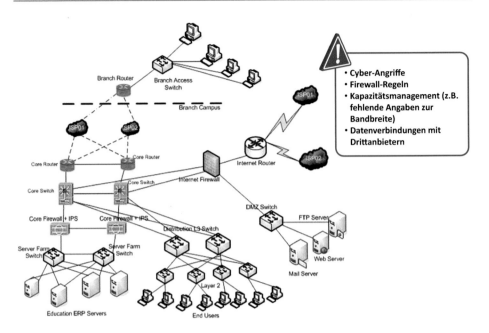

Abb. 7.8 Kritische Netzinfrastruktur

Die Herausforderungen bei der Netzinfrastruktur umfassen verschiedene Aspekte, die von der Sicherheit bis zur effizienten Nutzung der Ressourcen reichen. Cyberangriffe stellen eine ständige Bedrohung dar, und die Netzinfrastruktur muss solide Sicherheitsmaßnahmen implementieren, um unautorisierten Zugriff und Datenverlust zu verhindern. Die regelmäßige Aktualisierung der Sicherheitsprotokolle und die Schulung der Benutzer sind Schlüsselfaktoren, um sich gegen die aktuellen Bedrohungen zu schützen.

Die Verwaltung von Firewallregeln ist eine komplexe Aufgabe, da sie den Datenverkehr überwachen und kontrollieren, um unbefugten Zugriff zu verhindern. Die Herausforderung besteht darin, genaue und effektive Regelwerke zu erstellen, die den geschäftlichen Anforderungen entsprechen, ohne dabei die Netzwerkperformance zu beeinträchtigen. Eine kontinuierliche Überprüfung und Anpassung dieser Regeln sind notwendig, um auf sich verändernde Bedrohungen und Anforderungen reagieren zu können.

Kapazitätsmanagement stellt eine Herausforderung dar, insbesondere wenn es um die Bandbreite geht. Fehlende Angaben zur Bandbreite können zu Engpässen führen, die die Leistung des Netzwerks beeinträchtigen. Eine genaue Überwachung des Datenverkehrs, Prognosen für zukünftige Anforderungen und eine effektive Skalierbarkeit sind entscheidend, um eine optimale Netzwerkleistung sicherzustellen.

Datenverbindungen mit Drittanbietern erfordern besondere Aufmerksamkeit, da sie potenzielle Sicherheits- und Datenschutzrisiken darstellen. Die Schwierigkeit besteht darin, eine sichere und zuverlässige Verbindung zu gewährleisten, während gleichzeitig die Integrität der übermittelten Daten sichergestellt wird. Klare Vereinbarungen und Sicherheitsstandards sind hierbei unerlässlich, um die Interaktion mit externen Partnern sicher zu gestalten.

Die Bewältigung dieser Herausforderungen erfordert regelmäßige Schulungen der Mitarbeitenden, die Nutzung fortschrittlicher Sicherheitslösungen, eine genaue Kapazitätsplanung und klare Richtlinien für die Datenverbindungen mit Drittanbietern.

7.2   Configuration-Management-Data-Base (CMDB)

Die Verwaltung einer gesamten IT-Infrastruktur birgt eine Vielzahl von Herausforderungen. Eine zentrale Schwierigkeit liegt in der Komplexität und Dynamik moderner Technologien, die ständig weiterentwickelt werden. Die Integration verschiedener Hardware- und Softwarekomponenten erfordert eine präzise Planung und kontinuierliche Überwachung, um reibungslose Abläufe sicherzustellen. Sicherheitsbedenken stehen im Vordergrund, da die IT-Infrastruktur häufig Ziel von Cyberangriffen ist. Das effektive Management von Netzwerken, Servern und Datenbanken erfordert fortlaufende Anpassungen an neue Bedrohungen und Technologien. Zudem müssen IT-Verantwortliche den Spagat zwischen Innovation und Stabilität meistern, um den steigenden Anforderungen gerecht zu werden und gleichzeitig die Zuverlässigkeit der Systeme zu gewährleisten (Abb. 7.9).

Abb. 7.9 Wie lässt sich die gesamte IT-Infrastruktur verwalten?

CMDB: Configuration Management Data Base

Abb. 7.10   Die Configuration-Management-Data-Base (CMDB) als wertvoller Ansatz für die Verwaltung einer gesamten IT-Infrastruktur

Eine Configuration-Management-Database (CMDB) stellt einen möglichen Ansatz für die Verwaltung einer gesamten IT-Infrastruktur dar. Eine CMDB dient als zentrale Datenbank, in der Informationen über Konfigurationselemente (Configuration Items, CIs) gespeichert werden. Dies können Hardware, Software, Netzwerkgeräte, Server, Anwendungen und andere IT-Komponenten sein (Abb. 7.10).

Eine CMDB ist in gewisser Weise eine spezielle Form eines IT Data Warehouses, die auf die spezifischen Anforderungen des IT-Service-Managements und der IT-Infrastrukturverwaltung ausgerichtet ist. Sie konzentriert sich stark auf die Beziehungen zwischen den Konfigurationselementen und ist darauf ausgerichtet, eine präzise und aktuelle Übersicht über die IT-Infrastruktur bereitzustellen (Abb. 7.11).

Die Definition von Configuration Items (CIs) für eine CMDB ist ein entscheidender Schritt bei der effektiven Verwaltung der IT-Infrastruktur. Dabei ist es wichtig, eine umfassende Bestandsaufnahme der IT-Elemente durchzuführen und diese detailliert zu kategorisieren. Jedes CI sollte klar abgegrenzt werden, wobei Beziehungen und Abhängigkeiten zu anderen Elementen berücksichtigt werden. Die Festlegung von Attributen und Eigenschaften, wie IP-Adressen, Seriennummern und Standorten, ist erforderlich für die Identifikation und Verwaltung.

In der folgenden Tabelle werden mögliche Configuration Items für PC/Workstation, Software und SmartPhones als Beispiel aufgelistet (Abb. 7.12).

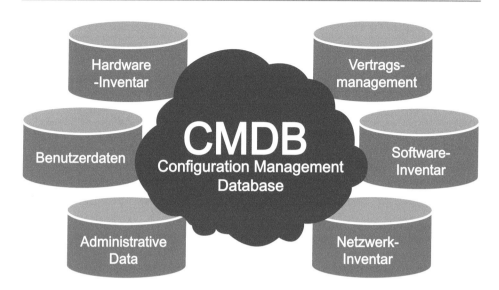

Abb. 7.11   Die Configuration-Management-Data-Base (CMDB) als „Data Warehouse" für die IT-Infrastruktur

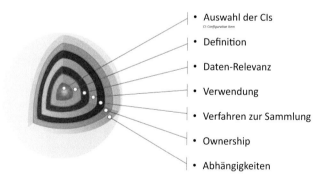

Abb. 7.12   Definition der Configuration Items für eine Configuration-Management-Data-Base (CMDB)

PC/Workstation	Software	Smartphones
• Modell und Hersteller der Workstation • Seriennummer und Asset-Tag • Prozessor- und Spezifikationsdetails • Arbeitsspeichergröße und Typ • Festplattenkapazität und Typ • Grafikkarteninformationen • Kaufdatum und Garantiestatus • Aktueller Zustand (aktiv, inaktiv, ausgeschieden) • Physischer Standort der Workstation • Abteilung oder Team, dem die Workstation zugeordnet ist • Installiertes Betriebssystem und Version • Lizenzinformationen • Aktualisierungsstatus (Patches, Service Packs) • Status des Antivirus-Programms und der Definitionen • Firewall-Konfiguration • Verschlüsselungseinstellungen • BIOS/UEFI-Einstellungen • Konfiguration von Hardwarekomponenten wie Tastatur, Maus, Bildschirm usw	• Name der Softwareanwendung • Hersteller/Entwickler • Versionsnummer • Lizenzinformationen • Installationspfad der Software • Installationsdatum • Installierte Komponenten und Module • Patch-Level • Liste der installierten Patches und Updates • Datum der letzten Aktualisierung • Benutzerdefinierte Konfigurationsoptionen und Einstellungen • Profile und Vorlieben • Zugriffsrechte und Berechtigungen • Sicherheitspatches und -konfigurationen • Benutzer, denen die Software zugeordnet ist • Benutzerprofile und Lizenznutzung • Support-Vertragsdetails • Verfügbarkeitszeiten und Service Level Agreements (SLAs)	• Modell und Hersteller des Smartphones • IMEI (International Mobile Equipment Identity) oder Seriennummer • MAC-Adresse für WLAN und Bluetooth • Installiertes Betriebssystem und Version • Aktualisierungsstatus (Patches, Betriebssystem-Updates) • Mobilfunkanbieter und Vertragsinformationen • IP-Adresse und Netzwerkeinstellungen • WLAN-Konfiguration und -Verbindungen • Zustand der Gerätesperre (PIN, Passwort, Fingerabdruck, Gesichtserkennung) • Mobile Device Management (MDM) Einstellungen • Liste der installierten Anwendungen • Versionsnummern der Anwendungen • Lizenzinformationen für mobile Apps • Zuweisung des Smartphones zu einem bestimmten Benutzer • Benutzerprofilinformationen und Berechtigungen • Batteriezustand und Nutzungshistorie • Speicherplatzverfügbarkeit und -nutzung • Kaufdatum und Garantiestatus • Aktueller Zustand (aktiv, inaktiv, ausgeschieden)

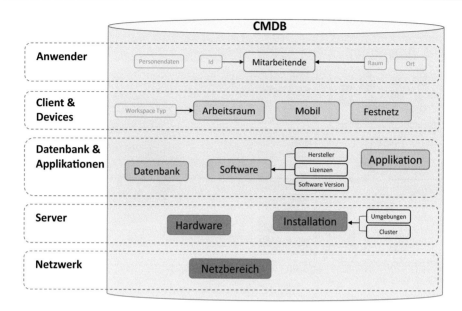

Abb. 7.13 Mögliche Datenmodellierung für eine Configuration-Management-Data-Base
(CMDB)

Das Datenmodell für CMDB bildet die Grundlage für die effiziente Verwaltung der IT-Infrastruktur. Es umfasst verschiedene Kategorien, darunter Anwender, Client & Devices, Datenbank & Applikationen, Server und Netzwerk. Für die Kategorie „Anwender" können Attribute wie Benutzername, ID, Abteilung und Standort definiert werden. Bei „Client & Devices" stehen Informationen wie Gerätetyp, Modell, Betriebssystem und Standort im Fokus. Für „Datenbank & Applikationen" sind Anwendungsname, Version, Datenbankname und Lizenzinformationen relevant. Im Bereich „Server" spielen Attribute wie Servername, IP-Adresse, Betriebssystem und installierte Software eine Rolle. Die „Netzwerk"-Kategorie umfasst Attribute wie Netzwerkgerätetyp, Hersteller, IP-Adressen und Netzwerkkonfigurationen. Das Datenmodell ermöglicht eine strukturierte Erfassung, Beziehungsfestlegung und Verwaltung dieser Attribute, um einen ganzheitlichen Überblick über die IT-Infrastruktur zu gewährleisten (Abb. 7.13).

Eine CMDB konsolidiert verschiedene Konfigurations-Management-Quellen. Da eine CMDB alle Informationen über Konfigurationselemente beinhaltet, sollte eigentlich der Begriff „CIMDB" (Configuration-Item-Management-Database) benutzt werden. In der Praxis wird der Begriff „CMDB" häufiger verwendet und betont oft die Rolle der Datenbank als zentraler Speicherort für Konfigurationsdaten (Abb. 7.14).

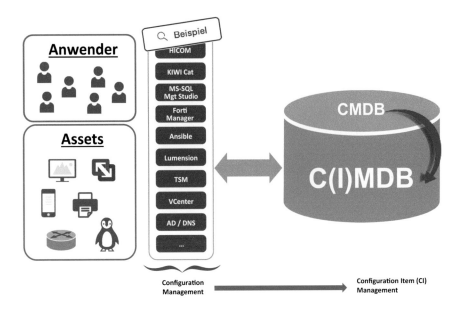

Abb. 7.14 Configuration-Item-Management-Database (CIMDB)

Die Herausforderungen einer CMDB-Lösung im Kontext unterschiedlicher Systeme, fehlender Datenintegration und unklar definierter Beziehungen sind vielfältig. Wenn verschiedene Systeme innerhalb einer IT-Infrastruktur im Einsatz sind, besteht die Schwierigkeit darin, eine kohärente und umfassende Sicht auf die Konfigurationsdaten zu gewährleisten. Die heterogene Natur der Systeme erschwert oft die nahtlose Integration von Daten, was zu inkonsistenten Informationen führen kann. Weiterhin kann die fehlende Datenintegration zu Lücken in der CMDB führen, da wichtige Informationen möglicherweise nicht erfasst oder veraltet sind. Ebenso stellen unklar definierte Beziehungen zwischen den Konfigurationselementen eine Herausforderung dar, da sie die Fähigkeit beeinträchtigen, Abhängigkeiten zwischen verschiedenen IT-Komponenten genau zu verstehen. Eine erfolgreiche CMDB-Lösung muss daher eine effektive Datenintegration und klare Definitionen der Beziehungen beinhalten (Abb. 7.15).

Die Configuration-Management-Database (CMDB), wenn sie als einzige Quelle der Wahrheit für Konfigurationsdaten fungiert, spielt eine entscheidende Rolle bei der Unterstützung von IT-Prozessen. Durch die Bereitstellung einer präzisen und umfassenden Übersicht über die IT-Infrastruktur ermöglicht die CMDB eine effektive Durchführung verschiedener IT-Prozesse.

In der folgenden Tabelle sind IT-Prozesse aufgelistet, deren Durchführung von einer hochqualitativen CMDB profitieren können (Abb. 7.16).

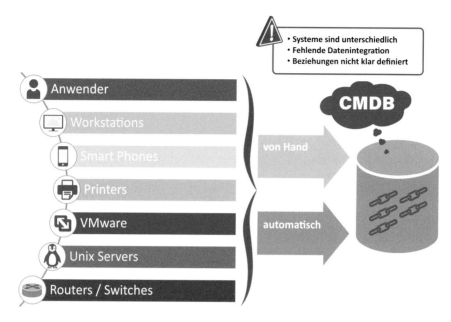

Abb. 7.15   Herausforderungen an eine CMDB-Lösung

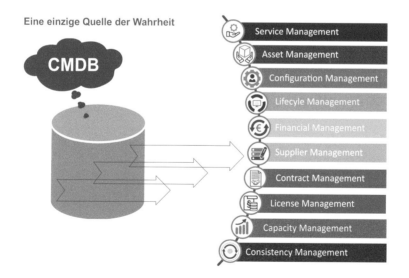

Abb. 7.16   Die Configuration-Management-Data-Base (CMDB) als „one truth"-Quelle und Drehscheibe für IT-Prozesse

Prozess	CMDB Schlüsselelemente, Funktionen	Risiken und Schwierigkeiten ohne CMDB
Service Management Ein Service ist eine Reihe von spezialisierten organisatorischen Fähigkeiten zur Bereitstellung von Mehrwert für Kunden in Form von Dienstleistungen Service Management bezieht sich auf die Implementierung und Verwaltung von IT-Diensten, die den Anforderungen des Unternehmens entsprechen	• Beschreibung der Dienstleistung • Interne SLAs • RTO (Recovery Time Objective) • RPO (Recovery Point Objective)	• „Eigenständiger" Dienstleistungskatalog
Asset Management IT-Asset Management ist eine Reihe von Geschäftspraktiken, die das Lebenszyklusmanagement und die strategische Entscheidungsfindung für die IT-Umgebung unterstützen. IT-Assets umfassen die gesamte Software und Hardware, die in der IT-Umgebung des Unternehmens enthalten ist	• Asset-Typ • Technische Merkmale	• Fragmentierte Bestände
Configuration Management Verfahren zur Herstellung und Aufrechterhaltung der Konsistenz zwischen den Leistungs-, Funktions- und physischen Attributen eines Produkts und seinen Anforderungen, seinem Design und seinen Betriebsinformationen während seiner gesamten Lebensdauer	• Sicherheitselemente (z. B. Patch-Level) • Maßgeschneiderte Entwicklungen • Schnittstellenfunktion	• Nicht dokumentierte Konfigurationen
Lifecycle Management Systematischer Ansatz für das Management des Lebenszyklus eines Produkts von der Entstehung bis zur Entsorgung und Stilllegung	• Wartungszeitraum • Release Politik (Mehrfachfreigaben)	• Last-Minute- und Ad-hoc-Erneuerungen
Financial Management Überwachung der für die Bereitstellung von IT-Produkten und -Dienstleistungen erforderlichen Ausgaben	• Ursprünglicher Preis • Marktwert • Amortisation	• Uneinheitliche und intransparente Finanzinformationen

Prozess	CMDB Schlüsselelemente, Funktionen	Risiken und Schwierigkeiten ohne CMDB
Supplier Management Prozess, der sicherstellt, dass ein Unternehmen für das Geld, das es bei seinen Lieferanten ausgibt, einen Gegenwert erhält. Ein effektives Lieferantenmanagement stellt sicher, dass mehrere Aktivitäten durchgeführt werden, darunter Aushandeln und Vereinbaren rechtmäßiger Verträge zwischen der einkaufenden Organisation und ihren Lieferanten, Zielvorgaben, Management der Beziehungen zu den Lieferanten, Verwaltung der Lieferantenleistung und Führung genauer Lieferantenunterlagen und -informationen	• Kontaktpersonen • Eskalationsverfahren • Verfahren der Kommunikation	• Hohe Abhängigkeit zu Einzellieferanten • „Preisdiktatur" der großen Akteure
Contract Management Prozess der Verwaltung der Vertragserstellung, -ausführung und -analyse zur Maximierung der betrieblichen und finanziellen Leistung eines Unternehmens bei gleichzeitiger Reduzierung des finanziellen Risikos	• Gültigkeitsdauer • Gültigkeitsdauer und Rücktritt • Externe SLAs	• Fehlende Verträge • Ungültige Verträge • Papierverträge in einer Mappe
License Management Prozess der Überwachung, Wartung, Reduzierung, Dokumentation und Kontrolle der verschiedenen Softwarelizenzen des Unternehmens	• Methode der Lizenzvergabe • Skalierbarkeit der Lizenzierung • True-up-Bedingungen	• Nicht verwendete Lizenzen • Risiko der Unterlizenzierung mit Sanktionen • Kein Plan für die Budgetierung
Capacity Management Sicherstellung, dass ein Unternehmen seine potenziellen Aktivitäten und Produktionsergebnisse maximieren kann und den Produktionsausstoß – zu jeder Zeit und unter allen Bedingungen	• Geschätzte Nutzung • Alarmschwelle	• Maßnahmen in letzter Minute, z. B. für zusätzlichen Speicherplatz

Prozess	CMDB Schlüsselelemente, Funktionen	Risiken und Schwierigkeiten ohne CMDB
Consistency Management Prozess, der garantiert, dass jede Datenbanktransaktion die betroffenen Daten nur auf zulässige Weise ändern darf	• Definition der Abhängigkeiten • Spezifische Berichterstattung	• Keine Konsistenz • Fehlende Informationen

Die sorgfältige Pflege der Daten in einer CMBD ist von grundlegender Bedeutung während des gesamten IT-Service-Lifecycle, einschließlich der Phasen der Beschaffung, des Betriebs und der Abschaltung. Bei der Beschaffung neuer IT-Ressourcen gewährleistet eine genaue Erfassung eine klare Identifikation und korrekte Zuordnung der neuen Komponenten. Während des Betriebs unterstützt die regelmäßige Pflege der CMDB die Aktualität und Konsistenz der Konfigurationsdaten, was für effektive Incident- und Problem-Management-Prozesse unerlässlich ist. Zudem ermöglicht sie die genaue Verfolgung des Lebenszyklus von IT-Komponenten. Bei der Abschaltung von Ressourcen ist die CMDB entscheidend für eine präzise Bestandsführung. Eine gepflegte CMDB ist somit nicht nur eine Ressource für den täglichen Betrieb, sondern auch ein wesentliches Instrument für langfristige Integrität, Sicherheit und Effizienz der IT-Infrastruktur (Abb. 7.17).

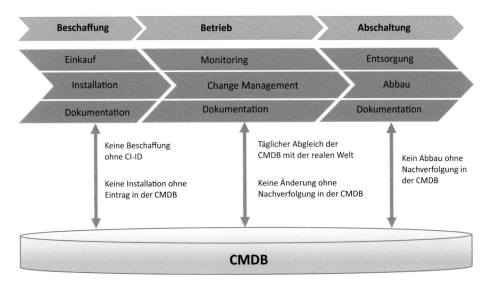

Abb. 7.17 Die Pflege der Configuration-Management-Data-Base (CMDB) entlang des Produktlebenszyklus

7.3   IT-Operation-Prozesse

IT-Operation-Prozesse und Service Management lassen sich als symbiotische Elemente betrachten, die zusammenarbeiten, um eine optimale IT-Servicebereitstellung sicherzustellen. Während IT-Operation-Prozesse die technische Seite abdecken, kümmert sich das Service Management um die organisatorischen und prozessualen Aspekte, um die Bedürfnisse der Endnutzer zu erfüllen (Abb. 7.18).

In dem folgenden Absatz werden sechs verschiedene IT-Operation-Prozesse beschrieben.

7.3.1   Asset Management

Im Kontext der IT-Operation bezieht sich das IT-Asset-Management darauf, wie eine Organisation ihre IT-Ressourcen, wie Hardware, Software und Netzwerkressourcen, über den gesamten Lebenszyklus hinweg verwaltet. Der Prozess zielt darauf ab, eine effiziente Nutzung dieser Ressourcen sicherzustellen, ihre Kosten zu kontrollieren, Sicherheitsrisiken zu minimieren und die Compliance mit relevanten Vorschriften zu gewährleisten.

Der Prozess kann im Rahmen des Asset-Lebenszyklus beschrieben werden:

1. **Beschaffung (Einkaufen)**
   In dieser Phase werden die Anforderungen an neue IT-Ressourcen identifiziert. Die Beschaffung umfasst die Auswahl von Hardware und Software gemäß den Unternehmensanforderungen und -richtlinien. Es beinhaltet den Einkauf von IT-Geräten, Lizenzen und anderen Ressourcen bei geeigneten Anbietern.

2. **Lieferung der Hardware**
   Nach der Beschaffung werden die physischen IT-Geräte geliefert. Die Lieferung umfasst die Überprüfung der erhaltenen Hardware auf Vollständigkeit und ordnungsgemäßen Zustand.

3. **Staging (OS bereit)**
   Die Hardware wird für den Einsatz vorbereitet, indem das Betriebssystem (OS) vorinstalliert und grundlegende Konfigurationen vorgenommen werden. Das Staging stellt sicher, dass die Geräte einsatzbereit sind, wenn sie benötigt werden.

4. **Installation (anwendungsbereit)**
   Hier werden zusätzlich zu den grundlegenden Betriebssysteminstallationen auch erforderliche Anwendungen und Software auf den Geräten installiert. Die Installation erfolgt gemäß den Unternehmensrichtlinien und den spezifischen Anforderungen der Nutzer.

5. **Software-Aktualisierung**
   Laufende Verwaltung und Aktualisierung der installierten Software, um Sicherheitslücken zu schließen und die Leistung zu optimieren. Hierbei wird darauf geachtet,

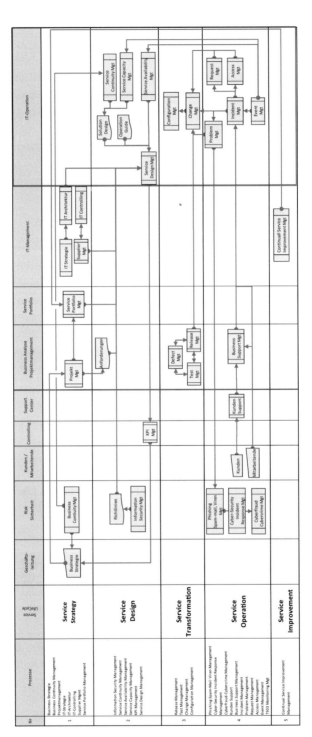

Abb. 7.18 IT-Betriebsprozesse als Teil des IT-Service-Managements

dass alle Systeme auf dem neuesten Stand sind und die neuesten Sicherheitspatches und Updates erhalten.

6. **Umzüge**

   Dieser Aspekt bezieht sich auf den physischen Umzug von IT-Geräten von einem Standort zum anderen. Während des Umzugsprozesses wird darauf geachtet, dass die IT-Infrastruktur nahtlos und ohne Beeinträchtigungen für die Anwender wiederhergestellt wird.

7. **Außerbetriebnahme**

   Dieser Schritt betrifft die Abschaltung von IT-Geräten oder -Services. Es kann erforderlich sein, Ressourcen aus verschiedenen Gründen außer Betrieb zu nehmen, sei es aufgrund von Upgrades, Überholungen oder aufgrund von Änderungen in den Geschäftsanforderungen.

8. **Entsorgung von IT-Geräten**

   Am Ende ihres Lebenszyklus müssen veraltete oder nicht mehr benötigte IT-Geräte sicher und umweltgerecht entsorgt werden. Entsorgungsrichtlinien und -verfahren sollten umgesetzt werden, um sicherzustellen, dass sensible Daten gelöscht und Recycling- oder Entsorgungsstandards eingehalten werden.

Durch die richtige Implementierung des Asset Managements können Organisationen eine bessere Kontrolle über ihre Vermögenswerte haben und deren Wert über die Zeit maximieren.

7.3.2   Configuration-Management-Prozess

Configuration Management (CM) in der IT bezieht sich auf einen systematischen Ansatz zur Identifizierung, Verwaltung und Kontrolle von Konfigurationselementen in einer IT-Infrastruktur über deren gesamten Lebenszyklus hinweg. Konfigurationselemente können Hardware, Software, Dokumentationen, Netzwerkkomponenten und andere Elemente umfassen, die für den Betrieb eines IT-Systems relevant sind.

Die Hauptziele des Configuration Managements sind:

- **Identifizierung:** Klare und eindeutige Identifikation aller Konfigurationselemente in der IT-Umgebung
- **Steuerung:** Verwaltung von Änderungen an den Konfigurationselementen, um die Integrität und Stabilität der IT-Infrastruktur sicherzustellen
- **Statusverfolgung:** Überwachung und Verfolgung des Status aller Konfigurationselemente, einschließlich ihrer Beziehungen zueinander
- **Dokumentation:** Erstellung und Pflege von Dokumentationen, die die Konfigurationselemente und ihre Beziehungen detailliert beschreiben

- **Überprüfung und Audit:** Regelmäßige Überprüfung und Auditierung der Konfigurationsdaten, um sicherzustellen, dass sie mit den dokumentierten Informationen übereinstimmen

Insgesamt ist Configuration Management ein wesentlicher Bestandteil des IT-Service-Managements und trägt dazu bei, eine stabile, sichere und gut dokumentierte IT-Umgebung aufrechtzuerhalten.

7.3.3   System Monitoring

IT-Systeme, Netzwerke sowie Anwendungen werden kontinuierlich überwacht. Die Bedeutung des Monitorings in jedem der folgenden Bereiche wird deutlich:

- **Server-Monitoring:** Überwachung von Ressourcenauslastung, Leistung und Verfügbarkeit. Dies ist entscheidend, um Engpässe zu identifizieren, Ausfallzeiten zu minimieren und eine optimale Serverleistung sicherzustellen.
- **Applikations-Monitoring:** Verfolgung der Anwendungsleistung, Identifizierung von Engpässen und schnelle Fehlerdiagnose, um eine reibungslose Benutzererfahrung sicherzustellen
- **Netzwerk-Monitoring:** Überwachung von Datenverkehr, Latenzzeiten und Sicherheitsbedrohungen, um die Netzwerkverfügbarkeit und -leistung sicherzustellen sowie Sicherheitsvorfälle frühzeitig zu erkennen
- **Storage-Monitoring:** Überwachung der Speicherressourcen, Identifizierung von Engpässen und Planung von Kapazitätserweiterungen, um einen reibungslosen Betrieb zu gewährleisten
- **Datenbanken-Monitoring:** Überwachung von Abfragen, Leistungsmetriken und Datenintegrität, um eine effiziente Datenbanknutzung sicherzustellen und potenzielle Probleme zu erkennen
- **Umfeld-Monitoring:** Temperatur, Feuchtigkeit und Stromversorgung haben einen direkten Einfluss auf die Hardware und Systeme
- **Container-Monitoring:** Überwachung von Container-Leistung, Ressourcenauslastung und Skalierbarkeit, um sicherzustellen, dass Anwendungen effizient laufen
- **Cloud-Monitoring:** Überwachung von Ressourcenauslastung, Kostenkontrolle und Sicherheitsaspekten in Cloud-Umgebungen

Insgesamt trägt das Monitoring in all diesen Bereichen dazu bei, die Betriebskontinuität sicherzustellen, Ausfallzeiten zu minimieren, Leistungsprobleme zu identifizieren, Sicherheitsbedrohungen zu erkennen und die allgemeine Effizienz der IT-Operation zu verbessern. Es ermöglicht eine proaktive Herangehensweise an das Management von IT-Ressourcen und schafft eine solide Grundlage für den erfolgreichen Betrieb von Geschäftsanwendungen (Abb. 7.19).

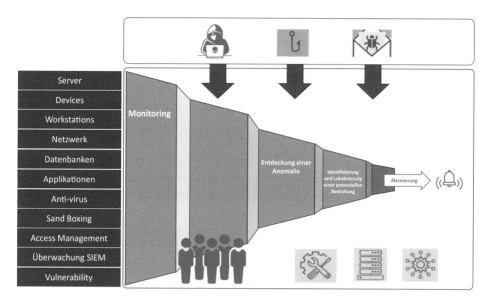

Abb. 7.19   Vom Monitoring zur Alarmierung

7.3.4   Support Management

Der IT-Support-Management dient dazu, IT-Anwendern bei der Lösung von Problemen, der Bereitstellung von Informationen und der Unterstützung bei technischen Anfragen zu helfen. Ziel des IT-Support-Managements ist es, sicherzustellen, dass die Benutzer bei der effektiven Nutzung von Technologien unterstützt werden (Abb. 7.20).

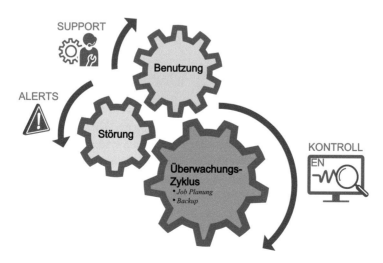

Abb. 7.20   Support Management in IT-Operation

In der Regel wird der IT-Support typischerweise in mehreren Stufen oder Eskalations-niveaus organisiert. Hier ist eine allgemeine Darstellung:

Level 1 (Erstkontakt/First-Level Support)

- Aufgaben: Der Level-1-Support ist die erste Anlaufstelle für Benutzeranfragen und Störungsmeldungen. Hier erfolgen die Erstannahme, Erfassung und Kategorisierung von Anfragen.
- Aufgabenlösung: Einfache und häufig auftretende Fragen werden direkt am Level-1-Support gelöst. Dazu gehören beispielsweise grundlegende technische Fragen, Passwortrücksetzungen und einfache Konfigurationsprobleme.

Level 2 (Fortgeschrittener Support/Second-Level-Support)

- Aufgaben: Der Level-2-Support ist für komplexere technische Anfragen zuständig, die nicht direkt am Level 1 gelöst werden können. Hier werden Anfragen genauer analysiert und diagnostiziert.
- Aufgabenlösung: Lösung von komplexeren technischen Problemen, Implementierung von Softwareupdates, Konfiguration von Anwendungen und Hardware sowie Unter-stützung bei speziellen Anfragen.

Level 3 (Experten-Support/Third-Level-Support)

- Aufgaben: Der Level-3-Support ist für anspruchsvolle technische Probleme ver-antwortlich, die Level 1 und 2 überschreiten. Dies kann die Zusammenarbeit mit Ent-wicklern, Systemarchitekten oder anderen Fachleuten erfordern.
- Aufgabenlösung: Lösung von tiefgreifenden technischen Problemen, Fehlerbehebung auf Codeebene, Implementierung von umfangreichen Konfigurationsänderungen und Optimierung von Systemleistung.

Level 4 (Entwickler-Support/Fourth-Level Support)

- Aufgaben: Der Level-4-Support bezieht sich oft auf die Zusammenarbeit mit Ent-wicklern und Experten auf sehr spezialisierten Gebieten. Dies ist relevant, wenn tief-gehende Code-Analysen und Anpassungen erforderlich sind.
- Aufgabenlösung: Lösung von hochkomplexen technischen Problemen, tiefgreifende Systemoptimierung, Anpassungen auf Codeebene, möglicherweise in Zusammen-arbeit mit Softwareentwicklern.

Eine klare Eskalationsstruktur und klare Kommunikationswege zwischen den Support-Ebenen sind jedoch entscheidend, um eine wirksame Unterstützung zu gewährleisten.

7.3.5 Event Management

Ein Ereignis bezieht sich auf jede beobachtbare Veränderung oder Abweichung in einem IT-System oder -Service, die für das normale Funktionieren relevant sein kann. Das Ziel des Event Managements ist es, proaktiv auf Ereignisse zu reagieren, um potenzielle Probleme zu verhindern oder schnell zu lösen, bevor sie sich auf den Betrieb auswirken.

Im Rahmen des Event Managements im IT-Betrieb werden verschiedene Ereignis-Typen überwacht und verwaltet. Hierzu gehören Meldungen, Warnungen und Ausfälle. Meldungen dienen dazu, Informationen über den normalen Betrieb und verschiedene Aktivitäten in der IT-Infrastruktur zu übermitteln. Warnungen werden generiert, wenn bestimmte Parameter oder Schwellenwerte überschritten werden, was auf potenzielle Probleme hinweisen kann. Sie dienen als proaktive Indikatoren und ermöglichen eine zeitnahe Reaktion, um mögliche Ausfälle zu verhindern. Ausfälle treten auf, wenn kritische Komponenten oder Services nicht wie erwartet funktionieren. Ein effektives Event Management ermöglicht die Klassifizierung und Priorisierung dieser Ereignis-Typen, wodurch IT-Teams in der Lage sind, adäquate Maßnahmen zu ergreifen und die Betriebskontinuität sicherzustellen (Abb. 7.21).

Sollte eine kritische Komponente oder ein wesentlicher IT-Service nicht wie erwartet funktionieren oder nicht verfügbar sein, dann wird das Prozedere zur Bewältigung des Ereignisses in die Wege geleitet. Zuerst wird die Natur des Ereignisses untersucht. Überwachungssysteme, Benutzerberichte oder andere Frühwarnmechanismen werden genutzt, um das Ausmaß und die Schwere des Ereignisses zu verstehen. Nach der Identifikation folgt eine schnelle Reaktion. Das IT-Team führt eine rasche Diagnose durch, um die Ursache zu verstehen. Parallel dazu werden relevante Teams und Fachexperten

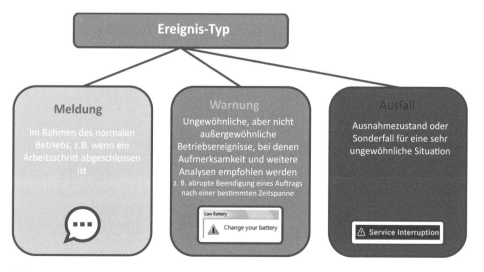

Abb. 7.21 Event Management im IT-Operation

benachrichtigt. Sofortige Maßnahmen zur Eindämmung des Ereignisses werden ergriffen, um die Auswirkungen zu begrenzen. Währenddessen findet eine transparente
Kommunikation statt, um die Betroffenen auf dem Laufenden zu halten. Wenn nötig
wird eine Task Force gebildet, um ein schwerwiegendes Ereignis effektiv zu bewältigen.
Diese Gruppe besteht aus Fachexperten verschiedener Bereiche, darunter Netzwerksicherheit, Systemadministration und möglicherweise externe Experten. Die Task Force
koordiniert die Bewältigungsmaßnahmen. Nachdem das Ereignis unter Kontrolle ist,
konzentriert sich das IT-Team auf die schrittweise Rückkehr zur Normalität. Systeme
und Dienste werden wiederhergestellt, wobei die Sicherheit und Stabilität priorisiert werden. Die Task Force führt eine umfassende Überprüfung durch, um Ursachen zu identifizieren und Lehren für die Zukunft zu ziehen. Transparente Kommunikation und Berichterstattung an die Stakeholder erfolgen, um Informationen über die getroffenen Maßnahmen zu teilen. Schulungen und Schulungsmaßnahmen werden durchgeführt, um das
Bewusstsein für Sicherheitsrisiken zu schärfen. Verbesserungen an Prozessen und Systemen werden vorgenommen, um zukünftige Vorfälle zu minimieren.

Insgesamt betont dieses Prozedere die Bedeutung von schneller Reaktion, Zusammenarbeit, transparenter Kommunikation und kontinuierlichem Lernen, um die
Sicherheit und Effizienz der IT-Infrastruktur sicherzustellen (Abb. 7.22).

7.3.6 Change Management

Systemänderungen in der IT sind kritisch, da sie potenziell Auswirkungen auf die
Stabilität, Sicherheit und Leistung der IT-Infrastruktur haben. Die Kritikalität von

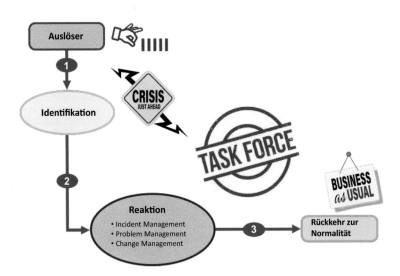

Abb. 7.22 Ereignisverarbeitung im IT-Operation

Systemänderungen hängt natürlich von verschiedenen Faktoren ab, einschließlich der Art der Änderung, des Kontexts, der Systemumgebung und der damit verbundenen Risiken.

Im IT-Betrieb werden verschiedene Arten von Änderungen, je nach ihrer Dringlichkeit und Komplexität, durchgeführt.

Normale Änderungen sind geplante Anpassungen an der IT-Infrastruktur, die in der Regel im Rahmen eines Change-Management-Prozesses durchgeführt werden. Diese Änderungen werden vorab gründlich geplant, getestet und dokumentiert. Sie betreffen oft Routineaufgaben, wie Aktualisierungen von Software oder Hardware-Upgrades, die keinen unmittelbaren Einfluss auf den laufenden Betrieb haben. Normale Änderungen unterliegen einem sorgfältigen Planungsprozess, der sicherstellt, dass potenzielle Risiken identifiziert und gemildert werden.

Standardänderungen sind vordefinierte und häufig wiederholte Änderungen, die bereits im Vorfeld genehmigt wurden. Diese Art von Änderung wird als Standard betrachtet, da sie durch klare Richtlinien und Prozeduren gut verstanden ist. Standardänderungen können routinemäßige Wartungsarbeiten oder gut etablierte Konfigurationsänderungen umfassen. Der Vorteil von Standardänderungen liegt darin, dass sie schnell und effizient durchgeführt werden können, ohne den umfassenden Genehmigungsprozess für normale Änderungen durchlaufen zu müssen. Sie müssen jedoch weiterhin dokumentiert und überwacht werden.

Notfälle sind unvorhergesehene Situationen, die sofortiges Handeln erfordern, um schwerwiegende Auswirkungen auf den laufenden Betrieb zu verhindern oder zu minimieren. Solche Situationen können durch Sicherheitsvorfälle, schwerwiegende Systemausfälle oder andere kritische Ereignisse ausgelöst werden. In solchen Fällen wird eine Notfalländerung erforderlich, um das Problem schnell zu beheben und den normalen Betrieb wiederherzustellen. Notfälle unterliegen oft einem beschleunigten Change-Management-Prozess, da die Geschwindigkeit der Reaktion entscheidend ist.

Während normale Änderungen eine sorgfältige Planung erfordern, bieten Standardänderungen eine effiziente Möglichkeit, wiederkehrende Aufgaben zu bewältigen. Notfälle erfordern hingegen sofortige Maßnahmen, um kritische Situationen zu entschärfen und die Betriebskontinuität zu gewährleisten (Abb. 7.23).

Als zusätzliche Information ist anzumerken, dass in einer Cloud-Umgebung Systemänderungen automatisiert durchgeführt werden können. Tatsächlich ist die Automatisierung von Abläufen und Konfigurationsänderungen eine der zentralen Möglichkeiten, wie Cloud-Plattformen genutzt werden. Die Automatisierung bietet mehrere Vorteile, darunter Effizienzsteigerungen, Konsistenz, Wiederholbarkeit und die Möglichkeit, Ressourcen effektiver zu verwalten (Abb. 7.24).

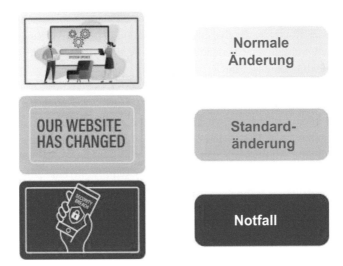

Abb. 7.23   Change Management im IT-Operation

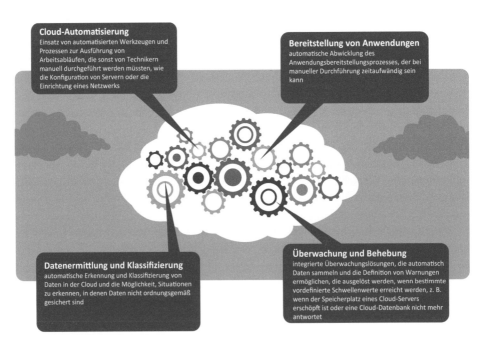

Abb. 7.24   IT-Operationmanagement im Cloud-Bereich

7.4   IT-Sicherheit-Management

In einer zunehmend vernetzten und digitalisierten Welt, in der Unternehmen auf komplexe IT-Infrastrukturen angewiesen sind, gewährleistet ein effektives Sicherheitsmanagement die Integrität, Vertraulichkeit und Verfügbarkeit von Daten. Es schützt vor einer Vielzahl von Cyberbedrohungen, darunter Malware, Phishing und Ransomware, und trägt dazu bei, sensible Informationen vor unbefugtem Zugriff zu bewahren. Die Bedeutung des IT-Sicherheits-Managements erstreckt sich über die rein technischen Aspekte hinaus und spielt eine zentrale Rolle bei der Schaffung und Aufrechterhaltung von Vertrauen bei Kunden, Partnern und Stakeholdern. Insgesamt ist es ein umfangreiches und unverzichtbares Element für die Sicherung und Stabilität moderner IT-Operationen (Abb. 7.25).

Die Sicherheitsarchitektur für IT-Operationen ist ein entscheidender Aspekt in der Gestaltung und Umsetzung von IT-Systemen. Sie bildet das Fundament für den Schutz vor potenziellen Bedrohungen und Sicherheitsrisiken. Eine gut konzipierte Sicherheitsarchitektur berücksichtigt nicht nur die technologischen Aspekte, sondern auch organisatorische und prozessuale Elemente. Sie definiert klare Sicherheitsrichtlinien, legt Zugriffskontrollen fest und implementiert Mechanismen zur Erkennung und Reaktion auf Sicherheitsvorfälle. Durch eine umfassende Sicherheitsarchitektur wird nicht nur die Integrität, Vertraulichkeit und Verfügbarkeit von Daten gewährleistet, sondern auch die Widerstandsfähigkeit des Gesamtsystems gegenüber ständig weiterentwickelnden Bedrohungen sichergestellt. Sie ist somit ein essenzieller Bestandteil bei der Entwicklung und Aufrechterhaltung einer verlässlichen IT-Infrastruktur (Abb. 7.26).

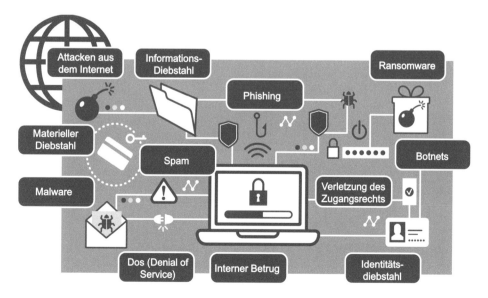

Abb. 7.25 Umfang der IT-Sicherheit

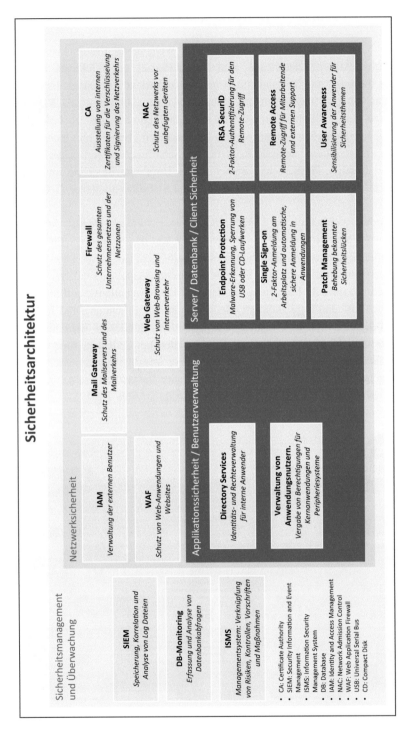

Abb. 7.26 Sicherheitsarchitektur

Die Critical Security Controls (CSC) des Center for Internet Security (CIS) stellen einen umfassenden Rahmen für wirksame Cyberabwehrmaßnahmen dar. Diese Kontrollen bieten eine strukturierte Herangehensweise an die Sicherheit von Informationssystemen und dienen als Leitfaden für Organisationen, um sich vor den heutigen komplexen Bedrohungen zu schützen. Hier sind die 20 Kritischen Sicherheitskontrollen nach CIS:

1. Inventarisierung und Kontrolle von Hardwaregeräten
2. Inventarisierung und Kontrolle von Softwareumgebungen
3. Kontinuierliche Schwachstellenbewertung und -behebung
4. Steuerung des sicheren Zugangs und der Verwaltungsberechtigungen
5. Sichere Konfigurationen für Hardware und Software auf mobilen Geräten, Laptops, Workstations und Servern
6. Aktive Überwachung und Analyse der Sicherheitslage
7. E-Mail und Web-Browser-Schutz
8. Absicherung von Endgeräten
9. Begrenzung und Kontrolle von Netzanschlüssen, Protokollen und Diensten
10. Fähigkeiten zur Datenwiederherstellung
11. Überprüfung der sicheren Netzwerkkonfigurationen
12. Verteidigung der Grenzen
13. Datenschutz und Datensicherheit
14. Kontrollierter Zugang auf der Grundlage des Wissensbedarfs
15. Kabellose Zugangskontrolle
16. Schutz von Kontodaten
17. Sicherheitsausbildung und -bewusstsein
18. Anwendungssoftwaresicherheit
19. Reaktion auf Vorfälle und Management
20. Penetrationstests und Red Teaming

Die kritischen Sicherheitskontrollen des CIS bieten eine strukturierte und praxisorientierte Grundlage für Organisationen, um ihre Cyberabwehrmaßnahmen zu verbessern und sich wirksam vor Cyberbedrohungen zu schützen (Abb. 7.27).

7.4.1   SIEM

Unternehmen müssen sich schützen, da sie sensible Informationen und Daten speichern, die für ihren Geschäftserfolg entscheidend sind. Ein unzureichender Schutz kann zu Datenverlust, Betrug, Rufschädigung und finanziellen Verlusten führen. Aus diesem Grund wurden zentrale Plattformen, bekannt als **Security-Information-and-Event-Management-(SIEM)-**Lösungen, entwickelt. Diese dienen der Überwachung, Analyse und Berichterstattung von Sicherheitsereignissen.

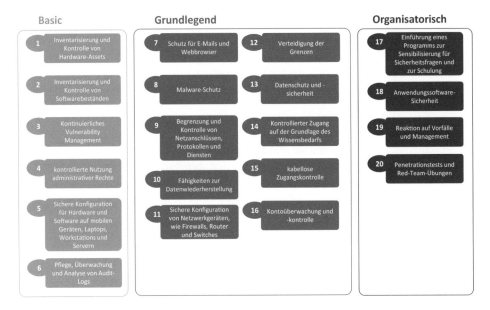

Abb. 7.27 CIS (Center for Internet Security) kritische Sicherheitskontrollen für eine wirksame Cyberabwehr

Ein SIEM-System stellt eine umfassende Lösung im Bereich der IT-Sicherheit dar, die dazu dient, Sicherheitsinformationen und Ereignisse in Echtzeit zu sammeln, zu analysieren und zu korrelieren. Ziel ist es, Bedrohungen und Sicherheitsvorfälle effizient zu erkennen und darauf angemessen zu reagieren. Ein SIEM-System kombiniert zwei Hauptfunktionen: Security-Information-Management (SIM) und Security-Event-Management (SEM).

So eine Lösung erfüllt mehrere Hauptfunktionen, um die Sicherheitsinfrastruktur einer Organisation zu schützen. Hier sind die wichtigsten Funktionen einer SIEM-Lösung:

- **Eventsammlung:** Erfassung von Sicherheitsereignissen und Protokolldaten aus verschiedenen Quellen wie Netzwerkgeräten, Servern, Anwendungen und Sicherheitslösungen.
- **Eventnormalisierung und -korrelation:** Standardisierung und Zusammenführung von Ereignisdaten aus unterschiedlichen Formaten und Quellen, um Zusammenhänge zwischen einzelnen Ereignissen zu erkennen und komplexe Angriffsmuster zu identifizieren
- **Echtzeitüberwachung:** Kontinuierliche Echtzeitüberwachung von Sicherheitsereignissen, um sofort auf verdächtige Aktivitäten reagieren zu können

- **Alarmierung und Benachrichtigung:** Automatische Generierung von Alarmen und Benachrichtigungen bei Erkennung von sicherheitsrelevanten Ereignissen, um schnelle Reaktionen zu ermöglichen
- **Datenanalyse und Korrelationsregels:** Anwendung von vordefinierten oder benutzerdefinierten Regeln zur Analyse von Sicherheitsdaten und zur Identifizierung von Anomalien oder Bedrohungen
- **Berichterstattung und Dashboards:** Erstellung von detaillierten Berichten und Dashboards, um Einblicke in die Sicherheitslage, Trends und Schwachstellen zu ermöglichen.
- **Benutzer- und Identitätsüberwachung:** Überwachung von Benutzeraktivitäten und Identitätsmanagement, um Insiderbedrohungen zu identifizieren und zu überwachen

Ein SIEM-System ist ein entscheidendes Instrument für Unternehmen, um Sicherheitsvorfälle effizient zu erkennen und darauf zu reagieren. Es bietet eine zentrale Plattform für die Verwaltung und Analyse von Sicherheitsinformationen und ermöglicht eine proaktive Herangehensweise an die Cybersicherheit (Abb. 7.28).

7.4.2   Vulnerability Management

Eine zweite wichtige Verteidigungslinie im Bereich der Cybersicherheit ist das Schwachstellenmanagement oder **Vulnerability Management.** Es wird proaktiv eingesetzt, um Schwachstellen in der IT-Infrastruktur einer Organisation zu identifizieren. Das Hauptziel dieses Prozesses ist es, die Anfälligkeit von Systemen gegenüber potenziellen Bedrohungen zu minimieren.

Abb. 7.28   SIEM-Funktionalitäten (SIEM: Security Information and Event Management)

Vulnerability Scans werden durchgeführt, um Schwachstellen zu identifizieren, bevor böswillige Akteure diese ausnutzen können. Hier sind die gängigen Arten von Vulnerability Scans für verschiedene Komponenten:

- **Netzwerke**
  Port-Scans: Identifizieren offener Netzwerk-Ports und Dienste auf einem Zielnetzwerk
  Host-Discovery: Ermitteln der verfügbaren Geräte und Systeme im Netzwerk
  Vulnerability Scans: Durchsuchen nach bekannten Schwachstellen in Netzwerkkomponenten wie Routern, Switches und Firewalls
- **Wi-Fi**
  Wi-Fi-Scans: Identifizieren von WLAN-Netzwerken und Überprüfen der Sicherheitskonfiguration
  Verschlüsselungsprüfung: Überprüfen, ob starke Verschlüsselungsmethoden verwendet werden
  Schwachstellen in Wi-Fi-Protokollen: Identifizieren von Schwachstellen in den verwendeten Wi-Fi-Protokollen
- **Server**
  Betriebssystem-Scans: Identifizieren von Schwachstellen in Serverbetriebssystemen
  Dienst- und Anwendungsscans: Überprüfen von laufenden Diensten und Anwendungen auf Sicherheitslücken
  Konfigurationsprüfungen: Überprüfen der Serverkonfiguration auf potenzielle Schwachstellen
- **Anwendungen**
  Web Applikation Scans: Identifizieren von Schwachstellen in Webanwendungen, einschließlich Cross-Site Scripting (XSS), SQL-Injection und andere
  Code Reviews: Manuelle oder automatisierte Überprüfung des Anwendungsquellcodes auf Sicherheitsprobleme
  API-Sicherheitsprüfungen: Überprüfen von Schnittstellen und APIs auf Sicherheitsrisiken
- **Datenbanken**
  Datenbankscans: Identifizieren von Schwachstellen und Konfigurationsproblemen in Datenbanken
  Berechtigungsprüfungen: Überprüfen von Benutzerrechten und Zugriffskontrollen in der Datenbank
  Verschlüsselungsprüfungen: Sicherstellen, dass sensible Daten in der Datenbank angemessen verschlüsselt sind

Es ist wichtig zu beachten, dass regelmäßige Aktualisierungen der Scans und eine kontinuierliche Überwachung notwendig sind, um auf die sich stetig wandelnde Bedrohungslandschaft angemessen zu reagieren (Abb. 7.29).

Abb. 7.29 Typen von Schwachstellenscannern

7.5   Business-Continuity-Management (BCM)

In einem Unternehmen sind verschiedene Risiken präsent, die eine Vielzahl von Geschäftsbereichen beeinflussen können. Finanzielle Risiken, wie Währungsschwankungen oder Liquiditätsengpässe, stellen eine erhebliche Bedrohung dar, die die finanzielle Stabilität des Unternehmens gefährden kann. Operative Risiken, wie technische Ausfälle oder Lieferkettenunterbrechungen, können die reibungslose Geschäftsabwicklung beeinträchtigen und zu Produktionsverzögerungen führen. Darüber hinaus sind rechtliche Risiken, wie Haftungsansprüche oder Gesetzesverstöße, zu berücksichtigen, da sie nicht nur finanzielle Konsequenzen haben können, sondern auch das Ansehen des Unternehmens schädigen.

In einem Unternehmen sind auch **IT-Risiken** von entscheidender Bedeutung, da die moderne Geschäftswelt stark von Informationstechnologie abhängt. Cybersecuritybedrohungen stellen erhebliche Gefahren dar und können nicht nur zu finanziellen Verlusten, sondern auch zu einem schwerwiegenden Vertrauensverlust bei Kunden und Partnern führen. Technologische Ausfälle oder Systemstörungen können zu erheblichen Betriebsunterbrechungen führen, die Produktivität beeinträchtigen und den Ruf des Unternehmens gefährden. Compliancerisiken im Zusammenhang mit Datenschutzbestimmungen und branchenspezifischen Vorschriften sind ebenfalls zu berücksichtigen, da Verstöße rechtliche Konsequenzen nach sich ziehen können. Eine effektive IT-Risiko-Management-Strategie, die regelmäßige Überprüfungen, Schulungen für Mitarbeitenden und die Implementierung von bewährten Sicherheitsmaßnahmen einschließt, ist grundlegend, um die Integrität der Unternehmensdaten zu schützen und einen reibungslosen Betrieb zu gewährleisten (Abb. 7.30).

Das Bundesamt für Sicherheit in der Informationstechnik (BSI) hat einen Katalog von IT-Grundschutzmaßnahmen erstellt, der eine umfassende Übersicht über mögliche Bedrohungen bietet. Diese elementaren Gefährdungen sind die folgenden:

Abb. 7.30   Risiko = Bedrohung x Schwachstelle

- G 0.1 Feuer
- G 0.2 Ungünstige klimatische Bedingungen
- G 0.3 Wasser
- G 0.4 Verschmutzung, Staub, Korrosion
- G 0.5 Naturkatastrophen
- G 0.6 Katastrophen im Umfeld
- G 0.7 Großereignisse im Umfeld
- G 0.8 Ausfall oder Störung der Stromversorgung
- G 0.9 Ausfall oder Störung von Kommunikationsnetzen
- G 0.10 Ausfall oder Störung von Versorgungsnetzen
- G 0.11 Ausfall oder Störung von Dienstleistern
- G 0.12 Elektromagnetische Störstrahlung
- G 0.13 Abfangen kompromittierender Strahlung
- G 0.14 Ausspähen von Informationen (Spionage)
- G 0.15 Abhören
- G 0.16 Diebstahl von Geräten, Datenträgern oder Dokumenten
- G 0.17 Verlust von Geräten, Datenträgern oder Dokumenten
- G 0.18 Fehlplanung oder fehlende Anpassung
- G 0.19 Offenlegung schützenswerter Informationen
- G 0.20 Informationen oder Produkte aus unzuverlässiger Quelle
- G 0.21 Manipulation von Hard- oder Software
- G 0.22 Manipulation von Informationen

- G 0.23 Unbefugtes Eindringen in IT-Systeme
- G 0.24 Zerstörung von Geräten oder Datenträgern
- G 0.25 Ausfall von Geräten oder Systemen
- G 0.26 Fehlfunktion von Geräten oder Systemen
- G 0.27 Ressourcenmangel
- G 0.28 Software-Schwachstellen oder -Fehler
- G 0.29 Verstoß gegen Gesetze oder Regelungen
- G 0.30 Unberechtigte Nutzung oder Administration von Geräten und Systemen
- G 0.31 Fehlerhafte Nutzung oder Administration von Geräten und Systemen
- G 0.32 Missbrauch von Berechtigungen
- G 0.33 Personalausfall
- G 0.34 Anschlag
- G 0.35 Nötigung, Erpressung oder Korruption
- G 0.36 Identitätsdiebstahl
- G 0.37 Abstreiten von Handlungen
- G 0.38 Missbrauch personenbezogener Daten
- G 0.39 Schadprogramme
- G 0.40 Verhinderung von Diensten (Denial-of-Service)
- G 0.41 Sabotage
- G 0.42 Social Engineering
- G 0.43 Einspielen von Nachrichten
- G 0.44 Unbefugtes Eindringen in Räumlichkeiten
- G 0.45 Datenverlust
- G 0.46 Integritätsverlust schützenswerter Informationen
- G 0.47 Schädliche Seiteneffekte IT-gestützter Angriffe

Mehr Informationen unter: www.bsi.bund.de/SharedDocs/Downloads/DE/BSI/Grund-schutz/Kompendium/Elementare_Gefaehrdungen.html?nn=128562

Wenn unerwartete Störungen auftreten sollten, müssen Organisationen in der Lage sein, ihre kritischen Geschäftsprozesse aufrechtzuerhalten. Das **Business-Continuity-Management (BCM)** soll sicherstellen, dass Unternehmen in der Lage sind, im Falle eines unvorhergesehenen Ereignisses oder einer Katastrophe weiterhin zu funktionieren. Dadurch wird die Widerstandsfähigkeit des Unternehmens gestärkt und die Auswirkungen von Störungen auf ein Minimum reduziert. Durch die Identifizierung, Bewertung und das proaktive Management von Risiken trägt BCM dazu bei, die Wahrscheinlichkeit von Unterbrechungen zu verringern. Dies ermöglicht es Organisationen, besser auf potenzielle Bedrohungen vorbereitet zu sein. In einigen Branchen und Regionen gibt es sogar gesetzliche Vorschriften, die Organisationen verpflichten, Pläne für die Geschäftskontinuität zu haben. BCM hilft dabei, diese Compliance-Anforderungen zu erfüllen (Abb. 7.31).

Im Rahmen des Business-Continuity-Managements werden verschiedene Krisenszenarien identifiziert und bewertet, um sicherzustellen, dass eine Organisation auf eine

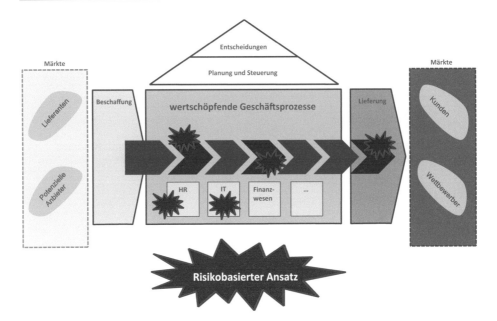

Abb. 7.31 Aufrechterhaltung kritischer Funktionen dank Business-Continuity-Management (BCM)

Vielzahl potenzieller Störungen vorbereitet ist. Im Folgenden sind vier Beispiele für Krisenszenarien im BCM beschrieben.

Die Nichtverfügbarkeit von Gebäuden kann durch Naturkatastrophen wie Erdbeben, Brände oder Überschwemmungen verursacht werden. Sie beeinträchtigt den normalen Betrieb, indem sie den Zugang zu physischen Arbeitsplätzen behindert. Organisationen sollten alternative Arbeitsstandorte, Homeofficeoptionen und klare Evakuierungspläne haben, damit kritische Funktionen weiterhin ausgeführt werden können.

Die Nichtverfügbarkeit von IT-Systemen, sei es durch technische Fehler, Cyberangriffe oder andere Ursachen, kann schwerwiegende Auswirkungen auf den Geschäftsbetrieb haben. Dies unterstreicht die Bedeutung von regelmäßigen Backups, Redundanz in IT-Infrastrukturen, effizienten Wiederherstellungsplänen und Schulungen für Mitarbeitende, um angemessen auf IT-Ausfälle zu reagieren.

Finanzkrisen können sich auf die Liquidität, die Kreditverfügbarkeit und die allgemeine Wirtschaftslage auswirken. Organisationen sollten in der Lage sein, ihre finanzielle Gesundheit zu überwachen, Frühwarnsysteme zu implementieren und Pläne zur Liquiditätsabsicherung zu entwickeln. Das Risikomanagement und die Diversifizierung von Finanzressourcen sind entscheidend, um sich gegen die Auswirkungen von Finanzkrisen zu schützen.

Eine Pandemie kann zu erheblichen Ausfällen führen, wenn viele Mitarbeitende aufgrund von Krankheit, Quarantäne oder anderen Gründen gleichzeitig nicht verfügbar sind. Unternehmen müssen Pläne für die Gewährleistung der Geschäftskontinuität in solchen Situationen entwickeln. Dies kann die Förderung von Remotearbeit, klare Richtlinien für die Gesundheitsvorsorge am Arbeitsplatz und Maßnahmen zur Mitarbeiterbindung einschließen, um die Auswirkungen von Personalengpässen zu mildern.

Es ist wichtig, diese Szenarien frühzeitig zu identifizieren und entsprechende Maßnahmen zur Vorbereitung darauf zu treffen, um die Auswirkungen auf die Organisation zu minimieren (Abb. 7.32).

Die Bedrohungsanalyse beinhaltet die Identifizierung und Bewertung potenzieller Bedrohungen, die die Geschäftskontinuität eines Unternehmens beeinträchtigen könnten. Eine Bewertung der Auswirkungen sowie der Dringlichkeit dieser Bedrohungen muss sorgfältig geprüft werden.

Die Auswirkungen von Bedrohungen können vielfältig sein, einschließlich Personenschäden, finanzielle Verluste, Image- und Reputationsschäden, Geschäftshindernisse oder Verstoß gegen gesetzliche oder behördliche Vorschriften. Die Dringlichkeit bezieht sich darauf, wie schnell Maßnahmen ergriffen werden müssen, um die Auswirkungen einer kritischen Störung zu mildern (Abb. 7.33).

Die Implementierung des Business-Continuity-Managements in einer Organisation erfolgt typischerweise in mehreren Etappen.

Zunächst wird die Initiative für das BCM gestartet, um das Bewusstsein für die Bedeutung der Geschäftskontinuität zu schärfen. Das Management und die relevanten Stakeholder müssen über die Bedeutung von BCM informiert und sensibilisiert werden. Dies umfasst die Kommunikation der potenziellen Risiken bei einem fehlenden BCM sowie die Vorteile einer gut durchdachten Geschäftskontinuitätsstrategie. Ein wichtiger

Abb. 7.32 Beispiele von Krisenszenarien

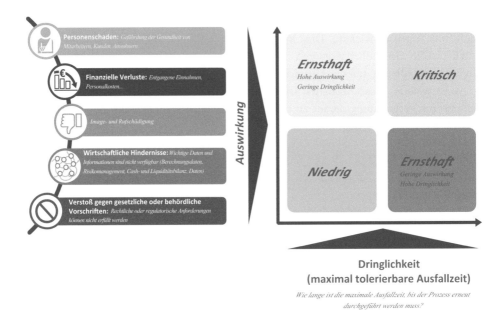

Abb. 7.33 Analyse von Bedrohungen für BCM-Zwecke (BCM: Business-Continuity-Management)

Schritt in diesem Prozess ist die Ernennung von BCM-Verantwortlichen und die Einrichtung eines BCM-Teams.

Nach der Initiierung kommt die Phase der Anforderungsdefinition und Strategieentwicklung, damit die Grundlage für die präzise Umsetzung von BCM in der Organisation geschaffen wird. Die **Business Impact Analyse** (BIA) ist ein zentraler Bestandteil dieser Phase. In diesem Schritt werden die geschäftskritischen Prozesse identifiziert und bewertet, um ihre Auswirkungen auf die Organisation zu verstehen. Dies umfasst die Quantifizierung von finanziellen Verlusten, Ausfallzeiten, Reputationsschäden und anderen Faktoren. Die BIA liefert wertvolle Informationen für die Festlegung von Wiederherstellungszielen und die Priorisierung von Geschäftsprozessen. Parallel zur BIA erfolgt die Risikobeurteilung, bei der potenzielle Bedrohungen und ihre Wahrscheinlichkeit bewertet werden. Die Kombination der BIA-Ergebnisse und der Risikobeurteilung ermöglicht es, kritische Schwachstellen zu identifizieren und konkrete Strategien für die Geschäftskontinuität zu entwickeln.

Die Umsetzungsphase beinhaltet die Entwicklung und Implementierung von konkreten BCM-Plänen und -Prozessen. Zu Beginn dieser Phase wird ein detaillierter Umsetzungsplan erstellt. Dieser Plan umfasst die Zuweisung von Aufgaben und Verantwortlichkeiten an die relevanten Teams. Eine klare Organisationsstruktur gewährleistet, dass jeder Mitarbeitende weiß, welche Rolle er im BCM-Prozess spielt, und fördert eine effiziente Umsetzung. Basierend auf den Wiederherstellungszielen, die in der vorherigen Phase festgelegt wurden, werden detaillierte Wiederherstellungspläne für geschäftskritische

Prozesse entwickelt. Diese Pläne enthalten klare Schritte und Verantwortlichkeiten, um die Wiederherstellung nach einer Störung zu erleichtern. Dies umfasst Notfall-kommunikationspläne, Verfahren zur Evakuierung von Gebäuden, Verfahren zur Daten-sicherung und -wiederherstellung sowie andere spezifische Schritte. Die identifizierten Maßnahmen zur Risikominderung, die während der Risikobeurteilung entwickelt wur-den, werden umgesetzt. Dies kann die Verbesserung von Sicherheitsmaßnahmen oder die Implementierung von Redundanzen in kritischen Systemen umfassen. Falls erfor-derlich, werden Vereinbarungen mit externen Dienstleistern, Lieferanten und anderen Part-nern umgesetzt. Dies könnte die Einrichtung von Notfallverträgen oder die Bereitstellung von Dienstleistungen durch alternative Anbieter umfassen, damit die gesamte Wert-schöpfungskette resilient wird. Die Implementierung wird durch eine erste Überprüfung evaluiert, um sicherzustellen, dass die Maßnahmen gemäß den Plänen umgesetzt wurden. Diese Überprüfung dient dazu, frühzeitig mögliche Herausforderungen zu identifizieren, Anpassungen vorzunehmen und sicherzustellen, dass die Organisation für den Ernstfall bereit ist.

Die Phase des operativen Managements im Business-Continuity-Management kon-zentriert sich darauf, sicherzustellen, dass die implementierten BCM-Maßnahmen ef-fektiv funktionieren und kontinuierlich aktualisiert werden. Dieser laufende Prozess ge-währleistet, dass die Organisation ständig auf mögliche Störungen vorbereitet ist. Regel-mäßige Notfallübungen sind entscheidend, um die Wirksamkeit der BCM-Maßnahmen zu testen. Diese Übungen simulieren verschiedene Störungsszenarien, damit die Mit-arbeitenden mit den Notfallplänen vertraut sind und im Ernstfall effektiv reagieren kön-nen. Die gewonnenen Erkenntnisse werden genutzt, um Schwachstellen zu identifizieren und die Pläne zu verbessern. Kontinuierliche Information und Sensibilisierung der Mit-arbeitenden sind wichtig, um ein Bewusstsein für die Bedeutung der Geschäftskontinui-tät aufrechtzuerhalten. Schulungen und Informationsveranstaltungen stellen sicher, dass Mitarbeitende die Notfallpläne verstehen und im Falle einer Störung angemessen han-deln können. Regelmäßige Prüfungen und Audits überprüfen die BCM-Maßnahmen. Diese können interne Audits, externe Prüfungen oder Zertifizierungen umfassen. Da sich Organisationen im Laufe der Zeit entwickeln, ist eine kontinuierliche Anpassung der BCM-Maßnahmen an Veränderungen im Unternehmen erforderlich. Change-Management-Verfahren stellen sicher, dass alle Veränderungen in der Organisation in Bezug auf Technologie, Personal oder Geschäftsprozesse angemessen im BCM berück-sichtigt werden. Neue Mitarbeitende sollten auch in die BCM-Praktiken eingeführt wer-den. Die kontinuierliche Bewertung des BCM-Programms ermöglicht es der Organisa-tion, die Effektivität ihrer Geschäftskontinuitätsmaßnahmen zu bewerten. Dies umfasst die Analyse von Notfallreaktionen, die Überprüfung von Leistungskennzahlen und die Identifizierung von Möglichkeiten zur kontinuierlichen Verbesserung.

Diese vier Etappen – Initiierung, Anforderung und Strategie, Umsetzung und ope-ratives Management – bilden einen zyklischen Prozess, der es Organisationen ermög-licht, kontinuierlich auf potenzielle Bedrohungen vorbereitet zu sein und ihre Geschäfts-kontinuität sicherzustellen (Abb. 7.34).

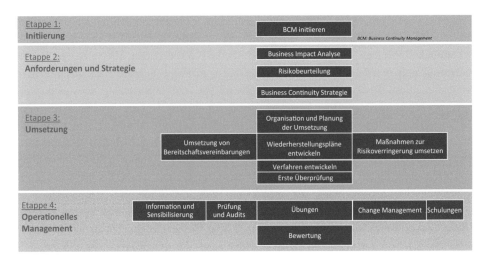

Abb. 7.34 BCM-Implementierung in 4 Schritten (BCM: Business-Continuity-Management)

Das IT-Service-Kontinuitäts-Management, oder auf English „**IT-Service-Continuity-Management" (ITSCM)** ist ein Bestandteil des umfassenderen Business-Continuity-Managements, welches sich speziell auf die Kontinuität von IT-Diensten konzentriert. Das Hauptziel von ITSCM ist es, sicherzustellen, dass die IT-Services und -Systeme einer Organisation auch während und nach einer Störung oder Krise weiterhin verfügbar sind (Abb. 7.35).

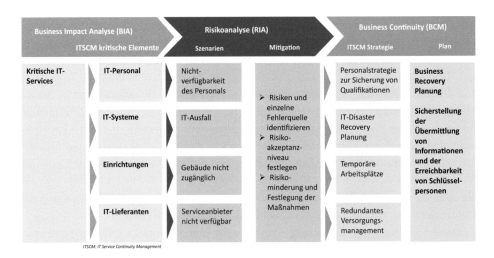

Abb. 7.35 ITSCM als Teil des BCM (ITSCM: IT-Service-Continuity-Management/BCM: Business-Continuity-Management)

Innerhalb des ITSCM Rahmenwerks werden proaktive Maßnahmen und Aktivitäten durchgeführt, um die Widerstandsfähigkeit der IT-Infrastruktur zu stärken. Dies beinhaltet die Definition der Anforderungen durch die Identifikation kritischer Geschäftsprozesse und die Durchführung von Risikobewertungen. Die Entwicklung einer umfassenden ITSCM-Strategie ist ebenso wichtig, um klare Ziele, Richtlinien und Ressourcen für die Geschäftskontinuität festzulegen. Das Erstellen detaillierter Notfallpläne ermöglicht eine strukturierte Reaktion auf unerwartete Ereignisse, während die Umsetzung des Krisenmanagements frühzeitige Warnsysteme und effektive Kommunikationsstrategien einschließt. Schließlich spielen Tests und Notfallübungen eine entscheidende Rolle, um die Reaktionsfähigkeit der Organisation zu überprüfen und sicherzustellen, dass alle Beteiligten mit den festgelegten Verfahren vertraut sind. Insgesamt gewährleistet das ITSCM-Framework, dass Unternehmen widerstandsfähig gegenüber Störungen sind und ihre IT-Services auch unter herausfordernden Umständen aufrechterhalten können (Abb. 7.36).

Die Reaktion auf einen Notfall ist ein kritischer Aspekt des ITSCM, der darauf abzielt, die Kontinuität von IT-Services sicherzustellen. Im Falle eines Notfalls beginnt die Reaktion mit der unverzüglichen Erkennung und Bewertung der Situation. Die Eskalation und Alarmierung spielen eine entscheidende Rolle, um relevante Stakeholder zu informieren und die erforderlichen Maßnahmen zu koordinieren. Das Krisenmanagement tritt in Kraft, um die Auswirkungen zu begrenzen und die Wiederherstellung der Services

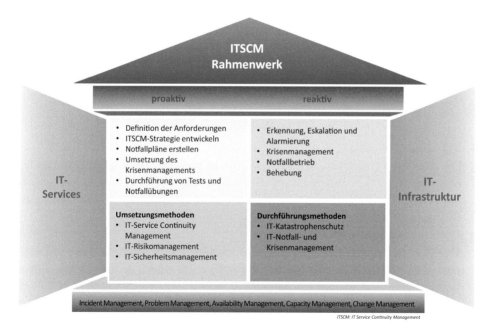

Abb. 7.36 Proaktive und reaktive Maßnahmen des ITSCM (ITSCM: IT-Service-Continuity-Management)

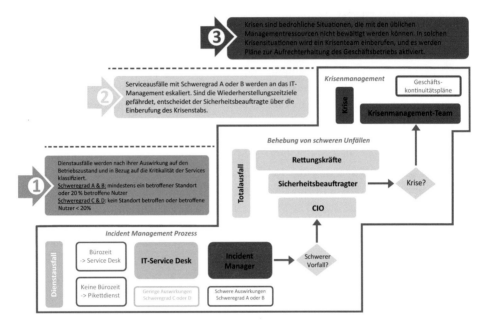

Abb. 7.37   Antwort auf einen Notfall

zu initiieren. Der Übergang zum Notfallbetrieb ermöglicht es, kritische Geschäftsprozesse aufrechtzuerhalten, während parallel dazu die Behebung der Störung eingeleitet
wird. Die Reaktion auf einen Notfall erfordert eine präzise Umsetzung vordefinierter
Notfallpläne, klare Kommunikation und eine koordinierte Zusammenarbeit aller relevanten Akteure (Abb. 7.37).

MTO, DOO, RPO und RTO sind Begriffe, die im Kontext von ITSCM und Disaster
Recovery verwendet werden. Hier sind die Erklärungen für jeden Begriff:

- **Maximum Tolerable Outage** (MTO)

  Das MTO ist die maximal akzeptable Ausfallzeit, die eine Organisation für einen bestimmten IT-Service tolerieren kann, ohne schwerwiegende geschäftliche Konsequenzen zu erleiden. Es repräsentiert den Punkt, an dem der Schaden oder die Verluste als
  inakzeptabel betrachtet werden.
- **Downtime Objective** (DOO)

  Das DOO ist das angestrebte Ziel für die minimale Ausfallzeit eines IT-Services während eines Notfalls oder einer Störung. Es gibt an, wie schnell der Service wiederhergestellt werden soll, um den geschäftlichen Anforderungen gerecht zu werden.

- **Recovery Point Objective** (RPO)
  Das RPO definiert den maximal zulässigen Datenverlust in einem Notfall. Es gibt an, bis zu welchem Zeitpunkt vor dem Ausfall die Daten wiederhergestellt werden müssen, um den normalen Betrieb aufrechtzuerhalten. Ein RPO wird oft in Stunden oder Minuten gemessen.
- **Recovery Time Objective** (RTO)
  Das RTO ist die angestrebte maximale Zeitdauer, die benötigt wird, um einen IT-Service nach einem Ausfall wiederherzustellen und in den Normalbetrieb zu überführen. Das RTO legt den Zeitrahmen fest, innerhalb dessen die Wiederherstellung abgeschlossen sein sollte.

Diese Begriffe helfen dabei, klare Ziele und Zeitrahmen für die Wiederherstellung von IT-Services festzulegen, um den Geschäftsbetrieb nach einer Störung effektiv fortzusetzen.

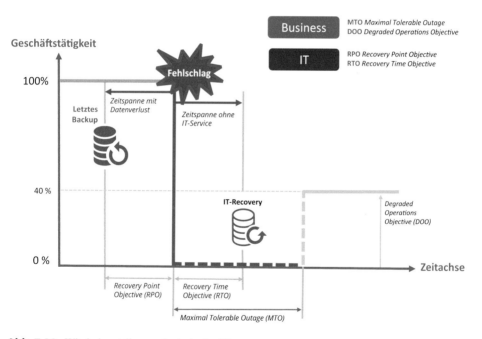

Abb. 7.38   Wiederherstellungsprinzip in der IT

Anbei noch zum Schluss einige bewährte Praktiken für ein effizientes IT-Disaster Recovery:

- Daten regelmäßig sichern: die Sicherungsverfahren überwachen und sicherstellen, dass die gespeicherten Daten verwendbar sind
- 2 bis 3 verschiedene Datenzentren betreiben: nach Tier 4 zertifizierten, redundanten Rechenzentren streben
- Sichere und redundante Konnektivität: eine Strategie mit zwei Anbietern einführen
- Die IT-Ressourcen verwalten: Die Infrastruktur aufrechthalten und den Lebenszyklus der Systeme sicherstellen
- Ausreichend Serverkapazität einplanen: die Serverkapazitäten sorgfältig überwachen und immer mit Leistungsproblemen rechnen
- Systemverantwortliche weiterbilden und eine Risikokonzentration auf einige wenige Mitarbeitende vermeiden
- Einmal im Jahr einen Ausfallsicherungstest durchführen: eine Umschaltung der Systeme über einige Tage organisieren (Failovertest)
- Wiederherstellungspläne prüfen, insbesondere für neue Systeme: die Möglichkeit neuer produktiver Infrastrukturen nutzen, um einen Wiederherstellungsplan zu überprüfen (Abb. 7.38)

IT-Reporting und Controlling

8

Die Bewertung von Leistungen stellt eine der herausforderndsten Aufgaben für das Management dar. Sie erfordert kontinuierliche Anstrengungen und kann häufig zu einer technokratischen Führungskultur führen. Gleichzeitig bedeutet ein Mangel an Indikatoren, dass man im Dunkeln tappt. Daher sind die Relevanz und Qualität der Leistungsindikatoren von entscheidender Bedeutung. In diesem Zusammenhang spricht man von KPIs, **Key Performance Indicators** (Abb. 8.1).

Bevor KPIs präsentiert werden, werden **Methoden zur Messung und Verfolgung von Leistungskennzahlen** vorgestellt, da diese einen Rahmen für die Definition der KPIs anbieten. Weiterhin schafft die Leistungsmessung Transparenz und fördert die Kommunikation zwischen Mitarbeitenden und Führungskräften. Diese hilft auch dabei, klare Ziele festzulegen. Die Messung ermöglicht es dann, die Leistung des Einzelnen und die des Teams zu bewerten.

Die Einrichtung eines **IT-Reportings** verlangt ein klares Konzept, Ausdauer und viel Geduld. Anhand von Kennzahlen und Statistiken wird ersichtlich, welche Bereiche verbessert werden müssen und welche bereits erfolgreich sind. Berichte spielen auch eine wichtige Rolle bei der Einhaltung von Complianceanforderungen. Sie bieten eine Überprüfbarkeit der Unternehmensdaten und dienen als Nachweis für externe Prüfungen. Durch Automatisierung und die Verwendung strukturierter Daten können **Dashboards** zur Verfügung gestellt werden. Das IT-Reporting stellt daher ein unverzichtbares Werkzeug dar.

Während das IT-Reporting sich auf die Sammlung, Analyse und Darstellung von Daten und Informationen über IT-Prozesse, Systeme und Leistung bezieht, fokussiert sich **das IT-Controlling** auf die Planung, Steuerung und Überwachung der Ressourcen und auf die IT-Budgetierung. Das IT-Controlling unterstützt Unternehmen, die Effizienz der IT sicherzustellen.

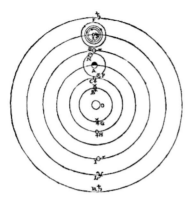

Galileo Galilei

(1564 - 1642)

"Messen, was messbar ist, und
messbar machen, was nicht messbar ist"

Abb. 8.1 Leistungen messbar machen

8.1   Modelle zur Leistungsmessung

Im Folgenden werden zwei multidimensionale Kennzahlenmodelle vorgestellt: die **Balanced Scorecard** (BSC) und das **EFQM**-Model.

Die Balanced Scorecard wurde von den Forschern Robert Kaplan und David Norton in den frühen 1990er-Jahren entwickelt. Sie kombiniert finanzielle Kennzahlen mit nicht finanziellen Kennzahlen, um ein ausgewogenes Bild der Leistung des Unternehmens zu erhalten.

Das EFQM-Modell, auch bekannt als European Foundation for Quality Management, ist ein Rahmenwerk zur Bewertung und Verbesserung der Gesamtqualität einer Organisation. Es ist ein ganzheitlicher Ansatz, der verschiedene Aspekte wie Führung, Strategie, Mitarbeiterbeteiligung, Ressourcenmanagement, Prozesse, Kundenzufriedenheit und Ergebnisse umfasst.

8.1.1   Die Balanced Scorecard (BSC)

Die Balanced Scorecard besteht aus vier Perspektiven: Finanzen, Kunden, interne Prozesse sowie Lernen und Wachstum. Anbei eine kurze Beschreibung dieser vier Dimensionen:

1. **Finanzielle Perspektive**
   Diese Dimension bezieht sich auf traditionelle finanzielle Kennzahlen wie Umsatz, Gewinn und Rentabilität. Sie liefert Informationen über die finanzielle Performance des Unternehmens und zeigt, wie gut es seine finanziellen Ziele erreicht.

2. **Kundenperspektive**

   In dieser Dimension stehen die Kundenzufriedenheit und -loyalität im Fokus. Unternehmen sollten verstehen, was ihren Kunden wichtig ist und wie gut sie deren Bedürfnisse erfüllen. Beispiele für Kennzahlen in dieser Perspektive könnten Kundenzufriedenheit, Kundenbindungsraten oder die Anzahl wiederkehrender Kunden sein.

3. **Interne Prozessperspektive**

   Diese Dimension befasst sich mit den internen Abläufen und Prozessen des Unternehmens, die die Wertschöpfung für Kunden und den finanziellen Erfolg ermöglichen. Beispiele für Kennzahlen könnten die Durchlaufzeiten, Fehlerquoten oder die Effizienz der Produktionsprozesse sein.

4. **Lern- und Wachstumsperspektive**

   In dieser Dimension geht es um die Fähigkeiten eines Unternehmens, Innovation, Lernen und Entwicklung zu fördern. Dies beinhaltet Aspekte wie Mitarbeiterqualifikation, Unternehmenskultur, Technologieinfrastruktur oder Forschung und Entwicklung. Kennzahlen könnten hier beispielsweise Schulungs- und Weiterbildungsbudgets, Mitarbeiterzufriedenheit oder die Anzahl neuer Patente sein (Abb. 8.2).

Die BSC wird vor allem im strategischen Management eingesetzt, da sie ein vielseitiges Instrument ist, das als Messinstrument bei der Umsetzung strategischer Pläne in allen Bereichen einer Organisation eingesetzt werden kann.

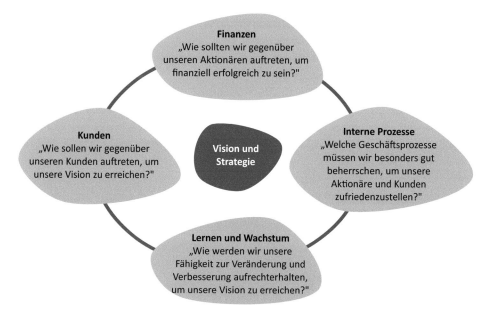

Abb. 8.2 Die Balanced Scorecard (BSC) von Kaplan und Norton

Die Balanced Scorecard hilft dabei, die strategischen Ziele einer Organisation mit den entsprechenden Leistungskennzahlen zu verbinden. Eine Scorecard enthält finanzielle und nicht-finanzielle Kennzahlen in den vier beschriebenen Perspektiven (Finanzen, Kunden, interne Prozesse und Lernen/Entwicklung), die für die Umsetzung der Strategie und die Erreichung der definierten messbaren Ziele identifiziert wurden. Für die festgelegten Indikatoren werden regelmäßig Daten gesammelt, um den Fortschritt der Organisation zu verfolgen. Bei Abweichungen werden erforderliche Anpassungen oder Maßnahmen vorgenommen. Die BSC ermöglicht die strategische Ausrichtung einer Organisation klar zu kommunizieren und sicherzustellen, dass alle Aktivitäten auf die Erreichung der definierten Ziele abzielen.

Die Balanced Scorecard kann auch in der IT eingesetzt werden, zum Beispiel um die Leistung und den Erfolg von IT-Projekten, IT-Dienstleistungen oder der gesamten IT-Abteilung zu messen. Anbei eine generische Balanced Scorecard für den IT-Bereich:

1. **Finanzielle Perspektive in der IT**
   Diese Dimension konzentriert sich auf finanzielle Kennzahlen wie Kosten, Investitionen und Rendite der IT-Aktivitäten. Ziel ist es, den Wert der IT für das Unternehmen zu messen und sicherzustellen, dass IT-Investitionen rentabel sind.
2. **Kundenperspektive in der IT**
   Hier liegt der Fokus auf den Bedürfnissen und Anforderungen der Kunden der IT-Organisation. Es geht darum, Kundenzufriedenheit und Qualität der IT-Services zu messen, um sicherzustellen, dass die IT effektiv die geschäftlichen Anforderungen erfüllt.
3. **Interne Prozessperspektive in der IT**
   Diese Dimension betrachtet die internen Prozesse und Abläufe innerhalb der IT-Organisation. Es geht darum, die Effizienz und Qualität der IT-Betriebsabläufe zu messen und zu verbessern, um die Lieferung von IT-Services zu optimieren.
4. **Lern- und Entwicklungsperspektive in der IT**
   Hier geht es um die Fähigkeiten, das Wissen und die innovativen Aspekte der IT-Organisation. Diese Dimension konzentriert sich auf die Entwicklung von Mitarbeitenden, Schulungen oder die Entwicklung neuer IT-Lösungen, um sicherzustellen, dass die IT-Organisation auf dem neuesten Stand bleibt und wertvolle Dienste für das Unternehmen leistet.

Durch die Verwendung der Balanced Scorecard in der IT können Unternehmen die Ausrichtung ihrer IT-Aktivitäten an den Geschäftszielen sicherstellen und die Leistung der IT besser messen.

8.1.2 Das EFQM-Modell

Mit dem EFQM-Modell steht ein Rahmenwerk für das Qualitätsmanagement zur Verfügung, das es ermöglicht, die Leistung und den Erfolg einer Organisation umfassend zu beurteilen und zu steigern. Es basiert auf neun Kriterien, die in die zwei Kategorien „Befähiger" (Enabler auf Englisch) und „Ergebnisse" unterteilt sind.

Die fünf Enablerkomponenten sind:

1. **Führung**

   Der Punkt bezieht sich auf die Fähigkeit der Führungskräfte, eine klare Vision und eine realistische Strategie zu entwickeln, andere Führungskräfte zu inspirieren und zu motivieren sowie die Organisationskultur zu gestalten.

2. **Mitarbeitende**

   Dieses Kriterium befasst sich mit der Schaffung eines Arbeitsumfelds, das Mitarbeiterengagement, Entwicklungsmöglichkeiten, Arbeitszufriedenheit und Chancengleichheit fördert.

3. **Strategie**

   Hier geht es um die Entwicklung und Umsetzung von klaren Richtlinien, Zielen und Strategien, die darauf abzielen, die langfristige Leistung der Organisation zu verbessern.

4. **Partner und Ressourcen**

   Es umfasst die Aufrechterhaltung von Beziehungen zu Lieferanten, Partnern und anderen relevanten Interessengruppen sowie die effiziente Verwaltung der Ressourcen der Organisation.

5. **Prozesse, Produkte und Services**

   Dieses Kriterium konzentriert sich darauf, die Effizienz und Wirksamkeit der Organisationsprozesse zu verbessern, um Kundenerwartungen zu erfüllen und qualitativ hochwertige Produkte oder Dienstleistungen bereitzustellen.

Die vier folgenden Hauptkriterien gelten als Ergebnismerkmale des EFQM-Modells:

1. **Ergebnisse für Mitarbeitende**

   Hier werden die Zufriedenheit, Motivation und Kompetenz der Mitarbeitenden betrachtet. Das Unternehmen schafft eine Umgebung, in der die Mitarbeitenden ihr volles Potenzial entfalten können und sich mit dem Unternehmen identifizieren.

2. **Ergebnisse für Kunden**

   Dieses Kriterium bezieht sich auf die Zufriedenheit der Kundinnen und Kunden, ihre Bedürfnisse und Erwartungen sowie deren Erfüllung durch das Unternehmen.

3. **Ergebnisse in der Gesellschaft**

   Dieses Kriterium bewertet den Beitrag des Unternehmens zur Gesellschaft, einschließlich sozialer Verantwortung, Umweltschutz und Einbindung in lokale Gemeinschaften.

4. **Schlüsselergebnisse**

   Zu diesen Ergebnissen gehören Umsatz, Gewinn, Marktanteil, Wachstumsraten, Produktivität und Innovationsrate. Diese Ergebnisse geben einen klaren Einblick in die wirtschaftliche Leistung und den Erfolg der Organisation (Abb. 8.3).

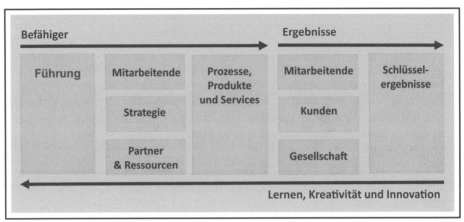

Abb. 8.3   Das EFQM-Modell (European Foundation for Quality Management)

Konkretisieren lässt sich ein Bewertungssystem für das EFQM wie im folgenden Beispiel:

- **Führung**
  Wie stark setzt die Organisation eine klare Vision und eine inspirierende Mission um?
  Wie engagiert und involviert ist das Management bei der Erreichung der Ziele?
- **Strategie**
  Wie gut ist die Organisation auf die Bedürfnisse und Erwartungen der Stakeholder
  ausgerichtet?
  Wie erfolgreich ist die Umsetzung der Strategie und werden dabei kontinuierliche
  Verbesserungen vorgenommen?
- **Mitarbeitende**
  Wie zufrieden sind die Mitarbeitenden mit ihrem Arbeitsumfeld und den Ent-
  wicklungsmöglichkeiten?
  Wie stark fördert die Organisation die persönliche und berufliche Weiterentwicklung
  ihrer Mitarbeitenden?
- **Partner und Ressourcen**
  Wie gut arbeitet die Organisation mit Partnern zusammen, um gemeinsame Ziele zu
  erreichen?
  Wie effektiv werden die Ressourcen der Organisation genutzt?
- **Prozesse**
  Wie gut sind die Geschäftsprozesse der Organisation definiert und dokumentiert?
  Wie werden Prozesse analysiert, um kontinuierliche Verbesserungen zu erreichen?

- **Kundenergebnisse**

  Wie zufrieden sind die Kunden mit den Produkten, Dienstleistungen und der Gesamterfahrung?

  Wie stark wird auf das Feedback der Kunden reagiert?

- **Mitarbeitende Ergebnisse**

  Wie wird die Leistung der Mitarbeitenden bewertet und anerkannt?

  Wie sind die Mitarbeitenden motiviert und wie stark sind sie in Entscheidungsprozesse eingebunden?

- **Gesellschaftliche Verantwortung**

  Wie stark trägt die Organisation zur Gesellschaft und zur Umwelt bei?

  Wie ethisch und nachhaltig handelt die Organisation?

- **Schlüsselergebnisse**

  Wie werden die Ergebnisse gemessen und bewertet?

  Wie werden Verbesserungen umgesetzt und in der Organisation verankert?

Für jedes Kriterium werden Punktskalen festgelegt, anhand derer die Organisation bewertet wird. Die Bewertung erfolgt in der Regel durch interne und externe Auditoren, die das Unternehmen analysieren, um Verbesserungspotenziale zu identifizieren. Die Anwendung des EFQM-Modells ermöglicht es einer IT-Organisation auch, ihre Stärken und Schwächen zu erkennen.

Das EFQM-Modell und die Balanced Scorecard sind zwei verschiedene Konzepte mit unterschiedlichen Ansätzen zur Bewertung und Verbesserung organisatorischer Leistung. Während die Balanced Scorecard sich auf die Messung und Verfolgung der Leistung in Bezug auf bestimmte strategische Ziele konzentriert, basiert das EFQM-Modell auf dem Konzept der kontinuierlichen Verbesserung und einer ganzheitlichen Sichtweise auf die Organisation.

Es ist dennoch möglich, gewisse Übereinstimmungen und Gemeinsamkeiten zwischen den zwei Modellen festzustellen (Abb. 8.4).

Sowohl das EFQM-Modell als auch die Balanced Scorecard legen großen Wert auf die Bedürfnisse und Anforderungen der Kunden. Beide Modelle betonen auch den Wert einer motivierten und engagierten Belegschaft für den Erfolg der Organisation und die Bedeutung einer starken und effektiven Führung.

Das EFQM-Modell wird in Europa verwendet und findet in verschiedenen Branchen Anwendung. Es ist ein flexibles Modell, das auf unterschiedliche Organisationsgrößen und -typen anwendbar ist. Die Balanced Scorecard hingegen wird weltweit von Unternehmen verschiedener Branchen eingesetzt und hat sich in der strategischen Planung und Leistungssteuerung bewährt. Aus diesem Grund wird der Schwerpunkt im nächsten Abschnitt bei der Definition und Einführung von KPIs basierend auf der Balanced Scorecard liegen.

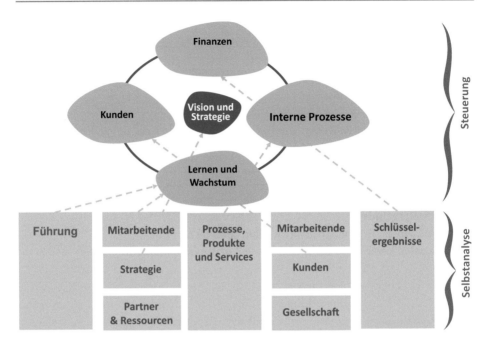

Abb. 8.4 Korrespondenzen zwischen dem EFQM-Modell und der Balanced Scorcard

8.2   IT-KPIs definieren

Innerhalb der Balanced Scorecard werden KPIs anhand von vier Perspektiven ermittelt. Dieser Ansatz wird auf IT-Prozesse, IT-Dienste und IT-Projekte angewendet, um IT-Kennzahlen entsprechend zu gestalten.

8.2.1   KPIs für IT-Prozesse

KPIs für IT-Prozesse werden definiert, um die Leistung, Effizienz und Qualität der Prozessverarbeitung zu messen. Viele Kennzahlen wie Durchlaufzeit, Reaktionszeiten, Qualität der Dienstleistung, Kosten oder Benutzerzufriedenheit können festgelegt und gemessen werden.

Im Folgenden werden vier Beispiele für die folgenden IT-Prozesse gegeben: „IT-Strategie", „IT-Standards und -Architektur", „IT-Service-Management" und „IT-Projekt-Management". In diesen Beispielen werden die Kunden als „IT-Kunden" betrachtet, d. h. in erster Linie interne Kunden wie Finanzwesen, Vertrieb, Produktion, Personalwesen, Marketing usw.

IT-Strategie	KPIs	Metrik
Finanzielle Bedeutung	Benchmark für IT-Kosten (gleiche Branche oder Art des Unternehmens)	• Kosteneffizienz • Entwicklung der Betriebs- und Investitionskosten
Kundennutzen	Strategische Ausrichtung	Beitrag zur Erreichung der strategischen Ziele des Unternehmens
Interne Abläufe und Qualität	Einhaltung von Zielen	BSC-Berichte
Lernen und Wachstum	Wissensmanagement	Verfügbarkeit von kritischem Wissen

IT-Standards & Architektur	KPIs	Metrik
Finanzielle Bedeutung	Lebenszyklus der Technologie	• Anzahl der Anwendungen und Verringerung der Systemvielfalt • Geringere Betriebskosten
Kundennutzen	Relevanz und Vollständigkeit der Systemarchitektur	• Grad der IT-Flexibilität
Interne Abläufe und Qualität	Grad der Standardisierung	• Einhaltung von IT-Standards • Anzahl verschiedener Geräte zur Abdeckung ähnlicher Funktionen
Lernen und Wachstum	Nutzung der IT-Architektur	Effizienzgewinn durch IT-Architektur und Standards

Service Management	KPIs	Metrik
Finanzielle Bedeutung	Reduzierung des Dienstleistungspreises pro Einheit	Entwicklung der Preise
Kundennutzen	• Nachvollziehbare und messbare SLAs • Priorisierung der Services	• Berichte mit Grafiken über die Inanspruchnahme von Dienstleistungen • Kundenzufriedenheit
Interne Abläufe und Qualität	SLA-Erfüllung	• SLA-Berichterstattung • Anzahl der SLA-Verletzungen
Lernen und Wachstum	Bündelung von IT-Dienstleistungen	Transparenz der Kosten

Projektmanagement	KPIs	Metrik
Finanzielle Bedeutung	Einhaltung des Budgets	Vergleich der tatsächlichen Projektkosten mit dem Projektbudget

Projektmanagement	KPIs	Metrik
Kundennutzen	Bewertung der Lieferung der definierten Projektleistungen	Kundenbefragung mit Fragebogen
Interne Abläufe und Qualität	Einhaltung des Plans	Liefertermin
Lernen und Wachstum	Qualität der Projektdurchführung	„Lessons learned" Bericht zur Projektleistung

Die Liste der möglichen KPIs für das Prozessmanagement ist sehr lang, wie die folgende Tabelle zeigt.

Finanz Management	• Verhältnis der Projekt-, Betriebs- und Unterhaltskosten • Gesamteinnahmen (Projekte, Services) • IT-Kosten im Verhältnis zum Unternehmensumsatz • Deckungsbeitrag der IT • Kosten pro Service, Produkt, Benutzer • Einnahmen pro Service, Produkt, Benutzer
Service Management	• Verfügbarkeit der wichtigsten Services • Anzahl Ausfälle pro Service • Dauer der Ausfälle pro Service • Benutzerzufriedenheit • Verhältnis der Unterbrüche verursacht durch Störungen zu geplanten Changes
Availability Management	• Anteil der Service Kennzahlen, die aktiv überwacht werden • Anzahl der eingeleiteten Maßnahmen zur Einhaltung der Service Kennzahlen
Continuity Management	• Anzahl durchgeführter Failover-Tests • Erfüllungsgrad der Tests
IT-Sicherheit Management	• Anzahl Security Ereignisse • Kosten verursacht durch Sicherheitsereignisse • Reaktionszeit bei Security Ereignissen • Erfüllungsgrad der Sicherheitsüberprüfungen (Audits) • Kosten für Security • Offene Security Gaps über Zeit • Anzahl Angriffe pro Jahr
Konfiguration Management	• Anteil der im Inventar geführten Objekte • Veränderungsgrad des Inventars • Anteil inkorrekte Inventareinträge • Wert der Assets: Einführung/im Lebenszyklus/außerhalb des Lebenszyklus/Ablösung geplant • Anzahl Changes pro Asset pro Lifecycle-Gruppe • Anteil SW ohne Lizenzen • HW Nicht-Standard

Incident Management	• Anzahl offener Incidents • Anzahl neuer Incidents • Anzahl gelöster Incidents • Durchschnittliche Reaktionszeit • Durchschnittliche Lösungszeit • Lösungsrate pro Organisationseinheit • Anteil Incidents in der Zeit • Incidents pro Service • Kundenzufriedenheit mit Störungsbehebung
Problem Management	• Anzahl offener Probleme • Anzahl gelöster Probleme • Durchschnittliche Lösungszeit • Durchschnittliches Alter der offenen Probleme • Risikobeurteilung aller Probleme (Gefährdung) • Probleme pro Service
Capacity Management	• Speichermenge pro Benutzer • Speicherauslastung • Personalauslastung • Verrechenbarkeitsgrad • Rechenkapazität/Auslastung • Aufteilung der geleisteten personellen Aufwände nach Projekten, Betrieb und Unterhalt, Beratung, Ausbildung, Ausfallzeiten • Verhältnis interne zu externen Stunden • Rechenkapazität, Rechnerauslastung • Anzahl Störungen verursacht durch Kapazitätsengpässe
Change Management	• Anzahl durchgeführter Changes • Anzahl abgelehnter Changes • Anteil erfolgreicher Changes • Anteile Routine-, Normal-, Urgent Changes • Anteil Changes ohne Bewilligung • Anteil Changes mit Folgefehler (Routine-, Normal-, Urgent Changes) • Anzahl Fallbacks • Anteil Fallbacks pro Release
Request Management	• Anzahl der Kundenanfragen • Anzahl erstellter Offerten • Durchlaufzeit der Offerten • Termineinhaltung für die Umsetzung der Anfragen • Kosteneinhaltung der Anfragen • Anzahl Anfragen, die nicht umgesetzt werden • Anzahl der an Dritte vergebenen Aufträge • Anzahl nicht strategiekonformer Umsetzungen • Anzahl durch Kunden zurückgezogener Anfragen

Diese KPIs ermöglichen die kontinuierliche Überwachung der Leistung von IT-Prozessen. So können Engpässe und ineffiziente Abläufe identifiziert und entsprechende Maßnahmen ergriffen werden.

8.2.2 KPIs für IT-Services

Die Nutzung von Leistungskennzahlen für IT-Services bietet verschiedene Vorteile. Vor allem spielen KPIs eine wichtige Rolle bei der Überwachung von Service-Level-Agreements (SLAs). Indem man die Leistung anhand vordefinierter KPIs misst, kann die Einhaltung der vereinbarten Leistungsniveaus nachgewiesen werden. Insbesondere ist die Verfügbarkeit der IT-Services aufgrund der Prozessautomatisierung von kritischer Bedeutung. Zu diesem Zweck werden in der Regel verschiedene Qualitätsstufen der Dienste definiert, wie in Abschn. 6.2 beschrieben.

Service	Bronze	Silver	Gold
Verfügbarkeit	99.4 %	99.7 %	99.9 %
Maximale Ausfallzeit pro Jahr *Betriebszeit Standard 5 × 10 h*	16 h	8 h	2 h
Maximale Ausfallzeit pro Jahr *Betriebszeit 7 × 24 h*	48 h	24 h	8 h
Maximale Ausfallzeit pro Ereignis	8 h	4 h	1 h

Es ist auch möglich, eine angepasste Balanced Scorecard nur für den IT-Betrieb zu definieren.

Die folgende Tabelle zeigt, wie das IT-Service-Management mit den strategischen Zielen einer Organisation verknüpft werden kann.

BSC-Ansicht	Strategie	Ziele	Leistungskennzahlen
Finanzieller Beitrag zu Unternehmensentwicklung *Auftrag:* Erzielung eines hohen Geschäftsbeitrags des IT-Betriebs	Niedrigste Kosten und bessere Kostenkontrolle	Kostenkontrolle und Wirtschaftlichkeit	• Total Cost of Ownership der Dienstleistungen • Kosten pro Problem (Vorfall/Problem/Änderung) • Anzahl der Veränderungen während eines Zeitraums
Benutzerorientierung *Auftrag:* Der bevorzugte Anbieter von Informationssystemen zu sein	• Erhöhung der Servicequalität • Standardssoftware bevorzugen	Kundenbetreuung und hohe Qualität	• Index der Kundenzufriedenheit • Durchschnittliche Wartezeit zwischen dem ersten Anruf und der ersten Antwort • Erstlösungsrate • Anzahl der Ausgaben (Vorfall/Problem/Änderung) pro Anwender • Anzahl der speziellen Entwicklungsaufträge im Vergleich zu Standardaufträgen und -anpassungen • Wiedereröffnete Tickets und Beschwerden

BSC-Ansicht	Strategie	Ziele	Leistungskennzahlen
Operative Exzellenz *Auftrag:* Bereitstellung effektiver und effizienter IT-Anwendungen und -Dienste	• Erhöhung der Dienstleistungsqualität • Lebendige Prozesse	• Einhaltung und Kontrolle der Service Levels • Zykluszeiten verkürzen • Erkennen von Wiederholungen • Ausgezeichnete Verfahren • Konsistenz der Daten • Geringe Geschäftsunterbrechungen	• Erreichte Service Levels • Zykluszeiten (Vorfall/Problem/Änderung) • Wiederauftreten desselber Probleme • Anzahl der Prozessverletzungen • Konsistenz zwischen den Konfiguration Items und den Daten • Verfügbarkeit der Geschäftsfunktionen
Zukünftige Orientierung *Auftrag:* Entwicklung von Möglichkeiten zur Bewältigung künftiger Herausforderungen	• Agilität für den Wandel • Lebendige Prozesse	• Knowhow und Dokumentation • Innovation und Verbesserung	• Grad der Dokumentation • Wiederverwendbarkeit der bestehenden Lösung in der Wissensdatenbank • Anzahl der Prozessverbesserungen • Anzahl der präventiven Verbesserungen im Vergleich zu Benutzerprobleme

Eine starke Kundenbindung spielt eine entscheidende Rolle im IT-Service-Bereich. Es ist entscheidend, langfristige Kundenbeziehungen aufzubauen und eine ständige Hochwertigkeit der erbrachten Dienstleistungen zu leisten. Eine bewährte Vorgehensweise umfasst regelmäßige Kommunikation basierend auf KPI-Reports, um die Kundenbedürfnisse besser zu verstehen und Probleme schnell zu erkennen und lösen.

8.2.3   KPIs für IT-Projekte

Das Motto beim Projektmanagement lautet oft: pünktlich, preisgünstig und in guter Qualität. Doch um den Fortschritt und den Erfolg des Projekts vollständig zu erfassen, bedarf es weiterer KPIs. Der Vielfalt bei der Definition von Projekt-KPIs sind keine Grenzen gesetzt, da diese aus verschiedenen Perspektiven definiert werden können, wie es die Balanced Scorecard typischerweise vorsieht. Hier sind zehn bewährte Vorschläge:

KPI „Termin"

Definition	Der KPI „Termin" wird zur Messung der Projektdauer verwendet, da Zeit ein kritischer Erfolgsfaktor ist. Die Messung wird zu Beginn des ersten Projekt Meilensteins festgelegt Die Fragen, die es zu beantworten gilt, sind: • Hat das Projekt den vorgesehenen Zeitplan für die Inbetriebnahme eingehalten? • Wurden die geforderten Schlüsselleistungen rechtzeitig erbracht?
Messung	Gemäß der Projektplanung sollten folgende Termine eingehalten werden: • Integrationstestphase durchgeführt am: Zeitpunkt x • Go-live erfolgt am: Zeitpunkt y • Post-Implementierung erreicht am: Zeitpunkt z Die abschließende Messung wird am Ende des Projekts durchgeführt
Definition der Bewertung	Die Bewertung des KPI „Termin" erfolgt wie folgt, basierend auf dem Ende des Projekts:

Dauer	Abgabetermin	Vergebene Punkte
(a) −20 % Dauer	• Woche xx	☐ 20 Punkte
(b) −10 % Dauer	• Woche xx	☐ 18 Punkte
(c) in der Zeit	• Woche xx	☐ 15 Punkte
(d) +10 % Dauer	• Woche xx	☐ 10 Punkte
(e) +20 % Dauer oder Go-live-Fenster droht	• Woche xx	☐ 0 Punkte

KPI „Budget"

Definition	Der KPI „Budget" wird zur Messung der Budgeteinhaltung des Projekts verwendet. Die Messung wird am Ende des ersten Projekt Meilensteins festgelegt Die Frage, die beantwortet werden muss, ist: • Erfüllt das Projekt das geschätzte Gesamtbudget auf der Grundlage der Bewertung des ersten Meilensteins?
Messung	Die Messung erfolgt auf der Grundlage der Projektkosten, wie am Anfang des Projekts festgelegt Die endgültige Messung erfolgt am Ende des Projekts
Definition der Bewertung	Die Bewertung des KPI „Budget" erfolgt auf der Grundlage des Projektabschlusses wie folgt:

Projektkosten	Beträge (TCHF)	Vergebene Punkte
(a) −20 % des Budgets	• xx	☐ 20 Punkte
(b) −10 % des Budgets	• xx	☐ 18 Punkte
(c) im Budget	• xx	☐ 15 Punkte
(d) +10 % des Budgets	• xx	☐ 10 Punkte
(e) +20 % des Budgets	• xx	☐ 0 Punkte

KPI „Leistungen"

Definition	Der KPI „Leistungen" wird verwendet, um die Leistung des Projekts in Bezug auf den Inhalt zu messen Die Frage, die beantwortet werden muss, ist: • Wurden die geschäftlichen Anforderungen umgesetzt und die Nutzenfaktoren geschaffen?
Messung	Die Bewertung basiert auf der Erreichung der folgenden Ziele: • Neue Geschäftsprozesse • Neues Customizing • Neue Schnittstellen • Neuentwicklungen • Laden von Daten • Autorisierung • Dokumentation
Definition der Bewertung	Die Bewertung des KPI „Leistungen" erfolgt auf der Grundlage des Projektabschlusses wie folgt:

Erreichte Ergebnisse	% der Leistung	Vergebene Punkte
(a) Mehr als alle erreicht	• >100 %	
(b) Alle erreicht	• = 100 %	☐ 20 Punkte
(c) Ein Liefergegenstand (Ergebnis) fehlt	• = 95 %	☐ 18 Punkte
(d) Zwei fehlen	• = 90 %	☐ 15 Punkte
(e) Mehr als zwei fehlen	• <90 %	☐ 10 Punkte
		☐ 0 Punkte

KPI „Kundenzufriedenheit"

Definition	Der KPI „Kundenzufriedenheit" wird verwendet, um die Akzeptanz der im Projekt eingeführten Lösung im Unternehmen zu messen Die Frage, die beantwortet werden muss, ist: • Wie hoch ist die Zufriedenheit des Unternehmens mit den Projektergebnissen?
Messung	Die Messung basiert auf der Zufriedenheit der Anwender, die am Ende des Projekts mittels einer Projektumfrage angefragt werden
Definition der Bewertung	Die Bewertung des KPI „Kundenzufriedenheit" erfolgt auf der Grundlage des Projektabschlusses wie folgt:

Zufriedenheitsgrad	Note (Skala 1 bis 6)	Vergebene Punkte
(a) sehr hoch	• >5	☐ 20 Punkte
(b) hoch	• 5	☐ 15 Punkte
(c) durchschnittlich	• 4	☐ 10 Punkte
(d) niedrig	• 3	☐ 5 Punkte
(e) sehr niedrig	• <3	☐ 0 Punkte

KPI „Ressourcenentwicklung"

Definition	Der KPI „Ressourcenentwicklung" wird für die Entwicklung der internen Mitarbeitenden verwendet Die Frage, die beantwortet werden muss, ist: • Wie hoch war der Beitrag des Projekts zur Weiterentwicklung der Ressourcen?		
Messung	Die Bewertung basiert auf der Anzahl der Personen, die im Rahmen der Projektdurchführung entwickelt wurden		
Definition der Bewertung	Die Bewertung des KPI „Ressourcenentwicklung" erfolgt auf folgende Weise, basierend auf dem Projektende:		
	Beiträge (a) 4 mehr als geplant (b) 2 mehr als geplant (c) Wie geplant (d) Zwei fehlen (e) vier fehlen	Anzahl der Personen • n+4 • n+2 • n • n − 2 • n − 4	Vergebene Punkte ☐ 10 Punkte ☐ 9 Punkte ☐ 8 Punkte ☐ 4 Punkte ☐ 0 Punkte

KPI „Beitrag zum Wissenstransfer"

Definition	Der KPI „Beitrag zum Wissenstransfer" wird verwendet, um den Beitrag des Projekts zur Erweiterung von Geschäfts- und IT-Wissen im aktuellen Geschäftsumfeld zu messen Die zu beantwortende Frage lautet: • Was sind die Beiträge zur Erhöhung und Verbesserung des Wissenstransfers?		
Messung	Die Messung basiert auf der Anzahl der Aktivitäten zum Wissenstransfer		
Definition der Bewertung	Die Bewertung des KPI „Beitrag zum Wissenstransfer" erfolgt auf der Grundlage des Projektabschlusses wie folgt:		
	Wissensgewinnung und -Transfer (a) sehr hoch (b) hoch (c) durchschnittlich (d) niedrig (e) sehr niedrig	Anzahl der Workshops und Beiträge • >10 • 7 • 5 • 3 • <3	Vergebene Punkte ☐ 10 Punkte ☐ 8 Punkte ☐ 6 Punkte ☐ 4 Punkte ☐ 0 Punkte

KPI „Standardisierung"

Definition	Der KPI „Standardisierung" wird verwendet, um die Anzahl der Standardisierungsverbesserungen und erfolgreichen Harmonisierungsaktivitäten zu ermitteln Die Frage, die beantwortet werden muss, ist: • Was sind die wichtigsten Standardisierungsverbesserungen und erfolgreichen Harmonisierungsaktivitäten?		
Messung	Die Messung basiert auf der Anzahl der Aktivitäten, die zur Standardisierung und Harmonisierung erfolgreich durchgeführt wurden		
Definition der Bewertung	Die Bewertung des KPI „Standardisierung" erfolgt auf der Grundlage des Projektabschlusses wie folgt:		
	Standardisierungsgrad (a) sehr hoch (b) hoch (c) durchschnittlich (d) niedrig (e) sehr niedrig	Anzahl der Normungen und Harmonisierungen • >10 • 7 • 5 • 3 • <3	Vergebene Punkte ☐ 10 Punkte ☐ 8 Punkte ☐ 6 Punkte ☐ 4 Punkte ☐ 0 Punkte

KPI „Core-Compliance"

Definition	Der KPI „Core-Compliance" wird zur Bewertung des Konformitätsgrads verwendet Die Fragen, die es zu beantworten gilt, sind: • Erfüllen alle Liefergüter die definierten Standards? • Haben die Projektaktivitäten dazu beigetragen, sie zu verbessern?		
Messung	Die Messung basiert auf dem Grad der Einhaltung der Vorschriften		
Definition der Bewertung	Die Bewertung des KPI „Core-Compliance" wird auf der Grundlage des Projektendes wie folgt vorgenommen:		
	Konformitätsgrad (a) Sehr hoher Grad (b) Hoher Grad (c) Durchschnittlich (d) Geringer Grad (e) Sehr geringer Grad	Anzahl der Verstöße • Keine, stattdessen Verbesserungen • keine • 5 • 10 • >10	Vergebene Punkte ☐ 10 Punkte ☐ 8 Punkte ☐ 6 Punkte ☐ 4 Punkte ☐ 0 Punkte

KPI „Übergabe"

Definition	Der KPI „Übergabe" wird verwendet, um sicherzustellen, dass alle Ergebnisse an den 1st und 2nd Level Support übergeben werden Die Fragen, die es zu beantworten gilt, sind: • Wurden alle Ergebnisse und das Wissen übergeben? • Haben die Projektaktivitäten dazu beigetragen, den Übergabe- und Wissenstransferprozess sicherzustellen?		
Messung	Die Messung basiert auf der Anzahl der Aktivitäten, die für den Wissenstransfer zur Standardisierung und Harmonisierung entwickelt wurden		
Definition der Bewertung	Die Bewertung des KPI „Übergabe" erfolgt auf der Grundlage des Projektabschlusses wie folgt:		
	Übergabegrad (a) sehr hoch (b) hoch (c) durchschnittlich (d) niedrig (e) sehr niedrig	Anzahl der Veranstaltungen zum Wissenstransfer • >10 • 7 • 5 • 3 • <3	Vergebene Punkte ☐ 10 Punkte ☐ 8 Punkte ☐ 6 Punkte ☐ 4 Punkte ☐ 0 Punkte

KPI „Dokumentation"

Definition	Der KPI „Dokumentation" wird verwendet, um sicherzustellen, dass die Projektdokumentation vollständig ist Die Fragen, die es zu beantworten gilt, sind: • Wurde die gesamte erforderliche Dokumentation geliefert? • Haben die Projektaktivitäten dazu beigetragen, die Dokumentationslandschaft auf der Grundlage neuer Anforderungen zu verbessern?		
Messung	Die Messung basiert auf der Vollständigkeit der Dokumentationslandschaft		
Definition der Bewertung	Die Bewertung des KPI „Dokumentation" erfolgt auf der Grundlage des Projektabschlusses wie folgt:		
	Vollständigkeit (a) sehr hoch (b) hoch (c) durchschnittlich (d) niedrig (e) sehr niedrig	% Dokumentation • 100 % • 90 % • 80 % • 70 % • <70 %	Vergebene Punkte ☐ 10 Punkte ☐ 8 Punkte ☐ 6 Punkte ☐ 4 Punkte ☐ 0 Punkte

Je nach Art des Projekts und dessen Bedeutung werden die KPIs entsprechend mit Punkten gewichtet. Die Projekt-KPIs sollten zu Beginn des Projekts festgelegt und nach

Abschluss des Projekts gemessen werden. Diese Vorgehensweise sorgt für Transparenz und kann einen sehr positiven Einfluss auf die Motivation des Projektteams haben. In gewissen Organisationen wurde allerdings festgestellt, dass sich dadurch eine Ellenbogenkultur durchgesetzt hat, die leider die Solidarität zwischen Projekten ausschließt.

8.3   IT-Reporting einrichten

Die Anwendung des BSC-Ansatzes hat die Vielfalt und die zahlreichen Möglichkeiten der Messung von Leistungen aufgezeigt. Angesichts dieser Fülle an KPIs stellt sich die Frage, wie vorgegangen werden soll. Es wäre unrealistisch zu glauben, dass alle relevanten Metriken eingeführt werden könnten, da der Aufwand für einen geringfügigen Nutzen enorm wäre. Statt eines Bottom-up-Ansatzes empfiehlt sich eine Top-down-Vorgehensweise. Der Vorteil ist, dass dadurch die Bedürfnisse der Zielgruppen im Fokus stehen. Die Relevanz der KPIs soll auch gewährleistet, nach dem Motto welchen Nutzen durch die Bereitstellung der Informationen erwartet wird, und welche Handlung möglich wird. Das Timing ist auch wichtig. Je nach Bedürfnissen der Organisation sollen die genaue Frequenz und das Format des IT-Reportings festgelegt werden. Ein ad-hoc-Reporting ist wertvoll, um auf unvorhergesehene Ereignisse oder wichtige Updates zeitnah reagieren zu können, während Berichte über lange Zeiträume die Identifizierung langfristiger Entwicklungen und weiterer Trends ermöglichen (Abb. 8.5).

Weniger ist mehr. Es ist wichtig, sich am Anfang auf eine geringe Anzahl von KPIs zu begrenzen, the „Happy Few", wie von Shakespeares König Heinrich V. erwähnt. Im IT-Reporting ist die Qualität der Informationen oft wichtiger als die reine Quantität. Es ist daher ratsam, sich auf relevante, aussagekräftige Daten zu konzentrieren, anstatt eine Überfülle an Informationen bereitzustellen. Für die KPIs sind sicher drei Kriterien wichtig: Aussagekraft des KPI, Aufwand zur Beschaffung der Zahlen und Qualität der Zahlen (Abb. 8.6).

Es wird empfohlen, zuerst höchstens 10 KPIs zu identifizieren und sich auf diese zu konzentrieren. Diese 10 KPIs können die folgenden sein:

1. **Systemverfügbarkeit**
   Der Prozentsatz der Zeit, in der ein IT-System ordnungsgemäß funktioniert und verfügbar ist
2. **Systemausfallzeit**
   Gesamtzeit, in der ein IT-System aufgrund von Fehlern oder Störungen nicht verfügbar ist.
3. **Durchschnittliche Wiederherstellungszeit (Average Recovery Time)**
   Die durchschnittliche Zeit, die benötigt wird, um ein IT-System nach einem Ausfall oder einer Unterbrechung wieder in Betrieb zu nehmen
4. **Durchsatz (Throughput)**
   Die Anzahl der bearbeiteten Transaktionen oder Aufgaben pro Zeiteinheit

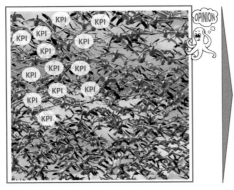
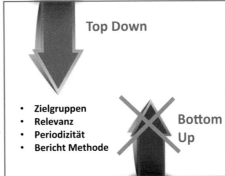

Abb. 8.5 IT-Reporting „top-down" aufsetzen

St Crispin's Day Speech

...
And Crispin Crispian shall ne'er go by,
From this day to the ending of the world,
But we in it shall be rememberèd—
We few, we **happy few**, we band of brothers;
For he to-day that sheds his blood with me
Shall be my brother; be he ne'er so vile,
This day shall gentle his condition;
And gentlemen in England now a-bed
Shall think themselves accurs'd they were not here,
And hold their manhoods cheap whiles any speaks
That fought with us upon Saint Crispin's day.

Henry V
*berühmte Rede aus William Shakespeares
Theaterstück "Henry V".
Die Rede ist bekannt für ihre inspirierende
Rhetorik und ihre Aufforderung zur Tapferkeit
und Einheit in Zeiten der Herausforderung.*

Abb. 8.6 Die «richtigen» KPIs aussuchen

5. **Anzahl der behobenen Support-Tickets**
   Die Anzahl der vom IT-Support gelösten Tickets pro Mitarbeitende

6. **Response-Zeit des Supports**
   Die Zeit, die der IT-Support benötigt, um auf Anfragen oder Probleme zu reagieren

7. **IT-Betriebskosten pro Anwender**
   Die Gesamtkosten für IT-Betrieb und Infrastruktur im Verhältnis zur Anzahl der Benutzer

8. **Sicherheitsvorfälle**
   Die Anzahl der in einem bestimmten Zeitraum auftretenden Sicherheitsvorfälle oder Verstöße gegen Sicherheitsrichtlinien

9. **Projektumsetzungszeit**

Die Zeit, die benötigt wird, um IT-Projekte abzuschließen, vom Kick-off bis zum Abschluss

10. **Kundenzufriedenheit mit den erbrachten IT-Dienstleistungen**

Eine Kennzahl, die die Zufriedenheit der Anwender mit den bereitgestellten IT-Dienstleistungen misst.

Pro KPI soll ein Raster definiert werden, damit klare Messgrößen und Ziele für die Leistungsbewertung festgelegt werden. Verantwortungen für die Pflege der KPI-Definition und der Berechnungsmethode müssen klar definiert werden. Angaben zu den Modalitäten der Berichterstattung wie Häufigkeit oder Granularität der rapportierten Daten müssen auch abgestimmt werden (Abb. 8.7).

Dashboards sind Lösungen, die wichtige Daten und Kennzahlen in Echtzeit visualisieren. Sie bieten einen Überblick über den aktuellen Zustand verschiedener IT-Aspekte, wie Systemleistung, Netzwerkverfügbarkeit, Sicherheitsbedrohungen oder Fehlermeldungen. Sie beinhalten verschiedene Diagramme, Diagrammtypen, Tabellen und Grafiken, um Daten visuell darzustellen, sodass das Management problemlos Informationen erfassen und analysieren kann.

Die Informationen, die in **IT-Dashboards** präsentiert werden, werden häufig aus verschiedenen Quellen gesammelt, wie z. B. Server-Logs, Überwachungstools, Sicherheitssysteme und Datenbanken. Durch die Konsolidierung dieser Daten in einem zentralen

Rolle	Name	Abteilung	Funktion	E-Mail, Telefon
KPI Owner				
Berichterstatter				

Ziele	
KPI-Name	

KPI-Definition				
Datenquelle		Veröffentlichung		
Berechnungsmethode				
Häufigkeit	○ monatlich ○ vierteljährlich ○ halbjährlich ○ jährlich			

Zeitskala	Jahr n				Jahr n+1	Jahr n+2	Jahr n+3	Jahr n+4
	Q1	Q2	Q3	Q4				
Zielsetzung								
Bewertung								

Legende	Ⓖ Grün: Ziel erreicht	Ⓨ Gelb: unter dem Zielwert	Ⓡ Rot: deutlich hinter dem Ziel zurück

Abb. 8.7 Jedes KPI sorgfältig verwalten

Dashboard erhalten IT-Teams einen umfassenden Überblick und können proaktiv handeln, um Probleme zu vermeiden oder schnell darauf zu reagieren.

Die Verwendung von Farben ist gängige Praxis. In der Regel werden unterschiedliche Farben verwendet, um positive, negative oder neutrale Werte darzustellen. Farben haben eine sofortige und stark emotionale Wirkung auf die Empfänger. In der Farbpsychologie gibt es einige allgemeine Assoziationen, die häufig auftreten. Es ist daher sinnvoll, beruhigende Farben wie Blau beispielsweise in Dashboards für finanzielle Daten zu benutzen, um Vertrauen und Stabilität zu vermitteln. Gewisse Farben werden im Reporting als Warnsignal eingesetzt, wie etwa die rote Farbe, um auf Gefahr oder Stopp hinzuweisen. Orange oder Gelb werden oft als Warnsignal für bevorstehende Gefahren oder Wartungszwecke verwendet.

Dashboards sollten dennoch so gestaltet werden, dass sie den Informationsabnehmern gerecht werden. Anbei ein Vorschlag für die Struktur eines CIO-Dashboards, der in vier Hauptteile gegliedert ist: Strategie, Abteilungen, Projekte und Prozesse (Abb. 8.8).

Und hier ist ein Vorschlag für einen IT-Dashboard, welcher für einen CEO bestimmt ist (Abb. 8.9).

Es wäre falsch zu denken, dass eine agile Organisation auf ein IT-Reporting verzichten kann. Zum Beispiel sieht **SAFe,** das Scaled Agile Framework, verschiedene KPIs vor, um den Erfolg agiler Arbeitsweisen in größeren Organisationen zu messen. **Value Stream KPIs** werden dafür verwendet. Diese bilden die Feedback-Schleife zurück zum Portfolio, um die Leistung der Value Streams zu bewerten.

CIO Dashboard

IT-Strategie	IT-Services	IT-Projekte
• % IT-Kosten im Vergleich zum Umsatz des Unternehmens • Verfügbares Wissen über kritische Fähigkeiten • Vertrauen in Lieferanten • Bekanntheitsgrad der IT-Strategie • Grad der Einhaltung von IT-Standards • Zufriedenheit der IT-Mitarbeitenden	• Verfügbarkeit von Hauptservices • Anzahl der Ausfälle und Zwischenfälle bei wichtigen IT-Services • Gründe für IT-bedingte oder ungeplante Unterbrechungen • Zufriedenheit der Nutzer mit den Services	• Anzahl der laufenden IT-Projekte im Vergleich zur Anzahl der geplanten IT-Projekte • Anzahl der laufenden Projekte innerhalb des Zeitplans, des Budgets und des Umfangs • Kosten-Leistungs-Index (Prognose versus Budget) auf Portfolio-Ebene • Index der Lieferleistung auf Portfolioebene • Geschäftszufriedenheit mit den Ergebnissen • Durchschnittliche Projektdauer
IT-Prozesse		
• Zufriedenheit der Benutzer mit dem Service Desk • Anzahl der größeren Vorfälle mit Auswirkungen auf Benutzer und/oder Kunden • Rückstand bei der Bearbeitung von Vorfällen und Änderungsanträgen • Anzahl der Änderungen und Definition der Grundursachen	• Arbeitsbelastung des IT-Personals • Erfassung der Arbeitszeiten • Genauigkeit der SW- und HW-Inventare • Anzahl und Erfüllungsgrad der Kontinuitätstests	• Anzahl der Prüfungsprobleme oder ausstehenden Prüfungsempfehlungen • Bewertung von Sicherheitslücken • Anzahl der intrusiven Angriffe

Abb. 8.8 IT-KPIs für ein CIO-Dashboard

Dashboard CEO		
IT-Strategie	**IT-Services**	**IT-Projekte**
• Grad der Ausrichtung auf das Geschäft • Grad der IT-Automatisierung • Reifegrad des Innovationsprozesses • Gewinnbeitrag der IT • Grad der IT-Sicherheitsabdeckung	• Verfügbarkeit von Schlüsseldiensten • Größere SLA-Verletzungen • Eskalation bei schwerwiegenden Fehlern in Bezug auf extern bereitgestellte Dienste • Eskalation von Incident Tickets	• Statusberichte über laufende Projekte • Projektportfolio-Risikomatrix • Verteilung des Projektportfolios (Sterne, Fragezeichen, Hunde, Cash Cows) • Projektportfolio-Roadmap
IT-Prozesse		
• Fluktuation des IT-Personals • MbO (Management by Objective): Stand der Umsetzung	• Reifegrad des Geschäftskontinuität-Managements • Anzahl und Art der Sicherheitslücken • Anzahl und Umfang von Sicherheitsaudits	• Kostenaufteilung zwischen Projekten und Betrieb (Betrieb versus Veränderung des Unternehmens)

Abb. 8.9 IT-KPIs für ein CEO-Dashboard

Hier sind einige gängige KPIs, die in SAFe verwendet werden können:

- **Team Velocity**
  Dieser KPI misst die Effizienz eines agilen Teams, indem er angibt, wie viel Arbeit ein Team während eines Sprints oder einer Iteration abschließen kann.
- **Lead Time**
  Die Zeitspanne von der Anforderungserfassung bis zur Auslieferung eines fertigen Produkts oder einer Funktion. Ein geringere Lead Time zeigt eine effektive Durchlaufzeit an.
- **Time-to-Market (T2M)**
  Dieser KPI misst die Zeit, die benötigt wird, um ein Produkt oder eine Funktionalität vom Konzept bis zur Markteinführung zu bringen. Ein kürzerer T2M-Wert deutet auf effiziente Prozesse hin.
- **Employee Engagement**
  Dieser KPI misst das Engagement der Teammitglieder und ihre Zufriedenheit mit der agilen Arbeitsweise. Eine hohe Mitarbeiterbeteiligung kann auf eine gute Umsetzung von SAFe hinweisen.
- **Value delivered**
  Dieser KPI bewertet die Wertgenerierung innerhalb des Value Streams. Er gibt an, wie viel geschäftlicher Wert durch abgeschlossene Arbeitsgegenstände oder Funktionen erzielt wurde.
- **Customer Satisfaction**
  Dieser KPI misst die Zufriedenheit der Kunden mit den gelieferten Produkten oder Dienstleistungen. Kundenzufriedenheit kann durch Umfragen, Feedback und NPS (Net Promoter Score) ermittelt werden.

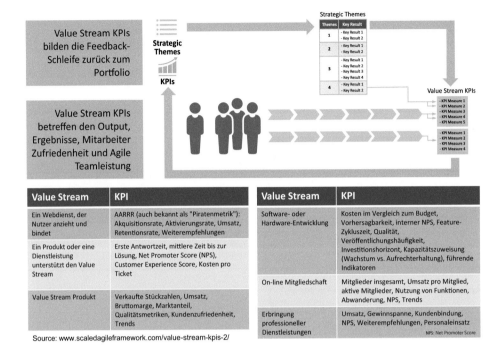

Abb. 8.10   SAFe KPIs

- **Business Value Earned (BVE)**
  Dieser KPI quantifiziert den geschäftlichen Wert, der durch abgeschlossene Arbeitsgegenstände oder Funktionen erzielt wurde. Je höher der BVE, desto wertvoller ist das Ergebnis des Value Streams (Abb. 8.10).

Das IT-Reporting stellt eine wichtige Funktion für das reibungslose Funktionieren einer IT-Organisation. Die Berichterstattung erfordert einen nicht zu unterschätzenden Aufwand und es wäre schade, die geleistete Arbeit und die zur Verfügung gestellten Informationen nicht vollständig zu nutzen. Die folgenden allgemeinen Bedingungen sollten berücksichtigt werden, um die Chancen für ein effektives und optimiertes Reporting zu erhöhen. Die Ziele des Reporting sollen klar sein und den spezifischen Bedürfnissen und Anforderungen des Unternehmens entsprechen. Dies kann die Überwachung der Systemleistung, das Identifizieren von Engpässen, das Verfolgen von Service-Level-Agreements (SLAs) oder das Aufzeigen von Compliance-Aspekten umfassen. Die Datenqualität und -integrität sind für das IT-Reporting von entscheidender Bedeutung. Es ist wichtig, sicherzustellen, dass die verwendeten Datenquellen aktuell, vollständig und verlässlich sind. Datenbereinigung und Datenprüfung vor der Verwendung können dazu beitragen, Fehler und inkorrekte Ergebnisse zu vermeiden. Die Berichte oder Dashboards sollten klar strukturiert und einfach verständlich sein, um eine effektive Kommunikation der

IT-Metriken zu gewährleisten. Die Nutzung von Visualisierungstools wie Diagrammen, Grafiken oder Dashboards kann dabei helfen, komplexe Informationen leichter zugänglich zu machen. Die Verwendung von Automatisierungstools und -prozessen ist eine Notwendigkeit, um die Aufwände zu reduzieren und die Effizienz des IT-Reporting zu verbessern. Dies umfasst beispielsweise die automatische Datenextraktion und -verarbeitung sowie die regelmäßige Generierung von Berichten. Ein erfolgreiches IT-Reporting berücksichtigt die Bedürfnisse der verschiedenen Stakeholder wie Geschäftsführung, IT-Abteilung, Kunden, Lieferanten usw.

Das IT-Reporting sollte regelmäßig überprüft und verbessert werden, um sicherzustellen, dass es den aktuellen Anforderungen des Unternehmens gerecht wird. Feedback von den Nutzern und Stakeholdern sollte aufgenommen und in das Reporting integriert werden, um kontinuierlich Mehrwert zu liefern. Auch nicht vergessen, dass es Monate dauern kann, bis ein entsprechendes und passendes Reporting zur Verfügung steht.

8.4   Ein effektives IT-Controlling durchführen

Während sich das IT-Reporting auf die Sammlung, Analyse und Präsentation von Daten in Bezug auf IT-Infrastruktur, -Systeme, -Projekte und -Betrieb bezieht, konzentriert sich das IT-Controlling auf die Steuerung und Kontrolle der IT-Aktivitäten.

Beim IT-Controlling geht es darum, die Dualität zwischen den Ressourcen, die für die zu erbringenden Leistungen bereitgestellt werden müssen, und der Erzielung von maximierten Outputs mit den vorhandenen, bereitgestellten Ressourcen zu bewältigen.

Auf der einen Seite können die IT-Ressourcen pro Kostenart quantifiziert werden. Es handelt sich um Personalkosten (Gehälter und Sozialleistungen), IT-Dienstleistungen (Beratung, externer Support, externalisierte IT-Services wie möglicherweise Cloud Services), Hardwarekosten (Server, Computer, Laptops, Mobilgeräte und andere physische Geräte), Softwarekosten (Lizenzierung und Wartung von Betriebssystemen, Anwendungen, Antivirenprogramme, Datenbanken und anderen Softwarelösungen) und sonstige Kosten (Reisen, Schulungen und diverse Kosten). Als Gegenleistung für diese Ressourcen werden auf die andere Seite Leistungen in Form von internen IT-Dienstleistungen, IT-Projekten, IT-Dienstleistungen für Kunden (z. B. für digitale Dienstleistungen), IT-Einnahmen (z. B. für die Lizenzierung selbst entwickelter Softwarelösungen) oder sogar andere wirtschaftliche Leistungen wie ein Spin-off als Gründung einer unabhängigen Gesellschaft generiert (Abb. 8.11).

Das IT-Controlling stellt sicher, dass die IT-Ausgaben im Rahmen des Budgets bleiben und dass Kosten überwacht und kontrolliert werden. In diesem Zusammenhang ist es wichtig, ein **IT-Budget** vorzubereiten, damit Ausgaben im Bereich der Informationstechnologie geplant und kontrolliert werden. Durch die Erstellung eines IT-Budgets können Unternehmen auch Prioritäten für ihre IT-Investitionen entsprechend den geschäftlichen Anforderungen setzen. Tatsächlich ist die Budgetierung auch eine gute Gelegenheit, Verträge und Service-Level-Agreements zu überprüfen. Tarife und Konditionen

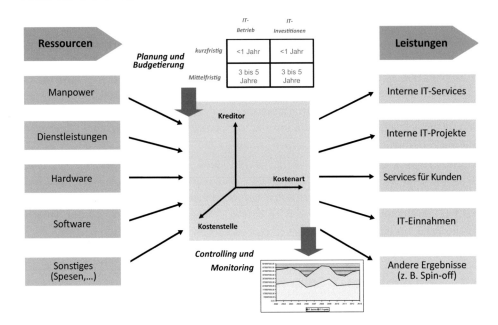

Abb. 8.11 Von Ressourcen zu Leistungen

sollen neu verhandelt werden. Marktanalysen sollen durchgeführt werden, um potenzielle neue Drittlieferanten zu identifizieren. In dieser Betrachtung werden nicht nur die externen Kosten berücksichtigt, sondern auch die internen Aufwände.

Im Rahmen des Rechnungswesens werden Rechnungen geprüft, kontiert und zur Zahlung gegeben. Die internen Aufwände werden mittels Aufwanderfassung rapportiert und gegebenenfalls mit einem Stundensatz an Businesseinheiten weiterverrechnet. Berichte werden in der Regel auf Monatsbasis erstellt. Für jedes Buchungskonto werden monatlich Prognosezahlen (auch als Forecastzahlen bezeichnet) ermittelt, um die Kosten über das Jahr hinweg zu glätten (Abb. 8.12).

Das Ziel des IT-Controllings ist nach wie vor die Optimierung der IT-Kosten. So können Unternehmen ihre IT-Ressourcen effizient nutzen und Einsparpotenziale erkennen. Dies trägt letztendlich zur finanziellen Gesundheit des Unternehmens bei.

Gewisse Grundsätze innerhalb der Organisation müssen erfüllt sein, um solche Optimierungen zu erreichen. Die folgenden fünf Maßnahmen tragen mit Sicherheit dazu bei, den Mehrwert der IT zu steigern:

1. **Optimierung des Projektportfolios**
   Projekte sollen gestartet werden, wenn die entsprechenden Voraussetzungen gegeben sind, insbesondere ein valider Business Case und die Verfügbarkeit der entscheidenden Ressourcen. Innerhalb des Gesamtportfolios oder innerhalb spezieller Programme, in denen verschiedene Projekte gebündelt werden, können Synergien

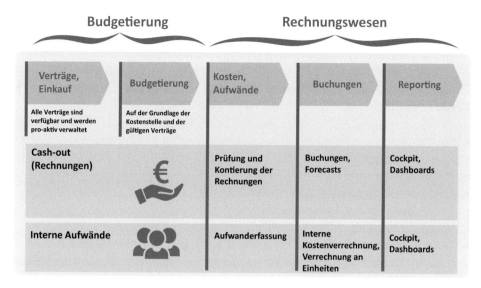

Abb. 8.12 Hauptaktivitäten des IT-Controlling

zwischen Projekten genutzt werden, um die maximale Wirkung der getätigten Investitionen zu erzielen.

2. **Vorhandensein der richtigen IT-Organisation**
   Die IT-Organisation sollte so gestaltet sein, dass sie die langfristigen strategischen Ziele des Unternehmens unterstützt. Es ist möglicherweise nicht sinnvoll, sämtliche Ressourcen auf die Bereitstellung von IT-Diensten zu verwenden, insbesondere wenn diese kostengünstiger von einem externen Partner übernommen werden kann. Man sollte sich auf die Qualität der Lieferung von kritischen Schlüsselaktivitäten für das Unternehmen konzentrieren.

3. **Management von IT-Betrieb und -Dienstleistungen**
   Ein effektiver Betrieb, bei dem beispielsweise Lean Management zur Vermeidung von Verschwendung angewendet wird, ermöglicht es dem Unternehmen, zusätzlichen Aufwand für die Behebung von Problemen oder Fehlern zu vermeiden. Es können Ressourcen für neue Technologien und kommende Innovationen freigesetzt werden, wodurch eine Aufwärtsspirale entsteht, die das Interesse, die Motivation und die Effektivität der IT-Mitarbeitenden steigert.

4. **Ein effektives Ökosystem entwickeln**
   Externe Dienstleistungen müssen sorgfältig gesteuert werden. Das Nutzenversprechen des Anbieters muss regelmäßig bewertet werden, um den Marktbedingungen gerecht zu werden. Insbesondere bei der Auswahl einer neuen Lösung sollte der Selektionsprozess einschließlich der Angebotseinholung gründlich und professionell durchgeführt werden.

5. **Definition und Umsetzung einer nachhaltigen IT-Architektur**
   Die Grundlage für die Entwicklung der IT-Systeme bildet die IT-Architektur, die
   grundlegend ist, um die IT-Kosten langfristig zu optimieren.

Zusätzlich werden noch einige weitere „taktische" Möglichkeiten zur Senkung der IT-
Kosten vorgestellt:

- Speicherplatz aus technischer und anwendungsbezogener Sicht optimieren
- Preisverhandlung führen
- Anzahl Drucker reduzieren
- Schwarz-weiß-Standardeinstellung beim Drucken
- Telefonietarife prüfen und verhandeln
- Vertragsverhandlungen führen, vor allem bei «größeren» Verträgen
- Beauftragung eines Beratungsunternehmens zur Überprüfung der materiellen Kosten,
  unter der Voraussetzung einer Selbstfinanzierung der Beratungskosten durch die reali-
  sierten Ersparnisse (Abb. 8.13)

Es ist logisch anzunehmen – und das wird tatsächlich von der Führungsebene erwartet -,
dass Organisationen immer effizienter arbeiten. In diesem Fall lohnt es sich, sich am
CMMI-Modell (Capability Maturity Model Integration) zu orientieren, um die Fähigkeiten und den Reifegrad zu messen. CMMI gilt als integriertes Reifegradmodell und ist
ein Rahmenwerk zur Bewertung und Verbesserung der Reife von Prozessen in Organisationen. Ursprünglich wurde CMMI zur Bewertung und Entwicklung von Software- und
Systementwicklungsprozessen verwendet.

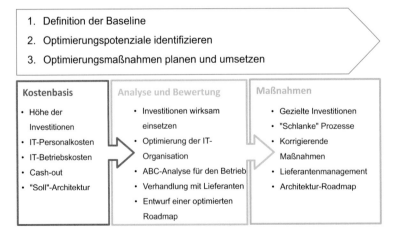

Abb. 8.13 Das Optimieren der IT-Ausgaben

Lean-Prinzipien und -Methoden können zur Optimierung von Prozessen in der Informationstechnologie benutzt werden. Das Konzept des Lean Managements wurde ursprünglich in der Automobilindustrie entwickelt und zielt darauf ab, Verschwendungen zu vermeiden, Effizienz zu steigern und Kundenwert zu maximieren.

Durch die **Kombination von Lean und CMMI** können IT-Organisationen ihre Prozesse verbessern und gleichzeitig ihren Reifegrad erhöhen. Leanprinzipien wie kontinuierliche Verbesserung und Kundenzentrierung können in die Umsetzung von CMMI integriert werden.

Die Anwendung der Leanprinzipien kann dazu beitragen, Verschwendung in den Prozessen zu erkennen und zu minimieren, wodurch die Effizienz gesteigert werden kann. Gleichzeitig kann CMMI eine strukturierte Methode zur Bewertung der Reife einer Organisation bieten und eine kontinuierliche Verbesserung ermöglichen (Abb. 8.14).

Es gibt eine Reihe von Managementmaßnahmen, die zur Weiterentwicklung der IT-Organisation führen können. Die Frage bleibt die Relevanz und die Erfolgschancen solcher Initiativen. Die Erfahrung zeigt, dass die wirksamsten Maßnahmen am meisten Zeit brauchen. Nun stellt oft die Zeit einen kritischen Faktor dar, da Rahmenbedingungen bedingt durch Reorganisation oder technische Entwicklungen sich sehr rasch ändern können.

Anbei eine Liste von fünf Maßnahmen, die eher kurzfristig zu einer Verbesserung führen können:

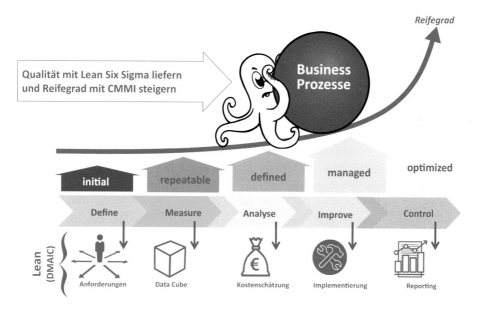

Abb. 8.14 Reifewachstum der IT-Leistungen in Kombination mit der Leanmethode

1. **Externe Expertise**

   Externe Fachleute bringen oft neue Ideen, Perspektiven und Best Practices mit sich, die zu innovativen Ansätzen bei der Lösung von Problemen führen können. Sie können auch über spezifisches Fachwissen verfügen, das im internen Team möglicherweise nicht vorhanden ist. Man muss allerdings auch die Kosten und die Wissensabhängigkeit berücksichtigen, sodass diese Lösung auf Dauer nicht zu empfehlen ist.

2. **Automatisierung und Tooleinführung**

   Automatisierung und die Einführung von Tools können einen positiven Effekt haben. Durch Automatisierung können sich wiederholende Aufgaben effizienter ausgeführt und manuelle Fehler minimiert werden. Durch die Einführung geeigneter Tools können Unternehmen außerdem ihre Prozesse optimieren, ihre Effizienz steigern und die Qualität ihrer Dienstleistungen verbessern. Das gilt nicht nur für das Business, sondern auch für die IT.

3. **Einzelne Zertifizierungen**

   Durch Zertifizierungen können Mitarbeitende ihre Fähigkeiten und Kenntnisse unter Beweis stellen, was zu einer höheren Glaubwürdigkeit führt und was sogar von gewissen SW-Providern verlangt wird. Unternehmen können auch von den investierten Ressourcen profitieren, da zertifizierte Mitarbeitende oft eine höhere Leistungsfähigkeit aufweisen und in der Lage sind, die Firma bei technischen Projekten und Kundenanfragen besser zu unterstützen. Darüber hinaus bieten Zertifizierungen auch Vorteile für die Karriereentwicklung der Mitarbeitenden.

4. **ISO-Zertifizierung**

   Durch eine ISO-Zertifizierung wird bestätigt, dass ein Unternehmen bestimmte internationale Normen und Standards erfüllt. Eine IT-Organisation kann auch von einer ISO-Zertifizierung profitieren, indem IT-Prozesse gründlich überprüft werden. Durch die Zertifizierung können Verbesserungspotenziale identifiziert werden.

5. **Outsourcing**

   Durch die Auslagerung von bestimmten Aufgaben oder Funktionen an externe Dienstleister oder Lieferanten können verschiedene Vorteile erzielt werden. Ein Outsourcing ermöglicht den Zugang zu spezialisiertem Fachwissen und Know-how. Flexibilität und Skalierbarkeit können auch verbessert werden. Eventuell werden günstigere finanzielle Bedingungen angeboten.

Es wäre sinnvoll, weitere Maßnahmen zu ergreifen. Diese erfordern jedoch sicherlich mehr Zeit. Es handelt sich um:

1. **Projektmanagement**

   In der IT gibt es oft komplexe Projekte mit vielen verschiedenen Komponenten und einem hohen Maß an technischen Anforderungen. Ein effektives Projektmanagement stellt sicher, dass diese Projekte erfolgreich geplant, koordiniert und durchgeführt werden.

2. **Projektportfolio**

   Ein Projektportfolio bezieht sich auf die Sammlung von Projekten oder Initiativen, die von einer Organisation durchgeführt werden. In der IT kann ein gut geplantes und verwaltetes Projektportfolio dazu beitragen, die Effizienz, Qualität und Rentabilität von IT-Projekten zu verbessern. Durch die Bewertung, Auswahl und Priorisierung von Projekten kann ein Projektportfolio sicherstellen, dass nur diejenigen Initiativen verfolgt werden, die den größten Wert und Nutzen für das Unternehmen bieten. Darüber hinaus erleichtert ein Projektportfolio die Überwachung und Steuerung der IT-Projekte, wodurch ein effektives Risikomanagement und eine rechtzeitige Reaktion auf Veränderungen ermöglicht werden.

3. **IT-Standards**

   Durch die Verwendung von IT-Standards können Systeme und Technologien besser miteinander integriert werden. Dies ermöglicht einen reibungslosen Datenaustausch und eine nahtlose Zusammenarbeit zwischen verschiedenen IT-Systemen. Durch die Implementierung standardisierter Sicherheitsprotokolle und -mechanismen wird das Risiko für Sicherheitslücken und Angriffe reduziert.

4. **IT-Prozesse**

   IT-Prozesse sind strukturierte und standardisierte Verfahren, die in der Informationstechnologie eingesetzt werden, um verschiedene Aufgaben effizient zu erledigen. Gut definierte IT-Prozesse ermöglichen es Unternehmen, ihre IT-Infrastruktur zu optimieren und die Leistung zu verbessern.

5. **IT-Governance**

   Eine effektive IT-Governance ermöglicht eine klare Festlegung von Verantwortlichkeiten und Befugnissen. Dadurch können Unternehmen ihre IT-Ressourcen besser kontrollieren, Risiken minimieren, Compliance-Anforderungen erfüllen und die IT-Leistung verbessern.

6. **IT-Architektur**

   Eine effektive IT-Architektur legt den Rahmen für die Organisation und Integration von IT-Systemen, Anwendungen, Datenbanken und Kommunikationsinfrastruktur fest. Durch eine gut durchdachte Architektur können Unternehmen effizientere Prozesse, bessere Skalierbarkeit, verbesserte Sicherheit und eine nahtlose Integration verschiedener Systeme erreichen (Abb. 8.15).

Die Einbindung relevanter Stakeholder in den Prozess ist entscheidend, um ein effektives IT-Reporting und Controlling in einem Unternehmen zu ermöglichen. Durch eine enge Zusammenarbeit und regelmäßige Kommunikation können die Bedürfnisse und Erwartungen der Stakeholder besser berücksichtigt werden. Für die Erstellung aussagekräftiger Berichte und Analysen ist der Zugriff auf hochwertige und relevante Daten unverzichtbar. Eine sorgfältige Auswahl der Datenquellen und eine regelmäßige Datenpflege sind daher entscheidend. Am Schluss sind die richtigen Kennzahlen auszuwählen,

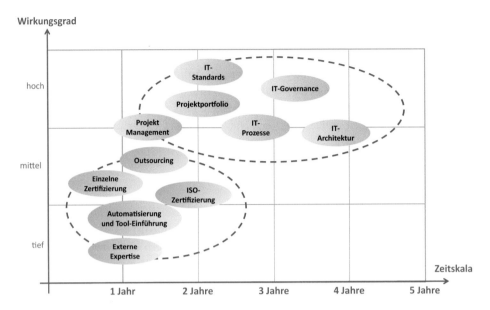

Abb. 8.15 Wirkungsgrad und Einsetzungsdauer verschiedener Managementmaßnahmen in der IT

die den relevanten Aspekten des IT-Bereichs entsprechen. Diese Kennzahlen sollten sowohl finanzielle als auch nicht-finanzielle Aspekte abdecken und einen umfassenden Einblick in die Leistung der IT geben.

Weiterführende Literatur

Kaplan R S, Norton D P (1992) The Balanced Scorecard – Measures that Drive Performances. Harvard Business Review, Cambridge
Pilorget L, Schell T (2018) IT Management. Springer, Wiesbaden
Shakespeare W (1600) King Henry V

IT-Governance

Corporate Governance wird oft als Schlüssel für den nachhaltigen Erfolg eines Unternehmens bezeichnet. Hierbei handelt es sich um Praktiken, die festlegen, wie ein Unternehmen geführt und kontrolliert wird. Dies umfasst eine Reihe von Grundsätzen, Richtlinien und Verfahren, die Transparenz, Rechenschaftspflicht und verantwortungsvolle Entscheidungsfindung innerhalb einer Organisation gewährleisten sollen. Ziel der Unternehmenspolitik ist es, die Interessen der verschiedenen Stakeholder wie Aktionäre, Mitarbeitende, Kunden und die Gesellschaft zu schützen, indem sie die Unternehmensleitung beaufsichtigt und anleitet. Sie umfasst Bereiche wie die Festlegung der Aufgaben und Zuständigkeiten des Vorstands, die Sicherstellung eines ethischen Verhaltens, die Schaffung eines Rahmens für das Risikomanagement und die Förderung der Einhaltung von Gesetzen und Vorschriften.

IT-Governance fokussiert sich speziell auf die Verwaltung und Kontrolle der IT-Ressourcen eines Unternehmens. Verschiedene Definitionen wurden veröffentlicht. Gemäß des IT Governance Instituts beinhaltet IT Governance « *„… leadership, organizational structures and processes to ensure that the organisation's IT sustains and extends the organisation's strategies and objectives"* (siehe Wikipedia, Corporate governance of information technology). Diese Definition betont, dass IT-Governance eine Managementaufgabe ist, die Leadership, Organisation und Prozesse beinhaltet.

In diesem Kapitel wird IT-Governance anhand die drei Themen, IT-Prozesse, Organisationsstruktur und Zielsetzung konkret erläutert (Abb. 9.1).

Jede Organisation bleibt eigenartig und verfügt über eine eigene Kultur. Dieser Aspekt wird noch in einem abschliessenden Absatz skizziert.

L. Pilorget, *Managing IT in einer digitalen Welt,* https://doi.org/10.1007/978-3-658-46012-9_9

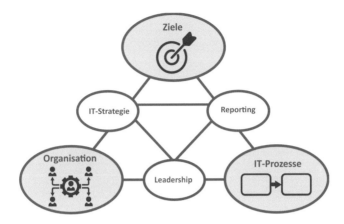

Abb. 9.1 IT-Governance aus Sicht IT-Prozesse, IT-Organisation und Zielsetzung

9.1   Rollen bei den IT-Prozessen

Durch die Modellierung der IT-Prozesse kann eine Grundlage für eine rollenbasierte Organisation geschaffen werden. Mittels einer Zusammenführung verschiedener Prozessschritte kann eine umfassende Darstellung der Aufgaben einer Rolle erreicht werden.
Was ist zum Beispiel die Rolle eines CIO? Der erste Schritt ist zu identifizieren, bei welchen IT-Prozessen die Rolle „CIO" erscheint und was für dementsprechende Aufgaben
erfüllt werden müssen. Je nach Modellierung der IT-Prozesse kann die Rolle eines CIO
als Beispiel wie folgt definiert werden:

Rolle des CIO

- Definiert die IT-Strategie
- Stellt sicher, dass die IT-Strategie auf dem neuesten Stand ist
- Ist verantwortlich für die Überprüfung der IT-Strategie
- Legt fest, ob IT-Dienstleistungen intern erbracht oder ausgelagert werden sollen
- Definiert die IT-Organisation
- Legt den Umfang der Personalzuweisung an die IT-Organisation fest
- Stellt sicher, dass die IT-Organisation funktionsfähig ist und dass ihre Arbeit auf die
  IT-Strategie abgestimmt ist
- Legt die Qualitätsstandards für die definierten IT-Dienstleistungen fest
- Stellt die Einhaltung der definierten Qualitätsstandards sicher
- Leitet bei festgestellten Qualitätsmängeln geeignete Maßnahmen ein
- Sorgt für die Definition von IT-Standards
- Überwacht die Einhaltung der IT-Standards
- stellt sicher, dass die geplante IT-Architektur umgesetzt wird

- Sorgt für die rechtzeitige Bereitstellung des IT-Budgets
- Ist verantwortlich für die Einhaltung des genehmigten IT-Budgets
- Bewilligt die einzelnen IT-Investitionen in Absprache mit der Geschäftsleitung

In diesem Zusammenhang wird es möglich, eine Struktur zu entwickeln, in der jede Rolle klar beschrieben und zugewiesen ist. Dabei kann die Theorie von Henry Mintzberg genutzt werden, um die verschiedenen Rollen innerhalb der Organisation systematisch zuzuordnen und ihre Funktionen und Verantwortlichkeiten präzise zu bestimmen. Diese sind übrigens:

1. Strategische Spitze
2. Mittlere Linie
3. Betrieblicher Kern
4. Technostruktur
5. Unterstützungskräfte (Abb. 9.2)

Auf der Grundlage des Modells von Mintzberg hat sich eine vereinfachte organisatorische Darstellung mit vier Hauptelementen in der Praxis bewährt:

- *Teil A:* **Top-Management**
  Diese Ebene befasst sich mit strategischen Entscheidungen und Zielsetzungen

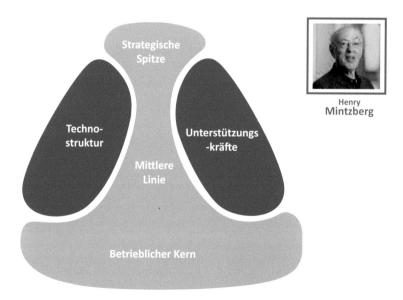

Abb. 9.2   Fünf generische Komponenten des Organisationsmodells von Mintzberg

- *Teil B:* **Mittleres Management**

  Dieser Teil bezieht sich auf taktische Aufgaben oder Entscheidungen, die kurzfristig getroffen werden

- *Teil C:* **Mitarbeiterebene**

  Diese Ebene befasst sich mit den „ausführenden" Tätigkeiten, wie z. B. der Herstellung von Gütern oder der Erbringung von Dienstleistungen

- *Teil D:* **Unterstützende Funktionen**

  Dieser Teil umfasst z. B. Aufgaben in den Bereichen Personalwesen, Controlling oder Rechnungsprüfung (Abb. 9.3).

Anhand dieser Darstellung können die identifizierten „Businessrollen" aufgelistet werden (Abb. 9.4).

Als Pendant zu den „Businessrollen" können auch die „IT-Rollen" abgebildet werden (Abb. 9.5).

Je nach Komplexität der IT-Organisation kann die Anzahl der nötigen Rollen groß werden. Für kleine und mittelgroße Unternehmen ist es erforderlich, den Einsatz der IT-Ressourcen zu optimieren. Dies bedeutet, dass Mitarbeitenden verschiedene Rollen gleichzeitig wahrnehmen müssen. Diese lassen sich einfacher kombinieren, indem Hauptrollen und sekundäre Rollen festgelegt werden (Abb. 9.6).

Auf der Grundlage der IT-Prozesslandschaft kann schließlich eine rollenbasierte Struktur festgelegt werden.

Beginnen wir zunächst mit den „Businessrollen" auf strategischer Ebene (Abb. 9.7).

Anschliessend die IT-Rollen auf strategischer Ebene (Abb. 9.8).

Auf der taktischen Ebene können Business- und IT-Rollen wie folgt definiert werden (Abb. 9.9).

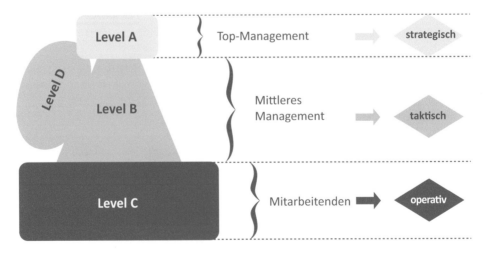

Abb. 9.3 Allgemeine Organisationsebenen (strategisch, taktisch, operativ)

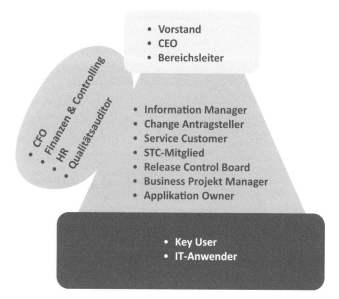

Abb. 9.4   IT-Governance: Businessrollen

Abb. 9.5   IT-Governance: IT-Rollen

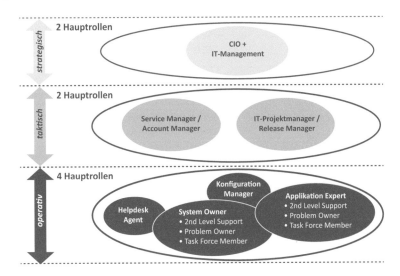

Abb. 9.6   Kombination von Haupt- und Nebenrollen in einer IT-Organisation

	Rolle	P01	P02	P03	P04	P05	P06	P07	P08	P09	P10	P11	P12	P13	P14	P15	P16	P17
Business	Vorstand	X	X		X		X		X									
	CEO		X															
	Bereichsleiter								X									
	CFO	X																
	Finanzen & Controlling				X		X					X						
	HR		X															
	Qualitäts- auditor					X												

P01 - IT-Strategie
P02 - HR-Management
P03 - IT-Standards & Architektur
P04 - Financial Management
P05 - Qualitätsmanagement
P06 - IT-Projektportfolio Management

P07 - Capacity & Availability Management
P08 - Continuity Management
P09 - Service Management
P10 - Requirements Management
P11 - Projektmanagement
P12 - Release Management

P13 - Applikation Development
P14 - IT-Betrieb & Konfiguration
P15 - Supplier Management
P16 - Incident Management
P17 - Problem Management

Abb. 9.7   Zuordnung der strategischen Businessrollen auf einer IT-Prozesslandkarte

Letztendlich werden die Business- und IT-Rollen auf die operative Ebene dargestellt (Abb. 9.10).

Als Ergebnis der Prozessmodellierung lässt sich festhalten, dass für fast alle IT-Prozesse sowohl Geschäftsrollen als auch IT-Rollen erforderlich sind. Es bedeutet, dass IT-Governance keine reine IT-Angelegenheit ist. Vielmehr handelt es sich um einen

	Rolle	P01	P02	P03	P04	P05	P06	P07	P08	P09	P10	P11	P12	P13	P14	P15	P16	P17
IT	CIO	X	X	X	X	X	X	X		X						X		
IT	Service Manager	X			X	X		X		X					X			
IT	Projekt-portfolio Manager	X			X	X	X	X				X						
IT	IT-Architekt	X		X														
IT	Applikation Developer													X				
IT	IT-Betrieb Manager							X	X	X	X				X	X		X
IT	IT-Controlling				X			X								X		
IT	Sicherheits-beauftragter			X					X									
IT	Qualitäts-beauftragter					X				X								

P01 - IT-Strategie
P02 - HR-Management
P03 - IT-Standards & Architektur
P04 - Financial Management
P05 - Qualitätsmanagement
P06 - IT-Projektportfolio Management
P07 - Capacity & Availability Management
P08 - Continuity Management
P09 - Service Management
P10 - Requirements Management
P11 - Projektmanagement
P12 - Release Management
P13 - Applikation Development
P14 - IT-Betrieb & Konfiguration
P15 - Supplier Management
P16 - Incident Management
P17 - Problem Management

Abb. 9.8 Zuordnung der strategischen IT-Rollen auf einer IT-Prozesslandkarte

	Rolle	P01	P02	P03	P04	P05	P06	P07	P08	P09	P10	P11	P12	P13	P14	P15	P16	P17
Business	Information Manager						X											
Business	Client						X				X							
Business	Agent									X								
Business	STC											X				X		
Business	RCB												X					
Business	Projekt-manager						X					X						
Business	Applikation Owner										X							
IT	Account Manager						X			X	X		X					
IT	Service Manager					X				X					X			
IT	IT-Projekt-manager											X		X	X	X		
IT	Release Management												X	X	X			

P01 – IT-Strategie
P02 – HR-Management
P03 – IT-Standards & Architektur
P04 - Financial Management
P05 - Qualitätsmanagement
P06 – IT-Projektportfolio Management
P07 - Capacity & Availability Management
P08 - Continuity Management
P09 - Service Management
P10 - Requirements Management
P11 - Projektmanagement
P12 - Release Management
P13 - Applikation Development
P14 - IT-Betrieb & Konfiguration
P15 - Supplier Management
P16 - Incident Management
P17 - Problem Management

Abb. 9.9 Zuordnung der taktischen Business- und IT-Rollen auf einer IT-Prozesslandkarte

	Rolle	P01	P02	P03	P04	P05	P06	P07	P08	P09	P10	P11	P12	P13	P14	P15	P16	P17
Business	Key-User												X	X				
Business	IT-Anwender										X						X	
IT	Applikation Expert										X		X	X				
IT	System Owner							X			X	X	X	X	X	X		X
IT	Konfiguration Manager														X			
IT	Helpdesk Agent										X				X		X	
IT	2nd-level Support																X	
IT	Problem Owner												X					X
IT	Taskforce Mitglied																	X

P01 - IT Strategy
P02 - HR Management
P03 - IT Standards & Architecture
P04 - Financial Management
P05 - Quality Management
P06 - IT Project Portfolio Management
P07 - Capacity & Availability Management
P08 - Continuity Management
P09 - Service Management
P10 - Requirements Management
P11 - Project Management
P12 - Release Management
P13 - Applications Development
P14 - IT Operation & Configuration
P15 - Supplier Management
P16 - Incident Management
P17 - Problem Management

Abb. 9.10 Zuordnung der operativen Business- und IT-Rollen auf einer IT-Prozesslandkarte

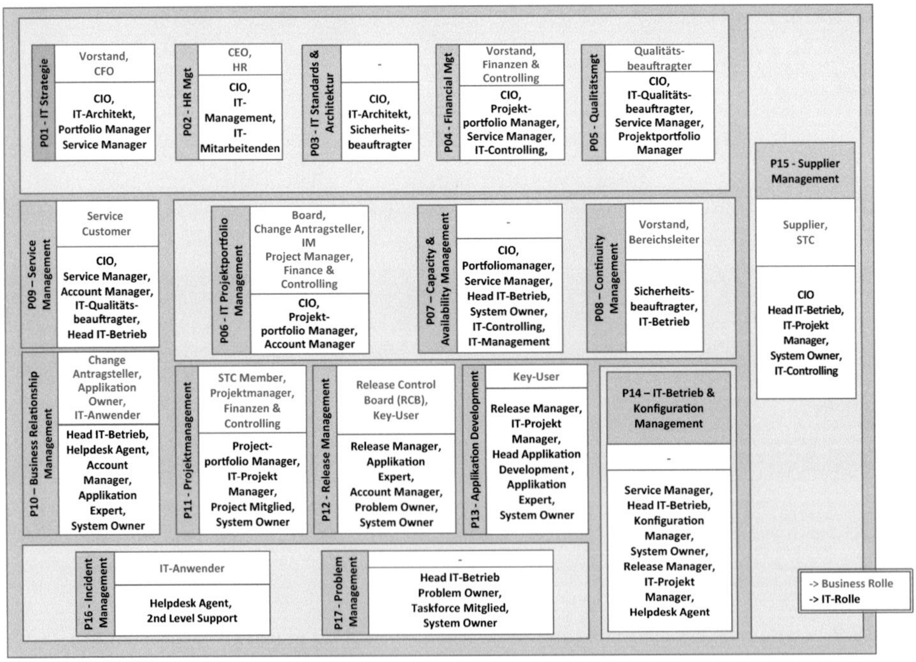

Abb. 9.11 Gesamtdarstellung der Business- und IT-Rollen auf einer IT-Prozesslandkarte

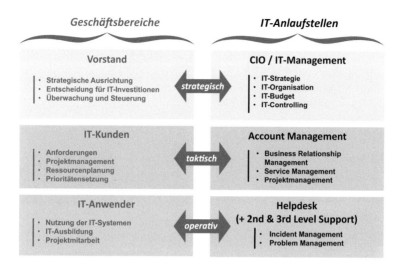

Abb. 9.12 Organisatorische Schnittstellen zwischen Business und IT auf die strategischen, taktischen und operativen Ebenen

ganzheitlichen Ansatz, der Zusammenarbeit und Rollenverständnis zwischen den verschiedenen Einheiten eines Unternehmens umfasst (Abb. 9.11).

In diesem Zusammenhang stellen die organisatorischen Schnittstellen zwischen der IT und den verschiedenen Geschäftseinheiten ein kritisches Element auf allen Ebenen des Unternehmens dar (Abb. 9.12).

Als Schlussfolgerung lässt sich die große Herausforderung einer IT-Organisation aufzeigen: Sie muss in der Lage sein, „Brücken" zu den verschiedenen Einheiten eines Unternehmens zu bauen und somit 1-zu-n-Beziehungen zu verwalten. Aufseiten des Business muss jedoch die Akzeptanz vorhanden sein, die erforderlichen Rollen effektiv wahrzunehmen (Abb. 9.13).

9.2 Organisationsstruktur

Unternehmen müssen sich unter sich verändernden Rahmenbedingungen weiterentwickeln.

Kundenbedürfnisse sind heutzutage anspruchsvoller. Dank des Internets und sozialer Medien haben Kunden einfachen Zugang zu umfassenden Informationen über Produkte und Dienstleistungen. Dadurch sind sie besser informiert und haben höhere Erwartungen an Qualität, Leistung und Kundenservice. Die sich ändernden Lebensstile und Bedürfnisse spielen ebenfalls eine Rolle. Menschen möchten zunehmend personalisierte Lösungen, die ihren individuellen Vorlieben und Anforderungen entsprechen. Kunden erwarten ein nahtloses und angenehmes Nutzungserlebnis. Dazu gehören auch ein effizienter Kundenservice und schnelle Problemlösungen.

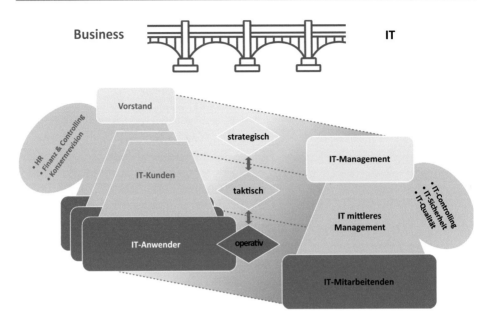

Abb. 9.13 Die Brücken zwischen Business und IT bauen

Moderne Technologien haben das Potenzial, das Unternehmenswachstum zu fördern, und die Effizienz zu erhöhen. Sie ermöglichen den Unternehmen, ihre Fähigkeiten zu erweitern oder neue Geschäftsmöglichkeiten zu erschließen. Beispiele solcher Technologien sind Cloud Computing, Künstliche Intelligenz (KI), Internet der Dinge (IoT), Big Data Analytics oder Blockchain.

Unternehmen müssen **verbindliche Vorschriften** einhalten, um den gesetzlichen Anforderungen zu entsprechen. Dazu gehören beispielsweise Umweltauflagen, Arbeitsschutzstandards, Steuervorschriften und Datenschutzregeln. Dies erfordert in der Regel zusätzliche Ressourcen und Investitionen. Die Einhaltung dieser Regelungen kann das Vertrauen von Kunden und Stakeholdern stärken und als Unterscheidungsmerkmal gegenüber Mitbewerbern dienen.

Unternehmen müssen sich auch vor **neuen Bedrohungen** schützen, insbesondere was Cyberkriminalität anbelangt. Mit dem zunehmenden Einsatz digitaler Technologien und des Internets sind Unternehmen verstärkt Ziel von Cyberangriffen. Phishing, Malware, Ransomware und Datenleck stellen ernsthafte Bedrohungen für die Sicherheit und den Ruf von Unternehmen dar. Firmen, die große Mengen an Daten sammeln und speichern, müssen sich zunehmend mit dem Risiko von Datenverletzungen auseinandersetzen. Eine Verletzung der Datenschutzbestimmungen kann nicht nur zu finanziellen Verlusten führen, sondern auch das Vertrauen der Kunden beeinträchtigen.

Unternehmen können auf diese Herausforderungen mit neuen Organisationsstrukturen reagieren, die agil, innovativ, sicher und regelkonform sind (Abb. 9.14).

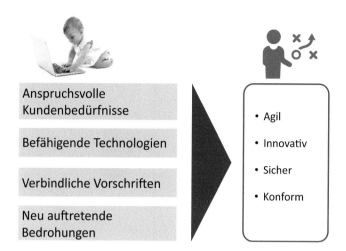

Abb. 9.14 Moderne Rahmenbedingungen beeinflussen die Eigenschaften einer Organisation

Die Leistung eines Unternehmens lässt sich heutzutage durch die folgenden Merkmale kennzeichnen:

- Kurze Markteinführungszeit
- Qualität von Produkten und Dienstleistungen
- Niedrige Produktionskosten
- Verbesserte Produktivität
- Stabiler Betrieb

Es gilt diese zum Teil widersprüchliche Leistungsfähigkeiten unter einem Dach zu vereinen (Abb. 9.15).

Die Rolle der IT ist in diesem Zusammenhang entscheidend und in vielen Bereichen herausfordernd.

Durch den Einsatz **neuer Technologien** können Unternehmen ihre Abläufe optimieren und Kosten senken. Neue Technologien bieten auch Chancen für die Entwicklung neuer Produkte und Dienstleistungen sowie die Erschließung neuer Märkte. Daher ist es für Unternehmen in der IT-Branche von entscheidender Bedeutung, sich stets über neue Technologien auf dem Laufenden zu halten und diese aktiv einzusetzen, um wettbewerbsfähig zu bleiben.

Agile Methoden ermöglichen es den Teams, flexibel auf Änderungen und Anforderungen zu reagieren. Dadurch können qualitativ hochwertige Softwareprodukte geliefert werden. Diese Methoden fördern eine enge Zusammenarbeit zwischen Entwicklern, Produktmanagern und Kunden, was zu einer effizienten und transparenten Kommunikation führt. Daher sind sie ein wesentlicher Bestandteil der IT-Entwicklung.

Kurze Markteinführungszeit

Qualität von Produkten und
Dienstleistungen

Niedrige Produktionskosten

Verbesserte Produktivität

Stabiler Betrieb

Abb. 9.15 Leistungsfähigkeiten moderner Unternehmen

Betriebsmodelle sind von großer Bedeutung für die IT, da sie die Struktur und den Betrieb von IT-Systemen und -Diensten definieren. Ein effektives Betriebsmodell ermöglicht es Unternehmen, ihre IT-Ressourcen effizient zu nutzen, die Servicebereitstellung zu optimieren und gleichzeitig Kosten zu senken. Es beinhaltet eine klare Verantwortlichkeitsstruktur, festgelegte Prozesse und Standards für den Betrieb und die Wartung der Systeme. Dadurch wird die Wahrscheinlichkeit von Störungen minimiert und Ausfallzeiten reduziert.

Durch **Automatisierung** können zeitaufwendige und repetitive Aufgaben effizienter erledigt werden. Der Einsatz automatisierter Prozesse und Systeme versetzt Unternehmen in die Lage, ihre Effizienz zu steigern, Kosten zu senken und die Qualität ihrer Produkte oder Dienstleistungen zu verbessern. Automatisierung spart Zeit und Ressourcen und minimiert menschliche Fehler.

Leanprinzipien bieten eine systematische Herangehensweise, um Effizienz und Qualität zu verbessern. Durch die Anwendung solcher Prinzipien können IT-Organisationen Kosten reduzieren, Verschwendung eliminieren und Prozesse kontinuierlich verbessern. In der IT können dies beispielsweise Überproduktion, Wartezeiten, ein unvollständiges Inventar, unnötige Bewegung von Daten oder untergenutztes menschliches Potenzial sein. IT-Organisationen sollten ständig nach Möglichkeiten suchen, ihre Prozesse zu optimieren.

User Experience (UX) ist in der IT äußerst wichtig, da sie maßgeblich zur Zufriedenheit der Benutzer beiträgt. Eine positive UX stellt sicher, dass die Interaktion mit einer Software, einer Website oder einer Anwendung einfach und angenehm ist. Wenn Benutzer eine gute UX erleben, sind sie zufrieden und loyal gegenüber der IT-Lösung.

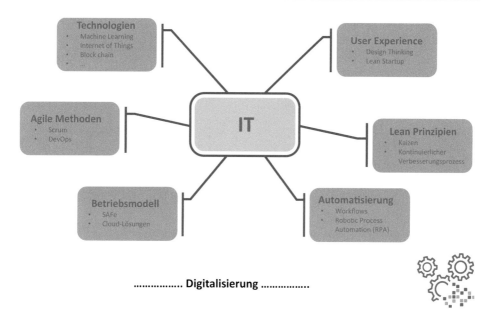

Abb. 9.16 Die Herausforderungen der IT zur Leistungsfähigkeit eines Unternehmens

Zudem befinden sich viele Unternehmen in einer digitalen Transformation. Eine IT-Organisation, die die Digitalisierung nicht berücksichtigt, riskiert, in einer zunehmend digitalisierten Welt den Anschluss zu verlieren. Daher ist es wichtig, dass IT-Organisationen die Digitalisierung als strategischen Schwerpunkt betrachten und kontinuierlich ihre Fähigkeiten und Technologien aktualisieren (Abb. 9.16).

Die Integration zwischen Business und IT wird immer stärker, um digitale Transformationsprojekte umzusetzen. Business und IT müssen miteinander kommunizieren und zusammenarbeiten. Das Business sollte die Bedürfnisse der IT berücksichtigen, während die IT die geschäftlichen Anforderungen verstehen muss. Eine klare Kommunikation, eine gemeinsame Vision und kooperative Zusammenarbeit sind entscheidend für eine erfolgreiche Integration (Abb. 9.17).

Die Starrheit einer streng klassisch-hierarchischen Organisation stellt ein erhebliches Hindernis für die Weiterentwicklung des Unternehmens dar. Eine moderne und hierarchiefreie Governance kann hingegen durch verschiedene Ansätze und Prinzipien erreicht werden.

Statt einer traditionellen hierarchischen Struktur können Unternehmen horizontale Netzwerke aufbauen, in denen Mitarbeitende über verschiedene Abteilungen und Funktionen hinweg zusammenarbeiten. So entstehen flache Organisationsstrukturen und eine Kultur des Wissensaustauschs wird gefördert. Beschäftigte sollen ihren unternehmerischen Geist entwickeln und ihr Wissen kontinuierlich erweitern können.

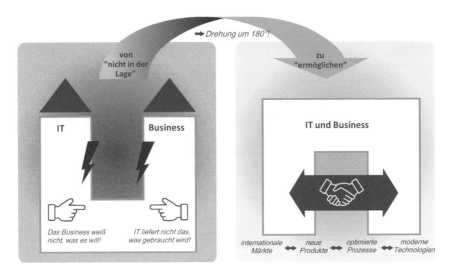

Abb. 9.17 Von «nicht in der Lage» zu «ermöglichen»: die moderne Zusammenarbeit zwischen Business und IT

Da sich die Technologie schnell weiterentwickelt, ist es wichtig, dass IT-Mitarbeitende ihre Fähigkeiten und Kenntnisse kontinuierlich aktualisieren, um den aktuellen Entwicklungen gerecht zu werden. Ständig entstehen neue Programmiersprachen, Frameworks, Tools und Plattformen, was eine permanente Anpassung erfordert. Die Sicherstellung der Arbeitsmarktfähigkeit der IT-Mitarbeitenden bietet zahlreiche Vorteile: Sie können sich beruflich weiterentwickeln und neue Karrieremöglichkeiten erschließen, während Unternehmen von hochqualifizierten Mitarbeitenden profitieren, die die erforderlichen Kompetenzen besitzen, um innovative Projekte umzusetzen.

Es ist anzumerken, dass eine Governance ohne Hierarchie nicht zwangsläufig bedeutet, dass es keine Führung gibt. Führung kann in einer solchen Struktur stark auf Coaching, Mentoring und Unterstützung ausgerichtet sein, anstatt auf autoritäre Befehle und Kontrolle (Abb. 9.18).

Für eine moderne IT-Organisation gibt es verschiedene organisatorische Strukturen, die je nach den spezifischen Anforderungen und Zielen der Firmen variieren können.

Hier sind einige gängige Ansätze:

1. **Funktionale Struktur**
   Diese Struktur gliedert die IT-Organisation nach Funktionen wie Entwicklung, Support, Sicherheit, Netzwerk usw. Jede Funktion arbeitet unabhängig voneinander und spezialisiert sich auf ihren spezifischen Bereich.
2. **Matrixstruktur**
   Bei dieser Struktur arbeiten Mitarbeitende sowohl in funktionalen Gruppen als auch in projektbasierten Teams. Es gibt eine Doppellinienhierarchie, wobei Mitarbeitende sowohl an einen funktionalen Manager als auch an einen Projektmanager berichten.

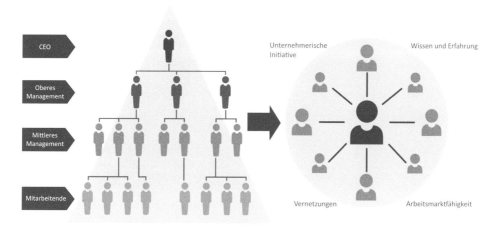

Abb. 9.18   Horizontale Netzwerke anstatt starre hierarchische Struktur

3. **Agile Struktur**

   Agile Ansätze wie Scrum oder Kanban haben in den letzten Jahren an Popularität gewonnen. Die Organisation ist in selbstorganisierte, cross-funktionale Teams unterteilt,
   die eng miteinander zusammenarbeiten, um Ziele iterativ zu erreichen.

4. **DevOps-Struktur**

   DevOps fördert eine enge Zusammenarbeit zwischen Entwicklungs- und Betriebsteams. Die Organisation ist in kleine Teams aufgeteilt, die für den gesamten Lebenszyklus einer Anwendung verantwortlich sind, von der Entwicklung bis hin zur Bereitstellung und Wartung.

5. **Produktorientierte Struktur**

   Hier wird die IT-Organisation nach Produkten oder Dienstleistungen strukturiert.
   Jedes Produkt oder jede Dienstleistung hat ein eigenes Team, das für dessen Entwicklung, Wartung und Verbesserung verantwortlich ist.

Bei der Wahl der geeigneten organisatorischen Struktur sollten Faktoren wie Unternehmenskultur, Größe des IT-Teams, Geschäftsziele und die Art der IT-Projekte berücksichtigt werden.

Verschiedene moderne Arbeitsmethoden in der IT werden von vielen Unternehmen
und Entwicklungsteams angewendet. Continuous Integration/Continuous Delivery (CI/
CD) zum Beispiel ist ein Ansatz, bei dem Entwicklungen kontinuierlich in den Haupt-
code integriert und in kurzen Intervallen bereitgestellt werden. Durch Automatisierung
werden die Entwicklung, die Integration, das Testen und die Bereitstellung der Lösung
beschleunigt. Design Thinking als weiteres Beispiel ist ein kreativer Prozess, der darauf
abzielt, innovative Lösungen für komplexe Probleme zu finden. In der IT können design-
orientierte Methoden helfen, nutzerzentrierte Produkte und Dienstleistungen zu entwickeln.

Abb. 9.19 Vielfältige Auswirkungen einer modernen IT-Governance

Die Fähigkeit, komplexe Probleme zu analysieren und kritisch zu denken, ist in der modernen IT von entscheidender Bedeutung. Agile Teams müssen zum Beispiel in der Lage sein, potenzielle Hindernisse zu identifizieren und kreative Lösungen zu entwickeln. Gute zwischenmenschliche Fähigkeiten und eine effektive Kommunikation sind grundlegend, um in einer agilen Umgebung erfolgreich zu sein.

Es gibt eine Reihe von bewährten Verfahren, die zu einer erfolgreichen Umsetzung von IT-Lösungen beitragen können. Dazu gehört insbesondere der Prozess der kontinuierlichen Verbesserung für IT-Systeme und -Prozesse. Auch Engpässe oder Probleme müssen erkannt und geeignete Maßnahmen ergriffen werden, um die IT kontinuierlich zu optimieren. Retrospektiven stellen wichtige Instrumente dar, um die Arbeit zu überprüfen, Herausforderungen zu identifizieren, Verbesserungen einzuleiten und natürlich Erfolge zu feiern.

Die Einstellung spielt eine entscheidende Rolle für eine erfolgreiche IT. Durch Offenheit für Veränderungen und dem Streben nach kontinuierlicher Lernbereitschaft kann eine IT-Organisation bessere Ergebnisse erzielen (Abb. 9.19).

9.3   Festlegung der Zielsetzungen

Strategische Ziele dienen als Leitlinien für die gesamte Organisation. Sie helfen dabei, die Richtung zu definieren, Ressourcen zu steuern und den Erfolg zu messen. Diese Ziele bilden die Grundlage für Entscheidungen. Und wenn Entscheidungen im Einklang mit den strategischen Zielen getroffen werden, ist es wahrscheinlicher, dass sie den langfristigen Erfolg der Organisation unterstützen.

Die Definition strategischer Ziele für eine Organisation erfolgt in der Regel durch einen strukturierten Prozess. Zunächst wird eine Vision festgelegt, die das angestrebte langfristige Bild der Organisation darstellt, und eine Mission formuliert, die den Zweck und die grundlegenden Aktivitäten des Unternehmens beschreibt. Auf dieser Grundlage können die strategischen Ziele erarbeitet werden. Um diese Ziele zu erreichen, müssen strategische Initiativen identifiziert werden. Diese Maßnahmen sollten auf den Stärken des Unternehmens aufbauen, Schwächen angehen, Chancen nutzen und Bedrohungen abwehren. Die strategischen Ziele und Initiativen sollten in konkrete Aktionspläne überführt werden. Es ist jedoch wichtig, die Umsetzung der Strategie kontinuierlich zu überwachen und bei Bedarf anzupassen (Abb. 9.20).

Die Definition von Zielen für eine IT-Organisation erfolgt durch einen ähnlichen Prozess, der die Geschäftsziele des Unternehmens berücksichtigt.

Eine IT-Organisation verfolgt typischerweise folgende Ziele:

- stabiler und zuverlässiger IT-Betrieb
- Verbesserung der Kundenerfahrungen, zum Beispiel mit personalisierten Dienstleistungen
- Schutz von Daten und Einhaltung von Datenschutzbestimmungen
- Nutzung technologischer Lösungen, um Arbeitsprozesse zu automatisieren und zu optimieren
- Nutzung neuer Technologien, um innovative Produkte oder Dienstleistungen zu entwickeln
- Identifizierung von Möglichkeiten zur Reduzierung der IT-Kosten (Abb. 9.21)

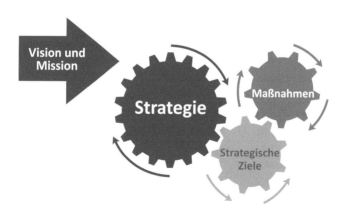

Mission, Vision und Strategie fördern die Ausrichtung der Maßnahmen an den strategischen Zielen

Abb. 9.20 Festlegung der strategischen Ziele aus der Strategie und Umsetzung mit den entsprechenden Maßnahmen

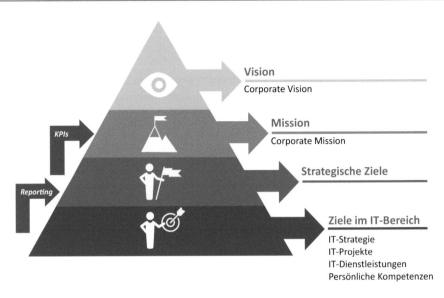

Abb. 9.21 Festlegung der Ziele für eine IT-Organisation

Um die Ziele auf individuelle Basis formulieren zu können, werden sogenannte **MbOs,** **„Management-by-Objectives"**, vereinbart. Beim MbO werden konkrete Ziele zwischen den Führungskräften und den Mitarbeitenden festgelegt. Diese Ziele dienen als Grundlage für die Leistungsbeurteilung und werden regelmäßig überprüft. Der MbO-Prozess soll die Ausrichtung der individuellen Leistung an den Unternehmenszielen fördern (Abb. 9.22).

Als Beispiel für die Definition eines MbOs können folgende Elemente berücksichtigt werden:

- **Beurteilung der Leistung**
  Ziele sollten klar definiert und messbar sein. Dennoch sollen diese realistisch und erreichbar bleiben. Eine Beurteilung der Leistung wird anhand der Zielvereinbarung durch den Mitarbeitenden und durch den Linienvorgesetzter durchgeführt. Allerdings sollten die Fortschritte bei der Zielerreichung regelmäßig verfolgt und überprüft werden.
- **Technisches Fachwissen**
  Da IT eine technologiegetriebene Branche ist, sind fundierte Kenntnisse in den relevanten technischen Bereichen erforderlich, um die zugrunde liegenden Aufgaben und Anforderungen zu verstehen, komplexe technische Probleme zu identifizieren und Lösungen zu entwickeln.
- **Methodische Fähigkeiten**
  IT-Mitarbeitende müssen in der Lage sein, die richtigen Arbeitsmethoden und -techniken auszuwählen und anzuwenden. Dies beinhaltet auch die Fähigkeit, Aufgaben zu

Source: Peter Drucker, The Practice of Management

Abb. 9.22 Festlegung der Ziele auf individuelle Ebene mit dem MbO (Management-by-Objectives)-Prozess

analysieren, Arbeitsabläufe zu optimieren und potenzielle Risiken zu identifizieren. Eine gute Methode zur Organisation und Koordination von Aufgaben kann die Effizienz und den Erfolg eines IT-Mitarbeitenden erheblich verbessern.

- **Persönliche Kompetenzen**
  Während technische Fähigkeiten und Fachwissen wichtig sind, spielen persönliche Kompetenzen im IT-Bereich ebenso eine bedeutende Rolle. Es geht unter anderen um Kommunikationsfähigkeiten, Teamarbeit oder Selbstmotivation.
- **Persönliche Entwicklungsmaßnahmen**
  Persönliche Entwicklungsmaßnahmen bieten IT-Mitarbeitenden die Möglichkeit, ihre eigenen Ziele und Interessen zu verfolgen. Sie können sich auf Bereiche spezialisieren, die sie besonders interessieren, wie beispielsweise Cloud Computing, künstliche Intelligenz oder Datenanalyse. Indem sie ihre Fähigkeiten und Kenntnisse erweitern, können sie sich für anspruchsvollere Aufgaben und Positionen qualifizieren (Abb. 9.23).

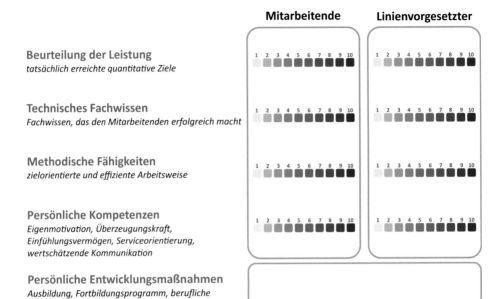

Abb. 9.23 Definition eines MbO (Management-by-Objectives) für die IT

9.4   Unternehmenskultur

Die Kultur eines Unternehmens spielt eine entscheidende Rolle für die IT-Governance. Eine positive Unternehmenskultur, die auf Zusammenarbeit, Offenheit und Respekt basiert, kann die Effektivität der IT-Governance verbessern. Mitarbeitenden, die sich mit den Unternehmenswerten identifizieren und eine hohe Qualität der Zusammenarbeit pflegen, sind eher bereit, IT-Governance-Richtlinien und -Prozesse zu unterstützen (Abb. 9.24).

Wie wird die Kultur einer Organisation definiert? Gemäß Sheila Margolis vom Workplace Culture Institute, LLC, bildet die „Core Culture" eine Reihe von Prinzipien und Grundwerten, die die Grundlage für den Erfolg des Unternehmens darstellen.

Die erste Frage befasst sich mit dem Zweck einer Organisation: Was ist der grundlegende Grund, warum die Organisation existiert? Diese zentrale Komponente der Kernkultur sollte die Frage beantworten: „Warum ist die Arbeit, die wir tun, wichtig?".

Eine **Absichtserklärung,** «the purpose», muss für die Mitarbeitenden sinnvoll sein und Emotionen wecken. Im Folgenden sind einige Beispiele für Zweckerklärungen aufgeführt (siehe sheilamargolis.com/core-culture-and-five-ps/the-five-ps-and-organizational-alignment/purpose):

Abb. 9.24   Die Unternehmenskultur als Erfolgsschlüssel für die IT-Governance

Bank	wir helfen Menschen, ihren Traum zu verwirklichen
Getränkehersteller	wir profitieren und erfrischen
Brotfabrik	wir ernähren das Leben
Konsumgüterunternehmen	wir machen das Leben einfach und lustig
Unterhaltungsunternehmen	wir machen Menschen glücklich
Finanzunternehmen	wir schaffen Werte
Versicherungsgesellschaft	wir sorgen für Seelenfrieden
Internetunternehmen	wir verbinden Menschen mit Möglichkeiten
Medizinkonzern	wir erhalten und verbessern das menschliche Leben
Non-Profit-Organisation	wir verringern die Armut

Die **Philosophie einer Organisation** umfasst ihre unverwechselbaren und relativ beständigen Prinzipien und Werte. Sie bestimmt, auf welche Weise die Mitarbeitende ihre Arbeit verrichten. Diese Philosophie trägt dazu bei, eine klare Identität und Ausrichtung für die Organisation zu schaffen und dient als Leitfaden für das tägliche Handeln sowie als Orientierung für Entscheidungen.

Prioritäten spielen eine entscheidende Rolle für eine anpassungsfähige und widerstandsfähige Organisationskultur. In einer sich ständig wandelnden Welt müssen Organisationen sich verändern, um zu überleben. Sheila Margolis unterscheidet zwischen zwei Arten organisatorischer Prioritäten: strategischen und universellen. Strategische Prioritäten zielen darauf ab, sich auf die Erreichung von Unternehmenszielen zu konzentrieren. Wenn beispielsweise die Konkurrenz schnell voranschreitet, um zukünftige Märkte zu erobern, könnte Geschwindigkeit eine strategische Priorität sein. Daher ändern sich strategische Prioritäten im Laufe der Zeit entsprechend den sich ändernden

Unternehmensstrategien. Universelle Prioritäten richten sich an die Mitarbeitenden, um eine engagierte Belegschaft zu fördern. Sie umfassen die folgenden Werte:

- **Passe ich hinein?**
  Prüfen, ob der Zweck und die Grundwerte des Unternehmens mit den Werten der Mitarbeitenden übereinstimmen
- **Vertraue ich ihnen?**
  Grad des Vertrauens in die Führungskräfte und Intensität des Mitarbeiterengagements. Integrität, Ehrlichkeit und Konsistenz wirken sich auf das Vertrauen aus.
- **Bin ich ihnen wichtig?**
  Da die Menschen einen großen Teil ihrer Zeit am Arbeitsplatz verbringen, sollte ein fürsorglicher Arbeitsplatz positive Beziehungen begünstigen. Sie kann ein Umfeld des Verständnisses, der Gemeinschaft und der Ermutigung sein.
- **Bin ich informiert und hört man mir zu?**
  Die Menschen suchen nach Sicherheit und fühlen sich durch Unsicherheit bedroht. Ungewissheit schafft Lücken, die die Menschen oft mit Worst-Case Szenarien füllen. Transparenz und offene Kommunikation fördern die Gewissheit, weil Führungskräfte Informationen weitergeben und Fragen beantworten. Selbst negative Informationen können weniger bedrohlich sein als keine Informationen.
  Die Mitarbeitende wollen sich wohl fühlen, wenn sie ihre Ansichten mitteilen und Fragen stellen können. Ein Klima der Offenheit schafft ein Gefühl der Sicherheit, das Vertrauen aufbaut.
- **Wachse ich, entwickle ich mich, erreiche ich etwas?**
  Menschen haben das Bedürfnis, sich zu verändern, und streben nach Entwicklung, Kompetenz, Leistung und Kompetenz.
- **Fühle ich mich als Eigentümer?**
  Ein Gefühl von Autonomie und Wahlfreiheit vermitteln – auch innerhalb von Grenzen. Flexibilität wirkt sich häufig positiv auf die Arbeitszufriedenheit, die Verringerung des Stressniveaus, die Steigerung der Produktivität und die Loyalität aus.

Durch eine Umfrage zum Mitarbeiterengagement kann ein Unternehmen die Werte ermitteln, die für das Engagement im Unternehmen am wichtigsten sind und auf die es sich konzentrieren sollte (Abb. 9.25).

Ein Beispiel hierfür ist die Firma W.L. Gore & Associates, die für ihre Innovationskultur bekannt ist. Das Unternehmen ermutigt Mitarbeitende, kreative Ideen zu entwickeln und umzusetzen. Gore ist für die Entwicklung von Produkten wie Gore-Tex bekannt, einer wasserdichten und atmungsaktiven Stofftechnologie. Diese Innovationskultur hat dazu beigetragen, dass Gore als Unternehmen erfolgreich geworden ist (Abb. 9.26).

Der Erfolg ist maßgeblich von den Menschen abhängig, da letztlich Menschen die Technologien und Prozesse entwickeln, einführen und nutzen. Deshalb ist es entscheidend, dass IT-Mitarbeitende ihre **Rollen in der Organisation** verstehen. Durch

Abb. 9.25   Festlegung der Kernkultur, «the Core Culture»

Gore: die Innovationskultur

Das Ziel des Unternehmens ist es, Geld zu verdienen und dabei Spaß zu haben

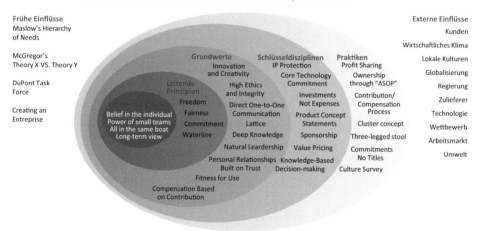

Abb. 9.26   Gore als Beispiel einer Innovationsfirmenkultur

dieses Verständnis können sie effektiver arbeiten, die Zusammenarbeit besser gestalten und Lösungen für IT-Herausforderungen finden.

Es ist weiterhin wichtig, dass IT-Mitarbeitende ihre Fähigkeiten innerhalb der Organisation kontinuierlich ausbauen. Durch den Erwerb neuer Kenntnisse können sie effizienter und produktiver arbeiten. Zudem sind sie besser in der Lage, technologische Probleme zu lösen und innovative Lösungen zu entwickeln. Das erweiterte Fachwissen und die gesteigerte Kompetenz führen zu einer höheren Qualität der Arbeit. Weiterhin bleiben sie auf dem neuesten Stand der sich ständig weiterentwickelnden Technologien.

Die Berücksichtigung der **Fähigkeiten** von IT-Mitarbeitenden trägt zu einer positiven Arbeitskultur bei. Wenn diese ihre Talente in ihrer Arbeit zum Ausdruck bringen können, fühlen sie sich motiviert und zufrieden. Sie können ihr Potenzial entfalten und sich beruflich weiterentwickeln, was zu einer positiven Arbeitsatmosphäre und einer geringeren Fluktuation führt. Jeder Mitarbeitende kann aufgrund seiner individuellen Stärken einen einzigartigen Beitrag leisten, was die Zusammenarbeit effektiver gestaltet.

Die Mitarbeitenden spielen eine zentrale Rolle bei der Umsetzung und Einhaltung der IT-Governance-Richtlinien und -prozesse. Eine positive Einstellung zu IT-Governance bedeutet, dass sie die Bedeutung der Einhaltung von Best Practices, Sicherheitsstandards und Datenschutzrichtlinien verstehen und anerkennen. Zudem können ihre Einstellung und ihr Engagement die Kommunikation und Zusammenarbeit sowohl innerhalb des IT-Teams als auch mit anderen Abteilungen verbessern. Eine positive Haltung fördert auch das Bewusstsein für aktuelle Trends und Entwicklungen in der IT-Branche, was wiederum zu einer agileren und innovativeren IT-Abteilung führt.

Es ist wichtig, dass Unternehmen in Schulungen und Schulungsprogramme investieren, um ihre Mitarbeitenden in Bezug auf IT-Governance zu sensibilisieren und zu stärken (Abb. 9.27).

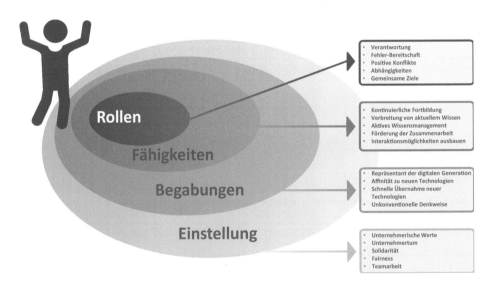

Abb. 9.27 Der Mensch als entscheidender Faktor für eine erfolgreiche IT-Governance

Literatur

Drucker P (1954) The Practice of Management. Harper & Row, New York
Mintzberg H (1978) Structuring of Organizations. Pearson Academic
Pilorget L, Schell T (2018) IT Management. Springer, Wiesbaden
Link: www.berufe-der-ict.ch

IT-Leadership

10

Viele Konzepte und Prinzipien aus der Natur lassen sich auf Organisationen und menschliches Verhalten übertragen. Zum Beispiel ähneln Hierarchien und Führungsränge in Unternehmen dem Prinzip der Leittiere in Tierherden, bei denen das dominanteste Tier die Gruppe anführt und schützt. Ebenso kann die Evolutionstheorie zeigen, dass bestimmte Verhaltensweisen wie Teamarbeit und Kooperation zur erfolgreichen Anpassung an eine veränderte Umgebung beitragen können, was auch in Unternehmen wichtig ist. Ein weiteres Beispiel ist die Schwarmintelligenz, die auf dem Verhalten von Schwärmen in der Natur basiert und auf Organisationen übertragen werden kann, um kollektive Intelligenz und Entscheidungsfindung zu fördern. Menschen lassen sich oft führen, weil sie nach Sicherheit, Orientierung oder Anerkennung suchen und anderen vertrauen möchten.

Führung oder **Leadership** ist in diesem Sinne von entscheidender Bedeutung für den Erfolg und das Wohlergehen einer Organisation. Es umfasst das Festlegen von Zielen, die Koordination von Ressourcen und die Motivation von Mitarbeitenden.

In jeder Organisation gibt es einen vorherrschenden Führungsstil, der sich auf die Art und Weise bezieht, wie Mitarbeitende geführt, Anweisungen verteilt und Entscheidungen getroffen werden. Es gibt verschiedene Arten von Führungsstilen, darunter autoritäre, demokratische, transformationale und Laissez-faire. Jeder dieser Stile hat seine eigenen Merkmale und kann je nach Situation und Umfeld variieren. Autoritäre Führung zeichnet sich durch klare Hierarchien und strikte Kontrolle aus, während demokratische Führung auf Mitbestimmung und Zusammenarbeit setzt. Der transformationale Führungsstil zielt darauf ab, Veränderungen zu fördern und Mitarbeitende zu inspirieren, während die Laissez-faire-Führung den Mitarbeitenden viel Autonomie lässt. Je nach den spezifischen Anforderungen und Herausforderungen der Organisation und ihrer Umgebung kann jeder dieser Stile seine Berechtigung haben. Eine erfolgreiche Führungskraft ist oft in der Lage, ihren Führungsstil flexibel anzupassen, um den Bedürfnissen der Organisation und der Mitarbeitenden gerecht zu werden.

© Der/die Autor(en), exklusiv lizenziert an Springer Fachmedien Wiesbaden GmbH, ein Teil von Springer Nature 2025
L. Pilorget, *Managing IT in einer digitalen Welt*,
https://doi.org/10.1007/978-3-658-46012-9_10

Obwohl Management und Leadership oft als Synonyme verwendet werden, bestehen doch erhebliche Unterschiede in ihren Definitionen. Management bezieht sich typischerweise auf die praktischen Aspekte der Führung, wie die Fähigkeit, Teams zu organisieren, Ziele zu setzen und Prozesse zu steuern. Leadership hingegen umfasst die Fähigkeit, andere zu inspirieren, zu motivieren und zu Höchstleistungen anzuspornen. Während Manager sich auf Effizienz und die Einhaltung von Regeln konzentrieren, legen Leaders den Schwerpunkt auf Innovation, Veränderung und die Schaffung einer inspirierenden Unternehmenskultur. Diese beiden Rollen sind für den Erfolg einer Organisation von entscheidender Bedeutung und ergänzen sich gegenseitig, um sowohl Stabilität als auch Fortschritt zu gewährleisten.

Aber warum ist Führung im Kontext der IT so wichtig? Eine effektive Führung kann dazu beitragen, die Produktivität der IT-Mitarbeitenden zu steigern, die Umsetzung der Geschäftsstrategie zu sichern, die Kosten zu kontrollieren und das Wachstum des Unternehmens zu fördern. Eine schlechte Führung hingegen kann zu ineffizienten Entscheidungen, niedriger Mitarbeitermoral und letztendlich zu sinkender Profitabilität führen.

Weiterhin spielt die Führung eine wichtige Rolle bei der Gestaltung der Kultur einer IT-Organisation. Führungskräfte setzen den Ton für die Arbeitsumgebung, beeinflussen Entscheidungsprozesse und prägen die Werte und Normen, die in einer Organisation gelebt werden. Eine positive Führung kann zu einer offenen, innovativen und positiven Unternehmenskultur beitragen, während negative Führung zu Konflikten, Misstrauen und Unzufriedenheit führen kann. Letztendlich formen Führungskräfte die Kultur einer Organisation maßgeblich durch ihre Handlungen, Kommunikation und Entscheidungen.

Im Bereich IT ist die Führung besonders wichtig, um Richtung und Struktur in einem technologisch komplexen Umfeld vorzugeben. IT-Führungskräfte müssen in der Lage sein, Teams zu motivieren, klare Ziele zu setzen und sicherzustellen, dass Projekte termingerecht und im Budget abgeschlossen werden. Ohne eine starke Führung könnten IT-Teams möglicherweise nicht effizient zusammenarbeiten oder die notwendigen Innovationen nicht vorantreiben.

Im nächsten Kapitel werden die **Grundlagen des Managements** untersucht. Ausgehend von der Annahme, dass jeder von uns **ein potenzieller Leader** ist, werden die sechs Schlüsselkomponenten effektiver Führung vorgestellt. Abschließend wird die **agile Führung** erläutert, da sich viele Organisationen in Richtung eines agilen Umfelds transformieren.

10.1   Die Grundlagen des Managements

Gemäß Malik (Führen-Leisten-Leben, 2006) liegt das Geheimnis der Wirksamkeit nicht „*in der Persönlichkeit, nicht im Charakter, nicht in der Bildung und nicht in der sozialen Herkunft. Der Schlüssel zu ihrer Effektivität liegt auch nicht in ihren Tugenden, wie oft vermutet wird.*" „*Der Schlüssel zu den Leistungen wirksamer Menschen – der Performer – liegt in*

Erfolg hat drei Buchstaben...

Abb. 10.1   Erfolg hat drei Buchstaben

*der Art ihres Handelns. Nicht wer diese Leute waren, war entscheidend, sondern **wie sie handelten**"* (Abb. 10.1).

Als Führungsperson ist es wichtig, über gute zwischenmenschliche Fähigkeiten und Entscheidungsfreude zu verfügen. Ebenso ist es hilfreich, andere Menschen motivieren und inspirieren zu können. Letztendlich sollte eine Führungskraft in der Lage sein, Teams erfolgreich zu leiten und positive Ergebnisse zu erzielen.

Darüber hinaus ist es entscheidend, die Grundsätze des Managements zu beherrschen. Das Führungsrad von Malik stellt ein Instrument dar, das die typischen Managementaufgaben sowie die entsprechenden Werkzeuge veranschaulicht.

Dargestellt werden fünf Hauptaufgaben:

1. **Für Ziele sorgen**
   Festlegung von klaren und spezifischen Zielen, die die Richtung für das Team oder die Organisation vorgeben
2. **Organisieren**
   Ressourcen effektiv strukturieren und koordinieren, um die Ziele zu erreichen
3. **Entscheiden**
   Fundierte Entscheidungen treffen und Prioritäten setzen
4. **Kontrollieren, Messen und Beurteilen**
   Regelmäßiges Monitoring und Bewertung des Fortschritts und bei Bedarf Anpassungen vornehmen
5. **Fördern von Menschen**
   Coaching und Weiterentwicklung von Mitarbeitenden und der Schaffung einer motivierenden Umgebung für das Team.

Folgende Werkzeuge ergänzen das Bild:

6. **Sitzungen**
   Regelmäßige Meetings und Besprechungen für die Kommunikation und Koordination innerhalb eines Teams
7. **Reports und schriftliche Kommunikation**
   Dokumentation und Berichte, um relevante Informationen festzuhalten und an Mitarbeitende und Stakeholder zu kommunizieren
8. **Job Design & Assign Control**
   Klare Definition von Aufgaben und Verantwortlichkeiten sowie die effektive Zuweisung von Aufgaben
9. **Persönliche Arbeitsmethodik**
   Individuelle Arbeitsweise und -organisation jedes Mitarbeitenden
10. **Budget und Budgetierung**
    Planung und Kontrolle von Finanzen
11. **Leistungsbewertung**
    Regelmäßige Bewertung der Leistung der Mitarbeitenden
12. **Systematische Müllabfuhr**
    Identifizierung und Beseitigung von ineffizienten Prozessen oder Arbeitsweisen (Abb. 10.2).

Es gibt verschiedene Führungskonzepte, die je nach Unternehmenskultur und -struktur variieren können. In der folgenden Tabelle werden einige davon mit deren Stärke und Schwäche aufgelistet.

Führungskonzept	Stärken	Schwächen
Situative Führung	Flexibilität, Fokus auf individuelle Bedürfnisse der Mitarbeitende	Kann zu Inkonsistenz führen, erfordert genaue Analyse der jeweiligen Situation
Partizipative Führung	Fördert Mitarbeiterengagement und Motivation, verbessert Teamarbeit	Kann zu Entscheidungsfindungsproblemen führen und zeitaufwendig sein
Verhaltenstheorie	Betont beobachtbare Verhaltensweisen, kann konkrete Verbesserungen fördern	Vernachlässigt interne Motivation, kann zu oberflächlichen Ergebnissen führen
Eigenschaftentheorie	Fokus auf individuelle Eigenschaften von Führungskräften	Reduziert Führung auf angeborene Eigenschaften, vernachlässigt erlernbare Fähigkeiten

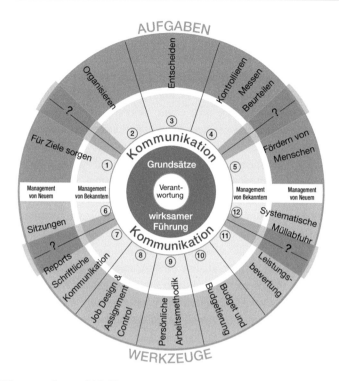

Abb. 10.2 Führungsrad gemäß Malik

Führungskonzept	Stärken	Schwächen
Symbolische Führung	Emotionales Engagement der Mitarbeitende, Schaffung einer gemeinsamen Unternehmenskultur	Kann zu symbolischer Fassade führen, Authentizitätsprobleme
Transformationale Führung	Inspiriert Mitarbeitenden zur Veränderung, fördert Innovation	Kann zu Abhängigkeit von der Führungskraft führen, erfordert hohes Maß an Charisma
Emotionale Führung	Betont emotionale Intelligenz, verbessert das Vertrauen und die Beziehung zwischen Führungskraft und Mitarbeitende	Kann zu überemotionalen Entscheidungen führen, erfordert hohe emotionale Belastbarkeit
Autokratische Führung	Schnelle Entscheidungsfindung, klare Hierarchie	Unterdrückung der Mitarbeiterbeteiligung, geringe Motivation
Servant Leadership	Fokus auf das Wohl der Mitarbeitende, Förderung von Empathie und Einfühlungsvermögen	Kann zu Machtverlust führen, erfordert bestimmte Persönlichkeitsmerkmale

Leider kommt es vor, dass Vorgesetzte autoritär und manipulativ agieren, um ihre Macht und Kontrolle über die Mitarbeitenden zu sichern. Dies kann zu einem giftigen Arbeitsumfeld führen, dass die Motivation, Produktivität und das Wohlbefinden der Mitarbeitenden beeinträchtigen. **Toxische Führung** kann verschiedene Formen annehmen, wie z. B. mangelnde klare Kommunikation, übermäßige Kontrolle, fehlende Anerkennung der Leistungen der Mitarbeitenden oder sogar Mobbing am Arbeitsplatz. Dies führt in der Regel zu hoher Fluktuation, geringer Mitarbeitermotivation und einer insgesamt ungesunden Arbeitsatmosphäre. Es ist die Verantwortung des oberen Managements, Maßnahmen zu ergreifen, um toxische Führung zu erkennen und zu unterbinden (Abb. 10.3).

In der schnelllebigen Welt der Informationstechnologie ist kontinuierliche Weiterentwicklung essentiell. IT-Fachkräfte müssen ihre technischen und methodischen Fähigkeiten ständig erweitern, um mit den neuesten Technologien und Arbeitsmethoden mithalten zu können. Gleichzeitig sind geschäftliche und berufsrelevante Kompetenzen wichtig, um die strategischen Ziele der Organisation zu verstehen und zu unterstützen. Persönliche Kompetenzen sind ebenfalls entscheidend, um effektiv mit Kolleginnen und Kollegen sowie Kunden zusammenzuarbeiten und eine positive Arbeitsumgebung zu fördern.

In Bezug auf **technische Fähigkeiten** ist es unerlässlich, sich fortlaufend weiterzubilden, um auf dem neuesten Stand der neuesten Entwicklungen zu bleiben. Dies umfasst Bereiche wie Programmierung (z. B. Java, Python, C++), Systemadministration, Netzwerkmanagement, Datenbankverwaltung, Cybersicherheit, Cloud Computing, Datenanalyse und Business Intelligence sowie Künstliche Intelligenz. IT-Spezialisten benötigen nicht nur technisches Wissen, sondern müssen auch effektiv planen, organisieren und kommunizieren können. Daher spielen **methodische Fähigkeiten** eine wichtige Rolle. Diese umfassen Projektmanagement, Analyse von Geschäftsprozessen, Problemlösungsfähigkeiten sowie Kenntnisse in verschiedenen Methoden wie Scrum, Design Thinking oder Lean Six Sigma.

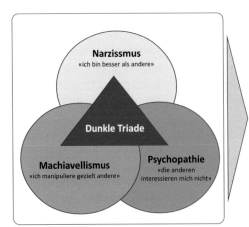

Abb. 10.3 Toxische Führung

Neben technischen Fähigkeiten müssen IT-Profis auch in der Lage sein, die Geschäftsziele und -prozesse zu unterstützen. **Geschäftliche und berufsrelevante Kompetenzen** sind ausschlaggebend, um in der heutigen digitalen Geschäftswelt wettbewerbsfähig zu bleiben. Diese Kompetenzen umfassen die Erkennung von Chancen zur Optimierung von Geschäftsprozessen durch IT-Lösungen, sowie die Einhaltung ethischer Standards und gesetzlicher Vorschriften im Umgang mit Daten und Technologien.

Die persönlichen Kompetenzen im IT-Bereich sind ebenso wichtig wie die technischen Fähigkeiten. Diese betreffen die Persönlichkeit, die Arbeitsweise und die zwischenmenschlichen Beziehungen. Effektive Kommunikation, Teamarbeit, Führungskompetenzen und die Fähigkeit, sich an Veränderungen anzupassen, sind von größter Bedeutung, um in einem kollaborativen und innovativen Umfeld erfolgreich zu sein (Abb. 10.4).

Persönliche Kompetenzen sind vielfältig und fördern die berufliche Entwicklung. Hier sind einige Kompetenzen, die für IT-Fachkräfte wichtig sind:

- **Teamplayer**
  Zusammenarbeit: effektiv in Teams arbeiten, Ideen teilen und die Arbeit mit anderen koordinieren
  Konfliktlösung: Konflikte konstruktiv bewältigen und gemeinsame Lösungen finden
- **Resilienz**
  Stressresistenz: unter Druck ruhig bleiben und sich von Rückschlägen erholen
  Anpassungsfähigkeit: Flexibilität und Anpassungsfähigkeit an sich verändernde Bedingungen
- **Zeitmanagement**

Abb. 10.4 IT-Kompetenzbereiche

Priorisierung: Aufgaben nach Dringlichkeit und Bedeutung priorisieren

Effizienz: Aufgaben effizient planen und durchführen, um die Zeit optimal zu nutzen

- **Problem lösen**

  Analytische Fähigkeiten: komplexe Probleme analysieren und fundierte Entscheidungen treffen

  Kreativität: innovative Lösungen für technische Herausforderungen finden

- **Abstraktionsvermögen**

  Komplexitätsmanagement: komplexe Systeme verstehen und Informationen auf verschiedenen Abstraktionsebenen verarbeiten

  Mustererkennung: Muster und Zusammenhänge in großen Mengen von Daten oder Informationen erkennen

- **Selbstvertrauen**

  Entscheidungsfreudigkeit: selbstbewusst Entscheidungen treffen

  Selbstmotivation: sich selbst motivieren und auch in herausfordernden Situationen selbstbewusst auftreten

- **Leadership**

  Führungsfähigkeiten: Teams leiten, inspirieren und motivieren

  Verantwortungsbewusstsein: Verantwortung für Projekte und Teammitglieder übernehmen

- **Kommunikationsfähigkeiten**

  Klarheit: komplexe technische Konzepte klar und verständlich kommunizieren

  Zuhören: aktiv zuhören und Feedback effektiv geben und empfangen (Abb. 10.5).

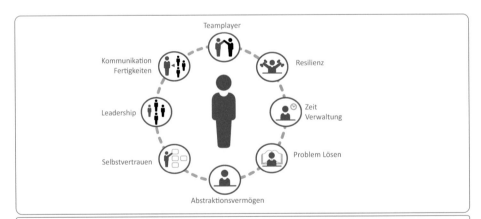

- Personalführung
- Kommunikation
- Selbstmanagement/Führung der eigenen Person
- Soziale Kompetenz

- Gestaltung und Problemlösung
- Umgang mit Komplexität
- Abstraktionsvermögen

Abb. 10.5 Persönliche Kompetenzen im Mittelpunkt

10.2   Sechs Schlüsselkompetenzen für Führungskräfte

Im Verlauf ihrer Karriere wird eine Führungskraft zwangsläufig mit einer Vielzahl von Situationen konfrontiert, die Erfahrung und Fingerspitzengefühl erfordern. In diesem Kontext wurden sechs Schlüsselkompetenzen identifiziert und ausgewählt, um spezifische Herausforderungen der Führung zu bewältigen. Diese umfassen:

- Teamarbeit
- Konflikte
- Motivation
- Verhandlungen
- Entscheidungen
- Transformation (Abb. 10.6)

10.2.1 Teamarbeit

Die IT führt anspruchsvolle Projekte durch, die eine breite Palette an Fähigkeiten und Kenntnissen erfordern. Teammitglieder müssen ihre spezialisierten Fähigkeiten vereinen, um komplexe Aufgaben zu bewältigen. Aufgrund begrenzter Kapazitäten bei kritischen Ressourcen müssen auch Aufgaben auf mehrere Schultern verteilt werden. Durch Zusammenarbeit können Teammitglieder ihre unterschiedlichen Erfahrungen und Fachkenntnisse nutzen, um auftretende Probleme zu lösen.

Abb. 10.6 Die sechs Schlüsselkompetenzen einer Führungskraft

Teamarbeit ist daher in der IT unerlässlich und spiegelt die alltägliche Realität wider, bleibt dennoch herausfordernd. Zum Beispiel beschreibt das Tuckmanmodell, auch als „Gruppenentwicklungsphasen" oder „Sturm, Forming, Norming, Performing Modell" bekannt, die verschiedenen Phasen, die Gruppen während ihrer Entwicklung durchlaufen. Im Folgenden werden die Phasen des Tuckmanmodells vorgestellt:

1. **Forming (Forming)**
   In dieser Phase lernen die Teammitglieder einander kennen und entwickeln Vertrauen zueinander. Es herrscht meist eine positive und höfliche Atmosphäre.
2. **Storming (Streit)**
   In dieser Phase können Konflikte und Meinungsverschiedenheiten auftreten, da die Teammitglieder versuchen, ihre eigene Identität und Rolle im Team zu etablieren.
3. **Norming (Normierung)**
   In dieser Phase beginnen die Teammitglieder, Regeln und Normen zu akzeptieren und sich an diese zu halten. Zusammenarbeit und Zusammenhalt werden gestärkt.
4. **Performing (Durchführung)**
   In dieser Phase arbeitet das Team effektiv zusammen, um seine Ziele zu erreichen. Die Kommunikation und Zusammenarbeit sind optimiert.
5. **Adjourning (Auflösung)**
   Diese Phase tritt ein, wenn das Projekt abgeschlossen ist und das Team sich auflöst. Es kann Trauer oder Enttäuschung wegen des Endes des Teams geben (Abb. 10.7).

Emotionen sind von entscheidender Bedeutung für die Entwicklung und Leistung eines Teams. Das Leistungsniveau und die Konfliktebene können sich im Laufe eines IT-Projektes auf verschiedene Weisen entwickeln. Hier sind die üblichen Entwicklungsphasen:

- **Startphase**
  Leistungsniveau: In der Anfangsphase kann das Leistungsniveau niedrig sein, da sich das Team erst zusammenfindet und die Mitglieder sich mit den Aufgaben und Zielen vertraut machen.
  Konfliktebene: Konflikte können auftreten, wenn Teammitglieder unterschiedliche Erwartungen haben oder Unsicherheiten über ihre Rollen bestehen.
- **Formingphase**
  Leistungsniveau: Das Leistungsniveau kann weiterhin niedrig sein, da sich die Teammitglieder erst kennenlernen und in ihre Rollen finden.
  Konfliktebene: Konflikte können aufgrund von Unsicherheiten und fehlender Klarheit über Ziele und Verantwortlichkeiten auftreten.
- **Stormingphase**
  Leistungsniveau: Das Leistungsniveau kann vorübergehend abnehmen, da Konflikte aufkommen und gelöst werden müssen.
  Konfliktebene: Konflikte erreichen in dieser Phase oft ihren Höhepunkt, da Teammitglieder um Ideen, Einfluss und Rollen kämpfen.

Forming	**Storming**	**Norming**	**Performing**	**Adjourning**
Team lernt sich kennen und legt die Grundregeln. Formalitäten werden gewahrt und Mitglieder werden wie Fremde behandelt.	Die Mitglieder beginnen, ihre Gefühle mitzuteilen, betrachten sich aber immer noch als Einzelpersonen und nicht als Teil des Teams. Sie wehren sich gegen die Kontrolle durch die Gruppenleiter und zeigen Feindseligkeit.	Die Menschen fühlen sich als Teil des Teams und erkennen, dass sie die Arbeit erledigen können, wenn sie andere Standpunkte akzeptieren.	Das Team arbeitet in einer offenen und vertrauensvollen Atmosphäre, in der Flexibilität der Schlüssel zum Erfolg ist und Hierarchien keine Rolle spielen.	Das Team führt eine Bewertung durch und erstellt einen Plan für den Übergang der Rollen und die Anerkennung der Beiträge der Mitglieder.

Abb. 10.7 Das Tuckmanmodell der Gruppenentwicklungsphasen

- **Normingphase**

  Leistungsniveau: Das Leistungsniveau steigt, wenn das Team Konflikte löst, Normen festlegt und effektiver zusammenarbeitet.

  Konfliktebene: Konflikte nehmen ab, da Normen etabliert werden und die Teammitglieder besser zusammenarbeiten.

- **Performingphase**

  Leistungsniveau: Das Team erreicht sein Höchstleistungsniveau, wenn alle Mitglieder gut zusammenarbeiten und ihre Rollen effektiv ausfüllen.

  Konfliktebene: Konflikte sind minimal, da das Team gut koordiniert und eingespielt ist.

- **Abschlussphase**

  Leistungsniveau: Überprüfung der Prozesse und Identifikation von Verbesserungsmöglichkeiten für zukünftige IT-Projekte oder Aufgaben.

  Konfliktebene: Anerkennung der individuellen Beiträge und Reflexion über Erfolge und gemeinsame Errungenschaften (Abb. 10.8).

Welche Eigenschaften muss ein „gutes" Team letztendlich besitzen? Diese Frage wurde einem professionellen Fußballtrainer gestellt. Seiner Meinung nach sind fünf Eigenschaften von grundlegender Bedeutung:

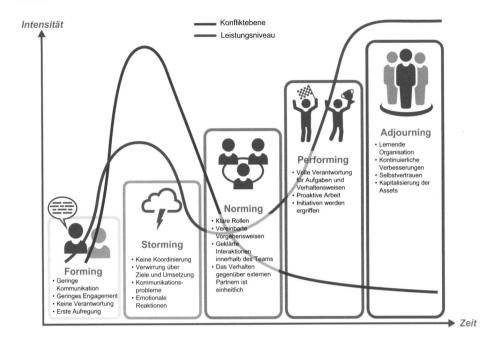

Abb. 10.8 Leistungsniveau und Konfliktebene bei der Entwicklung eines Teams

1. **Individuelle Leistung:** Die Leistung jedes einzelnen Spielers ist entscheidend für den Erfolg des Teams. Ein hoher Standard an individuellen Fähigkeiten, wie Passgenauigkeit, Ballkontrolle und Torschussgenauigkeit, trägt maßgeblich zur Gesamtleistung des Teams bei.
2. **Agilität:** Fußball ist ein dynamischer Sport, bei dem Teams schnell zwischen Angriff und Verteidigung wechseln müssen. Die Agilität eines Teams zeigt sich in seiner Fähigkeit, schnell und effektiv auf Spielsituationen zu reagieren, sei es beim schnellen Umschalten von Verteidigung auf Angriff oder bei der Anpassung an verschiedene Spielstrategien des Gegners.
3. **Qualität der Interaktionen:** Fußball ist ein Teamsport, der eine enge Zusammenarbeit und Abstimmung erfordert. Die Qualität der Interaktionen zwischen den Spielern ist entscheidend, um erfolgreich zu sein. Das bedeutet, dass die Spieler zur richtigen Zeit am richtigen Ort sind, sich gegenseitig unterstützen und effektiv zusammenarbeiten, um Tore zu erzielen oder Gegentore zu verhindern.
4. **Solidarität:** Fußballteams, die in guten wie in schlechten Zeiten zusammenhalten, sind erfolgreicher. Solidarität zwischen den Teammitgliedern zeigt sich in der Unterstützung und Ermutigung untereinander, dem gemeinsamen Feiern von Erfolgen und der Bewältigung von Rückschlägen als Einheit.
5. **Klarheit über die Rolle** Jedes Teammitglied sollte seine spezifische Rolle im Team kennen und verstehen, was von ihm in dieser Rolle erwartet wird. Ob es sich um

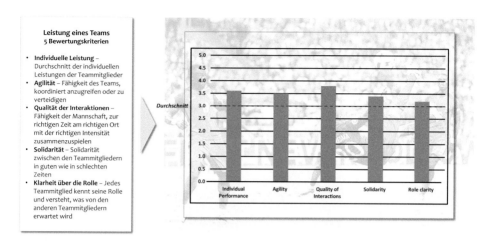

Abb. 10.9 5 Bewertungskriterien zur Leistung eines Teams

einen Stürmer, Mittelfeldspieler, Verteidiger oder Torwart handelt, sorgt Klarheit über die individuellen Aufgaben und Verantwortungen dafür, dass das Team als Einheit effektiv funktioniert (Abb. 10.9).

Das 9-Grid-Modell oder Nine-Box Grid ist ein beliebtes Tool im Bereich der Personalführung, um die Leistung von Mitarbeitenden zu bewerten und entsprechende Entwicklungsmaßnahmen einzuleiten. Dabei werden die Mitarbeitenden in einem Gitter aus neun Kästchen positioniert, wobei die X-Achse die Leistung und die Y-Achse das Potenzial darstellt. Die Leistung wird üblicherweise anhand von KPIs, Zielsetzungen oder anderen Bewertungskriterien gemessen. Die Skala reicht typischerweise von schlechter Leistung (links) bis hervorragender Leistung (rechts). Die vertikale Achse repräsentiert das Potenzial des Mitarbeiters für zukünftige Leistungen und Fortschritte in der Organisation, wobei die Skala von begrenztem Potenzial (unten) bis hohem Potenzial (oben) reicht.

Das 9-Box-Gitter dient dazu, Talente innerhalb der Organisation zu identifizieren und deren Entwicklung gezielt zu planen. Es unterstützt dabei, Mitarbeitende zu erkennen, die für Schlüsselpositionen in der Zukunft geeignet sein könnten (Abb. 10.10).

Je nach Positionierung in der Matrix sollen entsprechende Maßnahmen zur Entwicklung und Förderung der Mitarbeitenden ergriffen werden:

- **Top-Performer**
  Mitarbeitende in der oberen rechten Ecke des Gitters gelten als Top-Performer. Sie zeigen bereits herausragende Leistungen und haben ein hohes Potenzial für zukünftiges Wachstum. Diese Mitarbeitenden sollen gefördert und belohnt werden.

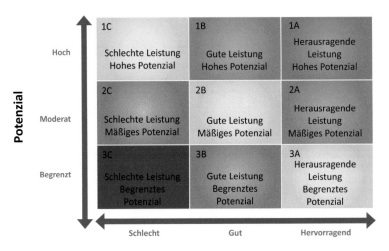

Abb. 10.10   Das 9-Grid-Modell

- **Potenzialträger**
  Mitarbeitende in der oberen linken Ecke haben großes Potenzial, zeigen aber noch
  nicht die entsprechende Leistung. Diese Mitarbeitenden sollten durch zusätzliche
  Schulungen und Entwicklungsmöglichkeiten gefördert werden, um ihr Potenzial zu
  realisieren.
- **Solide Mitarbeitende**
  Mitarbeitende in der Mitte des Gitters zeigen eine solide Leistung, aber verfügen
  über begrenztes Potenzial. Sie können wichtige Aufgaben erledigen, erfordern jedoch
  keine besondere Förderung für eine Weiterentwicklung.
- **Entwicklungsbedarf**
  Mitarbeitende in der unteren rechten Ecke zeigen hohe Leistungen, haben jedoch be-
  grenztes Potenzial für zukünftiges Wachstum. Es ist wichtig, diese Mitarbeitenden zu
  fördern, um sicherzustellen, dass sie nicht stagnieren.
- **Unterperformer**
  Mitarbeitende in der unteren linken Ecke des Gitters zeigen niedrige Leistung und
  haben nur begrenztes Potenzial. Diese Mitarbeitenden benötigen möglicherweise
  zusätzliche Schulung oder eine Neupositionierung innerhalb des Unternehmens
  (Abb. 10.11).

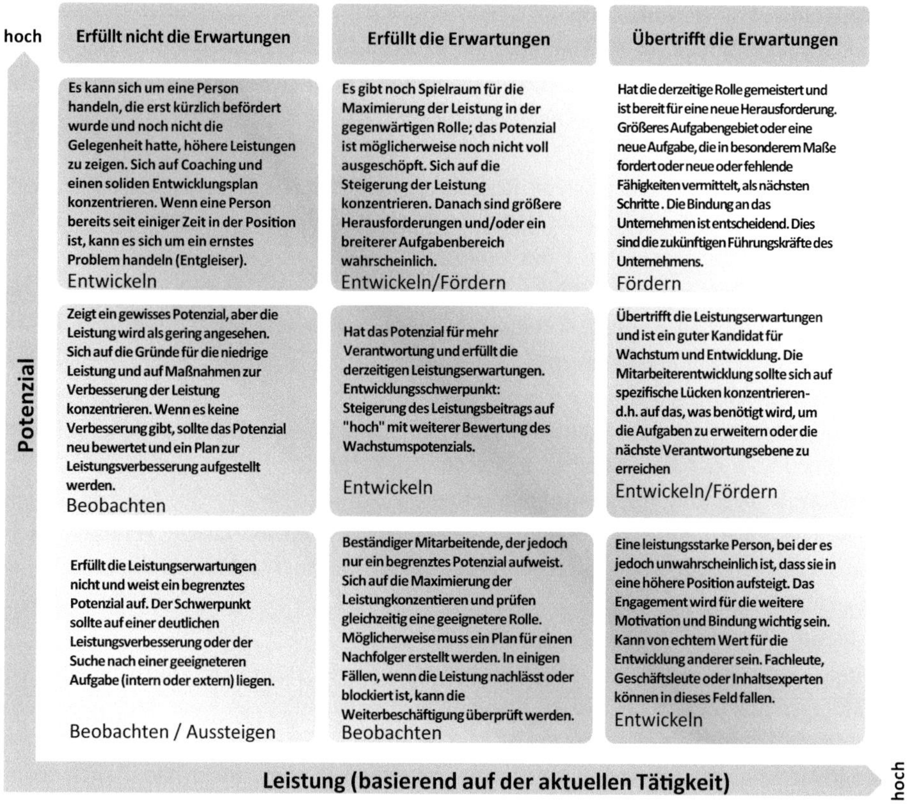

hoch **Erfüllt nicht die Erwartungen**	**Erfüllt die Erwartungen**	**Übertrifft die Erwartungen**
Es kann sich um eine Person handeln, die erst kürzlich befördert wurde und noch nicht die Gelegenheit hatte, höhere Leistungen zu zeigen. Sich auf Coaching und einen soliden Entwicklungsplan konzentrieren. Wenn eine Person bereits seit einiger Zeit in der Position ist, kann es sich um ein ernstes Problem handeln (Entgleiser). **Entwickeln**	Es gibt noch Spielraum für die Maximierung der Leistung in der gegenwärtigen Rolle; das Potenzial ist möglicherweise noch nicht voll ausgeschöpft. Sich auf die Steigerung der Leistung konzentrieren. Danach sind größere Herausforderungen und/oder ein breiterer Aufgabenbereich wahrscheinlich. **Entwickeln/Fördern**	Hat die derzeitige Rolle gemeistert und ist bereit für eine neue Herausforderung. Größeres Aufgabengebiet oder eine neue Aufgabe, die in besonderem Maße fordert oder neue oder fehlende Fähigkeiten vermittelt, als nächsten Schritte. Die Bindung an das Unternehmen ist entscheidend. Dies sind die zukünftigen Führungskräfte des Unternehmens. **Fördern**
Zeigt ein gewisses Potenzial, aber die Leistung wird als gering angesehen. Sich auf die Gründe für die niedrige Leistung und auf Maßnahmen zur Verbesserung der Leistung konzentrieren. Wenn es keine Verbesserung gibt, sollte das Potenzial neu bewertet und ein Plan zur Leistungsverbesserung aufgestellt werden. **Beobachten**	Hat das Potenzial für mehr Verantwortung und erfüllt die derzeitigen Leistungserwartungen. Entwicklungsschwerpunkt: Steigerung des Leistungsbeitrags auf "hoch" mit weiterer Bewertung des Wachstumspotenzials. **Entwickeln**	Übertrifft die Leistungserwartungen und ist ein guter Kandidat für Wachstum und Entwicklung. Die Mitarbeiterentwicklung sollte sich auf spezifische Lücken konzentrieren - d.h. auf das, was benötigt wird, um die Aufgaben zu erweitern oder die nächste Verantwortungsebene zu erreichen **Entwickeln/Fördern**
Erfüllt die Leistungserwartungen nicht und weist ein begrenztes Potenzial auf. Der Schwerpunkt sollte auf einer deutlichen Leistungsverbesserung oder der Suche nach einer geeigneteren Aufgabe (intern oder extern) liegen. **Beobachten / Aussteigen**	Beständiger Mitarbeitende, der jedoch nur ein begrenztes Potenzial aufweist. Sich auf die Maximierung der Leistung konzentrieren und prüfen gleichzeitig eine geeignetere Rolle. Möglicherweise muss ein Plan für einen Nachfolger erstellt werden. In einigen Fällen, wenn die Leistung nachlässt oder blockiert ist, kann die Weiterbeschäftigung überprüft werden. **Beobachten**	Eine leistungsstarke Person, bei der es jedoch unwahrscheinlich ist, dass sie in eine höhere Position aufsteigt. Das Engagement wird für die weitere Motivation und Bindung wichtig sein. Kann von echtem Wert für die Entwicklung anderer sein. Fachleute, Geschäftsleute oder Inhaltsexperten können in dieses Feld fallen. **Entwickeln**

Leistung (basierend auf der aktuellen Tätigkeit)   hoch

(vertikale Achse: Potenzial)

Abb. 10.11 Möglichkeit der Verwendung des 9-Grid-Modells

10.2.2 Konflikte

Konflikte sind ein natürlicher Bestandteil des Lebens und können in verschiedenen Kontexten auftreten, sei es in persönlichen Beziehungen, am Arbeitsplatz, in sozialen Gruppen oder auf gesellschaftlicher Ebene. Menschen haben unterschiedliche Meinungen, Interessen und Bedürfnisse. Konflikte treten dann auf, wenn diese verschiedenen Bedürfnisse nicht erfüllt werden.

Es gibt verschiedene Faktoren oder Vorbedingungen, die zu Konflikten führen können. Im Folgenden sind einige potenzielle Ausgangssituationen für Konflikte aufgeführt:

- **Unterschiedliche Interessen und Ziele**
  Konflikte können entstehen, wenn Menschen oder Gruppen unterschiedliche Interessen, Ziele oder Bedürfnisse haben und diese nicht in Einklang gebracht werden können.

- **Mangelnde Kommunikation**
  Unklare oder ineffektive Kommunikation kann zu Missverständnissen führen und als Ausgangspunkt für Konflikte dienen. Mangelnde Kommunikation kann auch zu Fehlinterpretationen und falschen Annahmen führen.
- **Begrenzte Ressourcen**
  Konflikte können entstehen, wenn Ressourcen wie Zeit, Geld oder andere materielle Güter begrenzt sind und es einen Wettbewerb um diese Ressourcen gibt.
- **Unterschiedliche Werte und Überzeugungen**
  Wenn Menschen unterschiedliche Werte, Überzeugungen oder Weltanschauungen haben, kann dies zu Konflikten führen, insbesondere wenn diese Differenzen als bedrohlich wahrgenommen werden.
- **Machtungleichgewicht**
  Konflikte können entstehen, wenn es ein Ungleichgewicht in der Machtverteilung gibt und eine Partei sich benachteiligt oder unterdrückt fühlt.
- **Unklare Rollen und Verantwortlichkeiten**
  Konflikte am Arbeitsplatz können durch unklare Rollen, unscharfe Verantwortlichkeiten oder fehlende Transparenz darüber, wer für bestimmte Aufgaben zuständig ist, ausgelöst werden.
- **Fehlende Konfliktlösungsfähigkeiten**
  Wenn Menschen nicht über die Fähigkeiten verfügen, Konflikte konstruktiv zu bewältigen, kann dies zu ungelösten Spannungen und anhaltenden Konflikten führen.
- **Fehlende Kompromissbereitschaft**
  Konflikte können sich verschärfen, wenn beteiligte Parteien nicht bereit sind, Kompromisse einzugehen oder alternative Lösungen zu akzeptieren.
- **Ungerechtigkeit und Ungleichheit**
  Wahrnehmungen von Ungerechtigkeit oder Ungleichheit können zu Unzufriedenheit und Konflikten führen, insbesondere wenn Menschen das Gefühl haben, nicht fair behandelt zu werden.
- **Historische Spannungen**
  In einigen Fällen können historische Konflikte, vergangene Spannungen oder ungelöste Probleme als Vorbedingungen für aktuelle Konflikte dienen.

In der Konfliktforschung werden zwei grundlegende Arten von Konflikten unterschieden: kalte Konflikte und heiße Konflikte. Kalte Konflikte sind gekennzeichnet durch Misstrauen, Propaganda und Rivalitäten, die sich jedoch nicht in offenen Auseinandersetzungen manifestieren. Heiße Konflikte sind Situationen, in denen ein Streit oder eine Auseinandersetzung so weit eskaliert, dass die Beteiligten laut werden und dass die Fetzen fliegen (Abb. 10.12).

Es ist wichtig zu betonen, dass Konflikte nicht zwangsläufig negativ sind. Sie können sogar positive Veränderungen und Wachstum fördern, insbesondere wenn sie konstruktiv angegangen werden. In solchen Momenten ist es von Bedeutung, die verschiedenen Anzeichen eines möglichen Konflikts wahrzunehmen und den Mut aufzubringen, die emotionale Situation anzusprechen.

Abb. 10.12 Ich habe Recht! Ich auch!

Hier sind einige häufige Anzeichen für Konflikte:

- **Emotionale Spannungen**
  Wenn Menschen in einer Gruppe plötzlich gestresst, gereizt oder frustriert erscheinen, könnte dies auf einen Konflikt hindeuten.
- **Kommunikationsprobleme**
  Schwierigkeiten bei der Kommunikation, wie Missverständnisse oder unklare Botschaften, sind weitere Anzeichen für potenzielle Konflikte.
- **Veränderungen im Verhalten**
  Auffällige Verhaltensänderungen, wie Aggressivität, Ignoranz oder Passivität, können auf ungelöste Konflikte hinweisen.
- **Geringe Produktivität**
  Konflikte können sich negativ auf die Arbeitsleistung auswirken. Eine plötzliche Abnahme der Produktivität oder Qualität der Arbeit könnte ein Indikator sein.
- **Körperliche Symptome**
  Manchmal manifestieren sich Konflikte in körperlichen Symptomen wie Kopfschmerzen, Schlafstörungen oder Magenproblemen bei den beteiligten Personen.
- **Gerüchte und Klatsch**
  Das Verbreiten von Gerüchten oder Klatsch in der Organisation könnte auf ungelöste Konflikte hinweisen.

Wenn ein Konflikt bei der Arbeit entsteht, wie soll man damit umgehen? Der Umgang mit Konflikten bei der Arbeit erfordert Fingerspitzengefühl, Kommunikationsfähigkeiten und die Bereitschaft, konstruktive Lösungen zu finden. Es wird allerdings empfohlen, eine strukturierte Herangehensweise zu wählen, um eine positive Lösung zu fördern.

Hier sind mögliche Schritte zur Konfliktbewältigung, einschließlich Diagnose, Prüfung, Positionierung, Abhilfe, Behandlung und Nachbereitung:

1. **Diagnose des Konflikts**
   - Die beteiligten Parteien und die Art des Konflikts identifizieren.
   - Die Ursachen und Hintergründe des Konflikts analysieren.
   - Die Auswirkungen des Konflikts auf die beteiligten Personen und die Organisation bewerten.
2. **Prüfung der Situation**
   - Relevante Informationen über den Konflikt, einschließlich früherer Vorfälle und Kommunikationswege sammeln.
   - Die Emotionen, Bedürfnisse und Interessen der beteiligten Parteien analysieren.
   - Potenzielle Lösungen und Alternativen identifizieren.
3. **Positionierung der Parteien**
   - Separate Treffen mit den beteiligten Parteien organisieren, um ihre Perspektiven zu verstehen und ihre Bedenken anzusprechen.
   - Empathie und Verständnis zwischen den Parteien fördern, um einen respektvollen Umgang miteinander zu ermöglichen.
   - Den Parteien dabei helfen, ihre Standpunkte klar zu kommunizieren und nach gemeinsamen Interessen zu suchen
4. **Abhilfemaßnahmen ergreifen**
   - Gemeinsam mit den beteiligten Parteien konkrete Lösungen und Vereinbarungen zur Konfliktlösung entwickeln.
   - Die Bedürfnisse und Interessen aller Parteien berücksichtigen, um faire und nachhaltige Lösungen zu finden.
   - Klare Zeitpläne und Verantwortlichkeiten festlegen, um die Umsetzung der Vereinbarungen zu gewährleisten.
5. **Behandlung**
   - Etablierung klarer Kommunikationsrichtlinien und -protokolle
   - Team-Building-Maßnahmen
   - Individuelles Coaching zur Entwicklung von Konfliktlösungsfähigkeiten
6. **Nachbereitung**

   - Die Umsetzung der getroffenen Vereinbarungen und Maßnahmen überwachen.
   - Regelmäßige Follow-up-Gespräche durchführen, um sicherzustellen, dass der Konflikt dauerhaft gelöst ist.
   - Unterstützung und Ressourcen anbieten, um den Parteien bei der Bewältigung von Konflikten in Zukunft zu helfen

Wenn der Konflikt fortbesteht, sollte erwogen werden, Unterstützung von Vorgesetzten, der Personalabteilung oder einem Mediator in Anspruch zu nehmen.

Das Schaffen einer Win-Win-Situation verlangt nach kreativen und kooperativen Ansätzen, bei denen alle Parteien von der Lösung profitieren. Dies erfordert offene Kommunikation, Kompromissbereitschaft und die Fähigkeit, gemeinsame Ziele zu identifizieren. Durch Kreativität und Empathie können Lösungen gefunden werden, die für alle Beteiligten vorteilhaft sind. Wichtig ist dabei, dass niemand benachteiligt wird und dass alle Parteien am Ende zufrieden sind (Abb. 10.13).

Konfliktsituationen bieten wunderbare Gelegenheiten, über sich selbst zu lernen. Wichtig ist, die eigenen Gedanken und Emotionen in Bezug auf den Konflikt zu erkennen. Da Kommunikation eine entscheidende Rolle spielt, sollten Gefühle und Bedenken mithilfe von „Ich"-Botschaften ausgedrückt werden, um den Fokus auf die eigenen Erfahrungen zu legen und weniger defensives Verhalten hervorzurufen. Obwohl es in emotionalen Situationen herausfordernd sein kann, ist aktives Zuhören, um die Perspektive der anderen Person zu verstehen, sowie Empathie äußerst wirkungsvoll, um potenzielle Ursachen eines Konflikts zu identifizieren. Es ist wichtig, respektvoll und professionell zu bleiben, selbst wenn die Diskussion emotional wird. Dabei ist es nicht angemessen, sich beleidigend zu äußern oder jemanden persönlich anzugreifen.

Für eine klare Kommunikation und Vermeidung von Missverständnissen sollten klare Erwartungen und Vereinbarungen getroffen werden. Die Analyse von Konflikten zur Erkenntnisgewinnung ist äußerst wirksam, um potenzielle Stressfaktoren zu identifizieren und individuelle Strategien zur Prävention ähnlicher Situationen in der Zukunft zu entwickeln (Abb. 10.14).

Die Delphinstrategie von Dudley Lynch und Paul Kordis bietet eine metaphorische Herangehensweise an das Konfliktmanagement, die inspirierend ist, um kooperative Verhaltensweisen in Konfliktsituationen zu fördern. Der Delphin wird oft als Symbol für

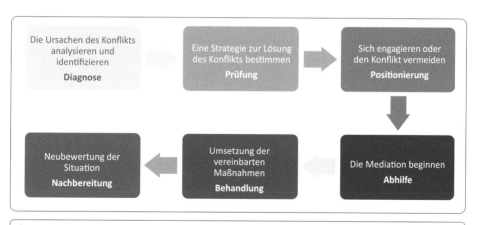

Abb. 10.13 Schritte zur Konfliktbewältigung

Welche sind Ihre Hot Buttons?
Menschen oder Situationen, die Sie
irritieren und zu destruktiven
Reaktionen führen

Infolgedessen ...
• Starke negative Emotionen
• Gefühle der persönlichen
  Provokation
• Impulsives Reagieren
• Anspannung und Stress

Abb. 10.14 Kennen Sie Ihre Knackpunkte, um negative Konflikte zu vermeiden!

Intelligenz, Anpassungsfähigkeit und Freundlichkeit betrachtet, und diese Eigenschaften lassen sich in Konfliktsituationen anwenden.

Drei Hauptcharaktere oder Archetypen werden verwendet, um unterschiedliche Verhaltensweisen in Konfliktsituationen zu beschreiben:

1. **Delphin**
   Der Delphin verkörpert eine kooperative und intelligente Methode zur Konfliktbewältigung. Anhänger der Delphinstrategie streben nach Kooperation und nach Win-Win- Lösungen. Sie setzen auf offene Kommunikation, gegenseitiges Verständnis und die Fähigkeit, harmonisch mit anderen zusammenzuarbeiten. Delphine bemühen sich, Konflikte auf positive und konstruktive Weise anzugehen und zu lösen.

2. **Hai**
   Haie repräsentieren eine konfrontative und wettbewerbsorientierte Herangehensweise. Hai-Strategen neigen dazu, sich auf ihre eigenen Interessen zu konzentrieren und sind bereit, gegen andere zu kämpfen, um ihre Ziele zu erreichen. Sie können in Konfliktsituationen aggressiv sein und versuchen, ihre Position durchzusetzen.

3. **Karpfen**
   Karpfen repräsentieren eine eher passive oder vermeidende Herangehensweise an Konflikte. Karpfen-Strategen könnten Konflikten ausweichen, um Unannehmlichkeiten zu vermeiden. Sie neigen dazu, sich zurückzuziehen und versuchen, Konfrontationen zu umgehen. Dies kann jedoch dazu führen, dass sie ihre eigenen Interessen nicht effektiv verteidigen.

Das Modell der Delphin-, Hai- und Karpfenstrategien dient dazu, verschiedene Verhaltensweisen in Konfliktsituationen zu illustrieren. Die Idee besteht darin, dass die

Delphin-Strategie, die auf Kooperation und Kommunikation basiert, in vielen Situationen am effektivsten ist, um positive Ergebnisse zu erzielen. Es wird betont, dass das Verständnis der verschiedenen Strategien dazu beitragen kann, Konflikte besser zu managen und auf konstruktive Weise zu lösen.

10.2.3 Motivation

Die Arbeitsmotivation ist von entscheidender Bedeutung für das Management, da motivierte Mitarbeitende effektiver arbeiten. Weiterhin neigen motivierte Mitarbeitende dazu, mit ihrer Arbeit zufriedener zu sein, was zu einer geringeren Fluktuation und einer positiven Unternehmenskultur beiträgt.

Tatsächlich ist es oft einfacher, Menschen zu demotivieren als zu motivieren. Häufige demotivierende Faktoren sind beispielsweise mangelnde Anerkennung, fehlende Unterstützung, Über- oder Unterforderung, eine negative Arbeitsumgebung, begrenzte Entwicklungsmöglichkeiten, Ungerechtigkeit, mangelnde Autonomie oder ineffektives Management.

Gemäss Daniel Pink führt die Unterstützung der Mitarbeitenden in den folgenden Bereichen zu einer höheren Leistung und Zufriedenheit (Quelle: Wikipedia):

- **Autonomie (Autonomy):** beschreibt den Wunsch, eigenverantwortlich zu handeln.
- **Beherrschung (Mastery):** bezeichnet den starken Antrieb, sich kontinuierlich zu verbessern.
- **Zweck (Purpose):** der Wunsch, etwas zu tun, das einen Sinn hat und wichtig ist. Unternehmen, die sich nur auf den Gewinn konzentrieren, ohne den Zweck zu berücksichtigen, werden mit einem schlechten Kundenservice und unzufriedenen Mitarbeitenden enden.

Gehalt und Belohnungen sind oft grundlegende Motivationsfaktoren, die jedoch nur kurzfristig wirken. Dennoch spielen auch weitere Faktoren eine wichtige Rolle:

- **Karriereentwicklung**
  Klare Karrierepfade, Schulungsmöglichkeiten und persönliche Entwicklungschancen können die Motivation erheblich steigern. Mitarbeitende schätzen Chancen zur beruflichen Fortbildung und Aufstiegsmöglichkeiten.
- **Soziales Umfeld**
  Ein positives soziales Umfeld fördert die Teamarbeit und den Wissensaustausch. Negative zwischenmenschliche Beziehungen können dagegen demotivierend wirken.
- **Stellenprofil**
  Aufgaben, die als interessant, anspruchsvoll und sinnvoll empfunden werden, fördern die Motivation. Monotone oder übermäßig stressige Aufgaben können demotivierend wirken.

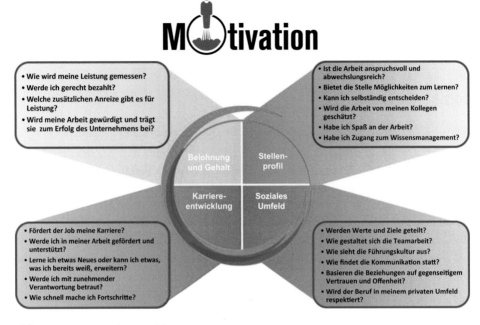

Abb. 10.15 Vier Motivationsfaktoren

Letztendlich ist es wichtig, die individuellen Bedürfnisse und Motivationen der Personen zu berücksichtigen, um sie effektiv zu motivieren. Einige bevorzugen möglicherweise finanzielle Belohnungen, während andere mehr Wert auf berufliche Entwicklung oder ein unterstützendes Teamumfeld legen (Abb. 10.15).

10.2.4 Verhandlungen

Das Leben ist eine fortwährende Verhandlung, sei es um Gehälter, Karriereentwicklung oder Zusammenarbeit.

Besonders in der IT-Branche sind Verhandlungen mit externen Dienstleistern von großer Bedeutung, da sie die Grundlage für eine erfolgreiche Zusammenarbeit legen. Gut geführte Verhandlungen ermöglichen eine optimale Abstimmung der Bedürfnisse des Unternehmens mit den Leistungen des Providers. Dadurch können die Kosten für IT-Dienstleistungen kontrolliert und Budgets effizient geplant werden. Durch den Abschluss kosteneffizienter Verträge können unnötige Ausgaben vermieden werden. Verhandlungen sind auch entscheidend für die Festlegung klarer Vertragsbedingungen und SLAs, welche die Leistungserwartungen, Verfügbarkeit und den Support definieren. Die Identifizierung von Risiken in Bezug auf Haftung, Datenschutz und Datensicherheit sowie deren angemessene Bewältigung sind ebenfalls wesentliche Bestandteile solcher Vereinbarungen.

Eine umfassende Vorbereitung ist wichtig für erfolgreiche Verhandlungen zwischen einer IT-Organisation und externen IT-Lieferanten. Interne Anforderungen, Prioritäten und Ziele wie finanzielle Einsparungen, verbesserte Dienstleistungen oder Flexibilität müssen klar definiert sein. Eine gründliche Marktanalyse ist ebenso wichtig wie das Verständnis der Stärken und Schwächen potenzieller Lieferanten.

Das Ziel einer erfolgreichen Verhandlung sollte nicht nur kurzfristige Vorteile anstreben, sondern darauf abzielen, eine langfristige Partnerschaft aufzubauen, die die gemeinsamen Bedürfnisse beider Parteien unterstützt. So eine Partnerschaft in der IT trägt dazu bei, nachhaltige Wertschöpfung zu schaffen. Neben Kostenoptimierungen ermöglicht sie beiden Parteien eine bessere Anpassung ihrer Dienstleistungen oder Produkte an neue Anforderungen und Technologien. Anbieter können auch effizientere und maßgeschneiderte Lösungen anbieten, indem sie spezifische Fachkenntnisse im Zusammenhang mit den Systemen und Anwendungen des Kunden entwickeln. Eine langfristige Partnerschaft bietet Stabilität für beide Parteien. Kontinuität ist wichtig, um sicherzustellen, dass IT-Systeme reibungslos funktionieren und geschäftliche Prozesse nicht durch häufige Anbieterwechsel unterbrochen werden. Durch gemeinsame Werte können ein tieferes Verständnis und eine stärkere Zusammenarbeit entstehen (Abb. 10.16).

Abb. 10.16 Geschäftsverhandlungen sorgfältig vorbereiten

10.2.5 Entscheidungen

Entscheiden heißt auch Verzichten – allerdings möchte das Management oft alle Optionen so lang wie möglich offenlassen. Nun ist in vielen Situationen kein Entscheid auch ein Entscheid.

Verschiedene Methoden wurden entwickelt, um Entscheidungen treffen zu können. In der folgenden Tabelle wird eine Auswahl der am häufigsten verwendeten Methoden zur Entscheidungsfindung mit Vor- und Nachteilen präsentiert.

Name	Vorteile	Nachteile
Pro-Contra Liste	• Einfache und intuitive Methode • Fördert die klare Identifikation von Vor- und Nachteilen • Unterstützt den Entscheidungsträger bei der Gewichtung der Argumente	• Subjektive Einschätzung der Argumente • Schwierigkeiten bei der Gewichtung und Vergleichbarkeit der Argumente • Vernachlässigung quantitativer Aspekte
Entscheidungsbaum	• Strukturierte Darstellung von Entscheidungsprozessen • Berücksichtigt verschiedene Optionen und mögliche Ergebnisse • Ermöglicht die Integration von Wahrscheinlichkeiten	• Komplexität bei umfangreichen Entscheidungsbäumen • Abhängigkeit von Annahmen und Wahrscheinlichkeiten • Erfordert sorgfältige Pflege und Aktualisierung
Entscheidungsmatrix	• Klare Darstellung von Optionen und Kriterien • Quantitative Bewertung ermöglicht Vergleichbarkeit • Ermöglicht eine systematische Gewichtung von Kriterien	• Schwierigkeiten bei der Auswahl und Gewichtung der Kriterien • Anfällig für Subjektivität • Eventuell komplexe Datenerfassung
Scheibchen-Methode	• Fördert schrittweise Entscheidungen • Flexibel und anpassungsfähig • Betont die Bedeutung kleiner und realistischer Ziele	• Mögliche Vernachlässigung großer strategischer Ziele • Langfristige Planung kann beeinträchtigt werden • Abhängigkeit von kontinuierlicher Umsetzung
Cost-Benefit Analyse	• Klare finanzielle Bewertung • Objektive Grundlage für Entscheidungen • Identifikation von Wirtschaftlichkeit	• Schwierigkeiten bei der monetären Bewertung immaterieller Faktoren • Unsicherheiten in der Schätzung von Kosten und Nutzen • Möglichkeit von Verzerrungen durch unvollständige Daten

Name	Vorteile	Nachteile
Szenarioanalyse	• Berücksichtigt verschiedene mögliche Entwicklungen • Sensibilisiert für Unsicherheiten und Risiken • Ermöglicht strategische Vorausplanung	• Schwierigkeiten bei der Identifizierung aller relevanten Szenarien • Hoher Aufwand bei der Datenerfassung für verschiedene Szenarien • Unsicherheiten in der Vorhersage zukünftiger Entwicklungen
SWOT-Analyse	• Ganzheitliche Betrachtung von Stärken, Schwächen, Chancen und Bedrohungen • Einfache visuelle Darstellung • Identifikation von strategischen Herausforderungen	• Subjektivität bei der Einschätzung von Stärken und Schwächen • Mangelnde Priorisierung der Faktoren • Begrenzte quantitative Analyse
Paarvergleich	• Einfache Vergleichsmethode • Rangfolgebildung möglich • Klarheit bei Präferenzen	• Subjektivität der Vergleichskriterien • Fehlende Quantifizierung von Präferenzen • Begrenzte Anwendbarkeit auf komplexe Entscheidungen
Nutzwertanalyse	• Quantitative Bewertung von Optionen • Berücksichtigung von Gewichtungen • Vergleichbarkeit verschiedener Optionen	• Subjektive Gewichtungen können Verzerrungen verursachen • Annahmen über Nutzen und Kosten können unsicher sein • Eventuell komplexe Datenerfassung
Marktanalyse	• Objektive Bewertung von Markttrends • Identifikation von Chancen und Risiken • Unterstützt strategische Entscheidungen	• Unsicherheiten in zukünftigen Marktentwicklungen • Potenzielle Verzögerungen bei der Datenerfassung • Fokus auf externe Faktoren und mangelnde Berücksichtigung interner Bedingungen

Die Frage lautet, wie Entscheidungen getroffen werden: Sollten wir uns besser auf den Verstand oder auf unser Bauchgefühl verlassen? Manchmal kann das Bauchgefühl ein Stimmungsbild erfassen, das dem Verstand verborgen bleibt. Andererseits ist es wichtig, rationale Argumente und Fakten zu berücksichtigen, um fundierte Entscheidungen zu treffen. Letztendlich kann die Kombination von Kopf und Bauch zu den besten Ergebnissen führen, wie die Dual-Process-Theorie beweist.

Es gibt jedoch einige Methoden, die die Chancen erhöhen, „gute" Entscheidungen zu treffen:

1. **Auf das Bauchgefühl hören:** Manchmal hat man einfach ein gutes Gefühl für eine Entscheidung, in diesem Fall einfach dem Instinkt folgen!
2. **Rat von vertrauenswürdigen Personen:** Sprechen Sie mit Freunden, Familie oder Mentoren über Ihre Entscheidung und hören Sie sich deren Meinungen an
3. **Pro- und Kontra-Liste:** Schreiben Sie die Vor- und Nachteile der Entscheidung auf, um eine bessere Übersicht zu erhalten
4. **Langfristige Auswirkungen:** Denken Sie über die langfristigen Konsequenzen nach, anstatt sich nur auf kurzfristige Vorteile zu konzentrieren

Einige Schätzungen legen nahe, dass Erwachsene täglich Tausende von Entscheidungen treffen, auch wenn viele davon unbewusst oder automatisiert sind. Alltägliche Entscheidungen können die Auswahl der Kleidung, die Art des Frühstücks, die Fahrtroute zur Arbeit, die Reaktion auf E-Mails und vieles mehr umfassen. Verglichen mit modernen Menschen könnte das Entscheidungsrepertoire eines Urmenschen einfacher gewesen sein. Ihre Entscheidungen konzentrierten sich wahrscheinlich stärker auf grundlegende Überlebensfragen, wie die Suche nach Nahrung, das Finden eines sicheren Unterschlupfs und den Schutz vor Gefahren. Das Leben eines Urmenschen war weniger von den vielen komplexen Entscheidungen geprägt, die heute in modernen Gesellschaften erforderlich sind. Dennoch gibt es keine Garantie dafür, dass jede Entscheidung, die Sie treffen, die richtige ist. Das Leben ist voller Unsicherheiten und Risiken. Letztendlich ist die perfekte Entscheidung nicht realistisch. Es ist wichtig, Entscheidungen zu treffen und anschließend sowohl aus den guten als auch den schlechten zu lernen.

10.2.6 Transformation

Veränderungen gehören zum Alltag von Unternehmen, da sie sich kontinuierlich an neue Markttrends, Technologien und Kundenbedürfnisse anpassen müssen. Dies führt zu verschiedenen Arten von Veränderungen, wie strategischen, organisatorischen, technologischen, personalpolitischen oder kulturellen.

Die Wahrnehmung von Veränderungen variiert in der Regel je nach Einführungsweise und den Auswirkungen auf das Personal. Einige Mitarbeitende begrüßen Veränderungen, da sie neue Herausforderungen und Chancen bieten, während andere möglicherweise Schwierigkeiten haben, sich anzupassen. Ein sorgfältiges Change Management, das die Bedürfnisse und Reaktionen der Mitarbeitenden berücksichtigt, ist empfehlenswert, um den Prozess zu erleichtern und die Akzeptanz zu fördern. Es ist entscheidend, transparent zu kommunizieren, warum die Veränderungen notwendig sind und wie sie langfristig zum Erfolg des Unternehmens beitragen werden. Das Management sollte auch positive Beispiele und Erfolgsgeschichten von anderen Teams oder Unternehmen teilen, um die Mitarbeitenden zu motivieren und zu inspirieren. Wenn möglich, sollte die Fachkraft aktiv in den Veränderungsprozess einbezogen werden. Durch Arbeitsgruppen können Ideen ausgetauscht, Lösungsvorschläge gemacht und Bedenken geäußert werden, was das Engagement und die Akzeptanz erhöht. Letztendlich ist es entscheidend, regelmäßig Feedback einzuholen, um sicherzustellen, dass die Mitarbeitenden sich gehört und verstanden fühlen (Abb. 10.17).

Das SARAH-Modell bietet Führungskräften einen Rahmen, um die emotionalen Reaktionen der Mitarbeitenden besser zu verstehen und angemessene Maßnahmen zur Unterstützung während des Veränderungsprozesses zu ergreifen. SARAH steht für die Phasen Shock (Schock), Anger (Ärger), Resistance (Widerstand), Acceptance (Akzeptanz) und Healing (Heilung). Es beschreibt die verschiedenen emotionalen Phasen, die Menschen durchlaufen, wenn sie mit Veränderungen konfrontiert werden. Hier sind die Phasen im SARAH-Modell:

1. **Shock (Schock)**
   In dieser Phase erfährt die Person einen Schock oder eine Überraschung aufgrund der bevorstehenden Veränderung. Es kann eine Art von Unverständnis oder Ablehnung gegenüber der Veränderung geben.
2. **Anger (Ärger)**
   Nach dem Schock können Ärger oder Wut auftreten. Die Person kann sich gegenüber der Veränderung feindselig fühlen, insbesondere wenn sie die Auswirkungen auf sich persönlich oder auf die eigene Arbeit für negativ hält.

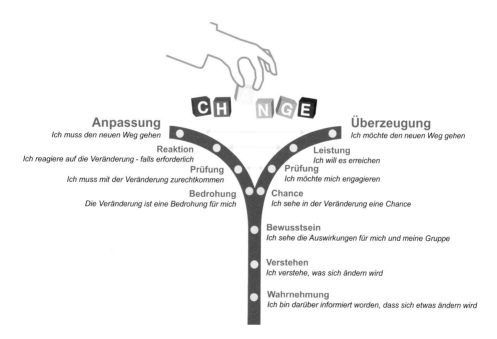

Abb. 10.17 Veränderung als notwendige Anpassung oder als bewusste Entscheidung

3. **Resistance (Widerstand)**

   In dieser Phase setzt der Widerstand gegen die Veränderung ein. Die Person versucht
   möglicherweise, die Veränderung zu verhindern oder zu blockieren, da sie negative
   Auswirkungen auf sich selbst oder ihre Umgebung fürchtet.

4. **Acceptance (Akzeptanz)**

   Mit der Zeit wird die Person beginnen, die Realität der Veränderung zu akzeptieren.
   Dies bedeutet nicht unbedingt, dass sie die Veränderung vollständig unterstützt oder
   enthusiastisch ist, sondern dass sie sich mit der Tatsache abgefunden hat, dass die Veränderung stattfinden wird.

5. **Healing (Heilung)**

   In dieser letzten Phase beginnt die Person, sich von den negativen Emotionen und
   Stress, die mit der Veränderung verbunden sind, zu erholen. Die Person kann an-
   fangen, sich an die neuen Gegebenheiten anzupassen und positive Aspekte der Veränderung zu erkennen.

Dieses Modell reflektiert die emotionalen und psychologischen Phasen, die viele Menschen durchlaufen, wenn sie mit Veränderungen konfrontiert sind. Es unterstützt Organisationen und Führungskräfte dabei, die individuellen Reaktionen der Mitarbeitenden auf
Veränderungen besser zu verstehen und angemessene Unterstützung sowie Kommunikation bereitzustellen (Abb. 10.18).

Wenn Veränderungen nicht effektiv gemanagt werden, können sowohl auf individuel-
ler als auch auf organisatorischer Ebene verschiedene negative Auswirkungen auftreten.
Mitarbeitende könnten sich verwirrt fühlen, Widerstand gegen die Veränderungen zeigen und demotiviert sein. Dies kann zu einer negativen Arbeitsatmosphäre sowie zum
Scheitern des Veränderungsvorhabens und letztendlich zu finanziellen Verlusten für das
Unternehmen führen. Daher ist es unverzichtbar, Veränderungen sorgfältig zu planen, zu
kommunizieren und zu managen, um die negativen Auswirkungen zu minimieren und
eine erfolgreiche Umsetzung sicherzustellen. Professionelles Change Management, klare
Kommunikation und die Einbeziehung der Mitarbeitenden sind dabei wichtige Erfolgsfaktoren (Abb. 10.19).

Abb. 10.18 Das SARAH-
Modell bei Veränderungen

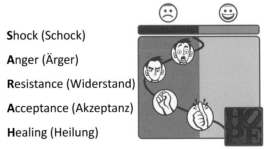

Shock (Schock)

Anger (Ärger)

Resistance (Widerstand)

Acceptance (Akzeptanz)

Healing (Heilung)

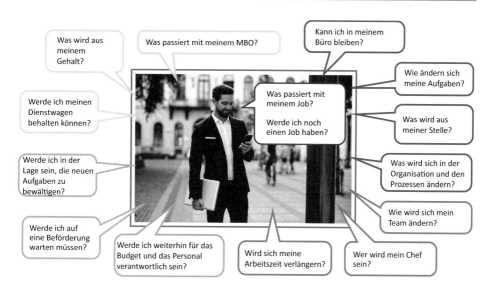

Abb. 10.19   Liste der Fragezeichen bei Mitarbeitenden in unsicheren Situationen

10.3   Agiles Führen

Agile Leadership bezieht sich auf eine Führungsphilosophie und -praxis, die sich auf die Prinzipien und Werte des Agilen Manifests bezieht. Das Agile Manifest wurde ursprünglich im Kontext der Softwareentwicklung erstellt, hat jedoch seine Anwendung auf verschiedene Geschäftsbereiche und Organisationen gefunden.

Agile Leadership zeichnet sich durch die folgenden Merkmale aus:

- **Anpassungsfähigkeit**
  Agile Führungskräfte sind in der Lage, sich schnell an Veränderungen anzupassen. Sie erkennen die Notwendigkeit von Flexibilität und sind bereit, ihre Pläne anzupassen, um auf sich verändernde Anforderungen und Umstände zu reagieren.
- **Ermächtigung**
  Statt autoritärer Kontrolle fördert Agile Leadership die Zusammenarbeit und Beteiligung aller Teammitglieder. Die Führungskräfte ermutigen zu Eigenverantwortung und ermöglichen den Teammitgliedern, Entscheidungen auf der Ebene zu treffen, auf der das Fachwissen vorhanden ist.
- **Kundenorientierung**
  Agile Leadership betont die Wichtigkeit der Ausrichtung auf die Bedürfnisse und Erwartungen der Kunden. Die kontinuierliche Lieferung von Wert steht im Vordergrund, und Führungskräfte ermutigen Teams dazu, frühzeitig und regelmäßig Produkte oder Dienstleistungen bereitzustellen, um schnelles Feedback zu erhalten.

- **Kollaboration**
  Die Förderung von offener Kommunikation und Zusammenarbeit zwischen den Teammitgliedern steht im Mittelpunkt. Agile Führungskräfte schaffen eine Umgebung, in der Ideen ausgetauscht werden können und Teammitglieder gemeinsam an Lösungen arbeiten.
- **Lernen und Verbessern**
  Agile Leadership legt großen Wert auf kontinuierliches Lernen und Verbessern. Die Führungskräfte ermutigen dazu, aus Erfahrungen zu lernen, Misserfolge als Chancen zur Verbesserung zu betrachten und regelmäßige Retrospektiven durchzuführen, um Prozesse zu optimieren.

Insgesamt zielt Agile Leadership darauf ab, eine dynamische und adaptive Organisationskultur zu schaffen, die auf die sich ständig ändernden Anforderungen des Marktes reagieren kann. Dieser Ansatz findet nicht nur in der Softwareentwicklung Anwendung, sondern auch in anderen Geschäftsbereichen, in denen Flexibilität, Zusammenarbeit und Kundenzufriedenheit von entscheidender Bedeutung sind.

Was tun also agile Führungskräfte? Sie konzentrieren sich darauf, eine Kultur zu pflegen, in der Experimentieren und Lernen willkommen sind, auf die Zusammenarbeit mit allen Mitarbeitenden, um gemeinsame Werte zu finden und ein größeres Ziel für das Unternehmen und die Teams zu erreichen, und auf eine Organisationsstruktur, die die beiden anderen Dimensionen stärkt und belohnt.

Es gibt verschiedene Methoden und Praktiken für agile Führung. Zum Beispiel ermöglichen regelmäßige Retrospektiven dem Team, die Zusammenarbeit zu reflektieren und kontinuierlich zu verbessern. Führungskräfte sollten die Teilnahme an Retrospektiven unterstützen und die Umsetzung von Verbesserungsvorschlägen fördern. Sie sollten auch die Selbstorganisation fördern, indem sie Entscheidungen auf Teamebene ermöglichen und die Eigenverantwortung der Teammitglieder stärken. Agile Führung ermutigt zu Experimenten und Innovation. Führungskräfte sollten ein Umfeld schaffen, in dem Teams neue Ideen ausprobieren können, auch wenn dies bedeutet, dass Fehler gemacht werden.

Delegation Poker ist eine interessante Methode, die in agilen Teams verwendet wird, um die Entscheidungsfindung und Delegation von Aufgaben zu verbessern. Bei Delegation Poker erhalten die Teammitglieder Spielkarten mit verschiedenen Delegationsstufen, die von Autorität an den Teamleiter bis hin zu vollständiger Eigenverantwortung reichen. Indem die Teammitglieder ihre bevorzugte Delegationsstufe wählen und diskutieren, können sie ein gemeinsames Verständnis darüber entwickeln, wer für welche Aufgaben verantwortlich ist und wie Entscheidungen getroffen werden sollen. Dies kann dazu beitragen, die Transparenz in agilen Teams zu steigern.

Hier sind die verschiedenen Delegationsstufen, die durch Karten repräsentiert werden könnten:

1. **„Sagen"**: Als Führungskraft treffen Sie die Entscheidung und erklären diese dem Team
2. **„Verkaufen"**: Sie treffen die Entscheidung und überzeugen das Team, dass es die richtige Entscheidung ist
3. **„Beraten"**: Sie holen Erkenntnisse aus dem Team ein, aber treffen die endgültige Entscheidung
4. **„Einverstanden"**: Das Team trifft gemeinsam eine Entscheidung
5. **„Beraten"**: Sie geben Ratschläge, überlassen aber die endgültige Entscheidung dem Team
6. **„Erkundigen"**: Sie lassen das Team entscheiden und fragen es anschließend, warum sie diese Entscheidung getroffen haben
7. **„Delegieren"**: Sie überlassen die Entscheidung dem Team, weil sie die Experten sind

Während einer Delegation Pokersitzung wählen Teammitglieder oder Führungskräfte Karten aus, die ihrer Meinung nach die angemessene Delegationsstufe für eine bestimmte Aufgabe oder Entscheidung repräsentieren, sei es die Verteilung des jährlichen Bonus, die Auswahl der technischen Hilfsmittel für das Team oder die Einstellung eines neuen Teammitglieds. Diese Methode fördert Diskussionen über Rollen und Verantwortlichkeiten. Dieser Prozess hilft, Missverständnisse zu klären und das Vertrauen innerhalb des Teams zu stärken.

Die Entwicklung von Menschen und agilen Teams ist von entscheidender Bedeutung, um die Widerstandsfähigkeit einer Organisation zu stärken. **Resilient Leadership** von Michael Papanek betont die Fähigkeit einer Führungskraft, in schwierigen und unsicheren Situationen widerstandsfähig zu bleiben und effektive Entscheidungen zu treffen. Diese Art des Führungsstils konzentriert sich darauf, wie Führungskräfte mit Herausforderungen umgehen, sich an Veränderungen anpassen und den Erfolg ihres Teams gewährleisten können. Es beinhaltet unter anderem die Fähigkeiten zur Selbstregulierung, zum Umgang mit Druck und zur Förderung von Teamarbeit und Resilienz.

Es ist möglich, agile Organisationen mit hoher Leistungsfähigkeit zu entwickeln. Diese fördern eine offene Kommunikation, Zusammenarbeit und Selbstorganisation innerhalb des Teams. Durch regelmäßige Rückmeldungen und kontinuierliche Verbesserungen können agile Organisationen effizienter arbeiten und sich besser an Marktbedingungen anpassen. Sie legen großen Wert auf die Zufriedenheit und das Engagement der Mitarbeitenden, was wiederum zu einer höheren Leistungsfähigkeit führt. Beispiele für solche agile Organisationen sind Unternehmen wie Spotify, Netflix oder Amazon. Diese Unternehmen haben sich erfolgreich auf agile Methoden wie Scrum und Kanban umgestellt, um schnell auf Veränderungen am Markt reagieren zu können und eine hohe Effizienz in der Produktentwicklung zu erreichen.

Hier sind einige inspirierende Beispiele aus diesen Organisationen:

- **Spotify:** Agile-Modell, das auf sogenannten „Tribes", „Squads" und „Chapters" basiert. Diese Struktur fördert die Zusammenarbeit und Autonomie der Teams, was zu einer schnellen Innovation und kontinuierlichen Verbesserung führt.
- **Netflix:** agile Organisation, die sich kontinuierlich an die sich ändernden Bedürfnisse der Kunden anpasst. Agile Praktiken wie Continuous Deployment, A/B-Tests und Cross-Functional Teams werden angewendet, um schnell neue Funktionen und Inhalte bereitzustellen.
- **Amazon:** „Two-Pizza-Teams" als kleine Teams, die so groß sind, dass sie mit zwei Pizzen satt werden können. Diese Teams haben eine hohe Autonomie und Verantwortung und können schnell auf Kundenfeedback reagieren.
- **Google:** Kultur der Innovation und Experimentierfreude, in der Mitarbeitende ermutigt werden, neue Ideen auszuprobieren und Risiken einzugehen. Agile Praktiken wie Sprints, Stand-up Meetings und retrospektive Analysen werden verwendet, um kontinuierliche Verbesserungen voranzutreiben.
- **Zalando:** agile Organisationsstruktur, die auf selbstorganisierten Teams basiert. Diese Teams haben die Autonomie, Entscheidungen zu treffen und sich kontinuierlich zu verbessern, was zu einer schnellen Innovation und Anpassungsfähigkeit führt.

Literatur

Bungay S (2011) How Leaders Close the Gaps between Plans, Actions and Results. Nicholas Brealey Publishing, London

Lynch D, Kordi P (1990) The Strategy of the Dolphin: Scoring a win in a chaotic world. Ballantine Books, New York

Malik F (2006) Führen-Leisten-Leben. Campus Verlag, Frankfurt am Main

Marquet D. (2015) Turn the ship around. Penguin

Papanek M, Alexander L. (2017) From Breakdown to Breakthrough: Forging Resilient Business Relationships in the Heat of Change. Morgan James Publishing

Pilorget L, Schell T (2018) IT Management. Springer, Wiesbaden

Pink D. (2011) Drive: The Surprising Truth About What Motivates Us. Riverhead Books

Tuckman BW (1965) Developmental sequence in small groups. Psychology Bull 63:384–399

Datenfizierung und Transformation

11

Die weite Verbreitung digitaler Geräte hat unser tägliches Leben in vielerlei Hinsicht verändert. Ein Phänomen, das einst Anlass für Verärgerung und Kritik war, ist heute zur Norm geworden – die Nutzung digitaler Geräte am Esstisch. In einer Zeit, in der es üblich war, Kinder zu ermahnen, ihre Handys und Tablets während der Mahlzeiten wegzulegen, zeigt sich jetzt oft die Ironie des Schicksals: Diejenigen, die einst am lautesten über die Gefahren der Bildschirmzeit sprachen, sind nun selbst von ihren eigenen Geräten gefesselt. Diese Entwicklung beleuchtet die Dynamik der Digitalisierung und verdeutlicht die unaufhaltsame Integration digitaler Geräte in jeden Aspekt unseres Lebens (Abb. 11.1).

Die analog-digitale Umwandlung, auf English „digitization", die Digitalisierung und die Digitale Transformation sind drei Begriffe, die oft im Kontext des Wandels durch digitale Technologien verwendet werden, jedoch jeweils unterschiedliche Konzepte darstellen. Die **analog-digitale Umwandlung** bezieht sich auf die einfache Umwandlung von analogen Informationen in digitale Formate. Hier werden physische Elemente in Bits und Bytes übersetzt, wie etwa bei der Digitalisierung von Daten oder Dokumenten. Die **Digitalisierung** geht über die bloße Umwandlung hinaus und beschreibt den Prozess, digitale Technologien zur Optimierung von Prozessen, Kommunikation und Effizienz zu nutzen. Es geht um die Integration digitaler Werkzeuge in bestehende Abläufe und Strukturen. Im Gegensatz dazu ist die **digitale Transformation** ein umfassender Ansatz, der das gesamte Geschäft umfasst, unabhängig davon, ob es bereits digitalisiert ist oder nicht. Es geht darum, das Unternehmen von Grund auf neu zu gestalten, um den Anforderungen einer zunehmend digitalen Welt gerecht zu werden. Dies umfasst nicht nur Technologie, sondern auch Veränderungen in Kultur und Geschäftsmodellen, mit dem Ziel, völlig neue Märkte und Geschäftsmöglichkeiten zu schaffen.

In diesem Kapitel geht es um die **Datenfizierung** und die notwendige **Transformation des gesamten Unternehmens** im Zuge der Digitalisierung. Die fortschreitende

L. Pilorget, *Managing IT in einer digitalen Welt*,
https://doi.org/10.1007/978-3-658-46012-9_11

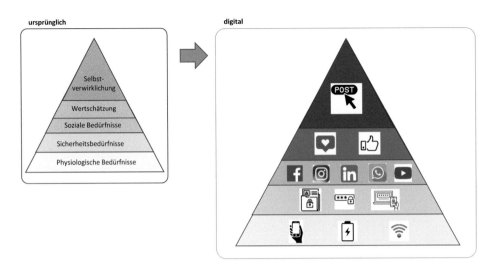

Abb. 11.1 Maslowsche Hierarchie der digitalen Bedürfnisse

Digitalisierung und die damit einhergehende digitale Transformation eines Unternehmens stellen einen entscheidenden Wendepunkt dar, der nicht nur die Art und Weise verändert, wie Geschäfte betrieben werden, sondern auch tiefgreifende Auswirkungen auf alle Aspekte des Unternehmens hat. Insbesondere der Fokus auf **Kundenzentrierung** erfordert eine Neudefinition von Strategien und Prozessen in einer digitalen Welt. Dieser Paradigmenwechsel beeinflusst nicht nur die Front-End-Interaktionen, sondern durchdringt auch die gesamte Organisation, von der IT-Infrastruktur bis hin zur Datennutzung und -analyse. Die Transformation des Unternehmens in eine digital orientierte Entität erfordert nicht nur technologische Investitionen, sondern auch einen kulturellen Wandel und eine Neuausrichtung der Geschäftsmodelle, um den Anforderungen einer zunehmend vernetzten und digitalisierten Welt gerecht zu werden.

11.1   Kundenzentrierung

Die **Art der Interaktionen** mit den Kunden ist entscheidend für den Erfolg eines Unternehmens. Eine positive Interaktion fördert die Kundenbindung, verbessert das Markenimage und führt letztendlich zu höheren Umsätzen. Kunden schätzen es, wenn sie freundlich, respektvoll und kompetent behandelt werden. Eine effektive Kommunikation, sei es persönlich, telefonisch, per E-Mail oder über soziale Medien, kann sie dazu ermutigen, wiederzukommen und die Produkte weiterzuempfehlen. Darüber hinaus können negative Interaktionen, wie schlechter Kundenservice oder unangemessene Kommunikation, zu Kundenverlusten führen und das Ansehen eines Unternehmens schädigen. Insgesamt ist die Art der Interaktionen mit Kunden also sehr ausschlaggebend für den langfristigen Erfolg eines Unternehmens (Abb. 11.2).

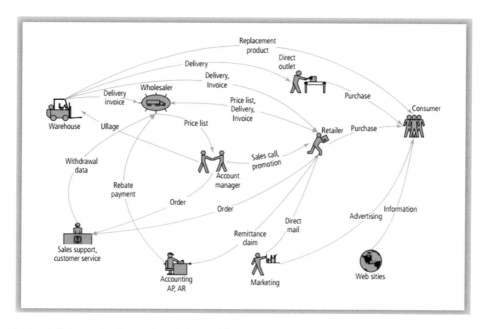

Abb. 11.2 Karte der Kundeninteraktionen. (Quelle: Buttle F., Customer Relationship Management)

Für den Aufbau guter digitaler Beziehungen mit Kunden sollten Unternehmen eine gezielte Strategie verfolgen. Dazu gehört eine personalisierte Kommunikation, die auf den individuellen Bedürfnissen und Vorlieben der Kunden basiert. Regelmäßige Interaktionen über verschiedene digitale Kanäle wie E-Mail, soziale Medien und Chat sind ebenfalls entscheidend, um Kundenengagement und -bindung zu fördern. Das Einholen von Feedback und die aktive Reaktion darauf zeigen Kunden, dass ihre Meinung geschätzt wird. Durch die Bereitstellung wertvoller Inhalte, einen erstklassigen Kundensupport und attraktive Belohnungen können Unternehmen das Vertrauen ihrer Kunden stärken und langfristige Beziehungen aufbauen, die auf Authentizität und Transparenz basieren.

Unternehmen können durch den Aufbau eines **Big-Data-Ökosystems** eine solide Grundlage für die Entwicklung guter digitaler Kundenbeziehungen schaffen. Durch die Analyse umfangreicher Datenbestände können Unternehmen wertvolle Einblicke in das Verhalten, die Vorlieben und die Bedürfnisse ihrer Kunden gewinnen. Diese Erkenntnisse können dann genutzt werden, um personalisierte Angebote und Empfehlungen zu erstellen, die auf die individuellen Präferenzen jedes Kunden zugeschnitten sind. Ein Big-Data-Ökosystem ermöglicht eine kontinuierliche Überwachung und Anpassung der Kundeninteraktionen in Echtzeit, was es Unternehmen ermöglicht, schnell auf veränderte Bedingungen und Kundenbedürfnisse zu reagieren. Durch die Kombination von fortschrittlicher Datenanalyse, KI-Technologien und einer kundenorientierten Strategie können Organisationen effektiv digitale Beziehungen aufbauen, die auf Vertrauen, Relevanz und Mehrwert für den Kunden basieren (Abb. 11.3).

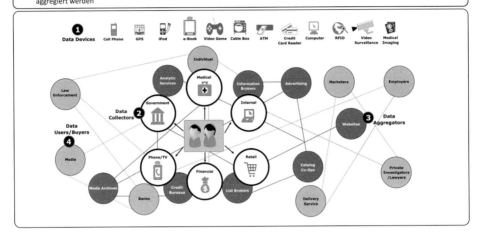

① **Geräte,** die Daten sammeln und auch neue Daten über diese Daten (Metadaten) erzeugen
② **Datensammler,** die Daten von Geräten und Nutzern sammeln
③ **Daten-Aggregatoren,** die die gesammelten Daten zusammenstellen, um aussagekräftige Informationen zu extrahieren
④ **Datennutzer und -käufer,** die von den Informationen profitieren, die von anderen in der Datenwertschöpfungskette gesammelt und aggregiert werden

Abb. 11.3 Big-Data-Ökosystem. (Quelle: Gnanasundaram S., Shrivastava A., Information Storage and Management)

Kundendaten können auf vielfältige Weise gewonnen werden. Durch die Nutzung von Loyalty-Karten, Telefonkontakten und E-Mail-Kommunikation können Unternehmen, direkte Informationen von Kunden erhalten. Über Online-Formulare auf Websites können Kunden ihre Daten freiwillig preisgeben, während Cookies das Verhalten von Website-Besuchern verfolgen und so Informationen über ihre Vorlieben und Interessen liefern. Durch die Aktivitäten auf Social-Media-Plattformen können Unternehmen Einblicke in das Verhalten und die Meinungen ihrer Kunden gewinnen. In-Store-WLAN-Aktivitäten bieten die Möglichkeit, das Kundenverhalten im Geschäft zu verfolgen und zu analysieren. Durch die Kombination dieser verschiedenen Datenerfassungsmethoden können Unternehmen ein umfassendes Bild ihrer Kunden erstellen und personalisierte Ansätze für Marketing und Kundenservice entwickeln. Insgesamt bieten Kundendaten wertvolle Einblicke, die Unternehmen dabei helfen, ihre Kunden besser zu verstehen und personalisierte Erfahrungen anzubieten.

Diese Daten lassen sich grob in verschiedene Kategorien unterteilen, die jeweils verschiedene Aspekte des Kundenverhaltens erfassen.

- **Personenbezogene Daten: Wer?**
  Personenbezogene Daten umfassen identitätsbezogene Informationen wie Namen, Geschlecht, Sozialversicherungsnummern und gerätebezogene Daten wie IP-Adressen, Webbrowser-Cookies und Geräte-IDs. Diese Daten werden oft gesammelt, um Nutzer anhand relevanter Parameter in verschiedene demografische Gruppen einzuteilen. Werbetreibende nutzen diese Daten, um zu analysieren, welche Teile des

Publikums mit ihren Anzeigen interagieren und wie sie ihr Zielpublikum effektiver ansprechen können.

- **Nutzungsdaten: Wie?**
  Nutzungsdaten erfassen die Interaktionen eines Nutzers mit verschiedenen digitalen Plattformen, einschließlich Websites, Textnachrichten, E-Mails und bezahlten Anzeigen. Diese Daten werden aufgezeichnet, um ein detailliertes Verbraucherprofil zu erstellen, das verwendet wird, um vorherzusagen, mit welcher Art von Inhalten ein Kunde eher interagieren wird und wie lange. Durch die Analyse von Nutzungsdaten können Unternehmen personalisierte Inhalte erstellen.

- **Verhaltensdaten: Wann?**
  Verhaltensdaten umfassen Informationen über die Kaufhistorie eines Kunden, wiederholte Aktionen, Verweildauer auf einer Website oder Plattform und Bewegungsmuster. Diese Daten helfen Unternehmen dabei, die Vorlieben und Interessen ihrer Kunden zu verstehen und gezielte Empfehlungen auszusprechen. Indem sie das Verhalten der Kunden analysieren, können Unternehmen die Kundenerfahrung verbessern.

- **Einstellungsdaten: Wie viel?**
  Einstellungsdaten geben Einblick in die Marken- und Kundenerfahrungen und umfassen Daten zur Verbraucherzufriedenheit, Produktwünschen und Kaufentscheidungen. Marketingagenturen nutzen diese Daten für direkte Verbraucherforschung und kreative Analysen, um maßgeschneiderte Kampagnen zu entwickeln und die Kundenbindung zu stärken.

Die Wechselwirkung zwischen **Absichtsdaten** und **Kundenverhaltensweisen** ist von entscheidender Bedeutung für die Entwicklung effektiver Marketingstrategien und die Schaffung personalisierter Kundenerfahrungen. Absichtsdaten geben Aufschluss darüber, was Kunden planen oder beabsichtigen zu tun, basierend auf ihren Interaktionen, Suchanfragen oder früheren Kaufmustern. Diese Daten sind äußerst wertvoll, da sie den ersten Schritt in Richtung einer möglichen Kaufentscheidung signalisieren. Auf der anderen Seite liefern Kundenverhaltensweisen Informationen darüber, wie Kunden tatsächlich handeln und auf verschiedene Angebote reagieren. Die Analyse und Kombination von Absichtsdaten und Kundenverhaltensweisen können Unternehmen präzisere Einblicke auf die Bedürfnisse und Vorlieben ihrer Kunden geben.

Die folgenden Beispiele für Kundenverhaltensweisen bieten interessante Einblicke in die Präferenzen und Entscheidungsprozesse der Verbraucher:

- **Preisvergleiche**
  Kunden, die Preise vergleichen, sind oft preissensibel und suchen nach dem besten Angebot. Unternehmen können diese Kunden ansprechen, indem sie wettbewerbsfähige Preise anbieten oder zusätzliche Anreize wie Rabatte oder Sonderangebote bereitstellen.

- **Verwendung einer Einkaufsliste**
  Kunden, die eine Einkaufsliste verwenden, haben in der Regel klare Vorstellungen davon, was sie kaufen möchten. Unternehmen können diesen Kunden helfen, indem sie die gewünschten Produkte leicht auffindbar machen und gegebenenfalls ähnliche Produkte empfehlen, die ihren Bedürfnissen entsprechen.

- **Markenstimmung**
  Die Markenstimmung eines Kunden gibt Aufschluss darüber, wie sie zu einer bestimmten Marke oder einem bestimmten Produkt stehen. Kunden, die eine positive Markenstimmung haben, sind eher bereit, Produkte zu kaufen und treu zu bleiben. Unternehmen sollten daran arbeiten, positive Markenerlebnisse zu schaffen, um die Markenbindung zu stärken.

- **Mode und Trends**
  Kunden, die Mode und Trends folgen, suchen nach aktuellen Produkten und Stilen. Unternehmen können diese Kunden ansprechen, indem sie trendige Produkte anbieten und regelmäßig neue Kollektionen einführen, die den aktuellen Trends entsprechen.

- **Produktbewertung**
  Kunden, die Produkte bewerten, geben wertvolles Feedback und beeinflussen die Kaufentscheidungen anderer Kunden. Unternehmen sollten Kundenbewertungen sorgfältig überwachen und auf positives Feedback reagieren, um das Vertrauen in ihre Marke zu stärken, sowie konstruktives Feedback nutzen, um ihre Produkte und Dienstleistungen kontinuierlich zu verbessern.

Customer-Relationship-Management (CRM)-Systeme spielen eine wichtige Rolle in der Digitalisierung, da sie Unternehmen dabei unterstützen, ihre Kundenbeziehungen effektiv zu verwalten und zu optimieren. In der heutigen digitalen Welt, in der Kunden personalisierte und nahtlose Erfahrungen erwarten, bieten CRM-Systeme eine ganzheitliche Sicht auf Kundeninteraktionen und -daten. Sie ermöglichen es Unternehmen, Kundenprofile zu erstellen, die Verhaltensmuster, Präferenzen und Kaufhistorien umfassen. Durch die Integration von CRM in die Digitalisierungsstrategie können Unternehmen langfristige Kundenbeziehungen aufbauen.

Als Schlussfolgerung lässt sich festhalten, dass Unternehmen durch die Digitalisierung ihren Kunden einen erheblichen Mehrwert bieten können. Dank der Analyse von Kundenverhalten und Präferenzen können Produkte und Dienstleistungen individuell an die Bedürfnisse und Vorlieben jedes Kunden angepasst werden. Zielgerichtete Werbung und das Erreichen der richtigen Personen mit der richtigen Botschaft können die Konversionsrate steigern und den ROI ihrer Marketingaktivitäten maximieren. Prognosemodelle helfen Unternehmen, Kundenbedürfnisse frühzeitig zu erkennen und proaktiv Lösungen anzubieten. Die Verbesserung des Kundendienstes und die schnelle Reaktion auf Kundenfeedback ermöglichen die Bereitstellung von personalisiertem Support, der das Vertrauen der Kunden stärkt und eine positive Markenwahrnehmung fördert. Insgesamt trägt die Digitalisierung dazu bei, die Kundenbindung zu stärken und langfristige Kundenbeziehungen aufzubauen.

11.2 Daten, Daten, Daten

Disney nutzt Big Data und KI in seinen Themenparks, um die Besuchererfahrung zu verbessern und Betriebsabläufe zu optimieren. Durch die Sammlung und Analyse umfangreicher Daten über Besucherverhalten, Vorlieben und Kaufgewohnheiten können personalisierte Erlebnisse geschaffen werden. Dies reicht von maßgeschneiderten Empfehlungen für Attraktionen und Unterhaltung bis hin zu personalisierten Essensvorschlägen basierend auf individuellen Ernährungspräferenzen. KI-Algorithmen ermöglichen eine effiziente Verwaltung von Warteschlangen, indem sie historische Daten zu Besucherströmen und Wartezeiten analysieren und so Betriebsabläufe optimieren. Dynamische Preisgestaltungen basierend auf Nachfrage und Tageszeit werden ebenfalls durch Big Data ermöglicht, was sowohl die Einnahmen maximiert als auch die Zufriedenheit der Besucher berücksichtigt. Die Integration von KI und Big Data in Erlebnisse wie interaktive Begegnungen mit Charakteren oder Augmented-Reality-Spielen schafft zusätzliche Immersion und Erinnerungswert für die Gäste. Insgesamt tragen diese Technologien dazu bei, dass Disney-Themenparks effizienter, kundenorientierter und unvergesslicher sind.

Daten fungieren als der Treibstoff, der den Motor der digitalen Transformation antreibt und Unternehmen dabei unterstützt, Kundenbedürfnisse besser zu verstehen und Innovationen voranzutreiben, wie im vorherigen Beispiel dargelegt. Durch die Sammlung, Analyse und Nutzung von Daten können Unternehmen neue Erkenntnisse gewinnen und Trends identifizieren. Daten sind der Schlüssel zur Entwicklung neuer Produkte und Dienstleistungen, zur Optimierung von Geschäftsprozessen und zur Erschließung neuer Märkte.

Die Datenexplosion aufgrund der Digitalisierung ist eine der markantesten Entwicklungen des 21. Jahrhunderts. Mit der zunehmenden Vernetzung von Geräten, der Verbreitung von Internetnutzung und der Einführung neuer Technologien wie dem Internet der Dinge (IoT: Internet of Things) hat die Menge an generierten Daten exponentiell zugenommen. Diese stammen aus einer Vielzahl von Quellen, darunter soziale Medien, Mobiltelefone, Sensoren, digitale Transaktionen und vieles mehr. Diese Datenexplosion birgt sowohl enorme Chancen als auch Herausforderungen. Organisationen können von der Analyse großer Datenmengen profitieren, um Erkenntnisse zu gewinnen, Prognosen und datengesteuerte Entscheidungen zu treffen. Gleichzeitig müssen sie sicherstellen, dass angemessene Datenschutz- und Sicherheitsvorkehrungen getroffen werden, um die Integrität der Daten zu gewährleisten und das Vertrauen der Verbraucher zu erhalten. Die Bewältigung dieser Datenflut erfordert fortlaufende Investitionen in Technologie und Fachwissen zur Datenverwaltung und -analyse (Abb. 11.4).

In diesem Zusammenhang ist es äußerst wichtig für Unternehmen, über ein Data Governance Framework zu verfügen. Data Governance bezieht sich auf die Strategien, Richtlinien und Prozesse, die sicherstellen, dass Daten effektiv verwaltet, geschützt, integriert und genutzt werden. Ein Data Governance Framework legt die Regeln und

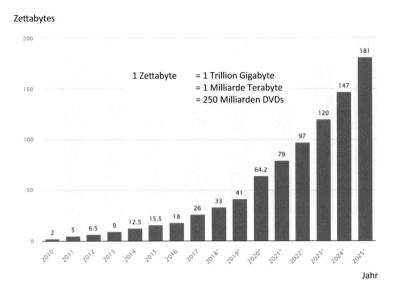

Abb. 11.4 Menge der weltweit erstellten, erfassten, kopierten und verbrauchten Daten und Informationen. (Quelle: Statista)

Verantwortlichkeiten für die Erfassung, Speicherung, Verarbeitung, Analyse und Nutzung von Daten fest und bietet eine klare Struktur für das Datenmanagement.

Ein gut etabliertes Data Governance Framework bietet eine Reihe von Vorteilen für Unternehmen:

- **Datenqualität und Konsistenz**
  Es hilft dabei, die Qualität und Konsistenz der Daten zu verbessern, indem klare Standards und Prozesse für die Dateneingabe, -überprüfung und -bereinigung festgelegt werden.
- **Datensicherheit und Datenschutz**
  Es stellt sicher, dass angemessene Sicherheitsmaßnahmen implementiert sind, um die Vertraulichkeit, Integrität und Verfügbarkeit von Daten zu gewährleisten und Datenschutzbestimmungen einzuhalten.
- **Effiziente Datenintegration und -analyse**
  Es erleichtert die Integration von Daten aus verschiedenen Quellen und ermöglicht eine effiziente Datenanalyse, was zu fundierten Entscheidungen und besseren Geschäftsergebnissen führt.
- **Compliance und Risikomanagement**
  Ein Data Governance Framework hilft Unternehmen, Complianceanforderungen einzuhalten und das Risiko von Datenmissbrauch, Datenschutzverletzungen sowie anderen rechtlichen oder regulatorischen Verstößen zu minimieren.

- **Vertrauen und Transparenz**
  Durch klare Regeln und Verantwortlichkeiten schafft ein Data Governance Framework Vertrauen bei den Stakeholdern und bietet Transparenz darüber, wie Daten innerhalb des Unternehmens verwaltet werden.

Insgesamt ist ein Data Governance Framework unersetzlich, um sicherzustellen, dass Daten als strategische Ressource behandelt werden und einen Mehrwert für das Unternehmen schaffen (Abb. 11.5).

Ein Data Governance Framework sollte idealerweise auf den spezifischen Anforderungen und Zielen des Unternehmens basieren. Es gibt jedoch verschiedene Referenzmodelle und Frameworks, die bei der Entwicklung eines eigenen Data Governance Frameworks hilfreich sein können. Einige der bekanntesten sind:

- **Data-Management-Body-of-Knowledge (DMBOK)**
  Verfahren und Konzepte für das Datenmanagement
- **ISO 8000**
  Internationale Standards, die sich auf die Qualität von Daten konzentrieren und Leitlinien für das Datenmanagement bereitstellen
- **Data Governance Institute Framework**
  Richtlinien und Best Practices für die Umsetzung von Data Governance in Organisationen (Abb. 11.6).

Obwohl Daten viele Chancen bieten, stellen sie Unternehmen auch vor eine Vielzahl von Herausforderungen. Dazu gehören Datenschutz- und Sicherheitsbedenken, die Notwendigkeit, Datenethik und -integrität zu gewährleisten, sowie die Bewältigung großer Datenmengen und deren Komplexität. Unternehmen müssen sich diesen Herausforderungen stellen und gleichzeitig die Chancen nutzen, die Daten bieten, um erfolgreich in der digitalen Ära zu bestehen.

Abb. 11.5 Aufbau eines Data Governance Frameworks

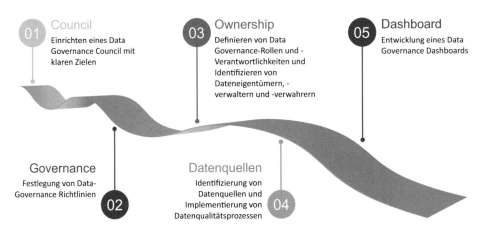

Abb. 11.6 Implementierung von Data Governance in 5 Schritten

11.3   IT, sei vorbereitet!

Um die Auswirkung der Digitalisierung auf die IT zu analysieren, werden die 6 Schlüsselelemente einer IT-Strategie des Kap. 3 durchgenommen:

1. Die IT-Organisation
2. IT-Partner
3. Qualitätsspezifikationen
4. Standards und IT-Architektur, einschließlich IT-Sicherheitsrichtlinien
5. Strategische Projekte
6. Erforderliche IT-Services

Die Digitalisierung hat eine tiefgreifende Auswirkung auf die IT-Organisation selbst, indem sie neue Anforderungen, Prozesse und Arbeitsweisen einführt. Traditionell war die IT oft in siloartigen Strukturen organisiert, die auf spezifische technische Bereiche wie Netzwerk, IT-Systeme oder Anwendungen ausgerichtet waren. Mit der Digitalisierung verschiebt sich der Fokus jedoch auf eine stärkere Integration und Zusammenarbeit innerhalb der IT-Organisation sowie mit anderen Geschäftsbereichen. Dies erfordert eine flexible und agile Organisationsstruktur. Die Einführung von DevOps-Praktiken und agilen Entwicklungsmethoden fördert zum Beispiel eine stärkere Zusammenarbeit zwischen Entwicklung und Betrieb. Darüber hinaus erfordert die Digitalisierung eine stärkere Ausrichtung der IT auf die Geschäftsziele und -strategien des Unternehmens sowie eine verstärkte Kundenorientierung. Dies führt zu der Einführung neuer Rollen und Kompetenzen innerhalb der IT-Organisation, die sich dann von einer reinen Unterstützungsfunktion zu einem strategischen Partner für das gesamte Unternehmen entwickelt.

Die Digitalisierung erfordert eine Anpassung der Arbeitsmethoden in der IT, wobei agile Methoden wie Scrum oder Kanban eine zentrale Rolle spielen. Solche Methoden ermöglichen es Teams, flexibler und reaktionsfähiger zu sein, indem sie sich auf kurze Entwicklungszyklen konzentrieren und kontinuierliches Feedback integrieren. Neue Fähigkeiten und Kompetenzen werden notwendig, um erfolgreich in einer digitalen Umgebung zu arbeiten. Dies umfasst Kenntnisse in Sprint-Planung und -Durchführung, User Experience Design, Graph QL und Java-Entwicklung für die Erstellung digitaler Anwendungen. Weitere wichtige Fähigkeiten umfassen die Entwicklung von Apps und Webdiensten, die Programmierung von APIs, automatisierte und eingebettete Tests sowie die Containerisierung von Anwendungen mit Docker. Identitäts- und Zugriffsmanagement (IAM) sowie Web Application Firewalls (WAF) sind entscheidend für die Sicherheit digitaler Lösungen. Automatisiertes Testing spielt eine zentrale Rolle, um die Qualität und Zuverlässigkeit digitaler Produkte sicherzustellen und die Entwicklungsprozesse zu beschleunigen. Insgesamt erfordert die Digitalisierung ein breites Spektrum an neuen Fähigkeiten und Arbeitsmethoden bei der IT, um die Anforderungen einer zunehmend digitalisierten Welt zu meistern (Abb. 11.7).

Die Entwicklung eines vielfältigen Ökosystems ist für die IT von zentraler Bedeutung. Unternehmen stehen vor der Herausforderung, Partner zu finden, die nicht nur über technisches Know-how verfügen, sondern auch ein tiefes Verständnis für ihre spezifischen Geschäftsziele und -anforderungen mitbringen. Die Vielfalt der benötigten IT-Dienstleistungen hat die Auswahl der Partner erweitert. Unternehmen können aus einem breiten Spektrum von Anbietern wählen, die Expertise in Bereichen wie Cloud-Computing, Datenanalyse, künstliche Intelligenz und Cybersicherheit bieten. Die Digitalisierung kann auch die Entscheidungen bezüglich Outsourcing beeinflussen, da Unternehmen nun aus einem breiteren Pool von Outsourcing-Anbietern, von der Infrastruktur

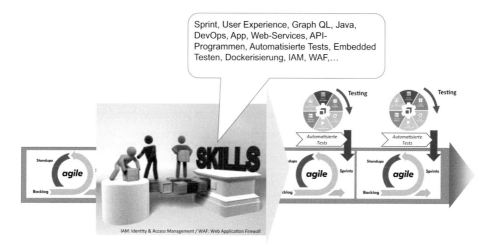

Abb. 11.7 Neue Arbeitsmethoden, neue Fähigkeiten und neue Testverfahren

bis hin zur Anwendungsentwicklung, auswählen können. Die Entscheidung für Outsourcing hängt oft von verschiedenen Faktoren wie Kosten, Fachkenntnissen, Flexibilität und Skalierbarkeit ab, wobei Firmen bestrebt sind, die richtige Balance zwischen internen Ressourcen und externen Partnern zu finden. Insgesamt führt die Digitalisierung zu einer Neugestaltung der Partnerschaftslandschaft in der IT. Die Auswahl von IT-Partnern und Outsourcing-Entscheidungen sind in diesem Kontext von strategischer Bedeutung (Abb. 11.8).

Die Digitalisierung hat erhebliche Auswirkungen auf die IT-Qualitätsstandards. Traditionelle Qualitätsstandards müssen erweitert und angepasst werden. Aspekte wie Verfügbarkeit, Sicherheit, Skalierbarkeit, Benutzerfreundlichkeit und Interoperabilität sind wichtiger geworden. Die Einführung neuer Technologien und Entwicklungsmethoden wie agile Entwicklung, DevOps und Continuous Integration/Continuous Deployment (CI/CD) erfordert eine Anpassung der Qualitätsstandards, um sicherzustellen, dass sie in den gesamten Entwicklungsprozess integriert werden.

Die Digitalisierung hat die Bedeutung von **Sicherheit** und **Cybersecurity** stark betont. Der Schutz vor Cyberbedrohungen ist von entscheidender Wichtigkeit. IT-Qualitätsstandards müssen daher Sicherheitsaspekte wie Netzwerksicherheit, Zugriffskontrolle, Datenverschlüsselung und regelmäßige Sicherheitsprüfungen umfassen. Die steigende Anzahl und Raffinesse von Cyberangriffen erfordern eine kontinuierliche Weiterentwicklung der Sicherheitsmaßnahmen und eine proaktive Überwachung von Bedrohungen. Unternehmen müssen sicherstellen, dass ihre IT-Systeme und -Infrastrukturen gegen eine Vielzahl von Angriffen geschützt sind, darunter Malware,

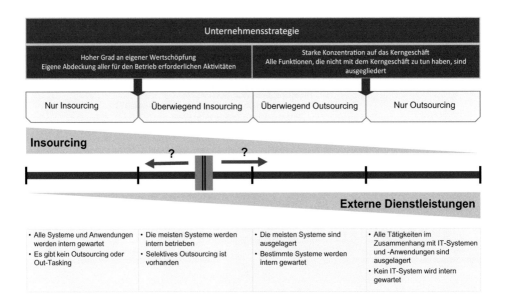

Abb. 11.8 Auswirkung der Digitalisierung auf das Lieferantenmanagement: Wo liegt der Knackpunkt zwischen Insourcing und Outsourcing?

Phishing, Ransomware und Insiderbedrohungen. Die Einhaltung von Best Practices und branchenüblichen Standards wie ISO 27001 oder NIST Cybersecurity Framework ist empfehlenswert, um ein hohes Sicherheitsniveau zu gewährleisten. Insgesamt hat die Digitalisierung dazu geführt, dass Sicherheit und Cybersecurity zu zentralen Aspekten von IT-Qualitätsstandards geworden sind.

Die Digitalisierung hat auch die Notwendigkeit für IT-Qualitätsstandards in Bezug auf **Datenschutz** verstärkt, insbesondere im Kontext von Datenschutzregulierungen wie der Datenschutz-Grundverordnung (DSGVO) in der EU. Unternehmen müssen sicherstellen, dass ihre IT-Systeme und Daten angemessen geschützt sind, um die Compliance mit Datenschutzgesetzen zu gewährleisten. GDPR (General Data Protection Regulation) zum Beispiel erfordert eine transparente und rechtmäßige Verarbeitung von personenbezogenen Daten. Es muss sichergestellt werden, dass IT-Systeme und Prozesse so gestaltet sind, dass sie diesen Anforderungen entsprechen, um hohe Geldstrafen und Reputationsschäden zu vermeiden.

Die Digitalisierung hat erhebliche Auswirkungen auf die IT-Architektur von Unternehmen. Traditionelle, silobasierte IT-Systeme werden zunehmend durch flexiblere und integrierte Architekturen ersetzt. Eine Hauptauswirkung ist die Verschiebung von monolithischen, schwerfälligen Systemen hin zu einer modularen, **serviceorientierten Architektur (SOA)** oder zu Mikroservices-basierten Architekturen. Diese ermöglichen eine schnellere Entwicklung und Bereitstellung von Anwendungen sowie eine bessere Skalierbarkeit und Wartbarkeit.

Die zunehmende Bedeutung von Daten in der digitalen Wirtschaft hat auch weitere Auswirkungen auf die IT-Architektur. Unternehmen müssen in der Lage sein, große Mengen an Daten zu sammeln, zu speichern, zu verarbeiten und zu analysieren. Dies erfordert eine robuste Datenarchitektur, die verschiedene Datenquellen integriert und eine schnelle und zuverlässige Verarbeitung ermöglicht.

Die Digitalisierung führt zu einem verstärkten Einsatz von Cloud-Computing und hybriden IT-Infrastrukturen. Cloud-Dienste bieten Unternehmen die Flexibilität, Ressourcen nach Bedarf zu skalieren und den Zugang zu modernsten Technologien zu ermöglichen, ohne umfangreiche Investitionen in eigene Hardware und Infrastruktur tätigen zu müssen.

Schließlich erfordert die zunehmende Vernetzung von Systemen und die Integration von IoT-Geräten (Internet of Things) eine flexible und skalierbare IT-Architektur. Dadurch können Daten nahtlos zwischen verschiedenen Systemen und Plattformen ausgetauscht und genutzt werden. Die IT-Architektur wird somit zu einem entscheidenden Enabler für die digitale Transformation (Abb. 11.9).

Die Auswirkungen der Digitalisierung auf das Projektportfolio eines Unternehmens sind weitreichend und erfordern Maßnahmen in Form eines Digitalprogramms. Ein solches Programm ist notwendig, um die Transformation des Unternehmens in eine digital orientierte Organisation zu steuern. Die Digitalisierung bringt eine Vielzahl neuer Projekte mit sich, die darauf abzielen, Kundenerlebnisse zu verbessern, neue digitale Produkte und Dienstleistungen zu entwickeln und die Effizienz der internen Abläufe zu

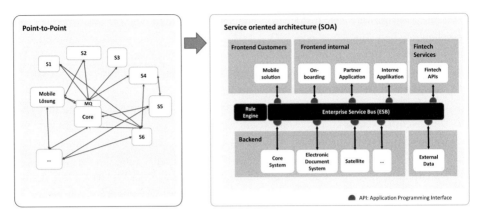

Abb. 11.9 Von Point-to-Point zu SOA (serviceorientierter Architektur)

steigern. In diesem Zusammenhang bietet ein Digitalprogramm eine strukturierte Herangehensweise, um Projekte zu priorisieren, Ressourcen zu allozieren und Risiken zu managen. Es ermöglicht zudem, Synergien zwischen den einzelnen Projekten zu identifizieren und zu nutzen, um eine kohärente und integrierte digitale Strategie zu verfolgen, die das Unternehmen auf dem Weg zur digitalen Exzellenz führt (Abb. 11.10).

Die Digitalisierung hat einen signifikanten Einfluss auf die IT-Services, insbesondere in Bezug auf die Verfügbarkeit. Die Benutzerfreundlichkeit soll auch durch die Entwicklung intuitiver Benutzeroberflächen und die Implementierung von Self-Service-Optionen verbessert werden. Der Support soll durch den Einsatz von Automatisierungstechnologien wie Chatbots und KI-gestützten Lösungen effizient gestaltet werden, damit Probleme schneller erkannt und behoben werden können (Abb. 11.11).

Digitale Services setzen neue Standards für die gesamte IT-Infrastruktur in Bezug auf ihre Leistungsfähigkeit. Hohe Verfügbarkeit ist ein wesentlicher Aspekt, der durch den Einsatz von redundanten Infrastrukturen, automatisierten Ausfallsicherheitsmechanismen und kontinuierliche Überwachungsprozesse gewährleistet wird. Gleichzeitig ermöglichen optimierte Architekturen und Netzwerke eine schnelle Reaktionszeit, wodurch Anwender schnell auf Anfragen zugreifen können. Die Vernetzung verschiedener Geräte und Plattformen wird durch offene Schnittstellen und standardisierte Protokolle erleichtert, während die nahtlose Integration verschiedener Mikrodienste die Flexibilität und Skalierbarkeit der Services erhöht. Schließlich ermöglichen fortgeschrittene Überwachungstools und Logging-Technologien eine präzise Echtzeitüberwachung der IT-Systeme, wodurch potenzielle Probleme frühzeitig erkannt und behoben werden können.

Zusammenfassend kann festgehalten werden, dass die Digitalisierung zweifellos eine bedeutende Herausforderung für die IT darstellt. Dies liegt hauptsächlich daran, dass die Geschwindigkeit der technologischen Veränderungen sich stark erhöht hat. Technologien

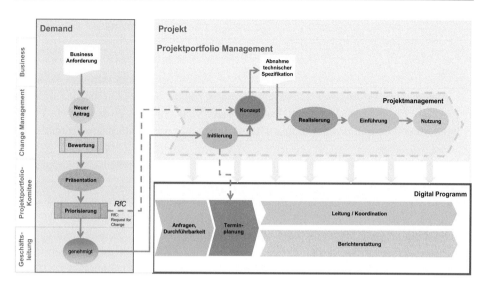

Abb. 11.10   Einrichtung eines digitalen Programms bei der Verwaltung des Projektportfolios

✓ Hohe Verfügbarkeit

✓ Gute Reaktionszeit

✓ Einfach zu bedienen

✓ Integration von verschiedenen Geräten

✓ Integration verschiedener Mikrodienste

✓ Kundenerlebnis

✓ Unterstützung für den Kunden

✓ Überwachung der IT-Systeme und neue
   Logging-Tools

Abb. 11.11   Neue Service-Levels für digitale Dienste

entwickeln sich in einem rasanten Tempo weiter, was bedeutet, dass IT-Teams ständig
auf dem neuesten Stand bleiben müssen. Diese wachsende Komplexität erfordert fortgeschrittene Fähigkeiten und Expertise. Mit der zunehmenden Digitalisierung steigen
auch die Anzahl und die schädlichen Auswirkungen von Cyberbedrohungen. Die Sicherstellung der Sicherheit und des Datenschutzes von IT-Systemen und -Daten ist eine
kontinuierliche Herausforderung für IT-Teams. Letztendlich stellen die steigenden Erwartungen der Anwender an Leistung, Verfügbarkeit und Benutzerfreundlichkeit von IT-
Lösungen eine weitere Herausforderung dar.

11.4 Die Transformation des gesamten Unternehmens

Die Digitalisierung betrifft in Unternehmen nicht nur die IT-Abteilung, sondern hat Auswirkungen auf alle Aspekte der Organisation. Während die IT eine zentrale Rolle bei der Implementierung digitaler Technologien spielt, geht es bei der Digitalisierung nicht nur um den Einsatz von Computern und Software. Vielmehr geht es darum, wie Unternehmen ihre Prozesse, Produkte und Dienstleistungen mithilfe digitaler Technologien verbessern können.

Die Digitalisierung erfordert häufig einen Wandel der Unternehmenskultur, damit Innovation, Agilität und kontinuierliche Verbesserung feste Bestandteile der Firmenkultur werden. Abteilungen wie Marketing, Vertrieb, Produktion, Kundenservice und sogar Personalwesen sind alle von den Auswirkungen der Digitalisierung betroffen.

Und dies beginnt mit dem Wert und der Sorgfalt, die der Datenverwaltung beigemessen werden. Traditionell wurden Daten beispielsweise als teures Gut betrachtet, das mit hohen Kosten für Erfassung, Speicherung und Analyse verbunden ist. Diese Denkweise muss sich dahingehend ändern, dass erkannt wird, dass Daten in der heutigen digitalen Welt überall und in großen Mengen generiert werden, sei es durch Kundeninteraktionen, Maschinendaten oder soziale Medien. Diese Daten können wertvolle Einblicke liefern, die bei richtiger Nutzung zu Wettbewerbsvorteilen führen können. Früher lag der Fokus auch darauf, Daten in strukturierten Datenbanken zu speichern, was teuer und zeitaufwendig sein kann. Die Veränderung besteht darin zu erkennen, dass unstrukturierte Daten, wie z. B. Texte, Bilder, Videos, ebenfalls wertvolle Informationen enthalten können. In der Unternehmenskultur sollte erkannt werden, dass Daten ein wichtiger immaterieller Vermögenswert für die Wertschöpfung sind. Indem Daten dazu beitragen können, bessere Entscheidungen zu treffen, die Kundenbedürfnisse besser zu verstehen, Prozesse zu optimieren und innovative Produkte und Dienstleistungen zu entwickeln, sollten diese als strategische Ressource betrachtet werden, die aktiv genutzt werden kann.

Die Anwendung dieser Paradigmen lässt sich in zahlreichen Branchen leicht verdeutlichen. Im Folgenden werden Beispiele aus dem Bankensektor, dem Einzelhandel und einem Produktionsbetrieb vorgestellt.

Banken können Daten über das Kundenverhalten aus verschiedenen Quellen sammeln, darunter Transaktionen, Online-Banking-Aktivitäten, Kundenserviceanfragen und soziale Medien. Durch die Analyse dieser Daten gewinnen sie ein besseres Verständnis für das Verhalten und die Bedürfnisse ihrer Kunden und können personalisierte Produkte und Dienstleistungen anbieten, was die Kundenbindung stärkt. Zudem sind sie stark auf Daten angewiesen, um Risiken zu bewerten und zu managen. Durch die Analyse historischer Transaktionsdaten, Kreditbewertungen, Marktdaten und anderer relevanter Informationen können Banken Risiken frühzeitig erkennen und Maßnahmen ergreifen, um Verluste zu minimieren.

Einzelhändler können Daten aus Onlinerransaktionen, Kundenregistrierungen, Websitebesuchen und sozialen Medien nutzen, um personalisierte Werbung und Produktempfehlungen anzubieten. Durch die Analyse des Kaufverhaltens und der Präferenzen der Kunden können maßgeschneiderte Angebote erstellt werden, die die Wahrscheinlichkeit eines Kaufs erhöhen. Durch die Analyse von Verkaufsdaten können weiterhin Einzelhändler die Nachfrage nach bestimmten Produkten besser prognostizieren und ihr Bestandsmanagement optimieren. Letztendlich durch die Verwendung von fortschrittlichen Analysetechniken können Überbestände vermieden werden. Es sollten stets die richtigen Produkte zur richtigen Zeit am richtigen Ort verfügbar sein.

Produktionsbetriebe können Sensordaten von Maschinen und Ausrüstungen verwenden, um deren Zustand in Echtzeit zu überwachen und potenzielle Ausfälle vorherzusagen (predictive maintenance). Durch die Analyse von historischen Wartungsdaten und Sensorwerten können präventive Wartungspläne hergestellt, die Ausfallzeiten reduziert und die Lebensdauer ihrer Anlagen verlängert werden. Produktionsbetriebe können Daten aus verschiedenen Quellen, wie z. B. Sensoren, Kameras und manuellen Inspektionen, verwenden, um die Qualität ihrer Produkte zu überwachen. Durch die Analyse von Qualitätsdaten können potenzielle Defekte frühzeitig erkannt werden und geeignete Maßnahmen werden ergriffen, um die Produktqualität zu verbessern und Ausschusskosten zu reduzieren. Außerdem kann die Produktionsplanung durch die laufende Analyse der Betriebsdaten verbessert werden und eine gleichmäßige Auslastung der Anlagen sichergestellt werden.

Die Digitalisierung hat auch das Potenzial, das Geschäftsmodell eines Unternehmens in fundamentalen Aspekten zu transformieren. Durch den Einsatz digitaler Technologien können Organisationen direkten Zugang zu ihren Kunden erhalten. Neue Einnahmequellen können damit durch den Verkauf digitaler Produkte, die Bereitstellung von Online-Dienstleistungen oder die Monetarisierung von Datenströmen erschlossen werden. Die Globalisierung wird auch erleichtert, da Firmen über nationale Grenzen hinweg expandieren und neue Märkte erschließen können. Schlussendlich verschiebt sich das Geschäftsmodell hin zu einer stärkeren Ausrichtung auf die Bedürfnisse und Präferenzen der Kunden, was zu einer nachhaltigen Wettbewerbsfähigkeit und einem langfristigen Erfolg in der digitalen Wirtschaft führen kann.

Ein prominentes Beispiel für die Transformation des **Geschäftsmodells** durch Digitalisierung ist Amazon. Ursprünglich als reiner Onlinebuchhändler gestartet, hat sich Amazon zu einem der weltweit größten und vielseitigsten E-Commerce-Anbieter entwickelt. Durch die Nutzung digitaler Technologien wie personalisierte Empfehlungsalgorithmen, maschinelles Lernen für Lagerhaltung und Lieferkettenmanagement sowie die Entwicklung eigener Hardware wie Kindle eReader und Echogeräte hat Amazon sein Geschäftsmodell erweitert. Es bietet nun nicht nur eine breite Palette von Produkten und Dienstleistungen über seine Website an, sondern auch Cloud-Computing-Dienste (Amazon Web Services), Streaminginhalte (Amazon Prime Video), künstliche Intelligenz (Alexa) und sogar physische Einzelhandelsgeschäfte (Amazon Go).

Ein weiteres Beispiel ist Netflix, das traditionelle Fernseh- und Filmvertriebsmodelle durch die Einführung eines innovativen Streamingdienstes revolutioniert hat. Durch die Digitalisierung von Inhalten und Vertriebskanälen hat Netflix das Geschäftsmodell des Unternehmens neu definiert. Statt physische DVDs zu vermieten, bietet Netflix eine riesige Bibliothek von On-Demand-Inhalten an, die über das Internet gestreamt werden können. Dies ermöglicht, Filme und Fernsehsendungen jederzeit und überall anzusehen, was zu einem erheblichen Wettbewerbsvorteil gegenüber traditionellen Rundfunk- und Kabelunternehmen geführt hat.

Als letztes Beispiel kann Tesla zitiert werden, das die Automobilindustrie durch die Integration von Digitaltechnologien und erneuerbarer Energiequellen revolutioniert hat. Tesla hat nicht nur elektrische Fahrzeuge entwickelt, sondern auch eine breite Palette von digitalen Funktionen in seine Fahrzeuge integriert, darunter Over-the-Air-Software-Updates, autonomes Fahren und integrierte Entertainmentsysteme. Tesla hat sein Geschäftsmodell durch den Verkauf von Solardächern und Batteriespeichern erweitert, was zu einer umfassenden Transformation des Unternehmens von einem reinen Automobilhersteller zu einem Anbieter von nachhaltigen Energie- und Mobilitätslösungen geführt hat.

Die Steigerung des Werts des digitalen Geschäfts kann auf zwei wesentliche Weisen erfolgen: durch den **Umsatzhebel** und durch die **Kostenoptimierung.** Der Umsatzhebel umfasst das Wachstum durch Digitalisierung, das sich in verschiedenen Aspekten manifestiert. Durch den Einsatz digitaler Technologien können Unternehmen neue Kunden gewinnen, sei es durch die Erschließung neuer Märkte oder die Ansprache bisher unerreichter Zielgruppen. Die Digitalisierung ermöglicht die Entwicklung neuer und optimierter Produkte und Dienstleistungen, die besser auf die Bedürfnisse der Kunden zugeschnitten sind, sowie die Erschließung neuer Vertriebskanäle, die es ermöglichen, die Reichweite zu erhöhen und den Umsatz zu steigern. Durch die Einführung neuer Preis- und Ertragsmodelle können Unternehmen zudem zusätzliche Einnahmequellen erschließen und die Rentabilität ihrer Geschäftsaktivitäten verbessern. Auf der anderen Seite kann die Kostenoptimierung durch Digitalisierung zu einer Effizienzsteigerung in verschiedenen Bereichen führen. Dies umfasst die Optimierung von Geschäftsprozessen, die Steigerung der Anlagenauslastung, die Erhöhung der Agilität des Unternehmens sowie die Einführung neuer Kostenmodelle, die zu einer Senkung der Gesamtkosten führen. Durch die Reduzierung von Verschwendung, die Automatisierung von Arbeitsabläufen und die Nutzung von Datenanalysen können Unternehmen ihre betriebliche Leistungsfähigkeit steigern und ihre Wettbewerbsfähigkeit in der digitalen Wirtschaft stärken (Abb. 11.12).

Die Auswirkungen sind sogar auf gesamte Wirtschaftsbereiche spürbar, wie in der folgenden Tabelle dargestellt (Quelle: AccentureNL/accenture-digital-business):

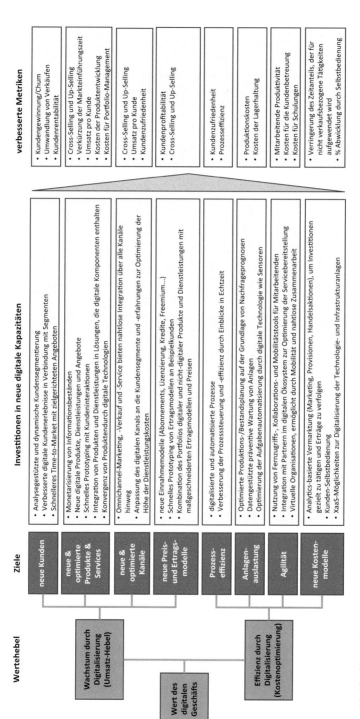

Abb. 11.12 Neue Service Levels für digitale Dienste. (Quelle (Englisch): AccentureNL/accenture-digital-business)

Branchen	Wachstum der digitalen Einnahmen	Kosteneffizienz durch Digitalisierung	Digitales Business
Chemie- und Energieindustrie	Chemieunternehmen bietet Online-Portal für Partner zur Verwaltung von Aufträgen gegen Gebühr	Energieunternehmen wenden Analysemethoden an, um die Instandhaltung von Anlagen zu verbessern, was zu einer geringeren Anzahl ungeplanter Stillstände führt	Chemieunternehmen erweitern ihr Portfolio um Lösungen, die klassische Produkte mit wertschöpfenden Dienstleistungen kombinieren (z. B. BASF)
Telekommunikations- und Medienbranche	Telekommunikationsunternehmen arbeiten (gegen Gebühr) mit Einzelhändlern zusammen, um ihren Kunden Angebote zu unterbreiten	Medienunternehmen digitalisieren ihre betriebliche Wertschöpfungskette, was zu Zeitgewinn und Kostensenkung führt (z. B. Warner Bros.)	Telekommunikationsunternehmen erweitern ihr Geschäftsmodell durch die Integration mobiler Zahlungslösungen (z. B. afrikanischer Trend zu mobilen Zahlungen)
Finanzdienstleistungen	Retail-Banken bieten zusätzliche Dienstleistungen wie mobiles Bezahlen oder erweiterte Vermögensverwaltung für normale Kunden an	Retail-Banken optimieren ihre Prozesse und nutzen die Möglichkeiten der Kunden-Selbstbedienung (z. B. BBVA mit künstlicher Intelligenz unterstützter Selbstbedienung)	Crowd-Funding basierte Kreditoptionen, die es Retail-Banken ermöglichen, ihr Risiko zu reduzieren (z. B. Kickstarter)
Produkte (unterteilt in Automobil, Pharma, Industrietechnik, Einzelhandel & Konsumgüter und -dienstleistungen)	Büroartikelhersteller verkauft seine Produkte über seine E-Commerce-Plattform	Bestandsoptimierung durch analytisch gestützte Bedarfsprognosen und Integration der Lieferanten in die Wertschöpfungskette (z. B. WalMart)	Individuell angepasste Produkte statt Massenproduktion (z. B. Müsli-Anpassung über Webportal)
Gesundheit, Biowissenschaften und öffentlicher Dienst	Pharmazeutisches Unternehmen nutzt Analytik zur Produktanpassung	Öffentliche Dienste reduzieren Prozesskosten durch Digitalisierung von Verwaltungsprozessen und Selbstbedienungsmöglichkeiten für Kunden	Life Sciences erweitert das Geschäft mit Lebensmitteln auf der Grundlage von individuellen Analyseergebnissen

Die Schwierigkeit einer digitalen Transformation hängt von verschiedenen Faktoren ab, darunter die Größe des Unternehmens, die bestehende technologische Infrastruktur, die Unternehmenskultur, regulatorische Anforderungen und die Fähigkeit, Talente mit digitalen Kompetenzen einzustellen und weiterzuentwickeln. Für kleinere Unternehmen kann die digitale Transformation oft einfacher sein, da sie flexibler sind und weniger komplexe Legacysysteme zu bewältigen haben. Sie können schneller neue Technologien einführen und agiler auf Marktveränderungen reagieren. Für größere Unternehmen hingegen kann die digitale Transformation komplexer sein, da sie oft mit komplizierten Geschäftsstrukturen, veralteten IT-Systemen und einer traditionellen Unternehmenskultur konfrontiert sind.

Die digitale Transformation birgt verschiedene Stolpersteine, die den Prozess erschweren können. Hier sind einige häufige Herausforderungen:

- **Widerstand gegen Veränderung**
  Eine der größten Hürden bei der digitalen Transformation ist oft der Widerstand gegen Veränderungen innerhalb des Unternehmens. Mitarbeitende können Angst vor dem Unbekannten haben oder Bedenken hinsichtlich ihrer Fähigkeiten haben, mit neuen Technologien und Arbeitsmethoden umzugehen. Eine erfolgreiche Transformation erfordert daher eine umfassende Change-Management-Strategie, die die Mitarbeitenden motiviert, unterstützt und befähigt, die Veränderungen zu akzeptieren und aktiv mitzugestalten.
- **Legacysysteme und Infrastruktur**
  Viele Unternehmen haben veraltete Legacysysteme und Infrastrukturen, die es schwierig machen, neue Technologien zu integrieren und Innovationen voranzutreiben. Die Modernisierung dieser Systeme kann zeitaufwendig und kostspielig sein, und es erfordert oft eine sorgfältige Planung, um sicherzustellen, dass die Integration nahtlos verläuft und keine Unterbrechungen im Betrieb entstehen.
- **Datenschutz und Sicherheit**
  Mit der zunehmenden Digitalisierung steigt auch das Risiko von Datenschutzverletzungen und Cyberangriffen. Unternehmen müssen daher sicherstellen, dass sie robuste Sicherheitsmaßnahmen implementieren, um ihre Daten und Systeme zu schützen. Dies erfordert oft Investitionen in Sicherheitstechnologien, Schulungen für Mitarbeitende und die Einhaltung gesetzlicher Vorschriften und Standards.
- **Fehlende Fachkenntnisse und Talente**
  Die digitale Transformation erfordert oft spezifisches Fachwissen und Fähigkeiten im Bereich der Informationstechnologie und digitalen Innovation. Viele Unternehmen kämpfen jedoch damit, qualifizierte Mitarbeitende zu finden oder bestehende Mitarbeitende entsprechend weiterzubilden. Ein Mangel an Fachkenntnissen kann den Erfolg der digitalen Transformation erheblich beeinträchtigen und Unternehmen daran hindern, ihr volles Potenzial auszuschöpfen.

- **Unklare Strategie und Ziele**
  Ohne eine klare Strategie kann die digitale Transformation schnell ins Stocken geraten. Unternehmen müssen eine klare Vision für ihre digitale Zukunft entwickeln und konkrete Ziele festlegen. Eine unklare Strategie kann zu Missverständnissen, Ressourcenverschwendung und einem Mangel an Richtung führen, was den Erfolg der Transformation gefährden kann.

Infolgedessen umfassen die kritischen Erfolgsfaktoren für eine erfolgreiche digitale Transformation die folgenden Punkte:

- **Klare Vision und strategische Ausrichtung**
  Eine klare Vision für die digitale Zukunft des Unternehmens sowie eine klare strategische Ausrichtung sind entscheidend. Die Vision sollte die Ziele und den Nutzen der digitalen Transformation klar definieren und als Leitfaden für alle beteiligten Parteien dienen.
- **Führung und Unterstützung durch das Top Management**
  Das Engagement und die Unterstützung der obersten Führungsebene sind entscheidend für den Erfolg der digitalen Transformation. Die Führungskräfte sollten die Vision aktiv fördern, Ressourcen bereitstellen und als Vorbilder für den Wandel fungieren.
- **Eine Kultur der Innovation und des Wandels**
  Eine Kultur, die Innovation fördert und Veränderungen akzeptiert, ist für den Erfolg der digitalen Transformation unerlässlich. Unternehmen sollten eine Umgebung schaffen, in der Mitarbeitende neue Ideen entwickeln, Risiken eingehen und kontinuierlich lernen können.
- **Entwicklung digitaler Kompetenzen und Talente**
  Die Identifizierung und Entwicklung digitaler Kompetenzen und Talente innerhalb des Unternehmens sind wichtig. Unternehmen sollten sicherstellen, dass sie über die erforderlichen Fähigkeiten und Ressourcen verfügen, um die digitale Transformation erfolgreich umzusetzen.
- **Agile Methoden und flexible Organisationsstrukturen**
  Agile Methoden und flexible Organisationsstrukturen können dabei helfen, die digitale Transformation effizienter umzusetzen. Unternehmen sollten in der Lage sein, schnell auf Veränderungen zu reagieren, neue Technologien zu testen und anzupassen sowie funktionsübergreifende Teams zu bilden.
- **Kontinuierliches Monitoring und Anpassung**
  Die digitale Transformation ist ein kontinuierlicher Prozess, der regelmäßiges Monitoring und Anpassung erfordert. Unternehmen sollten geeignete Leistungskennzahlen definieren und regelmäßige Überprüfungen durchführen, um sicherzustellen, dass sie auf Kurs bleiben und ihre Ziele erreichen.

Als Fazit birgt die Digitalisierung zweifellos Risiken und kann eine mühsame Transformation für Unternehmen bedeuten. Dennoch bietet die Digitalisierung eine Vielzahl von Chancen. Um diese positive Einstellung zu betonen, wird in den kommenden Absätzen der Mehrwert einer erfolgreichen Digitalisierung für Kunden, für die unternehmerische Innovation, für die Prozesseffizienz und für Partnerschaften im Geschäftsumfeld veranschaulicht. Man darf also die Motivation und den Glauben an den digitalen Wandel nicht verlieren!

Eine erfolgreiche Digitalisierung bietet zahlreiche **Mehrwerte für Kunden** und verbessert die gesamte **Kundenerfahrung** erheblich. Die Analyse von Kundenverhaltensdaten und die Nutzung KI-gestützter Algorithmen ermöglichen es Unternehmen, ihre Kunden besser zu verstehen und maßgeschneiderte Lösungen anzubieten. Die Digitalisierung ermöglicht eine nahtlose und konsistente Interaktion mit den Kunden über verschiedene Kanäle hinweg, sei es über Websites, mobile Apps, soziale Medien oder Chatbots. Dies erhöht die Zugänglichkeit und Bequemlichkeit für die Kunden und ermöglicht es ihnen, mit dem Unternehmen zu interagieren, wann und wo es für sie am besten passt. Die Digitalisierung verbessert auch die Effizienz und Reaktionsfähigkeit des Unternehmens, indem sie schnell auf Kundenanfragen reagiert und Probleme löst, was zu einer insgesamt positiveren und befriedigenderen Kundenerfahrung führt. Da die digitale Landschaft dynamisch bleibt und sich ständig wandelt, müssen Unternehmen kontinuierlich auf diese Veränderungen reagieren, und ihre Strategien, Technologien und Prozesse müssen dementsprechend angepasst werden. Dies erfordert eine permanente Überwachung und Bewertung der Leistung sowie eine offene Haltung gegenüber neuen Ideen und Innovationen. Unternehmen müssen in der Lage sein, aus ihren Erfolgen und Fehlern zu lernen, Best Practices zu identifizieren und ihre Ansätze kontinuierlich zu optimieren. Aus diesen Gründen ist es wichtig, ein Umfeld zu schaffen, das die kontinuierliche Verbesserung fördert, indem Mitarbeitende ermutigt werden, Feedback zu geben, neue Ideen vorzuschlagen und sich aktiv an Verbesserungsinitiativen zu beteiligen. Durch eine ständige Wachsamkeit können Unternehmen sicherstellen, dass sie wettbewerbsfähig bleiben, sich den sich wandelnden Marktbedingungen anpassen und langfristigen Erfolg in der digitalen Wirtschaft erzielen.

Ein Unternehmen kann durch digitale Transformation einen erheblichen **Mehrwert für die Entwicklung innovativer Produkte** schaffen. Die Nutzung digitaler Technologien steigert die Innovationsfähigkeit, indem neue Ideen schneller identifiziert, getestet und umgesetzt werden können. Die Digitalisierung ermöglicht einen effizienteren Innovationsprozess, indem die Zusammenarbeit und der Wissensaustausch innerhalb des Unternehmens verbessert werden und der Zugang zu externem Wissen und Ressourcen erleichtert wird. Agile Methoden wie Design Thinking und Lean Startup ermöglichen die schnelle Bereitstellung von Prototypen, um Feedback zu sammeln und eine neue Lösung iterativ zu verbessern. Die Nutzung von offenen Plattformen und APIs (Application Programming Interfaces) begünstigt die Entwicklung innovativer Lösungen, die mit anderen Systemen und Diensten integriert werden können.

Es kann allerdings schwierig sein, die Zustimmung der Entscheidungsträger für wirklich innovative Produkte zu erhalten, insbesondere wenn diese risikoscheu sind und zögern, in etwas zu investieren, das noch nicht getestet wurde. Innovative Produkte sind oft in der Tat mit Unsicherheiten und Risiken verbunden, insbesondere wenn es sich um neue Technologien oder Geschäftsmodelle handelt, die noch nicht erprobt wurden. Um die Zustimmung der Entscheidungsträger zu gewinnen, ist es wichtig, die potenziellen Vorteile und Chancen der Innovation klar zu kommunizieren und zu demonstrieren. Die Bereitstellung von überzeugenden Geschäftsfällen, Prototypen oder Pilotprojekten sollen zeigen, wie die Innovation einen echten Mehrwert für das Unternehmen schaffen kann. Die Bedenken und Ängste der Entscheidungsträger müssen natürlich ernst genommen werden und sollen proaktiv angesprochen werden. Dies kann durch die Identifizierung und Minimierung von Risiken, die Bereitstellung von Schulungen und Ressourcen zur Unterstützung der Implementierung sowie die Schaffung eines Umfelds, das Experimentieren und Lernen fördert, erfolgen. Ein weiterer wichtiger Faktor ist die Förderung einer Kultur der Innovation und des Wandels im Unternehmen, die es den Entscheidungsträgern ermöglicht, offen für neue Ideen zu sein und bereit zu sein, Risiken einzugehen. An dieser Stelle soll es durch eine klare Führung von oben geschehen. Die Schaffung von Anreizen und Belohnungen für innovative Denkweisen und Verhaltensweisen kann diese Entwicklung positiv beeinflussen. Eine gezielte und überzeugende Kommunikation, sowie das Management von Bedenken und Risiken, bleibt unersetzbar, um die Zustimmung der Entscheidungsträger für wirklich innovative Produkte zu gewinnen.

Effizienz und verbesserte Automatisierung von Geschäftsprozessen können auch dank Digitalisierung erreicht werden. Durch die Automatisierung von Geschäftsprozessen können manuelle Aufgaben eliminiert oder reduziert, Fehler minimiert und die Bearbeitungszeiten verkürzt werden. Routineaufgaben wie Dateneingabe, Rechnungsstellung, Bestellabwicklung und Berichterstattung werden automatisiert. Darüber hinaus ermöglicht die Digitalisierung eine nahtlose Interaktion zwischen verschiedenen Systemen und Anwendungen, was zu einer verbesserten Datenqualität und einem schnelleren Time-to-Market für neue Produkte und Dienstleistungen führt. Insgesamt trägt die Automatisierung von Geschäftsprozessen dazu bei, die Effizienz zu steigern und die Betriebskosten zu senken. Die Auswahl der richtigen Prozesse für die Automatisierung bleibt dennoch eine Herausforderung, da es zu Widerstand von Mitarbeitenden führen kann. Oftmals sind die Prozesse, die am meisten von Handarbeit geprägt sind oder die am häufigsten auftreten, gute Kandidaten für eine Automatisierung. Durch die Analyse von Vergangenheitsdaten können Muster und Trends erkannt werden, die darauf hinweisen, welche Prozesse am besten für die Automatisierung geeignet sind. Diese Datenanalyse ermöglicht es, zeitaufwendige, ressourcenintensive oder fehleranfällige Geschäftsprozesse zu identifizieren. Jedoch kann es schwierig sein, festzustellen, welche Prozesse den größten ROI bieten oder welche am besten für die Automatisierung geeignet sind, insbesondere wenn die Prozesse komplex sind oder sich häufig ändern. Die Automatisierung eines Prozesses kann manchmal komplexer und zeitaufwendiger sein als erwartet. Es erfordert oft eine gründliche Analyse und Planung, um sicherzustellen, dass die Automatisierung reibungslos verläuft und die gewünschten Ergebnisse erzielt werden. Es kann auch notwendig sein, vorhandene Systeme zu integrieren oder anzupassen, was   zusätzlichen Aufwand und Zeit bedeutet. Um diese Herausforderungen zu bewältigen, ist es wichtig, die Mitarbeitenden frühzeitig einzubeziehen und sicherzustellen, dass sie die Vorteile und Ziele der Automatisierung verstehen. Insgesamt erfordert die Automatisierung von Geschäftsprozessen ein umfassendes Verständnis der Geschäftsabläufe, eine klare Kommunikation und Zusammenarbeit mit den Mitarbeitenden sowie eine sorgfältige Planung und Durchführung, um erfolgreich zu sein.

Es sollte auch am Schluss erwähnt werden, dass die Digitalisierung eines Unternehmens einen erheblichen Mehrwert für **die Wertschöpfung der Geschäftspartner** schafft. Durch den Einsatz digitaler Technologien können Unternehmen die Interaktionen mit ihren Geschäftspartnern rationalisieren und Prozesse vereinfachen. Dies führt zu einer schnelleren Abwicklung von Transaktionen und einer Reduzierung von Fehlerquoten. Durch eine nahtlose Integration zwischen verschiedenen Systemen und Plattformen ermöglicht die Digitalisierung den Echtzeitaustausch von Informationen, was zu einer gesteigerten Reaktionsfähigkeit und Flexibilität führt. Insgesamt trägt die erfolgreiche Digitalisierung dazu bei, die Wertschöpfung für Geschäftspartner zu steigern und die Zusammenarbeit zwischen Unternehmen und ihren Partnern zu verbessern. Natürlich bleibt die Fähigkeit, den eigenen Stil anzupassen, um besser mit Geschäftspartnern zusammenzuarbeiten, entscheidend für den Aufbau einer starken Arbeitsbeziehung. Jeder Partner hat unterschiedliche Arbeitsweisen, Kommunikationspräferenzen und Erwartungen. Aus diesen Gründen ist es wichtig, flexibel zu sein und sich an die Bedürfnisse und Vorlieben des Partners anzupassen. Dies erfordert ein hohes Maß an Empathie, Offenheit und die Bereitschaft, sich auf Kompromisse einzulassen. Entstehende Konflikte sollen effektiv gelöst werden, wenn sie auftreten. Dafür ist es wichtig, solche Konflikte frühzeitig anzusprechen, offen zu kommunizieren und nach Lösungen zu suchen, die für beide Seiten akzeptabel sind. Dies erfordert eine konstruktive und kooperative Herangehensweise, bei der beide Parteien bereit sind, zuzuhören, zu verstehen und gemeinsam an einer Lösung zu arbeiten. Durch Empathie, Offenheit und Zusammenarbeit können Unternehmen positive und produktive Partnerschaften aufbauen, die langfristig erfolgreich sind.

Die digitale Transformation bleibt eine äußerst spannende und relevante Aufgabe für Unternehmen in nahezu allen Branchen. Die Technologie entwickelt sich ständig weiter, und neue Möglichkeiten entstehen, die es Firmen ermöglichen, ihre Prozesse zu optimieren, neue Märkte zu erschließen und einzigartige Kundenerlebnisse zu schaffen. Dank digitaler Transformation können Organisationen, agiler, effizienter und kundenorientierter werden. Sie können innovative Geschäftsmodelle entwickeln, um sich von Wettbewerbern abzuheben, und neue Wege finden, um Mehrwert für ihre Kunden zu schaffen. Die digitale Transformation bietet die Möglichkeit, Daten intelligent zu nutzen, um fundierte Entscheidungen zu treffen und Geschäftsprozesse kontinuierlich zu verbessern. Unternehmen können mithilfe von Datenanalysen Einblicke gewinnen, die es ihnen ermöglichen, Marktchancen zu erkennen, Kundenverhalten zu verstehen und ihr Geschäft strategisch auszurichten.

Es handelt sich um eine fortlaufende Reise, die niemals endet, da sich Technologie und Kundenbedürfnisse ständig weiterentwickeln. Daher bleibt die digitale Transformation eine spannende und entscheidende Aufgabe für Unternehmen, die bereit sind, sich den Herausforderungen der modernen Wirtschaft zu stellen und nachhaltigen Erfolg zu sichern.

Literatur

Bürger M., Peneva K. (2022) Datenwirtschaft und Datentechnologie. Springer Vieweg, Berlin
Buttle F. (2009) Customer Relationship Management. Elsevier Ltd
Croll A., Yoskovitz B (2009) Lean Analytics. O'Reilly
Gnanasundaram S., Shrivastava A. (2012) Information Storage and Management, John Wiley & Sons, Inc.
Gatziu Grivas S. (2020) Digital Business Development – Die Auswirkungen der Digitalisierung auf Geschäftsmodelle und Märkte. Springer Gabler
Magal S.R., Word J. (2012) Integrated Business Processes with ERP Systems. John Wiley& Sons, Inc.
Rogers D. L. (2016), The Digital Transformation Playbook. Columbia University Press

Schlussfolgerung

Am Ende dieses Buches über IT-Management stehen wir an der Schwelle einer neuen Ära für Unternehmen. Es ist nicht nur das Ende eines lehrreichen Werkes, sondern auch der Beginn einer Reise, um die Erkenntnisse und Lehren in die Praxis umzusetzen. Doch während wir uns auf den Weg machen, stellen wir uns die entscheidende Frage: Welche digitale Reise sollten Firmen unternehmen, um eine gesunde Widerstandskraft zu entwickeln, die auf dem Konzept des digitalen MTO (Mensch-Technik-Organisation) basiert, und wie können sie dadurch einen positiven Kreislauf schaffen?

Die Antwort auf diesen zwei Fragen erfordert eine ganzheitliche Betrachtung. Firmen müssen nicht nur ihre technologischen Ressourcen optimieren, sondern auch sicherstellen, dass ihre Mitarbeitenden über die erforderlichen Fähigkeiten und Kompetenzen verfügen, um mit den sich schnell entwickelnden digitalen Landschaften mithalten zu können. Die Einführung von digitalen Technologien sollte Hand in Hand mit organisatorischen Veränderungen gehen, die eine flexible und anpassungsfähige Unternehmenskultur fördern.

Eine **gesunde Widerstandskraft** erfordert eine kontinuierliche Bewertung und Anpassung der Unternehmensstrategie, um sich an sich ändernde Marktbedingungen anzupassen und potenzielle Risiken zu mindern. Dies erfordert eine klare Vision von den Führungskräften, die den Weg für die digitale Transformation weisen und ein Umfeld schaffen, in dem Innovation gefördert wird.

Das Konzept des **digitalen MTO** betont die Wechselwirkung zwischen Mensch, Technologie und Organisation. Es ist wichtig, dass Unternehmen die Bedeutung dieser drei Elemente erkennen und sicherstellen, dass sie in Einklang stehen, um maximale Effizienz und Produktivität zu erreichen.

Schließlich ist die Entwicklung eines **positiven Kreislaufs** für Unternehmen von entscheidender Bedeutung, um die Chancen der digitalen Transformation voll auszuschöpfen und eine nachhaltige Wettbewerbsposition auf dem Markt zu sichern.

L. Pilorget, *Managing IT in einer digitalen Welt*, https://doi.org/10.1007/978-3-658-46012-9_12

12.1 Welche digitale Reise?

Die digitale Reise für Unternehmen kann je nach Branche, Unternehmensgröße und spezifischen Eigenschaften variieren. Im Allgemeinen umfasst sie jedoch typischerweise mehrere Schlüsselaspekte:

1. **Digitale Transformation**
   Dies beinhaltet die Umgestaltung von Geschäftsprozessen, Produkte und Dienstleistungen durch den Einsatz digitaler Technologien. Unternehmen können beispielsweise traditionelle Geschäftsmodelle durch Onlineplattformen ergänzen, papierbasierte Prozesse durch digitale Workflows ersetzen und datengesteuerte Entscheidungen treffen.
2. **Kundenorientierung**
   Eine wichtige Facette der digitalen Reise ist die Ausrichtung auf die Bedürfnisse und Erwartungen der Kunden. Dies kann die Einführung von personalisierten Angeboten, Omnichannel-Kundenerfahrungen und Social-Media-Interaktionen umfassen, um eine engere Kundenbindung und langfristige Kundenloyalität aufzubauen.
3. **Innovation und Agilität**
   Unternehmen sollten eine Kultur der Innovation fördern und agile Methoden implementieren, um schnell auf Veränderungen zu reagieren und neue Chancen zu nutzen. Dies kann die Einführung von Design Thinking, Lean Startup-Prinzipien und agilen Entwicklungsmethoden umfassen, um innovative Produkte und Dienstleistungen auf den Markt zu bringen.
4. **Datengetriebene Entscheidungsfindung**
   Die Nutzung von Daten als strategische Ressource wird immer wichtiger. Unternehmen sollten in datengesteuerte Analysewerkzeuge investieren, um Erkenntnisse aus großen Datenmengen zu gewinnen, fundierte Entscheidungen zu treffen und ihre Geschäftsstrategie kontinuierlich zu optimieren.
5. **Partnerschaften und Ökosysteme**
   Die Zusammenarbeit mit externen Partnern, Startups und anderen Akteuren im digitalen Ökosystem kann Unternehmen dabei helfen, Zugang zu neuen Technologien, Talenten und Märkten zu erhalten. Durch offene Schnittstellen und API-Integrationen können Organisationen innovative Lösungen schneller auf den Markt bringen und ihre Wettbewerbsposition stärken.

Insgesamt sollte die digitale Reise eines Unternehmens darauf abzielen, eine kundenorientierte, innovative und agile Organisation zu schaffen, die in der Lage ist, sich den Herausforderungen der digitalen Welt anzupassen und langfristigen Erfolg zu sichern (Abb. 12.1).

Die Gestaltung der Digitalreise für ein Unternehmen ist eine kontinuierliche und iterative Aufgabe, die eine umfassende Analyse, Planung und Implementierung erfordert.

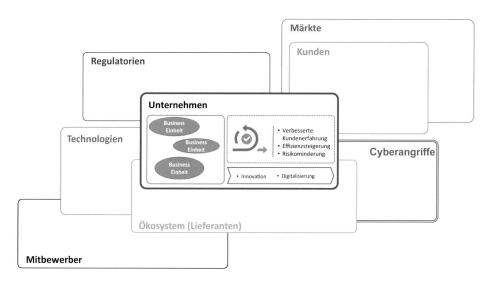

Abb. 12.1 Das Unternehmensökosystem

Beginnend mit einer gründlichen Analyse der aktuellen Geschäftsprozesse, Technologien und Ressourcen sollten klare Ziele definiert werden, die die langfristige Vision des Unternehmens widerspiegeln. Durch die Entwicklung einer umfassenden Digitalstrategie, die die Auswahl geeigneter Technologien umfasst, kann das Unternehmen den Weg für eine erfolgreiche digitale Transformation ebnen. Es ist jedoch wichtig zu betonen, dass die digitale Reise keine einmalige Anstrengung ist, sondern eine fortlaufende Aufgabe, die kontinuierliche Überwachung, Bewertung und Anpassung erfordert.

12.2 Eine gesunde Widerstandskraft

In einer zukünftigen Digitalwelt wird es für Unternehmen von entscheidender Bedeutung sein, eine gesunde Widerstandskraft zu bewahren. Diese Widerstandskraft, auch als Resilienz bezeichnet, ist essenziell, um den vielfältigen Herausforderungen und Risiken, die mit der fortschreitenden Digitalisierung einhergehen, erfolgreich zu begegnen.

Das ICOR's Organizational Resilience Framework ist ein umfassendes Modell, das darauf abzielt, die Widerstandsfähigkeit von Organisationen zu stärken, indem es zwölf zentrale Managementdisziplinen integriert. Durch die systematische Implementierung dieses Frameworks können Firmen nicht nur auf unvorhergesehene Ereignisse reagieren, sondern auch ihre Betriebsprozesse kontinuierlich verbessern und anpassen. Dies ermöglicht es ihnen, robust und agil zu bleiben, selbst in einem dynamischen und oft unvorhersehbaren Geschäftsumfeld.

Hier sind die zwölf Disziplinen im Einzelnen beschrieben:

1. **Governance and Leadership (Governance und Führung)**
   Diese Disziplin konzentriert sich auf die Richtlinien, Prozesse und Strukturen, die sicherstellen, dass die Organisation ethisch und gesetzeskonform geführt wird. Effektive Führung und klare Governancestrukturen sind wichtig für die Umsetzung und Überwachung von Resilienzstrategien.

2. **Risk Management (Risikomanagement)**
   Identifizierung, Bewertung und Priorisierung von Risiken, gefolgt von der koordinierten Durchführung von wirtschaftlichen Maßnahmen, um die Wahrscheinlichkeit und Auswirkungen unglücklicher Ereignisse zu minimieren.

3. **Compliance and Audit (Compliance und Audit)**
   Sicherstellung, dass die Organisation alle relevanten gesetzlichen und regulatorischen Anforderungen erfüllt. Regelmäßige Audits helfen, die Einhaltung sicherzustellen und Schwachstellen aufzudecken.

4. **Crisis Communications (Krisenkommunikation)**
   Entwicklung und Implementierung von Kommunikationsplänen, um während und nach einer Krise schnell und effektiv mit internen und externen Stakeholdern zu kommunizieren. Dies trägt dazu bei, die Kontrolle zu bewahren.

5. **Information and Communication Technology (Informations- und Kommunikationstechnologie)**
   Sicherstellung der Verfügbarkeit, Integrität und Vertraulichkeit von Informationen. Dies umfasst die IT-Infrastruktur sowie die Daten-Management-Strategien, um Informationssicherheit und -verfügbarkeit zu gewährleisten.

6. **Facilities Management (Facility Management)**
   Verwaltung und Wartung der physischen Ressourcen der Organisation, um sicherzustellen, dass die Betriebsumgebung sicher, effizient und funktionsfähig bleibt, auch unter außergewöhnlichen Umständen.

7. **Human-Ressource-Management (Personal Management)**
   Pflege eines gesunden und produktiven Arbeitsumfelds, Entwicklung von Schulungsprogrammen und Förderung der Mitarbeitermotivation und -bindung, um die operative Kontinuität zu unterstützen.

8. **Business-Continuity-Management (Geschäftskontinuitätsmanagement)**
   Sicherstellung, dass die wesentlichen Geschäftsabläufe während und nach einer Störung fortgesetzt werden können. Dazu gehören Notfallpläne und Wiederherstellungsstrategien.

9. **Supply-Chain-Management (Lieferkettenmanagement)**
   Sicherstellung, dass die Lieferkette flexibel und widerstandsfähig ist, um Unterbrechungen zu minimieren und die kontinuierliche Lieferung von Produkten und Dienstleistungen zu gewährleisten.

10. **Financial-and-Administrative-Management (Finanz- und Verwaltungs-management)**
    Verwaltung der finanziellen Ressourcen und administrativen Prozesse, um die wirtschaftliche Stabilität und Effizienz der Organisation zu gewährleisten.
11. **Public-Relations-and-Stakeholder-Management (Öffentlichkeitsarbeit-und-Stakeholder-Management)**
    Aufbau und Pflege positiver Beziehungen zu den wichtigsten Interessengruppen, einschließlich Kunden, Investoren und der breiten Öffentlichkeit, um das Vertrauen und die Unterstützung der Organisation zu sichern.
12. **Legal and Regulatory Compliance (Rechtliche und regulatorische Compliance)**
    Sicherstellung, dass die Organisation alle relevanten Gesetze und Vorschriften ein-hält, um die rechtliche Integrität zu wahren und rechtliche Risiken zu minimieren.

Durch die Integration und das Management dieser zwölf Disziplinen kann eine Orga-nisation ihre Widerstandsfähigkeit stärken, besser auf Herausforderungen reagieren und langfristig erfolgreich sein (Abb. 12.2).

Source: www.build-resilience.org/organizational-resilience-framework.php

Abb. 12.2 Das ICOR's Organizational Resilience Framework

12.3   Das digitale MTO-Konzept

Das MTO-Modell steht für Mensch-Technik-Organisation und ist ein Rahmenkonzept, das die Wechselwirkungen zwischen diesen drei Hauptkomponenten in einem organisatorischen Kontext untersucht. Es wurde entwickelt, um zu verstehen, wie Menschen, Technologie und organisatorische Strukturen miteinander interagieren und wie diese Interaktionen die Leistung und Effizienz einer Organisation beeinflussen.

Das Modell betont, dass diese drei Elemente in Einklang gebracht werden müssen, um optimale Ergebnisse zu erzielen. Beispielsweise kann die Einführung neuer Technologien in einer Organisation nur erfolgreich sein, wenn die Mitarbeitenden die erforderlichen Fähigkeiten und Kompetenzen haben, um sie effektiv zu nutzen. Zudem müssen die organisatorischen Prozesse und Strukturen entsprechend angepasst werden, um die Integration und Nutzung dieser Technologien zu erleichtern.

Es ist definitiv möglich, das Konzept des digitalen MTO an die heutige technologische Landschaft anzupassen, in der Künstliche Intelligenz (KI), Automatisierung und agile Organisationsstrukturen eine immer größere Rolle spielen. Hier wird beschrieben, wie ein modernes digitales MTO-Konzept aussehen könnte:

1. **Mensch mit KI-Unterstützung**
   In diesem Modell arbeiten Menschen und KI-Systeme Hand in Hand, um gemeinsam Aufgaben zu erledigen und Entscheidungen zu treffen. KI kann genutzt werden, um repetitive Aufgaben zu automatisieren, Daten zu analysieren und Erkenntnisse zu generieren, die den Menschen dabei helfen, fundierte Entscheidungen zu treffen. Mitarbeitende können KI-Systeme trainieren, steuern und überwachen, um sicherzustellen, dass sie die gewünschten Ergebnisse liefern und ethische Standards einhalten. Durch diese Zusammenarbeit wird die Effizienz erhöht. Die menschlichen Fähigkeiten werden optimal ergänzt, indem die Stärken der KI genutzt werden, um Aufgaben zu bewältigen, die für Menschen zeitaufwendig oder komplex sind. Mitarbeitende können sich auf strategische und kreative Tätigkeiten konzentrieren, während KI-Systeme die datengestützte Analyse und Routineaufgaben übernehmen. Dies ermöglicht eine symbiotische Beziehung, in der die Technologie die menschliche Arbeit verbessert und gleichzeitig von menschlichem Input und Kontrolle profitiert.
2. **Agile Organisation**
   Die Organisation passt sich schnell an sich ändernde Marktbedingungen und Kundenanforderungen an, indem sie agile Methoden und Praktiken übernimmt. Dazu gehören eine flexible Organisationsstruktur, kurze Entwicklungszyklen, kontinuierliches Feedback und die Zusammenarbeit in crossfunktionalen Teams. Durch diese Maßnahmen kann die Organisation neue Chancen ergreifen, Innovationen vorantreiben und ihre Wettbewerbsfähigkeit verbessern. Agilität ermöglicht es der Organisation, effizienter

zu werden, Ressourcen optimal zu nutzen und die Zufriedenheit der Kunden durch schnelle Anpassungen und Verbesserungen zu erhöhen.

3. **Technologie treibt Automatisierung voran**

   Die Technologie wird aktiv genutzt, um Prozesse zu automatisieren und die Effizienz zu steigern. Dies umfasst die Implementierung von Robotic Process Automation (RPA), intelligente Systeme zur automatischen Datenverarbeitung und -analyse sowie die Integration von IoT-Geräten (IoT: Internet of Things). Solche technologischen Lösungen ermöglichen es, Abläufe zu optimieren und Fehler zu minimieren.

Daten spielen eine zentrale Rolle im digitalen MTO-Modell, da sie die Grundlage für die Funktionsweise von KI-Systemen, den Informationsfluss in agilen Organisationen und die Automatisierung von Prozessen bilden.

Um KI-Systeme zu trainieren und zu verbessern, werden große Mengen an Daten benötigt, die als Eingabe für Algorithmen dienen. Diese Daten ermöglichen es KI-Systemen, Muster zu erkennen, Vorhersagen zu treffen und Entscheidungen zu fällen, die den Menschen bei der Erfüllung ihrer Aufgaben unterstützen.

In agilen Organisationen ist der schnelle und effiziente Informationsfluss entscheidend. Daten ermöglichen es Teams, Informationen zu teilen, Feedback zu geben und auf Veränderungen zu reagieren. Durch die Analyse von Daten können agile Teams Trends identifizieren, Verbesserungsmöglichkeiten erkennen und fundierte Entscheidungen treffen, um ihre Arbeitsweise kontinuierlich zu optimieren.

Die Automatisierung von Prozessen basiert auf der Verfügbarkeit und Qualität von Daten. Um Prozesse zu automatisieren, müssen klare Regeln und Bedingungen definiert werden, die auf den verfügbaren Daten basieren. Diese dienen als Eingabe für automatisierte Systeme und ermöglichen es ihnen, Aktionen auszuführen und Aufgaben ohne menschliches Eingreifen zu erledigen.

Insgesamt sind Daten unerlässlich für den Erfolg des digitalen MTO-Modells. Daher ist es entscheidend, dass Organisationen über eine effektive Datenstrategie verfügen, die sicherstellt, dass Daten in hoher Qualität erfasst, gespeichert, analysiert und genutzt werden (Abb. 12.3).

Das digitale MTO-Konzept bildet eine essenzielle Grundlage für den Erfolg der digitalen Transformation eines Unternehmens. Es schafft ein Rahmenwerk, das sicherstellt, dass Unternehmen die Potenziale der Digitalisierung voll ausschöpfen, indem es die Mitarbeitenden befähigt, die Möglichkeiten neuer Technologien zu nutzen, die Organisationsstruktur flexibel und anpassungsfähig gestaltet und die Integration digitaler Lösungen in alle Unternehmensbereiche fördert. Auf diese Weise schafft das digitale MTO die Voraussetzungen für langfristigen Erfolg in einer zunehmend digitalisierten Welt.

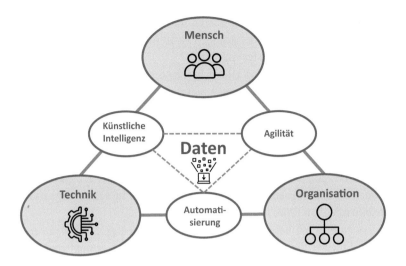

Abb. 12.3 Das digitale MTO-Konzept (Mensch-Technik-Organisation)

12.4 Entwicklung eines positiven Kreislaufs

Unternehmen können durch Digitalisierung eine Aufwärtsdynamik, auch als „Virtuous Cycle" bekannt, erreichen, indem sie die Vorteile der Digitalisierung strategisch nutzen und kontinuierlich in digitale Technologien und Fähigkeiten investieren.

Um diesen Erfolgszyklus zu erzielen, sollten Unternehmen strategisch Business Intelligence (BI), Unternehmensentwicklung, Business Exzellenz und geschäftliche Leistung integrieren und kontinuierlich verbessern. Hier sind die Schritte, wie diese Elemente zusammenwirken:

A. **Business-Intelligenz (BI)**
   Durch den Einsatz von BI-Tools können Unternehmen Daten analysieren, um fundierte Entscheidungen zu treffen. Dies umfasst:
   Datenintegration und -analyse: Unternehmen sammeln Daten aus verschiedenen Quellen (z. B. Verkaufsdaten, Kundendaten, Markttrends) und integrieren diese in ein zentrales System.
   Echtzeit-Analyse: Mit BI-Tools können Unternehmen in Echtzeit auf wichtige Daten zugreifen und diese analysieren, um fundierte Entscheidungen zu treffen.
   Berichterstellung und Dashboards: Durch die Erstellung von Berichten und Dashboards können Unternehmen ihre Leistung überwachen und Bereiche mit Verbesserungspotenzial identifizieren.

B. **Unternehmensentwicklung**
   Basierend auf den Erkenntnissen aus BI können Unternehmen gezielte Entwicklungsstrategien formulieren. Dies beinhaltet:

Strategische Planung: Entwicklung langfristiger Strategien basierend auf den Erkenntnissen aus der BI-Analyse, um neue Marktchancen zu identifizieren und zu nutzen.

Innovationsmanagement: Förderung von Innovationen durch Investitionen in Forschung und Entwicklung sowie die Einführung neuer Produkte und Dienstleistungen.

Organisatorische Anpassungen: Anpassung der Organisationsstruktur, um Flexibilität und Reaktionsfähigkeit zu erhöhen.

C. **Business Exzellenz**

Business Exzellenz bezieht sich auf die ständige Verbesserung aller Aspekte des Geschäftsbetriebs, um höchste Standards zu erreichen. Dies umfasst:

Prozessoptimierung: Implementierung von Lean- und Six-Sigma-Methoden, um Geschäftsprozesse effizienter und effektiver zu gestalten.

Qualitätsmanagement: Einführung und Einhaltung von Qualitätsstandards (z. B. ISO-Zertifizierungen), um die Produkt- und Servicequalität zu gewährleisten.

Mitarbeiterentwicklung: Schulung und Weiterentwicklung der Mitarbeitenden, um ihre Fähigkeiten zu verbessern und ihre Produktivität zu steigern.

D. **Geschäftliche Leistung**

Geschäftliche Leistung bezieht sich auf die tatsächlichen Ergebnisse und Erfolge eines Unternehmens. Die Integration der vorherigen Schritte führt zu einer verbesserten geschäftlichen Leistung:

Leistungskennzahlen (KPIs): Festlegung und Überwachung von KPIs, um den Fortschritt zu messen und sicherzustellen, dass die Unternehmensziele erreicht werden.

Feedbackschleifen: Kontinuierliche Überprüfung und Anpassung der Strategien; Durchführung von Verbesserungsmaßnahmen basierend auf den Leistungsdaten und dem Feedback von Kunden und Mitarbeitenden.

Wachstum und Expansion: Nutzung der gewonnenen Erkenntnisse und Verbesserungen, um das Geschäft zu erweitern und neue Märkte zu erschließen.

Diese digitale Aufwärtsdynamik sorgt dafür, dass jede Verbesserung in einem Bereich positive Auswirkungen auf die anderen Bereiche hat, wodurch ein stetiger Fortschritt sichergestellt wird (Abb. 12.4).

Ethik und Nachhaltigkeit sind integrale Bestandteile dieses positiven Kreislaufs. Durch die Implementierung ethischer Geschäftspraktiken und nachhaltiger Strategien können Unternehmen das Vertrauen ihrer Kunden, Mitarbeitenden und Investoren gewinnen und stärken. Dies führt zu einer verbesserten Reputation und erhöhten Kundentreue, während gleichzeitig rechtliche Risiken und Compliancekosten reduziert werden. Nachhaltigkeit fördert zudem Innovation, indem sie Unternehmen dazu anregt, umweltfreundliche Technologien und Prozesse zu entwickeln. Letztlich tragen Ethik und Nachhaltigkeit dazu bei, dass Unternehmen stabiler und widerstandsfähiger gegenüber externen Schocks werden. So wird ein positiver Rückkopplungskreis geschaffen, der sowohl ökonomische als auch gesellschaftliche Vorteile bietet.

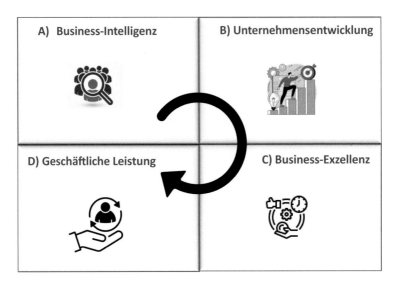

Abb. 12.4   Der positive Kreislauf der Digitalisierung